WELTLICHER STAAT UND KIRCHENREFORM

DIE SEMINARPOLITIK BAYERNS IM 16. JAHRHUNDERT

von

ARNO SEIFERT

ASCHENDORFFSCHE VERLAGSBUCHHANDLUNG
MÜNSTER WESTFALEN

REFORMATIONSGESCHICHTLICHE STUDIEN UND TEXTE

In Verbindung mit Remigius Bäumer, Theobald Freudenberger, Klaus Ganzer, Konrad Repgen und Ernst-Walter Zeeden herausgegeben von

Erwin Iserloh

HEFT 115

Als Habilitationsschrift
auf Empfehlung des Fachbereichs
Geschichts- und Kunstwissenschaften der Universität München
gedruckt mit Unterstützung
der Deutschen Forschungsgemeinschaft

Aschendorffsche Buchdruckerei, Münster Westfalen, 1978

ISBN 3-402-03762-9

VORWORT

Während der Drucklegung dieses Buches ist im Frühjahr Prof. Dr. Dr. h. c. Johannes *Spörl* ganz unerwartet gestorben. Ich nehme die Gelegenheit wahr, meinem akademischen Lehrer und Förderer dieses Wort dankbaren und trauernden Gedenkens zu widmen. —

Auf der Suche nach Auskünften über das wenig bekannte Ingolstädter Collegium Albertinum stieß ich vor sechs Jahren in den Münchener Archiven auf reiches Material, das mich über die ursprüngliche Fragestellung bald hinausführte. Erst in Teilansichten, schließlich als ein geschlossener Planungs- und Geschehenszusammenhang, nahm im Verlauf dieser Forschungen ein Phänomen Gestalt an, für das zu guter Letzt nur noch ein Name gefunden werden mußte: die Seminarpolitik Bayerns im 16. Jahrhundert.

Als ich diese Arbeit Ende 1972 zum Abschluß brachte, war weder geplant noch voraussehbar, daß sie im Jahre 1975/76 dem Fachbereich Geschichte der Universität München als Habilitationsschrift vorliegen würde. Ihren knappen Zuschnitt und ihre bescheidene Aufmachung entsprechend zu ändern, schien mir gleichwohl weder damals noch jetzt, aus Anlaß der späten Drucklegung, von der Sache her geboten.

Für Rat, Hilfe, Ermutigung und Gewährenlassen bei dieser wie bei meinen übrigen Forschungen möchte ich Frau Prof. Dr. Laetitia *Boehm* aufrichtig Dank sagen. Herrn Prof. Dr. Erwin *Iserloh* bin ich für die Aufnahme der Arbeit in die „Reformationsgeschichtlichen Studien und Texte" sowie für alle mit der Veröffentlichung zusammenhängenden, mehrjährigen Bemühungen zutiefst verpflichtet. Die Gesellschaft zur Herausgabe des Corpus Catholicorum und die Erzbischöfliche Finanzkammer München haben die Drucklegung durch namhafte Zuschüsse ermöglicht, während die Hauptlast durch die Deutsche Forschungsgemeinschaft übernommen worden ist; auch ihnen gilt mein herzlicher Dank. Ich bedanke mich ferner bei den Herren Vorständen der Münchener Archive für bereitwillig geleistete Unterstützung, nicht zuletzt auch bei den Herren Professoren des Münchener Fachbereichs Geschichte für die Anerkennung der Arbeit als Habilitationsleistung. Ein ganz persönliches Dankeswort sei zum Schluß und zu einem Zeitpunkt, wo unsere Wege auseinandergehen, Harald *Dickerhof* gewidmet, dem Kollegen und Freund meiner Münchener Lehrjahre, dessen Beispiel hinter allem steht, was ich bisher unternommen und zustandegebracht habe.

Arno Seifert

München, im Juli 1977

INHALT

Einleitung

GENEALOGIE UND TYPOLOGIE DES SEMINARGEDANKENS

Die vom Trienter Konzil nicht so sehr verursachte wie bestätigte und regulierte Abzweigung der Priesterausbildung von der breiten Heerstraße des Studiums hat in jüngster Zeit besonders seitens der Kirchengeschichtsschreibung wieder viel Aufmerksamkeit erfahren[1]. Seine geschichtliche Bedeutung behält dieser Vorgang auch dann, wenn man ihn als eine Wendung versteht, die den übergreifenden Zusammenhang frühneuzeitlicher Studienorganisation und -förderung nicht sprengt. Die prägenden Züge einer Tradition, zu der sich das frühe Seminar, das „collegium", noch mit seinem Namen bekennt, werden aber dann besser sichtbar als in einer Betrachtungsweise, die ihre Gesichtspunkte und Beurteilungsmaßstäbe modernen Gegebenheiten entnimmt.

Die klassische Form mittelalterlicher Studienförderung, zu der auch das staatliche Stipendienwesen der nachreformatorischen Zeit auffällig wieder zurückstrebte, war die Kollegiatur, der Wohn- und Tischplatz in einem mit Einkünften versehenen Kolleg[2]. Das stets dringliche Wohnungsproblem der alten Universitäten begegnete sich mit dem Interesse an der Überwachung und Anleitung der Studenten in diesen zunächst durchweg privaten Hausgründungen, die, von unterschiedlichstem Zuschnitt, in der Regel für spätere Zustiftungen Raum ließen und auch dadurch den Großteil der privaten Stiftungsinitiative aufgefangen zu haben scheinen. Außerhalb der Kolleggeschichte hat das Stipendium modernen Wortverständnisses eine zweite Wurzel in dem in Scholareneigenschaft (durch „Rotulus") erworbenen oder (durch Residenzdispens) privilegierten Benefizium. Die in der Epoche der Universitätsgründungen einsetzende Verstaatlichung der Studienfinanzierung, definierbar als die kurial autorisierte, patronatsrechtliche und zunehmend staatskirchliche Zusammenfassung und Intensivierung der legalen Möglichkeiten, Kirchengut für die Subventionierung des als förderungswürdig anerkannten Studiums einzusetzen, führte diese bei-

[1] Vgl. die Titel von O'Donohoe, Hegel, Jedin, Oswald und Tüchle. Literaturhinweise auf die ältere Forschung bei Reckers 3ff.

[2] Vgl. zum folgenden mit weiteren Literaturangaben Seifert, Georgianum.

den Grundformen der Unterhaltsgewährung, Kirchenpfründe und Kollegiatur, aufeinander zu und schließlich in der staatlichen, aus geistlichen Gefällen finanzierten Stipendiatenanstalt zusammen.

Die schärfere Scheidung, wenn auch für das ganze 16. Jahrhundert noch nicht der Verlust der Namensgemeinschaft, von Studienbeihilfe und Professorengehalt ist die Folge dieser finanztechnischen Umwälzung, und sie förderte ihrerseits einen Polarisierungsprozeß, durch den sich ein Professorenstand und eine Studentenschaft moderner Prägung aus dem scholastischen Studiensystem allererst herausgliederten. Die Universitätsstiftungen reservierten in der Regel die verfügbaren Benefizien und die, gegenüber dem Kirchengut durch das Universitätsvermögen mediatisierten monetären „stipendia“ für die Lehrkräfte der drei oberen Fakultäten, in denen das geringe Aufkommen an Hör- und Prüfungsgebühren eine Selbstfinanzierung nicht zuließ. Zum größten Teil unbesoldet blieb der Stand der Artistenmagister, der, Studium und Lehrtätigkeit in eigentümlicher Tradition miteinander verbindend, der Einordnung in moderne Kategorien Widerstand entgegensetzt. Ambivalent sind daher in ihrem Charakter jene für das deutsche Universtitätswesen charakteristischen, staatlich gestifteten Artistenkollegien, die sich aber bei näherer Betrachtung funktional als Professorengremien, mithin als Frühform der staatlichen Finanzierung des artistischen Lehrkörpers erweisen[3].

Die Studienförderung im engeren Sinne studentischer Unterhaltsgewährung überließ der vorreformatorische Staat im allgemeinen privater Stiftungsinitiative, sofern in diesen Begriff auch, wie etwa die Gründung des Ingolstädter Georgianums (1494) erforderlich macht, eine sporadisch in Erscheinung tretende privat-fürstliche Stiftungsfrömmigkeit einbegriffen wird[4]. Hier zeichnete sich eine Wendung ab, als dieses Stiftungswesen gegen den Ausgang des Mittelalters hin seine finanzielle und motivische Kraft zunehmend einbüßte, während zugleich der durch eine Vielzahl neuer Hochschulgründungen wachsende Konkurrenzdruck die bislang wirksamen Automatismen der Studentenwerbung außer Kraft zu setzen drohte. Von anderen Folgen abgesehen, untergrub der Frequenzrückgang die Selbstfinanzierung des artistischen Lehrkörpers und wies nun auch ihn auf die Teilhabe an der staatlichen Finanzierung an. Darüber hinaus stand aber das Überleben der Universitäten

[3] A. Seifert, Das Ingolstädter Collegium vetus: HJb 89 (1969) 33ff.; zusätzliche Literaturhinweise bei Seifert, Georgianum 149.

[4] Ich darf hierfür erneut auf meinen Georgianums-Aufsatz verweisen.

selbst auf dem Spiel. Die herkömmliche Beschränkung der staatlichen Finanzierungspolitik auf die Unterhaltung des Lehrkörpers schien nicht mehr zu genügen, die personelle Selbstergänzung der Universitäten und damit ihr Fortbestehen als Institutionen zu gewährleisten.

Nun hätte dieser Umstand allein den Staat schwerlich zur Aufnahme eines breitangelegten Studienförderungsprogramms bewegen können, das seine finanziellen Möglichkeiten weit zu übersteigen drohte. Unstreitig sind aber, wie sich am Beispiel der bayerischen Landesuniversität aufzeigen läßt, motiv- und institutionsgeschichtliche Entwicklungsstränge aus dem Umkreis der inneruniversitären Reformproblematik in die reformatorischen und katholisch-reformerischen Seminarveranstaltungen eingegangen. Die Erkenntnis des Marburger Universitätsstifters, es müsse nicht nur für Gebäude und Lehrerschaft gesorgt, sondern auch die Studentenschaft „gekauft" werden, für die dieses Angebot bestimmt sei[5], hatte für das ganze, von der Studienfeindlichkeit der frühen Reformation getroffene deutsche Universitätswesen programmatisch Geltung.

Als eine erste Erweiterung des staatlichen Subventionierungsprogramms, nämlich als Maßnahme zur Verbilligung der Studienkosten[6], ist die Ausdehnung der Hörgeldfreiheit auf die Artistenfakultäten und damit auf das von der studentischen Masse in Anspruch genommene Grundschulungsangebot zu verstehen, zu der sich in den zwanziger Jahren des 16. Jahrhunderts alle deutschen Universitäten entschließen mußten, und zwar um den Preis der Errichtung besoldeter artistischer Lekturen[7]. Die hierzu erforderliche Neudotierung der Universität, bei der sich im Falle Ingolstadts der bayerische Staat in breitem Maße kirchlicher Unterstützung bedienen konnte[8], vermochte aber die Frequenzschrumpfung

[5] Zitiert bei Seifert, Georgianum 177.

[6] Für den einleuchtenden Zusammenhang von Lehrerbesoldung und Studienförderung vgl. das Anm. 16 zitierte Gutachten von 1540: Schulmeister seien zu versorgen, „also das sy die ergözung irer mue nit bei den schuelern zu verhoffen und suechen haben".

[7] Vgl. Seifert, Statutengeschichte 156f.

[8] Die von Johann Eck 1523 in Rom besorgten Privilegien jetzt neu zusammengestellt bei Seifert, Universität 530ff. Hier ist an erster Stelle die Bulle Clemens' VII. vom 25. 12. 1523 zu nennen, durch die den Herzögen das Präsentationsrecht auf je ein Kanonikat der Kathedralkirchen Salzburg, Augsburg, Freising, Regensburg und Passau zugunsten von Ingolstädter Theologieprofessoren verliehen wurde (Mederer IV Nr. 37). In der Folgezeit lösten alle Kapitel mit Ausnahme des salzburgischen diese Verpflichtung durch Pensionszahlungen ab (Seifert, Universität Nr. 28f.). Vgl. weiter Kap. I Anm. 38.

nicht rückgängig zu machen. Das von Leonhard Eck entwickelte Erneuerungs- und Erweiterungsprogramm[9] erwies sich rasch als viel zu weit geschneidert: 1526 kam die Artistenfakultät mit der Hälfte der zunächst geplanten Lekturen aus, 1533 wurde die soeben auf vier erhöhte Zahl der theologischen Lehrstühle wieder halbiert[10]. Die alte Rechnung, nach der die Anstellung von tüchtigen Professoren die Ansammlung der studentischen Hörerschaft von selbst nach sich zog, ging nicht mehr auf[11], qualitativ neue Finanzierungsmaßnahmen schienen unumgänglich. Nachdem von einer anderen Seite her die mannigfachen Schwierigkeiten, die den Universitätsorganen von der als Auflösungsprodukt der scholastischen Formen entstandenen Lebens- und Lernfreiheit bereitet wurden, die Restitution des gänzlich verschwundenen Bursenwesens erstrebenswert erscheinen ließen[12], zeichnete sich für den Staat, diese beiden Gesichtspunkte miteinander verbindend, in der Gründung von Kollegien eine Möglichkeit ab, der Universität wirkungsvoll wieder aufzuhelfen.

Noch vor der Jahrhundertmitte geriet nun die Universitätsreform mit dieser ihrer internen Problematik in einen übergreifenden Reformzusammenhang, um von ihm her neue Impulse und Akzente zu empfangen. Der gesellschaftliche Auftrag der hohen

[9] Seifert, Universität Nr. 16ff. und Statutengeschichte 156f.

[10] Zwei 1518 aus artistischen Kollegiaturen entstandene theologische Lekturen wurden auf herzoglichen Befehl wieder aufgehoben. Vergebens protestierte im April 1533 die theologische Fakultät dagegen, daß der Herzog, nachdem er eben erst in Rom zum Zweck der Förderung des Theologiestudiums das Kanonikatsprivileg erwirkt habe, nun die theologische Fakultät in diesem Ausmaß verkleinere (Seifert, Universität Nr. 33).

[11] Am 28. 7. 1564 stiftete Dr. Konrad Braun, seit 1551 bischöflicher Kanzler in Augsburg, zuvor als Regensburger und Freisinger Domherr zugleich herzoglich-bayerischer Rat und Kanzler in Landshut, drei Stipendien für die Universität Freiburg; Herzog Albrecht hatte vergeblich versucht, die Stiftung nach Ingolstadt zu ziehen (vgl. Prantl II 248). In der Arenga seiner Urkunde beklagt Braun den Niedergang der Universitäten, der daher komme, daß niemand mehr „lergelt" geben wolle, so daß die Regierungen „nit allein die lerer in den obristen faculteten, sondern auch die geringsten pädagogos, die vor zeiten durch der discipul lergelt erhalten worden seind, zum höchsten besolden; ja man kann jetzo schwerlich schueler in den universiteten und hohen schuelen bekomen auß mangel der cost, speis und kleidung zu irer underhaltung". Daher täten diejenigen „so zu underhaltung der studenten stipendia stifften, ein guet christenlich werck" (F. X. Werk, Stiftungsurkunden akademischer Stipendien an der Hochschule zu Freiburg, 1842, 196ff.).

[12] Vgl. etwa das Gutachten des Mediziners Hieronymus Leicht von 1553 bei Prantl II Nr. 70 (zur Datierung Seifert, Universität 541).

Schulen, von den Gründungsurkunden in vager Abstraktheit gelassen, konkretisierte sich in einem durch die Bedürfnisse von Schule und Kirche diktierten Ausbildungsprogramm, stellte aber auch andererseits die gesellschaftliche Verantwortung für die Erhaltung und Pflege des Studiums vollends sicher. Die protestantischen Territorien gingen voran; der seit Mitte der zwanziger Jahre einsetzende Neuaufbau der Kirchenorganisation nötigte den summepiskopalen Staat, die Sorge für die Pfarrer- und Lehrerausbildung in seine Hände zu nehmen, und stellte ihm zugleich durch die Klostersäkularisation die Mittel zur Verfügung, die diese Aufgabe erforderte. Damit wurde die Unterhaltsgewährung für Studenten im Bereich des artistisch-theologischen Ausbildungsgangs von einer Sache privaten Mäzenatentums zur anerkannt öffentlichen Aufgabe; der die universitäre Finanzgeschichte langfristig prägende Verstaatlichungsprozeß griff auf das Stipendienwesen über. Nach dem Beispiel der Landgrafschaft Hessen entstanden noch in der ersten Hälfte des 16. Jahrhunderts eine Reihe großer staatlicher Stipendiensysteme, die sich in dem Bestreben, das vorhandene Unterrichtsangebot rationell auszunützen, besonders an die Universitäten anlehnten[13].

In dem Maße, wie das Bedürfnis nach Reform und Erneuerung der schwer erschütterten alten Kirche an Dringlichkeit gewann, wurde dieses Beispiel auch für die katholisch gebliebenen Territorien des Reichs fruchtbar. Frühzeitig erwies sich der immer katastrophaler spürbare Priestermangel als das Schlüsselproblem dieser katholischen Reform, das sich nur durch zentrale Organisations- und Finanzierungsmaßnahmen lösen ließ. Durch die Ohnmacht der kirchlichen Mittelinstanzen herausgefordert, von der Kurie fall- und bedingungsweise ermutigt, nahm sich auch hier der weltliche Staat im Rekurs auf sein patronales Notstandsrecht dieser Aufgabe an. Befand er sich in Hinsicht auf die Finanzierungsmittel dem protestantischen Staat gegenüber zunächst im Nachteil, so gelang es doch auch ihm, gelang es in erster Linie Bayern, ererbte Patronatsrechte, Kompetenzübergriffe und neue Privilegien zu einem „Staatskirchentum“ zusammenzuschweißen, das den Vergleich mit seinem protestantischen Analogon in entscheidenden Punkten nicht zu scheuen brauchte[14].

[13] Vgl. für den Überblick F. Paulsen — R. Lehmann, Geschichte des gelehrten Unterrichts I (^{3}1919) 225ff., 278, 337ff.; ergänzend Seifert, Georgianum 177.

[14] Vgl. jetzt besonders Rankl für das vorreformatorische bayerische Kirchenregiment.

Daß die Bemühung um Behebung des Priestermangels bei der Reform des Schulwesens einzusetzen hätte, war eine Erkenntnis, die für den bayerischen Raum auf der Salzburger Provinzialsynode des Jahres 1540 mit aller Prägnanz formuliert wurde. In Anknüpfung an die alte Tradition des bereits früher durch die Konkurrenz der Universitäten in Mitleidenschaft gezogenen, jetzt vollends darniederliegenden Domschulwesens[15] erhofften die Bischöfe zunächst Abhilfe von der Förderung oder Neugründung lateinischer Partikularschulen an Kathedral- und Kollegiatkirchen, bei Klöstern und in Städten und Märkten, wobei neben der Besoldung der Schulmeister doch auch schon die Unterstützung von Schülern, die sich zum geistlichen Stand und zu künftigem Kirchendienst verpflichteten, mit Benefizien und Stipendien ins Auge gefaßt wurde. Der Universität wies dieser Plan die Aufgabe zu, die Partikularschulen, deren artistisch-theologischer Kurs in seiner Ausrichtung auf die Pfarrpraxis das tridentinische Seminarprogramm vorausahnen läßt, mit ausgebildetem Lehrpersonal zu versorgen[16]. Eine solche Konzeption hatte den Nachteil, daß sie unter den gegebenen Umständen noch immer zu kompliziert und anspruchsvoll war, um einen schnellen Erfolg zu gewährleisten. Standen leistungsstarke Schulen dieser Art aber nicht zur Verfügung, so war es nur ein logischer Schritt, ihre Vermittlung zu umgehen und die Klerusausbildung direkt an die Universität anzuschließen.

Es ist bekannt, daß die vortridentinische Diskussion in Deutschland allgemein dieser Konsequenz zuneigte[17]. Die Versorgung einer ausgewählten und vorverpflichteten Studentenschaft war freilich auch in diesem Falle ein unabdingbares Erfordernis; die Gründung von Universitätskollegien hatte aber den Vorteil, daß sie mit der Bereitstellung von Unterkünften und Stipendien auskam und der Sorge um Lehrpersonal und Unterricht enthoben war. Die Kollegform ist der gemeinsame Nenner beider Klerusbildungskonzeptionen. Während „partikulare" Schulanstalten von der Art des 1550 das tridentinische Seminar antizipierenden Dillinger Hieronymuskollegs[18] den von der mittelalterlichen Universitätsgeschichte ver-

[15] Pfeilschifter, Weihezulassung 371ff.

[16] Bischöfliches Memorandum von Febr./März 1540: Pfeilschifter, Acta ref. cath. II 643ff.

[17] Vgl. für diese, von der sonst sehr ausführlichen und detailreichen Untersuchung O'Donohoes übersehene Diskussion Jedin, Domschule und Kolleg 212 sowie unten Kap. I Anm. 1ff.; für die auf diesem Hintergrund zu revidierende Einschätzung des tridentinischen Seminardekrets unten Kap. III Anm. 111f.

[18] Vgl. Specht, Universität Dillingen.

schiedentlich vorskizzierten Typus des autarken Kollegs mit Lehrbetrieb variierten, wie er gleichzeitig an den englischen Universitäten zur vollen Ausbildung gelangte[19], nahm das universitäre Stipendiatenkolleg die Tradition der in Deutschland von jeher vorherrschenden, durch Humanismus und Reformation überall dem Untergang nahegebrachten „gestifteten Burse" wieder auf. Kurz nach der Gründung des Dillinger Kollegs durch den Bischof von Augsburg erfuhr auch diese Konzeption ihre prototypische Darstellung: 1551 kam König Ferdinand I. den älteren Ingolstädter Planungen mit der Gründung einer aus Beiträgen der österreichischen Städte finanzierten theologischen Stidpendiatenanstalt an der Universität Wien zuvor[20].

Zum Diözesanseminar geriet diese neue Form des Universitätskollegs in der Folgezeit in eine nicht sowohl studienorganisatorisch notwendige, als finanzgeschichtlich erklärbare Konkurrenzbeziehung, die sich gerade von den bayerischen Vorgängen her deutlich aufzeigen läßt. Die Auffassungsunterschiede über Standort und Organisation der Klerusschulen hätten nicht so große Bedeutung gewonnen, wenn sie nicht durch die Kompetenzfrage überlagert worden wären, die Frage also, welche Instanz mit der Gründungsinitiative und Finanzierungslast die Hoheit über die neue Institution übernehmen sollte. Die führende Rolle, die der weltliche Staat in der Kirchenreform allgemein zu spielen bekam, ließ erwarten, daß ihm auch auf diesem Teilgebiet der Schulpolitik neben und vor dem Episkopat die entscheidende Mitwirkung zufallen würde, zumal seine Zuständigkeit im Falle der Universitätskollegien unmittelbar berührt wurde. Die Konkurrenz zwischen Diözesan- und Universitätsseminar nahm dadurch die Form einer direkten Konfrontation zwischen staatlicher Kollegsteuer und bischöflichem „Seminaristicum" an, um sich als Teilaspekt der umfassenden Auseinandersetzung zwischen Territorialstaat und Episkopat einzuordnen.

Dieser disjunktive Zusammenhang erklärt die eigenartige Forschungssituation im Bereich der Seminargeschichte. Sie ist bisher aus der Sicht der Diözesen geschrieben worden, übrigens nicht mit letzter Gründlichkeit[21]. Das Ergebnis war für das 16. Jahrhundert

[19] Zu dem durch Kardinal Reginald Pole vermittelten Einfluß des englischen Kollegmodells auf den Seminargedanken vgl. schon Merkle 15f., sodann Jedin, Domschule und Kolleg 211.

[20] Vgl. Kap. I Anm. 108ff.

[21] Vgl. zusammenfassend Oswald.

die Reihung mehr oder weniger aussichtsversprechender Gründungsversuche, für deren Scheitern man sich, solange positive Alternativen fehlten, mit der resignierten Erklärung begnügen mußte, daß das Tridentinum den deutschen Bischöfen mit der Verantwortung für die Priesterausbildung eine Aufgabe aufgeladen hat, die ihre Möglichkeiten und zumeist auch ihren Reformwillen überstieg. Daß es aber eine solche Alternative gab, die gute sachliche Gründe für sich vorbringen konnte und über die sich das Konzil stillschweigend hinweggesetzt haben muß, macht der überraschend fruchtbare Perspektivenwechsel von der Diözese zum weltlichen Staat und seiner Seminarpolitik sichtbar. Ihre Abdrücke hatte die frühe Seminargeschichte des süddeutschen Raums in vielen Zeugnissen und Vorgängen erkennen lassen, ohne daß über ihre positive Anlage und Zielsetzung Genaueres gesagt werden konnte. Die Universitätsgeschichte wiederum hat von ihrer Seite her den freigebliebenen Raum nicht ausfüllen können, weil der ganze Sachkomplex, so ausgezeichnet er dokumentierbar ist, den Gesichtskreis der Universität und den Radius ihrer archivalischen Tradition weit überschritt. Setzt man nun voraus, daß im 16. Jahrhundert die Initiative, wie in der Kirchenreform im allgemeinen, so in diesem ihrem seminargeschichtlichen Teilbereich, beim weltlichen Staat und jedenfalls kaum bei den Bischöfen lag, so muß sich der methodische und thematische Ansatz beim Staat und seinem archialischen Nachlaß nicht nur als ein ergänzend nützlicher, sondern als der eigentlich zuständige und der Sache entsprechende herausstellen.

Wenn es in den bisherigen Vermutungen und Feststellungen zu dieser Frage von Fehlinterpretationen und Mißverständnissen nur so wimmelt, so ist daran mit in erster Linie der Umstand schuld, daß gleichzeitig mit dem Diözesanseminar und dem neuen Universitätskolleg, und von ihnen terminologisch nicht immer klar abgehoben, das Jesuitenkolleg den Plan der deutschen Schul- und Universitätsgeschichte betritt, die dritte und wohl bedeutendste Neuprägung der Zeit, eigenartig in Funktion und Gestalt, aber mit den Seminarformen auch ihrerseits, am stärksten über die Stiftungs- und Etatpolitik hinweg, eng verbunden. Nach der ältesten, 1539 festgelegten Formel[22] strebten die Jesuiten für die anspruchsvolle Ausbildung ihres eigenen Ordensnachwuchses die Gründung von Universitätskollegien ohne eigenen Unterrichtsbetrieb an. Bereits

[22] Für das folgende Lukács, De origine collegiorum externorum; für die Internatskomponente des jesuitischen Kollegbegriffs ergänzend Schröteler.

in den frühen vierziger Jahren nötigte die Rücksicht auf die Interessen der Stifter und diejenige auf die an den Universitäten bestehenden Zustände die Gesellschaft Jesu zur allmählichen, nur zögernd kodifizierten und umstritten bleibenden Modifikation dieser Kollegformel. Nach dem Beispiel der großen Pariser Kollegien wurde den Ordenshäusern 1545 erlaubt, über die üblichen Repetitionen hinaus eigenen Unterricht zu veranstalten. Ein Jahr darauf entstand als Stiftung des Herzogs Franz Borja in Gandia das erste Jesuitenkolleg mit öffentlichem, besonders für die herzoglichen Seminaristen bestimmtem Unterrichtsbetrieb. Diese Entwicklung vom reinen Internat über das „autarke Kolleg“ zur öffentlichen Schulanstalt hatte innerhalb des Kollegs Verschiebungen im numerischen Verhältnis von Lehr- und Verwaltungspersonal und Ordensnachwuchs zur Folge und brachte vornehmlich die kleinen Kollegien in Gefahr, sich ihrer ordensinternen Seminaraufgabe zu entfremden. Die Rangordnung zwischen dieser Aufgabe und dem neuen, der Gesellschaft durch die Verhältnisse aufgedrängten Lehrapostolat blieb im weiteren Verlauf des 16. Jahrhunderts im Orden selbst, erst recht zwischen ihm und den externen Stiftern strittig; obwohl aber Ignatius selbst dem Externenunterricht größeres Gewicht eingeräumt zu haben scheint, als es seinen Nachfolgern tunlich erschien, hatte doch auch er keinen Zweifel daran gelassen, daß die Gesellschaft in ihren Kollegien nicht nur fremde Schüler, sondern auch und vor allem ihren eigenen Nachwuchs auszubilden wünschte.

Vom Standpunkt der Stifter stellten solche Jesuitenkollegien Professorenkollegien — etwa nach dem Muster der alten Artistenkollegien — dar, die um den Aufpreis der Unterhaltung eines mehr oder minder ausgedehnten jesuitischen Seminarbetriebs erkauft werden mußten. Mochten sich die jungen Jesuiten immerhin zum Predigen und Beichthören im Lande gebrauchen lassen, so konnte man mit ihnen doch nicht die vazierenden Kirchenstellen und Pfarreien besetzen. Mit theologischen Stipendiatenkollegien, wie sie in Deutschland um die Jahrhundertmitte zur Wiederbelebung der theologischen Studien allerorts empfohlen wurden, hatten diese Ordenshäuser daher nur den Namen, nicht die Funktion gemein. Da sie aber aus naheliegenden finanziellen Gründen von Anfang an zu ihnen in Konkurrenz traten, fand sich der Orden genötigt, seinen Aufgabenbereich auch in dieser Richtung auszudehnen und seinen Kollegien Externenkonvikte anzugliedern. Für die Universitäten, aber auch für die Frühgeschichte des tridentinischen Seminars in Deutschland erlangte diese institutionelle Kombination hervorragende Bedeutung. Der Orden selbst stand freilich den Konvikten noch um ein Beträchtliches skeptischer gegenüber als dem Externenunterricht im allgemeinen; sie waren ein lästiges Erbe, das ihm durch die Verdrängung der Stipendiatenkollegien aus Haus und Etat notgedrungen zufiel und dessen er sich bei erster Gelegenheit wieder zu entledigen suchte.

Kolleg, Seminar, Konvikt, Alumnat, Armenhaus, — in der Vielfalt der sprachlichen Bildungen des Zeitalters spiegelt sich die anerkannte Dringlichkeit einer gemeinsamen Idee und der experimentelle Eifer, ihr in der Wirklichkeit Gestalt zu verleihen. Die Darstellung der bayerischen Vorgänge wird sogleich Gelegenheit geben, die im systematischen Aufriß beschriebenen Beziehungen und Verflechtungen konkret zu exemplifizieren. Es bleibt festzuhalten, daß die erstaunliche, weit über den katholischen Raum hinaus gültige Renaissance des Kollegwesens zwar vielfach an Strukturen anknüpfte, die die erste, spätmittelalterliche Blüte des akademischen Gemeinschaftslebens ausgeprägt hatte; ihre entscheidend neuen Akzente jedoch hatte sie in der Übernahme der Stiftungs- und Unterhaltungslast durch öffentliche Instanzen wie Staat, Bistum und Kurie und, eng damit zusammenhängend, in einer bis dahin unbekannten Ausrichtung der Kollegverfassung auf den Ausbildungszweck, nämlich, für diesen Zeitraum noch fast ausschließlich, die Erziehung zum Kirchendienst.

I.

DIE PLANUNG EINES SEMINARS UND DIE GRÜNDUNG EINES JESUITENKOLLEGS IN INGOLSTADT 1544—55

Im Herbst 1544 führte Claude Jay, einer der drei ersten Sendboten des jungen Jesuitenordens auf deutschem Boden, mit Erzbischof Ernst in Salzburg eine Unterredung, die die Geschichte der tridentinischen Seminaridee zu ihren frühesten Daten zählt[1]. Ernst hatte sich über den Mangel an Theologieprofessoren in Ingolstadt beklagt; Jay, der soeben aushilfsweise an der bayerischen Universität Vorlesungen gehalten hatte, sich aber jetzt und später gegen eine längerfristige Bindung an das akademische Lehramt sträubte, erwiderte, womöglich schlimmer noch sei der Mangel an Theologiestudenten. Der Priesterstand habe in Deutschland so sehr an Wertschätzung eingebüßt, daß von den Vermögenden kaum noch einer seine Söhne für diese Laufbahn bestimme[2]. Dagegen helfe nur, daß man an den katholischen Universitäten Kollegien für arme und willige Theologiestudenten stifte. Der Erzherzog zeigte sich, Jays Bericht zufolge, von diesem Vorschlag angetan und versprach für sein Teil, zehn Stipendien zu stiften, falls es zur Gründung eines solchen Kollegs komme[3].

Die Idee lag auf der Hand, das protestantische Beispiel vor aller Augen. Die Bischöfe Friedrich Nausea von Wien[4] und Julius Pflug

[1] Jay aus Dillingen an Loyola am 14. 11. 1544, Epp. Broeti 281ff. Die Stelle wird zitiert bei O'Donohoe 69 und bei Lukács, Mon. paed. 361f.; vollständig abgedruckt jetzt auch bei Pfeilschifter, Acta ref. cath. IV 535f.

[2] Vgl. auch Polancos lapidare Formulierung: „id enim effecerat nomen religiosorum odiosum, ut divites theologiae dare operam iam nollent" (Chronicon I 501f.). Noch weiter ging sechs Jahre später Canisius mit der auf Ingolstadt bezogenen Feststellung: „verum eo ventum est apud Germanos, ut ne propositis quidem stipendiis ad sacra studia promoveantur adolescentes" (Canisius an Loyola am 31. 8. 1551, Braunsberger I 383).

[3] Vgl. das für die Vorstellungswelt des Ordens bezeichnende Mißverständnis Polancos: „Salisburgensis Episcopus decem ex nostris Ingolstadii habere velle affirmabat" (Chronicon I 163).

[4] Reformlibell Friedrich Nauseas für das Konzil: Conc. Trid. XII 425; vgl. auch Jedin, Domschule und Kolleg 212. Im einzelnen schlug Nausea vor, die Bischöfe sollten sich zusammentun und zwei oder drei Universitäten auswählen

von Naumburg[5], die Kardinäle Contarini[6] und Morone, welch letzterer seit 1542 die Gründung eines römischen Kollegs für den deutschen Priesternachwuchs betrieb[7], etwas später auch Johannes Gropper in seiner Denkschrift für Kaiser Karl V.[8], — sie alle lieferten in Wort und Tat Zeugnisse dafür, wie eine in dem Diktum von der Schule als „Pflanzstätte" der Kirche[9] involvierte Idee im Begriff war, sich historisch zu explizieren. Noch überwiegt in den Reformschriften die Sorge um qualifizierte und konfessionell zuverlässige Lehrkräfte; sie bleibt, selbst im kleinen und einzelnen, für lange

(Köln, Wien, Ingolstadt), wo „impensis praelatorum" „pii et pauperes studentes" von besoldeten Präzeptoren in einfacher, nicht scholastischer Schriftlektüre an Hand eines Lehrbuchs (Augustin oder Thomas) unterrichtet würden. Die Kosten sollten mit Rücksicht auf die Vermögenslage der Klöster unter den Prälaten aufgeteilt werden. Auch an den (Partikular-) Schulen seien Stipendiaten zu unterhalten. Jeder Abt habe eine bestimmte Anzahl von Schülern zu ernähren. — Die Inanspruchnahme der verödeten Klöster, von den Protestanten vorexerziert, wurde für die bayerische Seminarpolitik ein wegweisender Gedanke.

5 „In ista sacerdotum paucitate non video, quemadmodum ecclesias tueri possimus, nisi scholae bene institutae fuerint"; bisher sei dieser Gesichtspunkt zu wenig beachtet worden. Bei den Kirchen müßten daher Schulen gegründet und Lehrer angestellt werden; „iuvenes qui ex publico alantur" könnten dann „quoddam veluti seminarium cleri" bilden (Memorandum vom Juli 1541: Pfeilschifter, Acta ref. cath. IV 15).

6 Vgl. seine Reformmahnung an den deutschen Episkopat auf dem Regensburger Reichstag vom Juli 1541: „Idcirco danda est omnis opera, ut apud catholicos instituantur scholae et gymnasia." Das protestantische Beispiel wird beschworen; man müsse auch die katholischen Schulen unbedingt mit hervorragenden und zuverlässigen Lehrkräften versehen (Pfeilschifter, Acta ref. cath. IV 7).

7 Lukács, Mon. paed. I 20'f.; O'Donohoe 71ff.

8 „Cum scholae sint seminarium ordinis clericalis et ecclesiae..., praecipua cura esse debet, ut academiae (quae universitates vocantur) aliaeque scholae et pedagogia instaurentur et conserventur" (Gutachten vom Mai 1546: Lutz, Reformatio Germaniae 276f.). Vgl. dazu dann die von Gropper stark geprägte kaiserliche Reformation von 1548; weiter auch, besonders für den Zusammenhang von Armenfürsorge und Priesterausbildung, die Reformvorschläge Georg Witzels von 1542 (Pfeilschifter, Acta ref. cath. IV 252).

9 Für die Frühgeschichte des zunächst durchweg metaphorischen „seminarium"-Begriffs vgl. O'Donohoe 106ff. und Jedin, Domschule und Kolleg 219. Eine bayerische Variante findet sich in dem bischöflichen Gutachten von 1540 (Pfeilschifter, Acta ref. cath. II 643, vgl. oben Einl. Anm. 16): „wilt du pfaffen haben, so mach schueler, wann auss schuelern werden schreiber, aus schreibern studenten, aus studenten pfaffen." Für die Anregung der Diskussion durch das übrigens inhaltsarme sog. „Consilium aureum" von 1537 vgl. O'Donohoe 17ff.

Zeit ein Gegenstand fürstlicher Gesandtschaften und Korrespondenzen. Hier interessiert der Moment, wo sich der Schulreformgedanke in Richtung auf die Studienförderung und auf jene Synthese von, modern gesprochen, Stipendium und Internat hinarbeitete, wie sie sich mit dem „Seminar"-Begriff im Lauf der Zeit assoziierte, weiterhin dann der Anteil, den die bayerische Politik an diesem Vorgang nahm.

Wie aufmerksam die letztere unter der Leitung Leonhard Ecks Gelegenheiten wahrnahm, die Verantwortung der landesherrlichen Kirchenvogtei mit den Interessen des Universitätspatronats zu verbinden, hatten die 1542 mit dem Nuntius Robert Vauchop über eine Neuprivilegierung der Ingolstädter Hochschule geführten Besprechungen[10], wenig später auch der Versuch gezeigt, die Schulgründungsbestrebungen des Benediktinerordens an die Landesuniversität zu fesseln[11]. Obwohl Querverbindungen zwischen Jay und dem Münchener Hof nicht nachweisbar sind, wird es daher kaum als ein zufälliges Zusammentreffen gelten können, daß nur wenige Wochen nach jenem Salzburger Gespräch nun Herzog Wilhelm IV. an seinen erzbischöflichen Bruder mit dem Plan herantrat, in Ingolstadt mit bischöflicher Hilfe ein Kolleg zu gründen, „darinn geschikht jung personen zu lernung der heiligen geschrifft mit sölcher ordnung erhalten (werden), das verhoffennlich gelert leut und guet prediger daraus erzogen werden". Er erhielt am Jahresanfang 1545 eine sehr viel kühlere Antwort, als Jay sie verstanden zu haben glaubte: das bevorstehende Konzil, schrieb Erzbischof Ernst, werde die Priesterausbildung gewiß verbindlich neuregeln, ihm sollte, wie nützlich der herzogliche Vorschlag immer sei, im Moment nicht vorgegriffen werden[12].

Das Trienter Konzil, auf dem Claude Jay persönlich für seine Kollegidee warb[13], kam freilich über eine Erneuerung der alten

[10] Pfeilschifter, Acta ref. cath. IV 387ff.

[11] Vgl. dazu unten Kap. VI.

[12] Erhalten ist nur das erzbischöfliche Schreiben vom 2. 1. 1545: HStA Staatsverw. 2778, 272ff.; jetzt gedruckt bei Pfeilschifter, Acta ref. cath. IV 395f. Auf diese erste seminar-politische Initiative Bayerns hat zuerst Winter (II 154ff.) aufmerksam gemacht.

[13] „... In aliquibus ecclesiis sunt lectores, sed non auditores, provideatur igitur etiam de auditoribus, quod omnes sacerdotes illius ecclesiae irent ad lectionem. Et si non sunt sacerdotes, erigantur collegia, ubi scholastici erudiantur et nutriantur" (zitiert nach O'Donohoe 36). Vgl. auch J. Beumer, Der erste Jesuit aus Deutschland auf dem Trienter Konzil Claude Jay: AHSJ 39 (1970) 168ff.

Vorschrift, daß alle Kathedral- und Kollegiatkirchen eine Pfründe für einen Theologen reservieren sollten, auf seiner ersten Sitzungsperiode nicht hinaus[14]. Die Salzburger Antwort kündigte jedenfalls an, daß eine ihren eigenen Führungsanspruch betonende und auf eine Ingolstädter Kolleggründung ausgerichtete herzoglich-bayerische Seminarpolitik Schwierigkeiten haben würde, den um die Wahrung seiner Rechte besorgten, durch die sich mehrenden Übergriffe der staatlichen Kirchenpolitik empfindlich gewordenen bayerischen Episkopat für ihre Pläne zu gewinnen. Auf der anderen Seite erhob sich schon in den Gesprächen, die Jay Anfang 1545 mit den Bischöfen von Augsburg und Eichstätt über sein Kollegprojekt führte[15] und in denen er besonders bei dem mit eigenen Gründungsplänen umgehenden Otto Truchseß von Waldburg lebhafte Zustimmung fand[16], die entscheidende Frage, welche Rolle dem Jesuitenorden im Zusammenhang dieser Überlegungen zufallen sollte. Daß eine Kolleggründung nach jesuitischen Maximalvorstellungen, also unter dem Gesichtspunkt und zum Zweck der eigenen Nachwuchsausbildung des Ordens, bei den Bischöfen keine Gegenliebe finden konnte, wurde sehr schnell klar und von Jay mit bemerkenswerter Aufgeschlossenheit anerkannt. Die Bischöfe wünschten Veranstaltungen zur Ausbildung ihres eigenen Diözesanklerus, ja sie wollten die Abwerbung ihrer künftigen Stipendiaten durch den Orden von vornherein verhindert wissen und waren nur unter diesen Bedingungen bereit, dem Gedanken einer Kolleggründung überhaupt näherzutreten[17]. Für Kollegien „immediate dedicati a la Compagnia nostra" ließ sich, wie Jay einsah, zur Zeit in Deutschland kein Stif-

[14] O'Donohoe 33ff.; Jedin, Domschule und Kolleg 216f.

[15] Bericht Jays an Alfons Salmeron vom 21. 2. 1545: Epp. Broeti 286ff. (O'Donohoe 67f.). Über die Reformberatungen der Mainzer Provinz als Hintergrund dieser Gespräche vgl. Pfeilschifter, Acta ref. cath. IV, besonders 121.

[16] Der Bischof versprach, sich mit seinen Amtsbrüdern von Eichstätt und Salzburg in Verbindung zu setzen, und forderte Jay auf, seine Vorstellungen schriftlich niederzulegen. Über Ottos eigene Dillinger Pläne, die er 1550 mit der Gründung des Hieronymus-Kollegs in die Tat umsetzte, vgl. Specht, Universität Dillingen 6ff.

[17] „Onde li tre vescovi, con chi ho sollicitato de fondare collegii, dato che siano informati de la nostra Compagnia et vocatione, tamen, se ben li pare che (bisogna) fondare collegii per resuscitare il studio de la theologia, nondimeno incontinente metteno constitutione, le quale non accepteranno persone che vorranno esser de la nostra vocatione. Perchè ciaschaduno vol che le borse, quale lui fonderà, siano alli scholari de la sua diocese, quali, finito le lor studio, stiano ne la loro diocese et siano depoi beneficiati, o pievani, o canonici etc." (Zitat aus den Anm. 15 genannten Brief).

ter finden. Der Pater zog daraus die Folgerung, daß es für die deutsche Kirche in dieser Situation das Beste und für den Orden das einzig Erreichbare sei, wenn er den bischöflichen Kollegien Lehrkräfte lieferte und, gleichsam als Entgelt, ein paar Ordensschüler in ihnen unterbrächte, übrigens mit der heimlichen Hoffnung, daß sich doch auch von den anderen der eine oder andere durch Erziehung und gutes Beispiel für die Societas gewinnen lassen werde[18].

Dieses Programm, das Jay nicht müde wurde in Rom zu empfehlen, eilte der Entwicklung der jesuitischen Kollegformel voraus, nicht ohne sie nachhaltig zu beeinflussen. Trotzdem blieb, auch nachdem der Orden etwa seit der Gründung in Gandia (1546) den öffentlichen Externenunterricht in sein Missionsprogramm und in den Aufgabenkatalog seiner Studienhäuser aufgenommen hatte[19], eine gewisse Inkongruenz der Interessen gegenüber den potentiellen

[18] Bestehe auch keine Hoffnung auf Gründung von Ordenskollegien so müsse doch „in qualunche modo se sia“ dem Theologiestudium in Deutschland aufgeholfen werden. „Et volesse Dio che almancho vollessero fondare collegii, dove ciaschaduno vescovo nutrisce o diece o dodece scholari de la sua diocese, quali fusseno obligati a studiare in theologia, et che vollessero esser preti! ... Benchè, credo, facilmente seranno acceptati alquanti de la Compagnia nostra ..., aciò desseno exempio de ben vivre a gli altri, et aciò se potesso de questa natione tirarne a la Compagnia ... Et per me io sono de questo parere, che se ben la nostra vocatione non sia ordinata a afare ufficio de professori et lectori ordinarii nelle università, tamen in tante necessità extrema, dove se trova questa poura patria, non seria sinon benissime, che alchuni di nostri compagni ... volesseno supplire gratis ... a tal ufficio ... Spero che se fonderano collegii, dove generalmente seranno acceptati pouri scholari, quali diano opera a la sacra scriptura ... Per dare bono principio a questa opera pia, penso seranno ricerchati alchuni de la Compagnia nostra, parte per supplire il bisogno et necessità de lettori ordinarii, quali non se trovano, parte per indrizare queli scholari alli boni costumi, con li quali facilmente seranno acceptati alquanti nostri scholari, per dare bono exempio agli altri, et in questo mezo se poterà tirarne alchuni alla vocatione nostra“ (Zitat aus dem Anm. 15 genannten Schreiben).

[19] Lukács, De origine 195ff. Dem Kolleg in Gandia wurde, dem Stifter, Herzog Franz Borja zuliebe, ein Externenseminar angeschlossen. Im Frühjahr 1546 begann Jay mit dem Bischof von Clermont Verhandlungen, die später zur Gründung des Pariser Kollegs führten. — Die 1552 beschlossenen Ordenskonstitutionen erlaubten neben reinen jesuitischen Ausbildungsstätten auch Kollegien mit öffentlichem Unterricht, sogar unter Vernachlässigung des Seminarbetriebs. Naturgemäß setzte sich dieser letztere Kollegtyp, da er den Interessen weltlicher Stifter am weitesten entgegenkam, in der Folgezeit am erfolgreichsten durch. — Zu der damit noch nicht berührten Frage nach dem Verhältnis von Jesuiten- und theologischen Stipendiatenkollegien vgl. Anm. 64.

Stiftern bestehen. Bischöflichen und weltstaatlichen Seminargründungsbestrebungen empfahl sich ein so definiertes Jesuitenkolleg durch sein öffentliches Unterrichtsangebot, das aber um den Aufpreis der Finanzierung des internen Ordensseminarbetriebes erkauft werden mußte und zudem eine theologische Stipendiatenanstalt in ihrer spezifischen Funktion nicht ersetzen konnte.

Für die Linie der herzoglich-bayerischen Politik wurde nun der Umstand entscheidend, daß dieses jesuitische Angebot ziemlich unvermittelt über alle Interessenkalkulation hinaus in den Rang der Unverzichtbarkeit aufstieg. Eben hatte Bayern sein seminarpolitisches Interesse zum erstenmal bekundet, als eine dringlichere Sorge diese Zielstellung überholte. Die jahrzehntelange Lehrtätigkeit Johann Ecks und seines Kollegen Leonhard Marstaller hatten die Verknappung des theologischen Lehrpersonals, diesen Teilaspekt des allgemeinen Priestermangels, für die Universität Ingolstadt zunächst nicht zum Problem werden lassen, obwohl sich voraussehen lassen mußte, daß die vielbeklagte Verachtung des Theologiestudiums und des geistlichen Standes sich am Ende auch auf die Selbstergänzung der Professorenschaft auswirken mußte[19a]. Als 1542 Leonhard Eck den Nuntius Vauchop für die Förderung des Ingolstädter Studiums interessierte und seine Unterstützung gewann, war die theologische Fakultät noch voll besetzt, und auch

[19a] Allerdings hatte die Besetzung der theologischen Fakultät schon 1472 bei der Universitätsgründung Schwierigkeiten gemacht; der erste Professor (Johann Permeter von Adorf) war 1473 behelfsmäßig promoviert worden, der zweite (Georg Zingel) erst 1475 aus Wien gekommen. Nach beider Tod kam es bereits 1508 für ein Jahr zur völligen Vakanz der Fakultät. — 1523 hatte Johann Eck den Papst auf den Zusammenhang von Theologenmangel und Reformation hingewiesen: „ob paucitatem theologorum haeresis ludderana roborata et aucta (est)"; in ganz Bayern gebe es z. B. außerhalb Ingolstadts nur drei theologische Doktoren. Mit dieser Begründung wurde um das Kanonikatsprivileg für Ingolstadt nachgesucht (vgl. Einl. Anm. 8): die Kathedralkapitel seien in erster Linie verpflichtet, Theologen zu halten und zu fördern. Darüber hinaus verlangte Eck Maßnahmen gegen die protestantischen Universitäten und gegen das weltliche Studium von Klerikern: „Quod constitutus in sacris ordinibus aut alias de jure ad illos artatus in studiis generalibus ultra quinquennium non audiat philosophiam vel dialecticam, nisi simul etiam theologiam audiat vel sacros canones" (W. Friedensburg, Dr. Johann Ecks Denkschriften zur deutschen Kirchenreformation: Beiträge zur bayr. Kirchengeschichte 2, 1896, 159ff. und 222ff.; das meiste davon jetzt auch bei Pfeilschifter, Acta ref. cath.). Für Ecks Polemik gegen das Poetikstudium von Klerikern vgl. auch die bei Th. Wiedemann, Dr. Johann Eck (1865) 676ff. gedruckten Texte über Ecks römische Gesandtschaft von 1523 (Korrekturen dazu bei Seifert, Universität 530ff.).

beim Tode Johann Ecks im folgenden Jahr gelang es noch, die herkömmliche Zweizahl der theologischen Lehrstühle aus eigenem Nachwuchs wiederherzustellen[20]. Erst 1546 kam es zur Krise: im März starb Marstaller, im August zerstreute der Schmalkaldische Krieg die Universität und verwüstete ihre Güter. Bis zum Sommer 1548 gelang es dem Patron Eck, die philosophische und vor allem die juristische Fakultät numerisch und qualitativ vollwertig wiederzubesetzen[21]; erfolglos aber blieben die Bemühungen um die theologische Fakultät, obwohl sie bis nach Köln, Löwen und Paris ausgedehnt wurden[22]. Im Herbst 1547 ging der Herzog die Kurie um Hilfe an. Die gemeinsamen Anstrengungen richteten sich zunächst auf die Anwerbung des Hildesheimer Weihbischofs Balthasar Fannemann, der sich widerstrebend im Sommer 1548, nachdem die theologische Fakultät inzwischen durch den Abgang Oswald Arnspergers völlig verwaist war, zur Übernahme einer Ingolstädter Professur bewegen ließ[23], doch waren die herzoglichen Pläne weiter gespannt. Im März 1547 setzte sich Bischof Moritz von Eichstätt, schwerlich ohne Absprache mit dem Münchener Hof, bei Loyola dafür ein, daß Jay nach Ingolstadt zurückkehren und den Lehrstuhl Marstallers übernehmen dürfe[24]. Im Januar 1548 erwartete die Universität auf Grund von Verheißungen Leonhard Ecks fünf bis sechs neue Theologen[25], und am 1. Juni 1548 kündigte sie in öffentlichem Vorlesungsprogramm für die theologische Fakultät drei italienische Ordensleute an[26]. Wenngleich nicht verifizierbar[27],

[20] Oswald Arnsperger, bisher als lic. theol. und Frauenpfarrer noch Mitglied der Artistenfakultät, erwarb nun die theologische Doktorwürde und eine Professur; er ging im Januar 1548 als Weihbischof nach Freising (vgl. Seifert, Universität Nr. 37).

[21] Vgl. Seifert, Universität Nr. 37.

[22] Vgl. die Belege bei Buxbaum, Pfeilschifter (Acta ref. cath. IV 427f.) und Seifert, Universität Nr. 37. Bereits im Sommer 1545 hatte Herzog Wilhelm die Kölner theologische Fakultät vergeblich um einen „concionator" ersucht (J. Hansen, Rheinische Akten zur Geschichte des Jesuitenordens 1542—1582, 1896, 791), am 10. 6. 1547 bat er die Universität Köln um einen Theologieprofessor für Ingolstadt (Bianco I 437f.). Vgl. dazu auch Boehm-Spörl 136.

[23] NB I/10 208, 310f., 351. Die Korrespondenz des Herzogs und Papst Pauls III. mit Bischof Valentin Tetleben von Hildesheim jetzt bei Pfeilschifter, Acta ref. cath. IV 427ff.; vgl. auch die erschöpfende Zusammenstellung der Belege bei Buxbaum.

[24] Epp. mixtae I 351f., 9. 3. 1547; Epp. Broeti 282.

[25] „... professoribus adventuris in theologia 4 auf 6, sicut princeps et magnificus d.ab Eck polliciti sunt affuturos brevi" (Seifert, Universität 148).

[26] Seifert, Universität Nr. 39; Faksimile-Druck bei Boehm-Spörl 137.

[27] Das betont Buxbaum.

drängt sich der Bezug auf den Jesuitenorden auf. Feste Zusagen von seiner Seite dürften zu diesem Zeitpunkt allerdings noch gefehlt haben, zumal Loyola die Übernahme einer Aufgabe widerstreben mochte, die, wie Jay schrieb, dem Berufungsverständnis der Gesellschaft nicht entsprach. Neben der Rücksicht auf die Notlage mußte aber schließlich die Überlegung den Ausschlag geben, daß der Orden auf dem Weg über das akademische Lehramt an der Universität Fuß fassen und den Boden für eine spätere Kolleggründung vorbereiten konnte.

Im August 1548 sandte der Herzog seinen Sekretär Heinrich Schweiker mit Anträgen „ad commodum et amplificationem gymnasii Ingolstadiensis“ nach Rom[28]. Er traf bei Papst Paul III. auf bereitwilliges Entgegenkommen. Daß sich seine Werbungen zumindest auch an die Adresse der Jesuiten richteten, ist kaum zu bezweifeln[29]. Am 24. Oktober 1548 forderte der Papst zwar zunächst die Generale der Bettelorden auf, der bayerischen Universität mit je zwei bis drei Theologen zur Hilfe zu kommen[30], doch erhielt Schweiker auch eine Zusage für den Jesuiten Jay, die später dem herzoglichen Orator Buslidius gegenüber wiederholt wurde[31]. Herzog Wilhelm scheint nun auch formell und schriftlich einen Antrag in dieser Sache gestellt zu haben[32]. Am 22. Dezember 1548 traf Ignatius erste Anstalten, um den in Messina tätigen Petrus Canisius freizustellen; schon zuvor hatte Eck dem Freisinger Kapitel[33] und der Universität angekündigt, daß der Papst zwei Ordenstheologen

[28] Die Nachweise über diese Sendung, der die drei Breven vom 24. 10. 1548 zu verdanken sind, bei Buxbaum, der die älteren Angaben über eine Romreise Leonhard Ecks als ungesichert verwirft. Verschiedene Texte dazu jetzt gedruckt bei Pfeilschifter, Acta ref. cath. IV 436ff.; Schweiker erhält Auftrag, außer der Regensburger Konfirmationsangelegenheit „etliche bullen unser universitet zu Ingolstat zu verrichten“.

[29] Vgl. dazu unten Anm. 71 Leonhard Ecks Bemerkung vom Dezember 1549, er denke schon seit zwei Jahren über die Gründung eines Jesuitenkollegs nach.

[30] Friedensburg, Festsetzung der Jesuiten 86.

[31] Vgl. Anm. 35.

[32] Dazu und zum folgenden Buxbaum.

[33] Das sich weigerte, die Pensionszahlung fortzusetzen, falls ihm nicht vertragsgemäß ein Theologe präsentiert werde (vgl. Einl. Anm. 8). Eck schrieb dazu Anfang September (?) 1548 an den Freisinger Dompropst, der Herzog habe vergeblich in Köln, Löwen und Paris um Theologen geworben und zuletzt mit dem Hildesheimer Weihbischof vorlieb nehmen müssen. „Zu dem so schickt pabstlich heyligk. ytzt zwen doctores theologie auch heraus, so auch religiosen und auf dem weg sein“ (Seifert, Universität 149; ein weiteres Schreiben Ecks an das Kapitel in derselben Sache: HStA HL Freising 575, 23. 8. 1548).

nach Ingolstadt entsenden werde[34]. Am 27. März 1549 drängte Herzog Wilhelm den Kardinalnepoten Alexander Farnese, endlich die Erfüllung der früheren Versprechungen, nämlich die Entsendung zweier Theologen, darunter Jays, zu veranlassen[35], und aus dem folgenden Monat schließlich stammt die erste schriftliche Zusage der Kurie in dieser Sache: Farnese teilte dem Herzog mit, Loyola werde auf Anweisung des Papstes Jay und zwei weitere Theologen nach Bayern absenden[36].

Von einer jesuitischen Kolleggründung ist in den Dokumenten, die sich über diese Verhandlungen erhalten haben, nicht die Rede. Die Wiederherstellung des um die Kirche hochverdienten Ingolstädter Studiums war im Augenblick die vordringliche Aufgabe, der die Gesellschaft Jesu ihre Mitwirkung nicht gut versagen konnte. Ihr diente auch die von Paul III. am 24. Oktober 1548 angeordnete dreifache Dezimation des bayerischen Klerus, aus deren Ertrag die Güter und Gebäude der Universität restauriert, neue Gülten erworben oder anderes „in ipsius studii duntaxat perpetuam utilitatem" bewirkt werden sollte[37]. Unter dem gleichen Datum erhielt Erzbischof Ernst aus Rom die Aufforderung, nach dem Beispiel seiner Suffragane einen Theologie- oder Kanonistikprofessor in Ingolstadt zu unterhalten; Salzburg hatte im Unterschied zu Augsburg, Freising, Regensburg und Passau dem Kanonikatsprivileg von 1523 bisher nicht Folge geleistet[38].

[34] „Quia vero duo theologi expectantur ex Italia mittendi et iam designati per summum pontificem ... etc." (18. 1. 1549, Seifert, Universität 149).

[35] Gedruckt bei Buxbaum 245ff.

[36] Friedensburg, Festsetzung der Jesuiten 87; Braunsberger I 687 (Regest); Buxbaum 239.

[37] Mederer IV 271ff. Der Herzog wolle, daß „litterarum studia ... viris possint decorari doctis, eisdemque de opportunae subventionis auxilio provideri valeat". Er habe dargelegt, wie der Schmalkaldische Krieg die Güter der Universität verwüstet habe, „ut nulli aut paucissimi nunc ex illis redditus proveniant", so daß nun die Gehälter „ex dictae camerae ducalis proventibus" gezahlt werden müßten. Trotzdem wolle er katholische Gelehrte „tam ex Italia quam aliis diversis mundi partibus" nach Ingolstadt holen. Da jedoch auch die herzogliche Kammer geschwächt sei, bitte er um Hilfe. Gewährt werden „tres integrae decimae omnium et singulorum fructuum", zu zahlen „infra trium annorum proxime futurorum terminum" „in praediorum, villarum et domorum hujusmodi devastatarum restaurationem et aliorum bonorum stabilium pro eodem studio emptionem aut alias in ipsius studii duntaxat perpetuam utilitatem". (Dasselbe jetzt auch bei Pfeilschifter, Acta ref. cath. IV 439ff.).

[38] Friedensburg, Festsetzung der Jesuiten 86; vgl. Einl. Anm. 8.

Über den Bemühungen um Ergänzung und Erweiterung des Ingolstädter Lehrkörpers verlor aber die herzogliche Regierung ihr Seminarprojekt von 1544 nicht aus den Augen. Anfang Juli 1548 wandte Herzog Wilhelm sich erneut brieflich an Erzbischof Ernst, außerdem aber an die Salzburger Suffragane, an die Bischöfe von Augsburg und Eichstätt und sogar an die von Bamberg und Würzburg und forderte sie auf, sich über die Gründung eines Kollegs in Ingolstadt zu verständigen. Gegen den Priestermangel müsse endlich etwas unternommen werden; der Herzog sei selbst im Begriff, die Universität mit Theologieprofessoren zu versehen, er wolle darüber hinaus „ain sonndere behausung unnd ewige stifftung" errichten, in der bischöfliche Stipendiaten „nach gelegenhait und vermugen aines jedlichen stiffts ... erhallten unnd zu predigern geyebt" werden könnten[39]. Sehr klar sprach das herzogliche Schreiben die Meinung aus, die Ausbildung des Kirchennachwuchses könne „nit fueglicher dann auf den universiteten, so mit falschen leeren nit befleckht unnd gelerte und frome preceptores, deren leeren und leben nachzufolgen, versehen sein, beschehen". Wenige Wochen zuvor hatte die von Kaiser Karl V. auf dem Augsburger Reichstag verkündete Reformationsformel die Erhaltung und Förderung der Universitäten zum vornehmsten schulpolitischen Anliegen erhoben[40] und damit eine Linie vorgezeichnet, die für die Seminarpolitik Bayerns und Habsburgs in der Folgezeit verbindlich blieb, der aber die Bischöfe, voll Mißtrauen degen die weltlichen Staaten im allgemeinen und gegen den verweltlichten Betrieb der zwar katholischen, aber „freien" Generalstudien im besonde-

[39] HStA HL Freising 575, Herzog Wilhelm an den Administrator Heinrich von Freising am 13. 7. 1548: Die Lage erfordere „gelerte personen und zum predig ambt tauglich zuerziehen (dieweil der gleich jetzt nit zufinden sein)". Das gehe am besten auf den Universitäten, und zwar so, „das von ettlichen stifften unnd sonnderlich Saltzburg, Passaw, Regenspurg, Augspurg, Aichstett, Pamberg unnd Wiertzpurg, welche wir gleicher gestallt ersuecht haben, geschickhte personen ... auf unnser universitet zue Inngoldstat" unterhalten würden; „ersuechen unnd bitten auch e. l., die wöllen sich mit den obangezaigten beschofen zum furderlichisten underreden und dieses unnser getreues bedennckhen in das werckh ziehen und pringen helffen". — Das Schreiben jetzt gedruckt bei Pfeilschifter, Acta ref. cath. IV 431f.

[40] „Scholae seminaria sunt, non praelatorum tantum et ministrorum ecclesiae, verumetiam magistratuum et eorum, qui consilijs suis respublicas gubernant, quae si negligantur aut depraventur, necesse erit, et ecclesias et respublicas inde periclitari; propterea de earundem instauratione magna cura habenda est ... Quapropter ecclesiarum proceres omni cura, ope et industria ubique per universas suas provincias studia praecipue generalia instaurare, promovere et

ren, mit deutlicher und anhaltender Reserve gegenüberstanden[41]. Auf seinen Vorschlag erhielt Herzog Wilhelm denn auch zwar grundsätzlich zustimmende, aber durchweg hinhaltende Antworten. Der Erzbischof verwies auf die Formula reformationis und die bevorstehenden Reformsynoden, erbot sich aber, den herzoglichen Plan dort und später auf dem Provinzialkonzil auf die Tagesordnung zu setzen[42].

Selbst wenn aber die Bischöfe einen Moment daran gedacht haben sollten, mit dem Herzog in der Seminarfrage zusammenzuarbeiten, so mußte wenig später das päpstliche Dezimationsbreve solche Hoffnungen zerstören. Mitte März 1549 begaben sich herzogliche Gesandte zusammen mit Vertretern der Universität nach Eichstätt und bewogen Bischof Moritz als päpstlichen Kommissar, ein vorbereitetes Exekutorium auszufertigen, das den vier Rentämtern zugestellt wurde[43]. Die erste Ratenerhebung war auf Allerheiligen festgesetzt, die beiden anderen sollten jeweils in Jahresabstand folgen. Vergeblich hatten die Salzburger Bischöfe ver-

conservare satagant". Den bestehenden Universitäten seien ihre Freiheiten und ihre „tam discipulis quam praeceptoribus" verliehenen wirtschaftlichen Vorteile und Benefizien zu bewahren. Gemäß dem Dekret des Lateranense hätten alle Kollegiatkirchen Schulen zu gründen usw. (zitiert nach der erweiterten Fassung im Mainzer Originaldruck von 1559). Über Groppers Einfluß auf die Reformationsformel vgl. Lutz, Reformatio Germaniae und oben Anm. 8.

41 Dem widerspricht im Grunde nicht, daß die Salzburger Provinz die kaiserliche Reformation 1549 in diesen Abschnitten wörtlich in ihre eigene Reformationsformel übernahm; vgl. dazu J. Loserth, Die Salzburger Provinzialsynode von 1549 (Archiv f. österreich. Geschichte 85, 1898, 131ff.) und unten Kap. III Anm. 61ff.

42 Die Antworten Bischof Ottos von Augsburg (27. 7.), des Regensburger Kapitels (27. 7.), Erzbischof Ernsts von Salzburg (28. 7.), des Bischofs von Würzburg (28. 7.) und Bischof Moritz' von Eichstätt (28. 7.): HStA Staatsverw. 2778, 276ff.; jetzt gedruckt bei Pfeilschifter, Acta ref. cath. IV 433ff. In jedem dieser Briefe wird eine gemeinsame Beratung der Bischöfe zu gegebenem Zeitpunkt zugesagt.

43 Vgl. den Bericht des Universitätskämmerers Johann Agricola bei Prantl II 187ff. Der Hofmarschall Gumppenberg und der Sekretär Schweiker gaben dem Universitätssenat am 11. 3. 1549 das Dezimationsindult bekannt und reisten noch am gleichen Tag in Begleitung des Universitätsjuristen Nikolaus Everhard und des Notars Baptist Lochner nach Eichstätt weiter. Die bischöfliche Urkunde war bereits in München diktiert worden, Bischof Moritz fertigte sie am 12. 3. 1549 aus (Pfeilschifter, Acta ref. cath. IV 439). Am 15. 3. waren die Gesandten aus Eichstätt zurück. Leonhard Eck wollte die Urkunde zunächst drucken lassen; man begnügte sich dann aber damit, vier notarielle Transsumpte anzufertigen und zusammen mit einem gedruckten herzoglichen Mandat an die vier Rentämter zu schicken.

sucht, den Eichstätter von dieser Amtshandlung abzuhalten[44]. Auch in München erhoben erzbischöfliche Gesandte Protest: ihr Herr sei nicht ausreichend unterrichtet worden, eine solche Besteuerung widerspreche den kanonischen Prinzipien und sei übrigens für diesen Zweck „fil zu ubermässig", sie werde die Not der bayerischen Kirche verschärfen statt mildern. Die Universität sei reich fundiert, sie erhalte auch von den Kathedralkirchen finanzielle Unterstützung[45], und es habe dort lange Zeit so wenig Professoren gegeben, daß man Geld gespart haben müsse. Der Herzog möge daher von der Dezimation absehen, wenigstens bis zu einer Verständigung mit den Bischöfen[46].

Herzog Wilhelm scheint diese Opposition unterschätzt zu haben, denn er lieferte ihr unvorsichtig eine Reihe formaler Vorwände, die sich auf den weiteren Verlauf der Dezimation verhängnisvoll auswirken sollten. Im März 1549 war ausdrücklich vereinbart worden, daß nicht die bayerischen Rentmeister, sondern bischöfliche Subdelegierte die Besteuerung vornehmen sollten; daran scheint man sich im Herbst nicht gehalten zu haben[47]. Ebenfalls unbeachtet blieb die im Breve vorgesehene Exemtion der Kathedralkirchen, wie eine Beschwerde des Eichstätter Kapitels bezeugt[48]. Vollends allgemein aber war der Chor der Entrüstung, und auch die Universität stimmte vorsichtig in ihn ein, als Herzog Wilhelm seine Hand nach dem Steuerertrag ausstreckte, der kurz vor Weihnachten in der enttäuschend bescheidenen Summe von 22 000 Gulden zusammengebracht und zunächst vorschriftsgemäß in der Sakristei der Ingolstädter Frauenkirche hinterlegt worden war[49]. Dem Breve zufolge hätte er dort bis zur bestimmungsge-

[44] So berichtet Agricola: Prantl II 189.

[45] Nämlich die Kanonikatspensionen nach dem Privileg von 1523 (vgl. Einl. Anm. 8).

[46] Undatierte Denkschrift Salzburger Gesandter für Herzog Wilhelm: HStA HL Salzburg 252, 209ff.

[47] Vgl. auch unten Anm. 86 sowie Prantl II 187ff. In der Funktion bischöflicher Subdelegierter begegnen auf einem gedruckten Empfangsformular die Äbte von Scheyern, Prüfening und Aldersbach sowie der Propst von Ranshofen; sie bezeichnen sich jedoch zugleich als „verordnete einnemer" des Herzogs (UA D III 4, 569).

[48] HStA HL Salzburg 252, 219f., undatiert. Man habe sich deshalb schon an Eck und Herzog Wilhelm gewandt, doch ohne Erfolg. Auch hier wird moniert, daß herzogliche Amtleute an der Steuereinziehung beteiligt seien.

[49] Der Betrag wurde am 21. 12. 1549 in der Sakristei hinterlegt; man rechnete zu diesem Zeitpunkt noch mit 4000 Gulden an Ausständen (UA D III 4, 621f.).

mäßen Verwendung durch den Bischof verbleiben sollen. In dringender Geldnot forderte aber der Herzog auf dem Münchener Landtag im Januar 1550 die Stände auf, sich mit den Dezimationskommissaren wegen der Darleihung ihres Schatzes in Verbindung zu setzen[50]. Die Landschaft stimmte zwar zu, überließ aber die Verhandlungen mit Bischof Moritz dem Herzog[51]. Noch bevor sie zum Erfolg geführt hatten, brachte der herzogliche Kammermeister am 29. Januar das Geld in seinen Besitz[52]. Der Bischof erteilte dem Herzog nun eine „misstregig und abschlegig antwortt" und verlangte ausreichende Sicherungen[53]. Inzwischen war der Landtag auseinander gegangen, ohne sich für die Rückerstattung des in seinem Namen entliehenen Betrags schriftlich zu verbürgen[54]. Herzog Wilhelm verwahrte sich am 1. Februar dem Bischof gegenüber zwar ungnädig gegen Verdächtigungen und Unterstellungen, verpflichtete sich aber doch, bis Ostern eine Verschreibung der Landschaft zu beschaffen, derzufolge das Dezimationsgeld bis zum Jahresende „vor aller anderen ausgab" zurückerstattet werden sollte[55]. Jetzt empfahl Bischof Moritz der Universität, der Transaktion zuzustimmen[56]. Der Vereinbarung des Herzogs

[50] Vorlage des herzoglichen Kammermeisters Leonhard Zierer vom 20. 1. 1550: „Und damit euch sollichs" (nämlich die sofortige Begleichung zweier herzoglicher Schuldposten) „mit nichten beschwerlich, so zaigen wir euch hiemit genediger maynung an, das ir die bäpstlichen commissarien schrifftlichen ersuechen mugt, euch ... alle gefell des zehenndten pfennigs (welche in unnser stat Inngollstat verwart ligen) yetzt allspallt auf erbere widerbezallung furzestreckhen unnd herzeleyhen", um sie dann vom künftigen Steuerertrag zurückzuzahlen (HStA Altb. LL 374; vgl. auch Freyberg, Landstände II 301f.).

[51] Instruktion für die Landschaftsverordneten vom 23. 1. 1550: Falls Herzog Wilhelm die Summe von den päpstlichen Kommissaren aufbringe, sollen sie sie, aber in Anrechnung auf die Bewilligung von 200 000fl., zurückzahlen (HStA Altb. LL 374).

[52] Prantl II 190.

[53] Dieses Schreiben fehlt; vgl. die herzogliche Antwort Anm. 55. Sie setzt nicht erhaltene Briefe beider Seiten voraus.

[54] Immer nach dem Bericht Agricolas (Prantl II 190).

[55] „... So verpflichten wir uns hiermit für uns selbs zu mererm überfluss, das wir bei unsern und gemainer unser landtschaft verordneten commissarien und einnemern der bewilligten steur darob sein und sy dahin vermögen und halten wellen, ... zwüschen hie und Ostern e. f. ain verschreibung und verpflichtung des inhalts zuezeschicken, das sy von eingezogner und empfangner steur diss jahres und vor verscheinung desselb vermüg vorigen unnserer landtschafft schreibens e. f. die 22 000 gulden gen Ingolstatt vor aller anderen ausgab erledigen und bezalen sollen. Und desshalben wir uns hiemit verschriben haben ..." (Prantl II 190f.).

[56] Prantl II 191f.

mit der Landschaft zufolge wurden die 22 000 Gulden als Vorschuß auf den ihm für dieses Jahr bewilligten Steuerbetrag von 100 000 Gulden angerechnet.

Entgingen die genaueren Modalitäten dieser Transaktion den Fernerstehenden, so ließ sie selbst sich doch nicht verbergen. Das warme Dankschreiben der Universität an ihren bischöflichen Kanzler[57] und der bitter-ironische Kommentar, mit dem der Kämmerer Agricola die Vorgänge begleitete, bezeugen den Eindruck, den sie allenthalben gemacht haben muß. Nicht von ungefähr sagte Herzog Wilhelm dem Bischof zu, ihn in Rom beim neuen Papst „verantworten zu helfen“[58]. Andererseits hat Agricola seine Aufzeichnungen später korrigiert[59], und man kann wirklich den herzoglichen Versicherungen glauben, daß nicht daran gedacht war, die Universität um ihr Eigentum zu bringen. Die Gefahren freilich, die sich aus der Berührung mit dem herzoglichen Haushalts- und Schuldenwesen für das Dezimationskapital ergaben, mußten sich voraussehen lassen.

Genauere Vorstellungen darüber, was mit dem neuen Besitz später anzufangen sei, scheinen am Hof noch gefehlt zu haben. Im Januar 1549 hatte Leonhard Eck der Universität angekündigt, der Dezimationsertrag, auf den man damals noch übertriebene Hoffnungen setzte, werde für die Errichtung von „contubernia et collegia“ verwandt werden, um die Studenten in bessere Zucht nehmen zu können[60]. Anfang November 1549, also kurz vor der Steuererhebung, kamen nun aber die versprochenen drei jesuitischen Theologieprofessoren nach Ingolstadt: neben dem nur auf Zeit bewilligten Claude Jay der Spanier Alphons Salmeron und der Niederländer Petrus Canisius. Sie hatten Auftrag[61], sich vorsichtig und indirekt, gleichsam nicht im Interesse der Gesellschaft, sondern der deutschen Kirche, für die Gründung eines Ordens-

57 Prantl II 192 (12. 2. 1550).

58 „... auch solichs bey künfftiger bäbstlicher heyligkeit und dem stuel zu Rom e. f. verantwortten helffen wellen“ (Prantl II 191).

59 Die von Prantl registrierten Korrekturen stammen durchweg von Agricola selbst.

60 „Brevi impetrata pecunia per summum pontificem corradenda comparentur contubernia et collegia, in quibus detineantur vi studiosi“, die nämlich soeben mit den städtischen Nachtwächtern zusammengestoßen waren (UA D III 4, 582).

61 Instruktion für die nach Deutschland abgeordneten Ordensbrüder vom 24. 9. 1549: Mon. Ign. I/12 239ff. Die Anweisungen galten immer zugleich für Ingolstadt und für Kolleggründungen auf deutschem Boden allgemein.

kollegs einzusetzen. Die Ratgeber des Herzogs, besonders Eck, sollten sie durch musterhafte Aufführung für den Orden einnehmen und zugleich über den Nutzen von „seminaria huiusmodi hominum“ für Kirche und Staat, auch für die Universität, informieren. Die Dotation könne durch Union von Benefizien oder Klöstern erfolgen. Sollte der Herzog darauf bestehen, daß in das Kolleg auch Nichtjesuiten aufgenommen würden, so sei gegen eine solche Gründung gemischten Charakters unter jesuitischer Leitung nichts einzuwenden[62].

Jays Berichte und Argumente hatten, wie diese letzte Bestimmung zeigt, in Rom ihren Eindruck nicht verfehlt. In der Entwicklung der jesuitischen Kollegformel bezeichnet die Ingolstädter Instruktion ein neues Stadium. Nach der grundsätzlichen Anerkennung des Externenunterrichts, zu der sich die Gesellschaft in der zweiten Hälfte der vierziger Jahre durchgerungen hatte, bedurfte ja ihr Verhältnis zu den seitens der Bischöfe und weltlichen Fürsten angestrebten Stipendiatenanstalten[63] noch immer der Klärung. Jay war mit seinen Empfehlungen in diesem Punkt weiter vorgestoßen, als es dem Orden später vielfach mit seinem Missionsverständnis verträglich schien[64]; Ignatius folgte ihm nun, doch hat auch er diese wohl vornehmlich taktisch motivierte Entscheidung bald unter neuen Umständen wieder in Frage gestellt. Sie ließ sich ja im engsten Sinn interpretieren: Im September 1550 erklärte Jay Befragern, in das Jesuitenkolleg könnten „einige“ Externenschüler aufgenommen werden[65], mit ähnlichen Wendun-

62 „Si videretur eo inclinari ducis vel aliorum sententiam, ut collegia essent liberiora, et possent in eis etiam non relligiosi habitare, significetur institui sic posse, ut partim ex relligiosis, partim ex aliis constarent“, die Leitung aber bei den Jesuiten sei.

63 Für die sich auch, ganz im Sinne seines Mentors Jay, Canisius am Jahresende 1549 einsetzte: „... optimum sane esset maximeque compendiarium collegia hinc inde in academiis theologica instituere ..., cum ex talibus seminariis omnibus passim ecclesiae plantae insererentur“ (Buxbaum, Anhang 2).

64 Vgl. dazu Lukács, De origine collegiorum externorum, der sich allerdings nur mit dem Externenunterricht im allgemeinen befaßt, und Schröteler, bei dem neben den Externenkonvikten im engeren Sinne die Stipendiateninternate nicht berührt werden.

65 Jay an Loyola am 12. 9. 1550: Auf Verlangen einiger Leute (wohl Universitätsprofessoren) habe er die jesutische Kollegvorstellung schriftlich niedergelegt, darin auch eingeräumt, daß es möglich sei „de acettare alchuni scholari dentro il collegio, anchora che non siano de la Compagnia“, allerdings unter bestimmten, nicht genannten Bedingungen (Epp. Broeti 357f.). — Tatsächlich spielte die Praxis, vereinzelt Externe in das Kolleg aufzunehmen,

gen räumten zwei Jahre später Loyolas Konstitutionen diese Möglichkeit ein, wobei heimlich zugleich an die Werbung von Ordensnachwuchs gedacht war. Die spätere Praxis auch des Ingolstädter Kollegs nahm diese Konzession auf, hielt sich aber an die Regel, daß solche Hausgäste für den Eintritt in den Orden nicht disqualifiziert sein durften. Was die eigentlichen Externenkonvikte betrifft, so nahm die Societas etwa seit Mitte der fünfziger Jahre ihnen gegenüber eine recht aufgeschlossene und bereitwillige Haltung ein, die aber später einem kritischen, distanzierten Verhältnis weichen mußte.

Die Instruktion von 1549 schien also einen Kompromiß zwischen den herzoglichen Seminarplanungen und den jesuitischen Kollegwünschen möglich zu machen. Wie dringend die Universität ein theologisches Stipendiatenkolleg brauchen konnte, hatten die drei Ordensprofessoren Gelegenheit, durch eigene Anschauung zu erfahren. Die Klage über die geringe Zahl und Qualität seiner Hörer kehrt etwa in Petrus Canisius' Berichten[66] wie ein Refrain wieder. Aloisius Lipomanus, Bischof von Verona, schrieb im Mai 1550 nach einem Besuch in Ingolstadt, die vier Theologieprofessoren hielten ihre Vorlesungen vor insgesamt 14 Studenten, von denen zehn ohne die nötige Vorbildung seien und nur auf Befehl kämen. Wieviel sinnvoller sei doch im Vergleich mit solchen Zuständen eine Kolleggründung, wie sie soeben der Augsburger Kardinal unternommen habe[67]! — Wieder hatte sich erwiesen, daß die Bestellung tüchtiger Professoren, also auch eine den gleichen Effekt auf Dauer versprechende jesuitische Kolleggründung die erwünschte Leistungssteigerung der theologischen Fakultät solange nicht gewährleistete, wie sie nicht von einer planmäßigen und großzügigen Studienförderung flankiert wurde.

Im Dezember 1549 beriet Leonhard Eck mit der Universität in Anwesenheit der drei Jesuiten über die Verwendung des Dezima-

und zwar möglichst solche, die für den späteren Eintritt in den Orden geeignet schienen, in der Frühzeit des Ingolstädter Kollegs eine beträchtliche Rolle.

66 Vgl. Braunsberger I passim.

67 Bischof Aloisius Lipomanus aus Dillingen an Kardinal Marcello Cervini am 5. 5. 1550 (Conc. Trid. XI 553). Er war an der Sache insofern persönlich interessiert, als Alphons Salmeron im Vorjahr aus Verona abgezogen und nach Ingolstadt geschickt worden war. Tatsächlich durfte Salmeron im August 1550 nach Verona zurückkehren (vgl. Anm. 82). — Bischof Otto Truchseß hatte sein neugegründetes Dillinger Hieronymus-Kolleg am 22. 2. 1550 durch Papst Julius III. bestätigen lassen (Specht, Universität Dillingen 6f.).

tionsertrags[68]. Man dachte allgemein an den Kauf von Gütern, von einer Kolleggründung („ni per theologi in generale, ni per la Compagnia in particolare") war zu Jays Enttäuschung zunächst nicht die Rede. Selbst von ihren besten Freunden wurde den Patres empfohlen, auf diese Gelder keinen Anspruch zu erheben[69]. Sie entschlossen sich aber, Eck bei dieser Gelegenheit ihr Anliegen offen und deutlich vorzutragen[70]. Der Patron erwiderte, er habe selbst schon vor zwei Jahren an eine solche Gründung gedacht, die aber nicht aus dem der Universität zustehenden Dezimationsaufkommen, sondern durch die Union von vakanten Klöstern und Benefizien finanziert werden sollte[71], also so, wie es auch Loyolas Instruktion vorgeschlagen hatte.

Inzwischen war der Farnesepapst gestorben, der die bayerischen Planungen so freigiebig unterstützt hatte. Als nach langem Konklave endlich im Februar 1550 Julius III. den apostolischen Stuhl bestieg, waren für den Herzog Anlaß und Gelegenheit gegeben, Heinrich Schweiker ein zweitesmal nach Rom zu entsenden. Es scheint und liegt nahe, daß er um ein Indult für die vakanten Klöster einkommen sollte; außerdem mußte aber auch die Dezimation in Sache und Form gegen die Anklagen der Bischöfe verteidigt und ihre Fortsetzung durch den neuen Papst bestätigt werden.

[68] Darüber berichtete am 19. 12. 1549 Jay an Loyola (Epp. Broeti 346ff.); inhaltlich voll entsprechend die Aufzeichnung Polancos (Chronicon I 416).

[69] Der Regens des Georgianums Erasmus Wolf, Beichtkind Jays, erklärte gegenüber Canisius: „si noi cerchassemo di questi dinari, quali sono applicati per il commune de la università, che se facesse collegio per li nostri, che tutti gli altri se leveriano contra di noi."

[70] Eck hatte soeben mit großer Befriedigung eine Theologievorlesung Salmerons gehört. Jay sprach ihn bei dieser Gelegenheit an: „et la summa o veramente il scopo si era, che ci pareva che era l'honore de Dio, il bene de la università, de la Baviera, imo di tutta la Germania, che havessemo uno collegio in questa università del nostro instituto . . ., nello quale fosse nutrito uno bono numero de scholari", und das beständig zwei Theologen und einen Philosophen für den Universitätsunterricht zur Verfügung stellen würde.

[71] Eck erklärte, Jay zufolge, „che erano alchuni beneficii, como priorati di frati, vacanti o desolati etc., et che con la authorità del signor Ponti era cosa facillima havere il collegio, et che questa era la mente de lo Illmo. ducha". Es solle nur die Wahl des neuen Papstes abgewartet werden. Übrigens sei ein Vorrat von 10 000 Gulden vorhanden, der ebenfalls an die Kolleggründung gewendet werden könne. — Klarer noch Polanco (Chronicon I 416): „ad hujusmodi Collegii erectionem non decimas ullas, ne Universitati subtrahi quicquam videretur, sed ex aliqua abbatia, a monachis deserta, vel vacantibus beneficiis ecclesiasticis fundationem Collegii, Pontificis summi auctoritate, faciendam videri". Vgl. auch Mon. Ign I/2 616.

Zum erstenmal verpflichtete sich Herzog Wilhelm jetzt schriftlich, den Jesuiten in Bayern ein Kolleg zu gründen[72].

Wohl noch bevor Schweiker etwas ausgerichtet hatte, starb Wilhelm am 6. März, und Eck folgte ihm elf Tage später ins Grab. Das seminarpolitische Erbe, das sie Herzog Albrecht V. und seinem zunächst führenden Rat und Universitätspatron Georg Stockhamer hinterließen, war nichts weniger als wohlgeordnet. Im Frühjahr 1550 wandte sich Erzbischof Ernst zugleich im Namen seiner Suffragane mit seinen Beschwerden gegen die Dezimation an den Papst. Schweiker wird die Erfahrung gemacht haben, daß sich die Stimmung an der Kurie seit seinem letzten Besuch gewandelt hatte. Seine Bemühungen und diejenigen der Freunde Bayerns im Kardinalskolleg[73] konnten nicht verhindern, daß der erzbischöfliche Orator Dr. Konrad Arzt in der „causa decimae Bavaricae" ein Breve

[72] Beglaubigungsschreiben Herzog Wilhelms für Schweiker an Kardinal Marcello Crescenzio vom 17. 2. 1550: „... huius ordinis collegium in ducatu nostro, et evidentissimis de causis apud universale studium nostrum Ingolstadiense instituere dotareque decrevimus" (Mon. Ign. I/12 523). Weitere Empfehlungsschreiben bei Braunsberger I 693f., Duhr I 54 und Buxbaum. Polanco (Chronicon II 71f.) berichtet, Schweiker habe um die Union einiger Klöster mit dem künftigen Jesuitenkolleg gebeten. Das Ergebnis ist nicht bekannt; unklar bleibt weiter, ob es diese Gesandtschaft ist, auf die sich der Herzog in seinem Entwurf vom 1. 6. 1550 beruft (vgl. Anm. 73), oder ob Schweiker, was wohl unwahrscheinlich ist, im gleichen Frühjahr ein zweites Mal nach Rom gereist ist.

[73] Vgl. darüber den nicht abgeschickten Brief Albrechts an Papst Julius vom 1. 6. 1550 (HStA Jes. 1748/I ante 1; gedruckt bei Druffel I 443ff.; Regest bei Braunsberger I 696). Es heißt darin, Schweiker sei „superioribus diebus" „Ingolstadiensis universalis studij nostri causa" in Rom gewesen und habe bei Papst und Kardinälen vorgesprochen. Nach Erzählung des bisherigen Hergangs der Dinge (Dezimation und Berufung der Jesuiten) und nach einem hohen Lob für die drei Ingolstädter Patres fährt der Entwurf fort: „Ea de re et quantam pecuniae summam ex prima decima (pater) collegerit et quo in opere perficiendo haereatur, ad sanctitatem v. . . . Mauritius episcopus Eystettensis ... perscribet, a quo procul dubio longe diversam quam a nonnullis falsa percepisse sanctitatem v. ad me allatum est, informationem beatitudo vestra intelliget." Ingolstadt sie das „unicum universale studium reliquum ex omnibus in fide catholica et veterum orthodoxorum doctrina seminanda plantandaque constans". „Accedit ut in ipso iam opere sum, ut eiusdem ordinis collegium erigatur, quemadmodum hoc ex secretario meo et suis cardinalibus sanctitas v. paucos ante dies cognovit." Nirgends könnten die Jesuiten größeren Nutzen schaffen als an dieser vielbesuchten Universität; andere Theologieprofessoren seien in Bayern nicht aufzutreiben. Julius möge daher verhindern, „ne ad importunas preces hi viri a publico commodo ad privatum, ex auditorio frequentissimo in desolatum desertumque, unde nullus fructus unquam sperari possit, abducantur". — Die letztere Bemerkung bezog sich wo-

erwirkte, das freilich auch die Bischöfe nicht ganz zufriedenstellte[74]. Schweikers Bericht veranlaßte den Herzog, am 9. Juli 1550 seine und die väterlichen Absichten und Maßnahmen in einem ausführlichen Schreiben an den Papst zu rechtfertigen. Bischof Moritz könne bestätigen, wie ungerecht die Vorwürfe der Bischöfe seien; die Dezimation habe nicht mehr als 22 000 Gulden erbracht, und es liege dem Herzog fern, davon etwas für sich selbst zu beanspruchen. Die Kurie muß wohl mit der Abberufung der Jesuiten aus Ingolstadt gedroht haben, denn Albrecht bat den Papst dringlich, das nicht zuzulassen. Nirgends könnten diese Männer größeren Nutzen schaffen als in der einzigen noch zuverlässig katholischen Universität Deutschlands. Auch künftig solle es ihnen an nichts fehlen. Was aber die von Herzog Wilhelm erwogene Gründung eines „collegium theologicum eiusdem ordinis" betreffe, so sei man schon im Begriff sie auszuführen[75].

Das väterliche Versprechen hatte Herzog Albrecht damit, wenn auch in zweideutiger Formulierung, erneuert. Als dies geschah, war allerdings das solchermaßen mit dem Kollegprojekt in Ver-

möglich schon auf die Universität Wien. Bischof Moritz scheint sein angekündigtes Fürschreiben erst im Januar 1551 an Loyola gerichtet zu haben (vgl. Anm. 90). Schweikers Sendung wird auch erwähnt in dem Anm. 80 zitierten Memorial Jays und Canisius' (Braunsberger I 325).

[74] Das Breve habe ich nicht gefunden. Am 18. 4. 1550 beschloß eine Salzburger Bischofsversammlung zur „causa decimae Bavaricae": Dr. Konrad Arzt habe namens des Erzbischofs in Rom ein Breve erwirkt. Die Bischöfe zweifelten, ob er es nicht übereilt akzeptiert habe, und baten um genauere Information (HStA HL Freising 204, 9ff.). Am 9. 6. 1550 teilte der Erzbischof Dr. Arzt mit, er habe das Breve dem Herzog noch nicht zugestellt, sondern warte erst die Antwort seiner Mitbischöfe ab. Man plane eine Appellation, die Zitation der Gegenseite und der Universität müsse vor dem 26. August erfolgen (HStA HL Salzburg 170). Noch im Oktober war das Breve nicht übergeben (vgl. Anm. 86).

[75] Herzog Albrecht an Papst Julius III. am 9. 7. 1550 (HStA Jes. 1748/I 2 ante 1; gedruckt bei Druffel I 141ff., Regest bei Braunsberger I 696f.): „Ea de causa a s. v. humillime peto, ne dictos tres theologos vel eorum aliquem ex academia Ingolstadiensi avocet (Zusatz:) aut per quemvis alium avocari permittet ...". „De decimis postremum in usum eiusdem academiae colligendis, quia ad me allatum est, sanctitati v. diversa non absque invidia et veritatis suppressione a nonnullis suggeri, eius rei plenam informationem sanctitas v. a. ... Mauritio episcopo Eystettensi commissario apostolico petere potest et deinde, quod rationes postulant, iuste statuere ... Sancte affirmare possum collectam illam non ultra viginti duo millia florenorum ... ascendisse, nec quicquam privati lucri inde ut capiam animum inducere ... Accedit quod meditatum a parente meo collegium (Zusatz: theologicum) eiusdem ordinis iam iam ad effectum deducere accinctus sum."

bindung gebrachte Dezimationskapital soeben durch eine neuerliche Finanzmanipulation für Stiftungsprojekte unverfügbar geworden. Auf dem Landshuter Huldigungslandtag im Mai 1550 fand Herzog Albrecht sein aus der Steuerbewilligung vom Januar stammendes Guthaben mit dem Universitätsdarlehen empfindlich belastet[76]. Unter dem Eindruck seiner Geldverlegenheit wurde ihm aber von den Ständen vorgeschlagen, der Universität diese 22 000 Gulden vorläufig nicht zurückzuzahlen, sondern zwei Jahre lang zu verzinsen. Die Universität werde gewiß zustimmen, zumal sie das Geld ja doch irgendwie anlegen müsse[77]. Im Sommer 1550 ließ der Herzog darüber mit dem Bischof verhandeln[78], mit unbekanntem Ergebnis. Da die Landschaft jedenfalls im Laufe dieses Jahres das Dezimationsdarlehen an den Herzog auszahlte[79], lag es von nun an, noch immer unverschrieben und unverzinst, auf der herzoglichen Kammer fest.

Es mag mit dieser finanzpolitischen Situation zusammenhängen, daß nun auch die beiderseitigen Vorstellungen über die Ingolstädter Kolleggründung schärfer, wenn auch noch nicht eindeutig, auseinanderzutreten begannen. Eck hatte es lange vermieden, sich

[76] HStA Altb. LL 610, 218': Der Herzog solle sofort in Abschlag auf die im Januar für das laufende Jahr bewilligten 100 000 Gulden 40 000 fl. bekommen; von dem Rest sei das „der universitet zu Inngollstat enntlehent gelt" zurückzuzahlen (3. 5. 1550).

[77] „... Haben wir in bedennckhen gefasst, das e. f. g. möchten dieselben 20 000 gullden yetzt abzerichten wol einstellen, allso weil ye die gedacht universitet ungezweifelt solch gelt sonnst anlegen wurden, das sy e. f. g. zuegefallen solche summa auf zway jarlanng liessen auf geburliche verzinsung innhenndig, welchen zinß wir allßdann sambt der haubtsumma abzerichten auf unns nemen urbüttig". Sollte der Bischof dieses Ansinnen abschlagen, so könne der Herzog die gleiche Summe woanders als Darlehen aufbringen (HStA Altb. LL 610, 224'; gleichfalls Lit. 611, 67'f.; vgl. auch Freyberg, Landstände II 301f.).

[78] Die Landschaftskommissare ihrerseits weigerten sich, an der Transaktion mitzuwirken. Am 31. 7. 1550 erteilte der Kammermeister Karl Köck einem unbekannten Adressaten in dieser Sache einen Verhandlungsauftrag; dem Bischof solle gesagt werden, daß die Landschaft den Betrag zweifellos bald zurückzahlen werde, schon weil sie die Zinszahlung loswerden wolle (HStA Altb. LL 610, 280f.). Zuvor hatte sich die Universität im April 1550 an den Bischof gewandt und gebeten, für die Rückzahlung des Darlehens zu sorgen; der Bischof war jedoch gerade verreist (UA D III 4, 641f.).

[79] Am 18. 8. 1551 bestätigte der Herzog, daß die Landschaft entsprechend der Bewilligung vom Januar 1550 200 000 Gulden herzoglicher Schulden abgelöst habe, „darein die 22 000 gulden, so unserer universitet Innglstat zugehörig, auch gerechnt sein" (HStA Altb. LL 612, 105ff.). Zu dieser Zeit hatte der Herzog der Universität bereits die Zinsverschreibung gegeben (vgl. Anm. 97).

unmißverständlich festzulegen, doch konnten die Jesuiten sich inzwischen auf das wilhelminische Versprechen berufen, das ihre Verhandlungsposition gegenüber dem Vorjahr verbessert hatte. Im Anschluß an einen ersten Besuch Stockhamers in Ingolstadt wurde ihm durch Jay und Canisius ein Memorandum vorgelegt[80], das in dem Bestreben, die herzoglichen Wünsche nicht zu enttäuschen, ohne die eigenen Ansprüche verbindlich zurückzustecken, kaum geeignet war, Mißverständnisse auf herzoglicher Seite auszuräumen. Um die Vorlesungen der theologischen Fakultät mit Hörern zu füllen, gebe es nur den Weg, ein Kolleg zu gründen, in dem recht viele arme, begabte und zum Theologiestudium verpflichtete Studenten unterhalten würden[81], — ein überzeugend klingendes Programm, dem aber, für Eingeweihte unüberhörbar, der Hinweis auf die Ordenskollegien in Portugal, Spanien und Italien auf dem Fuß folgte.

In der Drohung mit der Abberufung seiner Ingolstädter Professoren, aber auch in dem wachsenden Unbehagen der Kurie über die bayerische Dezimationspolitik verfügte der Orden über Instrumente, den Herzog zur Erfüllung dieser Wünsche zu zwingen. Gleichsam als Warnung ließ Loyola im August 1550 Claude Jay aus Ingolstadt abziehen und Alphons Salmeron, den erfolgreichsten Lehrer unter den drei Patres, durch Nikolaus Gaudanus ersetzen. Dem Herzog erklärte er rundheraus, der Entsendung weiterer Professoren müsse die versprochene Kolleggründung vorausgehen[82]. Andererseits scheint die Kurie vorläufig nicht daran gedacht zu haben, dem Herzog die dafür notwendigen Mittel, zuvörderst also die ausständigen beiden Dezimationsraten, zu entziehen. Im

80 Petrus Canisius im Namen von Claude Jay an Georg Stockhamer am 10. 6. 1550 (Braunsberger I 323ff.).

81 „... non videri nobis remedium aliud superesse, nisi ut bene multis adolescentibus constitueretur collegium, in eo pauperes alerentur studiosi, bonis ingeniis praediti ..., sacris tantum studiis destinati ..."

82 Loyola an Herzog Albrecht am 13. 8. 1550: Jajus sei ohnehin nur befristet nach Ingolstadt geschickt worden, Salmeron werde gegen Gaudanus ausgetauscht. „Ubi autem collegium illud quod erigendum piae memoriae pater erat curaturus ab exc. tua cum Dei auxilio et sedis apostolicae ... erectum fuerit, tunc alios etiam aliarum facultatum professores eo mittere in animo habeo" (Mon. Ign. I/3 143ff., hier zitiert nach dem Original HStA Jes. 1746, 8). Polanco berichtet, der Bischof von Verona habe Salmerons Rückkehr beim Papst erwirkt, „P. Ignatio non repugnante, immo hoc ipsum suggerente" (Chronicon II 68f.). Jay schrieb später (am 18. 2. 1551) an Loyola, seit der Abberufung Salmerons habe sich das Verhältnis Herzog Albrechts zu den Jesuiten abgekühlt (Epp. Broeti 368f.).

September 1550 erhielt der Nuntius Pighino Auftrag, am Augsburger Reichstag mit beiden Seiten über den Dezimationsstreit zu verhandeln[83]. Den Bischof von Eichstätt rügte Pighino dafür, daß er die Mitwirkung herzoglicher Amtleute an der Zehnterhebung und die Zweckentfremdung des Steuerertrags zugelassen habe, und schärfte ihm ein, die Fortsetzung der Dezimation bedürfe nach der Stuhlbesteigung Julius' III. einer erneuten päpstlichen Bestätigung[84]. Auf der anderen Seite distanzierte sich der Nuntius deutlich von der grundsätzlichen Ablehnung der Dezimation, wie sie ihm von den bischöflichen Gesandten nahegelegt wurde[85]. Er hatte sich von herzoglichen Räten informieren lassen und konnte nun den Bischöfen vorhalten, „das von disen decimis sollt ain sunders collegium erpawet unnd etliche personen allain ad studium theologicum zuunderhallten gestifft" werden. Angesichts einer so löblichen Zielsetzung empfehle sich eine gütliche Verständigung mit dem Herzog, die er, Pighino, gern vermitteln wolle. Die Steuer solle künftig allein durch die Bischöfe ausgeschrieben und eingezogen, die Aufsicht über die Ingolstädter Stiftung der Kirche reserviert werden[86]. Ganz ähnlich berichtete Pighino am 19. September nach Rom: der Dezimation möge ihr Lauf gelassen werden, weil sie einem „heiligen, guten und sehr nötigen" Werk diene. Dem Klerus könne man entgegenkommen, indem die restlichen beiden Jah-

[83] Am 9. 9. 1550 (Conc. Trid. XI 579). Über seine Verhandlungen mit den Bischöfen vgl. den Bericht Freisinger Gesandter aus Augsburg nach Salzburg vom 14. 10. 1550 in HStA HL Freising 211.

[84] Pighino erklärte den Gesandten, er habe mit Bischof Moritz geredet, „unnd sunderlich warumb die limites des indulti nit weren gehalltenn unnd di anschleg und exaction den laicis were bevolhenn wordenn, item warumb das empfangen gellt nit ad opus et usum constitutum nit were gewanndt worden". Moritz habe sich entschuldigt und eine päpstliche „inhibitio" verlangt, die ihm aber verweigert worden sei.

[85] Der Ertrag sei viel höher als der Schaden, den die Universität im Krieg erlitten habe, „und bedarff zu den schuelern und legenten, so zue Ingolstatt weren, über das einkumen, so die universitet vor het, nindert". Übrigens wisse man ja, wo der erste Zehnt geblieben sei, und mit dem zweiten werde es, wenn die Erhebung nicht verhindert werde, genauso gehen.

[86] „... so wollt er sich adiunctis aliquibus ecclesiasticis personis gern gebrauchen lassen. Er wollt auch darob, das das gellt, so von den gaistlichen gegebenn und den ordinarijs sollt angeschlagen, einpracht und angelegt werdenn, et quod dispositio huius fundationis semper maneat apud ecclesiasticos." Die Gesandten wollten zunächst berichten; das Breve würde vorläufig dem Herzog nicht übergeben werden, inzwischen solle aber Pighino die Dezimation stoppen.

resraten auf vier Jahre verteilt und eine Beteiligung von Laien bei der Erhebung ausgeschlossen werde[87].

Im Winter 1550/51 sandte Herzog Albrecht den Ingolstädter Juristen Franz Zoanetti in dieser Sache nach Rom[88]. Auch Bischof Moritz setzte sich nun, zwar mit einiger Verspätung[89], aber mit einem sehr warmherzigen Schreiben bei Ignatius für das bayerische Anliegen ein. An den integren Absichten Albrechts sei kein Zweifel möglich; der Tod Herzog Wilhelms und die vielfältigen und schweren Aufgaben, die sein Nachfolger bei Regierungsantritt zu bewältigen gehabt habe, hätten die versprochene Kolleggründung zwar bisher verhindert, sie werde aber gewiß vorgenommen werden, sofern man dem Herzog nicht die unentbehrlichen Jesuiten und die restlichen beiden Dezimationsraten entziehe. Infolge von Verfahrensmängeln und des Widerstands gewisser Leute habe der erste Zehnt die Erwartungen weit verfehlt, künftig wolle man diese Fehler vermeiden[90].

Schien es damit, als habe sich die bayerische Politik für ihr Kolegprojekt, abweichend von den Planungen Leonhard Ecks und in recht freier Auslegung des Breves von 1548, auf die Dezimation

[87] „... perchè in vero l'opera per la quale si pigliano queste decime, è santa et buona et molto necessaria in questa provintia et che il clero non fusse tanto gravato, come saria che li due anni che restano a riscuotere, si riscotessero in quattro, et che gli essatori non fussero laici, perchè usano infinite insolentie contra il clero, et fanno tante spese che importano quasi altretanto quanto la sorte principale ..." (Conc. Trid. XI 587). In der Tat war auch Leonhard Eck mit der Höhe der Unkosten unzufrieden gewesen (Prantl II 189). Sie betrugen laut Abrechnung Heinrich Schweikers vom 27. 11. 1550 1004 Gulden (HStA Kurbaiern Prot. 2, 18). 1557 wurden der Universität unter diesem Titel 1000 Gulden von ihrem Zinsanspruch abgezogen (vgl. Kap. III Anm. 11).

[88] Nur erkennbar aus dem Breve vom 15. 2. 1551, vgl. Anm. 95.

[89] Vgl. die Ankündigung des Herzogs Anm. 73.

[90] Bischof Moritz an Loyola am 5. 1. 1551: „Neque iam dubitamus quin horum et cumprimis Claudii (si modo in hac provincia morabitur diutius) opera dictum collegium (Ingolstadiense), quod hactenus propter obitum ... principis Guilielmi ... et succedentes ... principis Alberti ... plurimas et gravissimas occupationes, quibus in confirmanda ducatus administratione distentus fuit, erigi non potuit, mature tandem constitui queat, dummodo in retinendis duobus praedictis viris et colligenda reliqua triennali decima academiae illi concessa, pontificia non defuerit clementia atque authoritas et studium tuum ... Quamquam enim prima decima superiori anno satis quidem diligenter, sed non satis convenienter, collecta, salva adhuc atque integra sit, illa tamen propter temporum malignitatem, partim etiam malevolentiam quorundam hominum, et praeposterum colligendi usurpatum modum, expectationem fefellit, neque institutioni tantae respondit. Quae omnia in posterum suppleri possent et melius provideri deberent" (Epp. mixtae V 713ff.). In einer kurzen höf-

festgelegt, so hatte doch Zoanetti zugleich Weisung, in Rom die Freistellung der beiden vakanten Klöster Schamhaupten und Paring zu betreiben. Unter den gegebenen Umständen waren die Erfolgsaussichten dieses Projekts, das die Frage der Finanzierung des Ingolstädter Kollegs wieder geöffnet hätte, von vornherein gering. Während Pighino zur gleichen Zeit der Universität Heidelberg eine Reihe großzügiger Privilegien dieser Art verschaffte[91], wurde Herzog Albrecht an den Nuntius Martinengo verwiesen[92], der im Januar 1551 die Instruktion erhielt, dem Herzog in dieser Sache keine Hoffnungen zu machen[93]. Jay, von Martinengo unterrichtet und der seinerzeitigen Besprechung mit Eck eingedenk, beurteilte die Chancen der Ingolstädter Kolleggründung daraufhin sehr pessimistisch[94].

Zur Fortsetzung der Dezimation wollte Julius III., wie er dem Herzog am 15. Februar 1551 schrieb, solange nicht die Erlaubnis

lichen Antwort verwies Loyola auf die Anordnung des Papstes (Mon. Ign. I/3 331f., 23. 2. 1551). Zugleich erging aber an Canisius ein ausführliches Kommissionsschreiben, das die Gründe der Maßnahme darlegte und dem Bischof zur Kenntnis gebracht werden sollte (vgl. Anm. 101).

[91] Duhr I 373.

[92] Durch das Breve vom 15. 2. 1551 (vgl. Anm. 95): Albrecht habe „de uniendis ... eidem universitati nonnullis monasteriis" gebeten. Solche Unionen seien durch Canones und Konzilien verboten, der Papst wolle aber tun „quantum nobis per Deum licuerit", die Verhandlungen führe Martinengo.

[93] NB I/16 16ff., Schreiben des päpstlichen Sekretärs Dandino an Martinengo vom 20. und 23. 1. 1551. Im letzteren heißt es über den bayerischen Antrag genauer, es gehe darum, die Klöster „unire ad un collegio d'Ingolstat". Die Bedenken des Papstes werden wiederholt, „V. S. advertirà di non darli (d. h. dem Herzog) speranza". Die Rede ist von zwei „fast verödeten" Augustinerchorherrenstiften in der Nähe Ingolstadts. Paring war seit etwa 1547 ausgestorben (Hemmerle 220ff.). Was Schamhaupten betrifft, so hatte die Universität 1549 darüber beraten, ob sie dieses Kloster gegebenenfalls annehmen sollte. Mit Rücksicht auf seine Verschuldung hatten aber der Senat und Leonhard Eck von dieser Idee wieder Abstand genommen (UA D III 4, 571f.).

[94] Jay an Loyola am 18. 2. 1551: Seiner sicheren Meinung nach handle es sich bei den vom Herzog erbetenen beiden Klöstern um diejenigen, „li quali lo Illmo. ducha Guilielmo, bona memoria, voleva applicare al collegio de la Compagnia: il che mi fa pensare che ci è pocha speranza de ottenere collegio da questo ducha, perchè se per mezo d'alchuna unione de beneficii non lo farà, non vedo altro modo allo presente". Offensichtlich hatte Martinengo den herzoglichen Antrag als aussichtslos bezeichnet. Übrigens, so weiter Jay, hätten die Ingolstädter Juristen die fraglichen Benefizien und Klöster für die Universität selbst beansprucht (Epp. Broeti 367ff.). Im Unterschied zu Canisius, dessen Hoffnungen (vgl. Anm. 104) aber durch keine herzogliche Äußerung bestätigt werden, rechnete also Jay nicht mit der Dezimation, die ja schon durch Leonhard Eck der Universität zugesprochen worden war (vgl. Anm. 71).

geben, wie der Ertrag der ersten Rate nicht bestimmungsgemäß zum Nutzen der Universität angelegt worden sei. Der Klerus habe sich darüber beschwert, daß die Steuer eine große Summe erbracht habe, irgendein Effekt aber bisher an der Ingolstädter Universität nicht zu bemerken sei. Darin bestehe im Moment das „Haupthindernis“ für die Ausschreibung der nächsten Raten[95]. Auch Bischof Moritz erhielt unter dem 12. Juni eine entsprechende Anweisung: solange er nicht mit Wissen und Rat des Salzburger Erzbischofs für die Anlage des ersten Ratenertrags gesorgt habe, müßten die weiteren Dezimationen unterbleiben[96]. Als dieses Breve den Bischof erreichte, hatte sich der Herzog mit ihm bereits über die Modalitäten einer korrekten Zinsverschreibung verständigt[97]. Mit mehr als einjähriger Verspätung konnte die Universität am 15. Juni 1551 bestätigen, dem Herzog für 22 000 Gulden einen von Pfingsten 1552 an auf dem Ingolstädter Kastenamt zahlbaren Jahreszins von 1100 Gulden abgekauft zu haben[98]. Die päpstliche Bedingung konnte damit als erfüllt gelten; für das jesuitische Kolleg aber war nun mit dem ersten Dezimationsertrag nicht mehr gut zu rechnen.

[95] Mederer IV 277ff.: „Te latere tamen non debet, fuisse ab impositione decimarum hujusmodi pro parte ipsorum cleri ad nos et hanc sacram sedem apostolicam appellatum, pluresque causas gravissimas adductas, inter quas illa est praecipua, fuisse videlicet jam exactam unam ex dictis decimis eamque ad grandem summam ascendere, nec tamen apparere adhuc signa aliqua instauratae universitatis“. Damit der Papst helfen könne, müsse Albrecht das sofort nachholen, „quod quidem cum factum apparuerit, tolletur ex his, quae intelleximus, potissimum obstaculum“, denn dann werde auch der Klerus seinen Widerstand aufgeben.

[96] Mederer IV 277: „... injungentes tibi, ut donec primam decimam, quae ut nobis fide digna relatione constitit, ad commodum et utilitatem dictae universitatis nondum collocata et investita fuit, ad usus in indulto ... praescriptos ac alias ad utilitatem ipsius universitatis erogaveris et investieris, de scitu etiam et consilio venerabilis fratris archiepiscopi Salzburgensis, ab exactione reliquarum decimarum predictarum abstineas.“

[97] Am 29. 4. 1551 erhielt der Ingolstädter Pfleger Befehl, sich mit dem Entwurf einer Verschreibung über die 22 000 Gulden auf das Kastenamt Ingolstadt nach Eichstätt zu begeben und ihn dort sowie auch bei der Universität vorzulegen. Sollte verlangt werden, daß zuvor andere Verpflichtungen vom Ingolstädter Kastenamt genommen würden, so möge er schlimmstenfalls nachgeben. Am 21. 5. 1551 berichtete der Pfleger in München über den Erfolg der Verhandlungen; die Verschreibung wurde in Ingolstadt hinterlegt (HStA Kurbaiern Prot. 1, 52 und 2, 106).

[98] HStA Kurb. Urk. 646; gedruckt bei Seifert, Universität Nr. 43a.

Zudem standen einander auch die beiderseitigen Vorstellungen über Gestalt und Funktion des Kollegs inzwischen recht schroff gegenüber. Jay fand seinen früheren Eindruck bestätigt: der Teufel wolle es, daß Bischöfe und Fürsten gegen „collegii de la nostra Compagnia“ heftigen Widerwillen empfänden[99]. Stockhamer hatte in Augsburg dem Nuntius die Gründung eines Seminars, den Jesuiten diejenige eines Ordenskollegs angekündigt[100]. Ende Februar 1551 erhielt Canisius im Auftrag Loyolas eine grundsätzliche Anweisung, die an Klarheit nichts zu wünschen übrigließ[101]. Herzog Wilhelm habe sich seinerzeit davon überzeugen lassen, daß sein Land durch ein jesuitisches Kolleg auf das beste mit Predigern und Konfessoren versorgt werde. Herzog Albrecht bekenne sich zwar zu dem Gründungsversprechen seines Vaters, seine Pläne aber gingen in eine ganz andere Richtung, indem er ein Kolleg nicht „per scholari della Compagnia nostra“, sondern für künftige Benefiziaten und Pfarrer errichten wolle, wenn auch unter jesuitischer Leitung[102]. Loyola aber wünsche nicht, daß die Gesellschaft sich der Erziehung externer Scholaren annehme[103], und dem Herzog könnten unter solchen Bedingungen die Ingolstädter Ordensprofessoren auf die Dauer nicht belassen werden.

Entgegen dieser eindeutigen Instruktion berichtete Canisius im April 1551 nach Rom, er habe sich mit Stockhamer über einen Plan verständigt, der freilich die Finanzierungsproblematik nicht eben vereinfacht hätte: mit dem Dezimationskapital (noch hatte die Universität ihre Zinsverschreibung nicht bekommen!) würden

[99] Am 16. 12. 1550 schrieb Jay aus Augsburg an Loyola: „Sapi la R. P. V. che per arte del demonio occorreno a questi prelati et principi molte repugnantie per non fondare collegii de la nostra Compagnia“; schon 1544/45 hatte er ja darauf hingewiesen (Epp. Broeti 366). Entsprechend vermerkte Polanco in seiner Chronik über den Bischof und den Herzog, daß sie „non intelligerent Collegiorum nostrorum utilitatem et consequenter non amarent, quia nec experti fuerant in Germania“ (Chronicon II 262).

[100] Vgl. dazu auch Buxbaum 133.

[101] Mon. Ign. I/3 328ff., 23. 2. 1551, im Auftrag Loyolas an Canisius. Das Schreiben sollte auch Bischof Moritz von Eichstätt gezeigt werden, dessen Brief vom 5. 1. 1551 es sachlich beantworten wollte (vgl. Anm. 90).

[102] Von unterrichteter Seite sei bekannt geworden, „che non è il suo disegno far collegio per scholari della Compagnia nostra, quali habbino poi a fruttificare nel suo stato“ (nämlich „per predicar et insegnare“), „ma d'altri, quali possano poi haver li beneficii et cura de anime, et siano sotto la cura et governo della Compagnia“.

[103] „Ma, a dire a V. R. quello che N. P. sente, non è conveniente che la Compagnia habbia governo de scholari di fora di essa.“

zwei Kollegien errichtet werden, eines wie versprochen für den Orden, das andere, ihm angeschlossen, für Theologiestudenten[104]. Erneut ließ Loyola zweimal unmißverständlich erwidern, die Übernahme eines Externenkollegs komme für den Orden nicht in Frage[105]. Canisius fügte sich nun; im Juli schrieb er nach Rom, er hoffe den Patron mit Hilfe des Eichstätter Bischofs von seiner Idee, das Kolleg „zu teilen", noch abzubringen[106]. In der Tat mag, nachdem auf die Gründung zweier Kollegien ja im Ernst nicht zu hoffen war, eine solche „Teilung", also die wie immer geartete Verbindung der beiden Kollegprojekte in einer Gründung, die Lösung gewesen sein, die Herzog Albrecht wünschte und die Loyola um jeden Preis verhindern wollte. Nachdem auch König Ferdinand im Sommer 1551 in Wien gleichzeitig die Gründung eines Jesuiten- und eines theologischen Stipendiatenkollegs betrieb, bestand für den von Überbeanspruchung bedrohten Orden aller Anlaß, seine eigene Kollegformel festzuhalten und den Stiftern gegenüber zur Geltung zu bringen.

Die analoge Situation der österreichischen und der bayerischen Kirche wirkte sich jetzt wie später in einer weitgehenden Identität der seminarpolitischen Zielsetzung aus, die durch die enge Verbindung der beiden Höfe wohl immer wieder zusätzlich abgesichert worden ist[107]. Zunächst erfolgreicher als sein wittelsbachischer Schwiegersohn, hatte Ferdinand auf dem Landtag in Linz 1551 die Finanzierung seines Seminarprojekts den österreichischen Städten

104 Canisius an Loyola am 30. 4. 1551: „Nec maior fuit unquam aut melior theologiae hic instaurandae spes, praesertim quum multa tractentur de duplici collegio extruendo: alterum Societati nostrae destinatum atque promissum est, alterum scholasticis theologiae constituetur iis, qui aliquando ministri ecclesiarum in Germania esse velint ac possint. Posterius hoc nostro adiungi collegio volunt" (Braunsberger I 361f.).

105 Am 2. 6. 1551 („che non è la mente del Padre che si pigli cura di collegio che non sia della Compagnia, anchora che diano qualche principio a collegio della Compagnia") und ganz ähnlich lautend am 30. 6. 1551: Mon. Ign. I/3 535 und 562. Vgl. dazu auch den Bericht Polancos im Chronicon II 262, wo ebenfalls von der Aussicht auf eine Doppelgründung die Rede ist, die mit Hilfe der Dezimation und durch Inkorporation zweier vakanter Klöster finanziert werden sollte.

106 Canisius an Loyola am 20. 7. 1551 über Stockhamers „idea de dividere il collegio": Braunsberger I 372. Vielleicht hatte sich Bischof Moritz inzwischen von Canisius im Sinne der Ordenswünsche überzeugen lassen.

107 In diesen Zusammenhang gehört auch das bei Braunsberger I 714 im Auszug zitierte Schreiben König Ferdinands an seinen Schwiegersohn Albrecht vom 1. 10. 1551 mit der Aufforderung, den Jesuiten ein Kolleg zu gründen.

aufladen können, die sich freilich dieser Last schon wenige Jahre später wieder entledigten[108]. Im Herbst 1551 waren jedoch mehr als 50 Stipendiaten in Wien beisammen[109]. Diese in Bayern nicht wiederholbare Finanzierungsregelung erlaubte es der Regierung, ihre eigenen Kräfte der jesuitischen Kolleggründung zuzuwenden. Seit April 1551 befand sich eine Gruppe von Ordensleuten unter Jays Führung in Wien[110]; der König versprach ihnen die Stiftung einer Niederlassung unter der einzigen Bedingung, „che in questo collegio fossero professori“ für alle Disziplinen außer Zivilrecht und Medizin[111]. Wenn sich Jay mit Rücksicht auf die Wünsche der Regierung außerdem warm dafür einsetzte, daß sich der Orden mit Anleitung und Rat des Stipendiatenhauses annähme, so war doch die Funktion des künftigen Ordenskollegs diesem gegenüber von Anfang an klar und unmißverständlich abgehoben[112].

Wie aber sollte Herzog Albrecht gegenüber verfahren werden, der ja ein solches Stipendiatenkolleg erst mit jesuitischer Hilfe zu errichten hoffte und mit Mitteln, die zwangsläufig einer rein jesuitischen Hausgründung verloren gehen würden? Im September 1551 legte Ignatius dem Herzog in einem grundsätzlichen Schreiben seine Vorstellungen über das Ingolstädter Projekt dar[113]. Albrecht

[108] J. Jäkel, Ferdinand I. und die Stipendiaten aus den Partikularschulen Oberösterreichs. Die königliche Instruktion für den Linzer Landtag führt zur Begründung des Ansinnens an die Stände, 60 Stipendiaten in Wien zu unterhalten, aus, „daß aus den partikularen die Universalschulen besetzt, und aus denselben Universalschulen guet gelehrte, christliche Pfarrer, Prädikanten und Seelsorger und andere geschickte Leute genommen werden müssen“ (ebd. 78ff.).

[109] Polanco, Chronicon II 271 und 274.

[110] Epp. Broeti 369ff.; Lukács, Mon. paed. I 400ff.; Polanco, Chronicon II 266ff. Der erste Antrag des Königs an den Jesuitenorden datiert vom 11. 12. 1550 (Mon. Ign. I/12 406ff.).

[111] Epp. Broeti 377.

[112] Schon im Juli 1551 berichtete Jay, der König beabsichtige „doe cose“: erstens die ständische Stipendiatenstiftung, zweitens eine Stiftung „per intretenere trenta scholari de la Compagnia nostra, aciò de questo collegio possa havere professori in theologia et scholari, quali habino essere exempio de bona vita a gli altri, et etiam per mezo di quali se possa introdurre negli altri lo exercitio de la theologia“ (Epp. Broeti 370). Vgl. weiter Jays Plädoyer für das Stipendiatenkolleg vom 16. 12. 1551: „Pur io non posso contenermi de pregare humilmente la P. V. (sc. Loyola), che se la poterà in alchuno modo, soccorra a questo collegio“, es könne für Deutschland von größtem Nutzen sein (ebd. 378).

[113] Mon. Ign. I/3 656ff.; Lukács, Mon. paed. 405ff. (22. 9. 1551).

hatte um die Entsendung weiterer Theologieprofessoren gebeten[114]; Loyola erwiderte, das stehe im Moment nicht im Vermögen des Ordens, und es nütze auch dem Ingolstädter Theologiestudium wenig, wenn man nur Lehrer anstelle, ohne zugleich für die sinnvolle Vorbereitung der Studenten zu sorgen. Diese aber müsse „pro more aliorum nostrorum collegiorum" sinnvollerweise damit beginnen, daß man die gymnasiale Ausbildung reformiere; schrittweise könnten dann das Philosophie- und zuletzt das Theologiestudium folgen. Lehrer für die „literae humaniores", nämlich Scholaren, die diese Aufgabe wie allgemein üblich neben ihrem Studium erledigten, könne der Orden schon Anfang nächsten Jahres entsenden, Philosophiemagister würden bei Gelegenheit folgen, zuletzt, „erecto collegio", werde es auch an Theologieprofessoren nicht fehlen. Ein Kolleg „ubi multitudo congrua scholasticorum nostrorum ali possit" bildete die Voraussetzung für diese systematische Reform des Gesamtstudiums, in deren Ergebnis der Herzog nach wenigen Jahren über ein „seminarium inexhaustum" von gelehrten und frommen Theologen verfügen werde[115].

Die innere Konsequenz dieses Konzepts leuchtet ein: Da ein rein jesuitisches Kolleg die Funktion eines Studentenseminars nicht erfüllen konnte, sollte das herzogliche Interesse von diesem letzteren Projekt ab und auf eine Reform des propädeutischen Unterrichts, die auf lange Sicht denselben Effekt versprach, hingelenkt werden. Ein voll hergestellter, möglichst exklusiver Studienkurs nach der Ordensnorm, also vom mehrklassigen Pädagogium über die philosophische zur theologischen Fakultät hinauf, würde auch ohne besondere Seminarveranstaltungen, gleichsam als ein „Seminar" für sich, eines Tages den Bedarf an Theologen befriedigen: das blieb trotz mancher späteren Einschränkung im 16. Jahrhundert die im Jesuitenorden vorherrschende Ansicht.

So zweifellos nun die Meinungsverschiedenheiten über Charakter und Funktion des Ingolstädter Kollegs in der Interessenkonstellation begründet waren, so besteht doch Anlaß zum Verdacht, daß sie von herzoglicher Seite gepflegt und betont wurden, um die Zeit bis zur zweiten Dezimation zu überbrücken. Inzwischen hielt

114 Am 25. 7. 1551, mit einer recht laut klingenden Erneuerung des Kollegversprechens: „Porro, cum adhuc in ea simus deliberatione, quemadmodum vestri ordinis collegium apud nos erigatur ..." (Mon. Ign. I/12 410). Zwei weitere Theologen sollten nach Ingolstadt gesandt werden, außerdem Canisius die Annahme des Vizekanzellariats gestattet werden.

115 Dasselbe Programm hatte Polanco in einem Schreiben an Jay vom 8. 8. 1551 für König Ferdinand dargelegt: Lukács, Mon. paed. 400ff. und 530ff.

man den Orden mit vagen Versicherungen hin, warb sogar um die Entsendung weiterer Professoren und suchte die vorhandenen möglichst fest an die Universität zu binden[116]. Im Juli 1551 berichtete Canisius, die Kolleggründung habe gute Aussichten, Herzog und Bischof warteten nur die zweite Zehntrate ab[117], — der ja nach der eben erfolgten Ausfertigung der Zinsverschreibung über die erste nichts mehr im Weg zu stehen schien. Daß die Universität bei einer Nachfrage vom Ingolstädter Kastner erfuhr, sein Amt könne diesen Zins durchaus nicht aufbringen[118], minderte den Handelswert der herzoglichen Urkunde nicht. Bischof Moritz sah denn auch keinen Grund, sich dem herzoglichen Ansinnen zu widersetzen, und schrieb am 19. Oktober 1551 die zweite Dezimationsrate aus[119]. In einem Begleitmandat an die Amtleute berief sich der Herzog auf eine „abermals newe unnd verrere genedigiste bewilligung" des jetzigen Papstes. Da die Steuer außerdem nicht aus herzoglicher, sondern bischöflicher Autorität erhoben werde, bestehe zu Gewissensbedenken kein Anlaß[120].

Nun aber nahm die Angelegenheit rasch eine für das Kollegprojekt verhängnisvolle Wendung. Am 10. November verbot Papst

116 Im Sommer 1551 versuchten die Universität und der Herzog, Canisius für das vakante Vizekanzellariat zu gewinnen; Loyola stimmte am 20. September nur unter Vorbehalten zu (Seifert, Statutengeschichte 285ff.). Dieses Projekt hatte den Vorzug, daß das mit dem Vizekanzellariat in Personalunion verbundene Eichstätter Kanonikat im Werte von 200fl. Jahreseinkünften für andere Zwecke freigeworden wäre. Tatsächlich wurde in diesem Zusammenhang erwogen, die Kanonikatspension der Kolleggründung zuzuwenden (ebd. 287).

117 Vgl. das Anm. 106 zitierte Schreiben vom 20. 7. 1551.

118 Der Kastner erklärte am 7. 7. 1551, „er hab seinen f. g. geschriben, wie solchs mit wol moglich zu thon sei", aber noch keine Antwort erhalten; der Kasten sei mit Verpflichtungen überladen (UA D III 4, 627f.). — Nach StAM HZR 3, 184ff. sind die 1100 Gulden nur im Jahre 1552 einmal zur Auszahlung gelangt. Ob übrigens die Landschaft ihrer Zusage gemäß (vgl. Anm. 72) 1553 die 22 000 Gulden zur Verzinsung und Ablösung übernommen hat, ist nicht erkennbar; sollte es geschehen sein, so wird die Ablösungssumme wiederum vom Herzog einbehalten worden sein.

119 Mederer IV Nr. 40. Die Urkunde inseriert die päpstlichen Breven vom 15. 2. und 12. 6. (vgl. Anm. 95f.), schließt aber dann das Ausschreibungsmandat unvermittelt und ohne Begründung an.

120 HStA Staatsverw. 3221, 20. 10. 1551: der bischöfliche Prozeß sei zu publizieren, auf Bescheid der bischöflichen Subkommissare seien dann die Geistlichen vorzuladen, „... wie dann one das dise belegung aller geistlichen einkhomen unnsers fürstenthumbs khains wegs durch unns, sonnder von unnserm freundt dem bischove zu Aichstet als bäbstlichen commissarien ... fürgenomen unnd eingezogen wirdet, dir on allen nachtail unnd gefar ist".

Julius die Steuer[121], nachdem zweifellos Erzbischof Ernst von Salzburg seine Zustimmung nicht erteilt hatte, eine Auflage des Breves vom 12. Juni mithin nicht erfüllt war. Die für Anfang Dezember angesetzte Dezimation verschob sich um zwei Monate und wurde dann von herzoglichen Beamten allein vorgenommen. Noch bevor aber der zweite Ratenertrag, der mit 25 000 Gulden den ersten nur knapp übertraf, eingesammelt war, ließ Ignatius im Januar 1552 unter Berufung auf einen päpstlichen Befehl die beiden jesuitischen Professoren aus Ingolstadt abbeordern. Den Vorwand lieferte ein durch den Ordensgeneral selbst veranlaßtes Gesuch König Ferdinands, doch bekam Herzog Albrecht wieder klar gesagt, daß er diese und andere Professoren zurückerhalten werde, sobald er in Ingolstadt ein Kolleg errichtete[122].

Die herzogliche Finanzpolitik war damit zunächst um eine Rücksicht erleichtert. Der Fürstenaufstand im Reich erforderte Rüstungen und die Anlage eines Notvorrats. Während die Dezimation noch im Gang war, wurde dem Herzog im Februar von einem Rätegutachten vorgeschlagen, mit Zustimmung des Bischofs die zweite Zehntrate als Darlehen an sich zu nehmen; für die dritte könne er den Prälaten, falls sie sich auf dem bevorstehenden Landtag „willfährig" zeigten, Zusagen machen[123], mit ihr rechnete man wohl am Hofe nach allem, was vorgefallen war, nicht mehr. Am

[121] Dieses Breve hat Buxbaum gefunden, es ist noch ungedruckt; vgl. dazu Agricolas Bericht bei Prantl II 192.

[122] Loyola hatte König Ferdinand selbst veranlaßt, den Papst um die beiden Ingolstädter Professoren Canisius und Gaudanus zu bitten (Polanco, Chronicon II 563f.). Am 4. 12. 1551 wandte sich Ferdinand in dieser Sache an Ignatius (Mon. Ign. I/12 416ff.). Am 12. 1. 1552 teilte Loyola mit Berufung auf eine päpstliche Anweisung Herzog Albrecht die Abziehung der beiden mit: „Cum autem t. ex. collegium inchoare statuerit, eosdem cum alijs scholasticis Ingolstadium redire curabo" (Mon. Ign. I/4 85ff.).

[123] Rätegutachten von ca. Februar 1552, entworfen von Wiguleus Hund, in HStA Altb. LL 613, 44ff.: Der Herzog brauche angesichts der aktuellen Gefahr eine Steuer von der Art der Türkenhilfe von 1526. Damit sei aber jetzt nicht zu rechnen, höchstens für die Zukunft. Inzwischen müsse aber als Vorschuß darauf Geld aufgenommen werden, z. B. indem man „von der universitet zu Inngoldstat mit bewilligung des bischoffs von Eichstet als bäbstlichen commissarien die annder decimation, so ungevarlich auff die 300 000 (!) lauffen wird, aufnähme". Auch Hunds Entwurf hat diese Zahl, die sicher ein Schreibfehler ist. „Von wegen der dritten decimation mecht sich unnser genediger Herr genedigclich vernemen lassen, da sich die preläten in seiner f. g. unnd gemaines lannds jetzt obligennder not wilferig erzaigten, wollten sich sein f. g. diß artickls halb auch gantz gnedigclich und unverweislich gegen inen und gemainer briesterschafft halten."

25. März 1552 wurde der Steuerertrag im Universitätsarchiv hinterlegt, drei Tage später forderten ihn die Landschaftsverordneten als zinsloses Darlehen. Der Senat stimmte zu, auf die Einwilligung des Bischofs wurde, da er sein apostolisches Kommissariat niedergelegt hatte, verzichtet[124]. Am 31. März bescheinigten die Landschaftsverordneten der Universität den Empfang der Summe, im Herbst sollte sie zurückerstattet werden[125]. Sie nahm aber dann den Weg der ersten Rate: Im Dezember 1552 forderte Stockhamer der Universität die Landschaftsurkunde ab; von Lichtmeß 1554 an hatte sie beim Hofzahlamt Anspruch auf den entsprechenden Zinsertrag (1250 fl.)[126]. Auf die regelmäßige Auszahlung beider Zinse mußte sie allerdings noch weitere drei Jahre warten[127].

Der finanzielle Vorteil, den der Herzog aus diesen Transaktionen zog, war bei weitem zu unbeträchtlich, um das Fiasko der Seminarpolitik aufzuwiegen. Ihr einziger Aktivposten war zu einer ungedeckten Schuldverpflichtung geworden, die dritte Dezimationsrate durch vermeidbare Formverstöße verscherzt, die Bischöfe, auf deren Mitwirkung man doch immer noch rechnete, hoffnungslos verärgert, die jesuitischen Professoren für die Universität Ingolstadt verloren. Georg Stockhamer, der als führender Rat für dieses Desaster verantwortlich war und vielleicht auch gemacht wurde[128], erklärte sich über die Abberufung der beiden Jesuiten „im hertzen erschrockhen". Der Herzog solle an den Papst schreiben, sich wegen der Dezimation noch einmal verteidigen und darauf hinweisen, daß die Jesuiten in Ingolstadt mehr Nutzen schaffen könnten als in Wien, sofern sich nur die Bischpfe auf ihre Pflicht besännen und ihre Stipendiaten auf die Universität schickten! Inzwischen hatten Canisius und Gaudanus vom Herzog schon ihren

124 Prantl II 192ff.

125 Reversurkunde der Landschaftsverordneten für die Universität vom 31. 3. 1552: HStA Altb. LL 614, 178'ff.; gedruckt bei Seifert, Universität Nr. 43b. Die Summe wird nicht verzinst und soll bis Martini 1552 zurückerstattet werden.

125a Prantl II 193.

126 StAM HZR 3, 184ff.

127 Vgl. Kap. III Anm. 11ff.

128 HStA Altb. LL 613 enthält eine recht scharfe Stellungnahme gegen Stockhamer und seine Politik, allerdings ohne Erwähnung der Dezimationsangelegenheit. Über Stockhamers Verhältnis zu den Jesuiten vgl. Braunsberger I 322, über seine Rolle als Universitätspatron Seifert, Statutengeschichte 440ff. Diese Funktion behielt er bis zu seinem Tod 1555, doch war inzwischen bereits Wiguleus Hund in den Vordergrund getreten (M. Mayer, Leben, kleinere Werke und Briefwechsel des Dr. Wiguleus Hundt, 1892, 23ff.).

Abschied erhalten. Stockhamer riet trotzdem, sich bei Ignatius zu beschweren und wenigstens darum zu bitten, daß die beiden zurückkämen, sobald das Kolleg gegründet sei; das freilich hatte Loyola schon zugesagt. Die ganze Schuld maß Stockhamer den Bischöfen zu, die den Herzog in Rom denunziert hätten, daß er noch immer kein Kolleg zustandegebracht habe, aber das sei eine große Aufgabe, und inzwischen habe man ja doch wenigstens die jesuitischen Professoren in Ingolstadt bezahlt[129]!

Im Mai 1553 klagte der Herzog den Erzbischof vor der Salzburger Landschaft an, er habe sich bei der doch gemeinnützigen Dezimation nicht wie ein Vetter und Onkel und nicht wie ein guter Nachbar und katholischer Fürst verhalten[130]. Solche Vorwürfe

[129] Stockhamer aus Augsburg an Herzog Albrecht am 2. 3. 1552: „Betreffenndt das schreiben von Rom von dem Egnatio, unnd das der from gelert man Canisius sambt seinem mitgesellen zu Innglstat, desgleichen nit bald gefunden, abgefordert werden sollte, bin ich im herzen erschrockhen. Es begegnet aber e. f. g. allain von Sallzburg unnd den mitbischoven, welche aus neidischen gemuet zweifls one anzaigen, e. f. g. haben noch bishere zu aufrichtung aines collegij nichts furgenomen, unnd bedennckhen nicht, das die theologi ain weg alls den anndern unndterhallten werden. Wo auch schon ain collegium erpaut were auf die stundt, so wirdet es nit genueg sein an dem pau, sonnder es mueß vor bedacht werden, das einkhomen zemachen, die darein gehörennden personen zeunndterhallten. Unnd dieweil e. f. g. hievor der bischoff verhinderung halben unnd was neben der wahrhait (?) zu Rom angezaigt, bäbstlicher hey. zeschreiben vorhabens gewest, so will es weiter nicht anzestellen, sonnder ytzig schreiben unnd vorhaben mit anzehenngen unnd in das werckh zerichten sein". Schweiker solle das erledigen, er habe diese Briefe schon bisher „mit meinem vorwissen" geschrieben. Er solle vermerken, daß Herzog Wilhelm bereits vor der Dezimation „die theologos auf seiner liebden cossten erfordert unnd unndterhallten hette". „Es mag auch bey bäb. hey. stattlich angezogen werden, das gemellte theologi an dem ort unnd zu Innglstat mit mererm nutz der religion halben alls zu Wienn sein mugen, wo annders die bischoff irem ambt genueg thon unnd di irigen, wie sy schuldig, dahere zu der leer schickhen wellen." Nachbemerkung: er erfahre, daß der Herzog die beiden Jesuiten schon verabschiedet habe; es solle trotzdem geschrieben werden, „das sie sollten widerumben e. f. g. zugeordnt, so palldt man ain collegium aufrichten werde, welches e. f. g. in allweg gedacht, unnd wie derselben unbillicher weiß zugelegt, von dem zehennden pfening der gaistlichen wenig oder vil in iren aigen nuz zewennden willens sein" (HStA Altb. LL 613, 51'ff., Original). — Das vorgeschlagene Schreiben scheint nicht ausgeführt worden zu sein.

[130] Instruktion für Wolf von Maxlrain und Simon Eck zum Vortrag vor der Salzburger Landschaft, datiert vom 9. 5. 1553: „So hat unns sein lieb in dem cristlichen notwenndigen werckh der decimation zu wider auffrichtung und erhalltung unnser universitet zu Inngoldstat, darinn wir doch unnsers thails ... kain aignen, sonnder allain den gemainen nutz gesucht, furge-

hatten aber politisch wenig Sinn, und sie verfehlten auch in der Sache den Kern der Wahrheit. Nicht die Bischöfe, sondern Rom, die Kurie und der Jesuitenorden, verlangten vom Herzog die Einlösung seines Kollegversprechens, und die Abberufung der Ordenstheologen war die Waffe, mit der sie ihn wirkungsvoll und am Ende erfolgreich unter Druck setzten. Der Handlungsspielraum der bayerischen Politik hatte sich damit empfindlich verengert. Ohne die kurzsichtigen Formverstöße in der Dezimationsangelegenheit wären die für unentbehrlich gehaltenen Jesuiten wohl auch ohne Kolleggründung noch eine Weile zu halten gewesen, zurückgewinnen aber ließen sie sich nur mehr um diesen Preis.

Schon 1553 waren darüber die ersten Vorgespräche im Gange. Daß man am Münchener Hof, wo nun Stockhamer in der Funktion des leitenden Rats durch Wiguleus Hund verdrängt wurde, auch das Seminarprojekt nicht aufgegeben hatte, zeigen die Unterhandlungen, die die Bischöfe der Salzburger Provinz im Dezember 1553 in Mühldorf mit kaiserlichen und herzoglichen Gesandten über die Kirchenreform führten[131]. Erzbischof Ernst bewertete in seiner Proposition die Sorge für die Predigerausbildung als vordringlich und ersuchte die weltlichen Fürsten, den Bischöfen Absolventen der Universitäten Wien, Freiburg und Ingolstadt zur Verfügung zu stellen. Dazu sei vor allem nötig, daß an den Partikular- und Hochschulen auf Sittsamkeit und christlichen Lebenswandel geachtet werde[132]. Für den König, der seinen Gesandten Anweisung

nomen, sollicher unfreuntlicher unnachtperlicher verhindternus unnd eintrag gethan, deren wir uns gegen seiner lieb alls ainem geistlichen fursten unnd der die alt cristlich religion durch pflanntzung unnd erhaltung gelerter theologen fur sich selbs zubefurdern schuldig, mit nichten versehen, auch solches umb sein lieb nit verdiennt"; jetzt mache Ernst dem Herzog auch noch die ihm nach altem Herkommen zustehenden Papstmonate streitig (GStA. K schw. 2584, Original; Entwurf bzw. Kopie ebd. K. schw. 13 002 und HStA HL Salzburg 479, 198ff.).

131 HStA Staatsverw. 2779, 23ff. und HL Salzburg 256, 86ff.; Wiedemann I 119ff.; Lurz II 241.

132 „12. Unnd sollen daneben die ordinarij auf mitl und weg gedacht sein, wie jung leuth, so zu predigen zebrauchen, erzogen unnd gepflanzt werden mugen. 13. Das die römisch-khun. m. zu Wienn in Osterreich unnd zu Freyburg im Preussgeu, auch mein genediger herr hertzog Albrecht zu Ingolstat den ordinarien aus irer universitäten mit solchen geschickten leuten verholffen sein wolten. 14. Das in den hohen unnd particular lateinischen schuelen die jugenndt bas einzogen unnd auff erbrigkait, gute sitten unnd cristenlichs leben gewisen werden. Dabey auch sonnderlich ain notturfft sein wil, die unordnung in der claidung unnd sonnderlich bey den geistlichen

gegeben hatte, sich mit den Bayern abzustimmen[133], wurde den Bischöfen versichert, er unterhalte auf seinen Universitäten eine größere Anzahl theologischer Stipendiaten, die Ordinarien sollten aber auch ihrerseits Stipendiaten bereitstellen[134]. Völlig analog forderte das von dem Burghausener Kanzler Simon Eck entworfene bayerische Memorial die Bischöfe auf, in Ingolstadt „oder wo es denselben glegen ist", „sondere collegia" zu errichten, so wie der Herzog selbst „nit unbedacht und zum thail im werckh" sei[135]. Was die disziplinären Zustände betreffe, so werde in Ingolstadt eine Universitätsreform bereits in Angriff genommen; tatsächlich bereitete die herzogliche Regierung im folgenden Jahr eine „Reformation" vor, die jedoch, dann stark unter dem Einfluß einer 1554 vollzogenen könglichen Reform der Universität Wien, erst aus Anlaß der jesuitischen Kollegstiftung Ende 1555 abgeschlossen wurde[136].

Die Bischöfe beantworteten die Aufforderung zur Stiftung von Stipendien mit einer unverbindlichen Zusage[137]. Während sich die königlichen Gesandten, zum Abschluß von Vereinbarungen nicht befugt, damit zufrieden gaben[138], insistierten die Bayern noch ein-

personen, so auff den studijs sein, abzustellen" (erzbischöfliche Proposition vom 22. 12. 1553: HStA Staatsverw. 2779, 47ff.).

133 So berichtet Simon Eck am 22. 12. 1553 an Herzog Albrecht (HStA Staatsverw. 2779, 37ff.).

134 „Unnd wär ain notturfft, das die herrn ordinarij auff der khu. m. hochschuelen ettlich stipendiaten unnderhielten, die daselbst theologiam studieren unnd sich zum predigambt geschickht machen möchten. 13. Die rö. m. wirdet sich auff dises begern gnedigst enndtschliessen, dann ir khu. m. auff irer m. hochen schuelen der ursachen sovil stipendiaten zu unndterhallten verordent, damit gelerte leuth zu predigen gezügelt unnd die pfarren mit derselben allenthalben versehen werden mügen" (Deliberatio der königlichen Gesandten, übergeben am 27. 12. 1553, in HStA Staatsverw. 2779, 123ff.).

135 „Darumben achten wir, das e. f. g., deßgleichen die ordinarij und episcopi zue Ingolstat oder wo es denselben glegen ist, sondere collegia aufrichten, daselbs ein anzal junger leut, die man hin und wider aus den schuelen, wo man guette ingenia befindet, nemmen und bekhomen mag, erhalten lassen. Dergleichen unser g. fürst und h. zuthun mit unbedacht und zum thail im werckh ist" (bayerisches Memorial, überreicht am 27. 12. 1553, als Entwurf Ecks: HStA HL Salzburg 256, 88; in Reinschrift: ebd. Staatsverw. 2779, 116). Bayerische Gesandte waren neben Simon Eck Hans von Trenbach, Anton Aresinger und Christoph Seld.

136 Prantl II Nr. 71; vgl. dazu Seifert, Statutengeschichte 118ff.

137 „Dann der stipendiaten halben werden die herrn ordinarij auf gebürlich weg auch bedacht sein" (bischöfliche Replik, präsentiert am 29. 12. 1553, in HStA Staatsverw. 2779, 129'; ähnlich ebd. 138).

138 HStA Staatsverw. 2779, 133ff.

mal auf ihrem Vorschlag, nun mit der bestimmteren Versicherung, der Herzog werde in Ingolstadt ein Kolleg stiften[139]. Der gemeinsame Rezeß vom 30. Dezember 1553 klammerte diesen Punkt jedoch aus. Der Salzburger Vorlage entsprechend erkannten sich die Bischöfe für die Klerusausbildung und die Kontrolle der Schulmeister verantwortlich, verpflichteten sich jedoch nur zur Anstellung je eines seßhaften und zweier Wanderprediger an jeder Kathedralkirche; man hoffte sie am ehesten aus den Klöstern zu bekommen[140].

Seit Anfang 1553 hatte Wiguleus Hund mit Canisius in Wien über die Rückkehr der Jesuiten Sondierungsgespräche geführt; nun nach der Mühldorfer Tagung griff die herzogliche Regierung wirklich ihre Kollegplanungen mit Energie wieder auf. Im Mai 1554 wurde der Sekretär Heinrich Schweiker erneut zu Verhandlungen nach Rom abgeordnet. Er nahm Briefe an Papst Julius und an Ignatius mit, in denen Herzog Albrecht die Abziehung der Jesuiten aus Ingolstadt nachträglich mit bitteren Worten bedauerte; die Verzögerung der Kolleggründung sei nicht mangelndem Eifer, sondern der deutschen Situation zuzuschreiben. Jetzt jedenfalls habe man in Ingolstadt schon ein Grundstück gekauft, auf dem ein mit Jahreseinkünften versorgtes Kolleg entstehen werde; die Rückberufung der nach Wien abgezogenen Jesuiten möge also veranlaßt werden[141].

Herzog Albrecht hatte in Mühldorf die Errichtung eines Seminars versprochen, und es mußte ihm andererseits klar sein, daß der Orden die Entsendung von Professoren von der Gründung eines

139 „... wie wir uns dann in jüngster schriftten vernemen lassen, das unser g. fürst und h. aus gotseligem christlichen eyfer, zue befürderung der ehr gottes, wolfart seiner kirchen und irer f. g. underthanen seelenhayl ein collegium aufzurichten im werckh ist" (HStA HL Salzburg 256, 96' und Staatsverw. 2779, 142).

140 HStA Staatsverw. 2779, 89ff.; die Anm. 132 zitierten §§ 12 und 14 wurden fast wörtlich übernommen, der § 13 aber ausgelassen. — In ihrer Abschlußrelation schlugen die bayerischen Gesandten dem Herzog vor, bei der Universität Ingolstadt ein Verzeichnis unverdächtiger Lehrbuchautoren und eventuell einen lateinischen Katechismus zu bestellen. Die Reform der Universität werde einer neuen Schulordnung den Weg bereiten (ebd. 105ff.).

141 Albrecht an Loyola und an Julius III. am 20. 5. 1554: „Ne tamen ista perpetua temporum iniuria theologici collegii causa apud nos diutius suspendatur, jussimus apud dictam scolam nostram ingolstadianam fundum comparari et novum extrui collegium, quod etiam annuis redditibus dotari curabimus" (Mon. Ign. I/7 210ff.). Dieselben, in den entscheidenden Partien gleichlautenden Texte auch bei Braunsberger I 715f. und Druffel IV 466.

Ordenskollegs abhängig machte. So war man in München auf Stockhamers Plan einer Doppelgründung zurückgekommen. Ignatius hatte ihn vor drei Jahren ziemlich schroff abgelehnt, jetzt blieb überraschend der Widerspruch aus. Die Stellung des Ordens zu den Externenkollegien hatte sich unmerklich, aber im Ergebnis bedeutsam verändert[142]. Waren die 1552 von Loyola verfaßten Konstitutionen, indem sie die Aufnahme von Externen in die jesuitischen Kollegien unter bestimmten Bedingungen gestatteten[143], über diesen Punkt noch ohne letzte Festlegung hinweggegangen, so hatte der Orden im gleichen Jahr das soeben und noch ohne feste Dotation gegründete römische Collegium Germanicum unter seine Obhut genommen[144] und damit einen weithin sichtbaren Präzedenzfall geschaffen, der sich nicht leicht verleugnen ließ. Ein Seminar dieses Typs unter Leitung jesuitischer Professoren, ein „collegium theologicum eiusdem ordinis", wie der Herzog 1550 formuliert hatte[145], war genau das, was die herzogliche Seminarpolitik seit Jahren anstrebte. Schweiker besuchte in Rom das Kolleg und war beeindruckt[146]; eben eine solche Anstalt, erklärte er Loyola, wolle auch Herzog Albrecht gründen. Ignatius lobte das Vorhaben, stellte dem Herzog eine Kopie der von ihm entworfenen Statuten des Germanikums zur Verfügung[147] und erbot sich, einstweilen die Aufnahme bayerischer Kandidaten in das römische Kolleg zu vermitteln.

142 Wieder bleiben hier Lukács (De origine collegiorum externorum), der die Stellung des Ordens zum Externenunterricht überhaupt untersucht, und Schröteler, der speziell die (gebührenpflichtigen) Konvikte im Auge hat, klare Auskünfte schuldig.

143 Schröteler 16ff.

144 Steinhuber 5ff.

145 Vgl. Anm. 75.

146 So berichtet Loyola am 18. 2. 1555 an Nadal und Lainez: Mon. Ign. I/8 438f.

147 Loyola an Herzog Albrecht am 4. 7. 1554: „Quia vero coram agendo cum secretario de institutione huius Collegii Germanici, intelleximus vestram excellentiam aliud simile opus sancto sane et pernecessario consilio moliri, litterarum apostolicarum et constitutionum eiusdem collegii unum exemplum et quaedam de ratione institutionis hujus operis vestrae excellentiae ferenda dedimus" (Mon. Ign. I/7 208ff.). Wie sehr Loyola zu diesem Zeitpunkt den Seminargedanken propagierte, zeigt sein für König Ferdinand bestimmtes Schreiben an Canisius vom 13. 8. 1554 (Mon. Ign. I/7 398ff.): „Seminaria" seien für die Wiederherstellung der Kirche unentbehrlich. Es gebe vier Typen: 1. die Unterstützung von Religiosen in Klöstern und Kollegien; 2. das römische Germanikum; 3. ihm analoge Kollegien, die an den deutschen, speziell österreichischen Universitäten zu gründen seien; 4. gebührenpflichtige Konvikte für Adlige und Reiche.

Die jesuitische Kolleggründung stand bei den Gesprächen in Rom nicht mehr in Frage. Mündlich versicherte Schweiker, daß Raum und Stiftung für 30 Ordenspersonen bemessen seien[148]. Neben diesem Ordenshaus aber sollte „un altro, come il germanico, sotto il governo degli nostri" entstehen[149]. Nachdem man sich hierüber einig war, mußte nur noch der herzogliche Wunsch befriedigt werden, schon jetzt jesuitische Professoren für Ingolstadt zu bekommen. Albrecht hatte um die nach Wien Abberufenen, dazu aber um weitere Theologen und um Professoren für andere Fakultäten gebeten, und Loyola verstand diesen Antrag nach den Gesprächen mit Schweiker nicht anders, als daß dem Orden die ganze Universität Ingolstadt, mit Ausnahme allerdings der juristischen und der medizinischen Fakultät, übergeben werden sollte. Obwohl Canisius abriet[150], stand das Ordensoberhaupt diesem Gedanken wohlwollend gegenüber; er widerspreche den Konstitutionen nicht und könne allmählich Schritt für Schritt in die Tat umgesetzt werden[151]. Allerdings mußte dem Herzog mitgeteilt werden, daß die Gesellschaft derzeit über abkömmliche Professoren nicht verfügte; was die Wiener Jesuiten betraf, verwies man ihn an seinen königlichen Schwiegervater[152]. In zwei Jahren aber werde das Collegium Romanum und insbesondere das Germanikum neue Professoren ausgebildet haben, bis dahin müsse sich Albrecht, falls seine Bemühungen in Wien erfolglos blieben, gedulden.

Erst im Herbst 1555 traten denn auch die im weiteren Verlauf durch Canisius als Ordensvertreter geführten Verhandlungen über

[148] Loyola an Oliverius am 24. 7. 1554: Mon. Ign. I/7 303.

[149] Ebenso die Berichte in Mon. Ign. I/7 361 (an Canisius) und 261 („un seminario para prover las parrochias").

[150] Braunsberger I 480f., Canisius am 16. 8. 1554 an Polanco: „Non probo quod professores tam multos dux petat a nostris"; „cooperari et adiungi" sei etwas anderes als „praefici et moderari".

[151] Im Auftrag Loyolas an Canisius am 10. 9. 1554: man teile nicht seine Abneigung dagegen, daß die Gesellschaft „potria ... pigliare l'assunto intiero delle facultà necessarie per li nostri"; „pigliar cura de università" widerspreche, vorausgesetzt daß die Fundation ausreiche, nicht den Konstitutionen. Etwas zurückhaltender, aber in der Sache identisch, ein weiteres Kommissionsschreiben an Canisius vom 28. 11. 1554 (Mon. Ign. I/8 112).

[152] Loyola an Herzog Albrecht am 4. 7. 1554: Wie die Wiener Professoren zurückzubekommen seien, habe man mit Schweiker vertraulich besprochen (Mon. Ign. I/7 208ff.). Zwei Schreiben Schweikers aus Rom vom 26. und 29. 6. 1554 sprechen bereits von den zu erwartenden Schwierigkeiten (HStA HL Salzburg 483, 139' und 146'), über die dann auch Canisius nach Rom berichtete (Braunsberger I 480f.).

die Ingolstädter Gründung in ein akutes Stadium. Obwohl Canisius über das Ergebnis der römischen Gespräche und über den bayerischen Doppelgründungsplan unterrichtet worden war, schien man nun wieder auf die alten Meinungsverschiedenheiten zurückgeworfen zu sein, vielleicht weil die herzogliche Regierung hoffte, doch noch mit einer Kolleggründung davonzukommen. Nach einer Begegnung mit Hund in Augsburg berichtete der Pater im Oktober nach Rom, Hund habe ihn enttäuscht, denn er erstrebe ein Kolleg „a suo modo e non secondo la nostra usanza". Da jedoch der Herzog den Dezimationsertrag endlich dem Zweck zuführen wolle, für den er bestimmt sei, nämlich der Gründung eines „collegium theologicum", habe man sich wieder auf ein Doppelprojekt verständigt: neben dem Ordenskolleg solle ein weiteres für wenigstens 15 Theologiestudenten errichtet werden, über das den Jesuiten außer „in temporalibus" die Superintendenz zustehen solle[153].

Ende November 1555 traf sich Canisius mit vier herzoglichen Räten zur Besprechung der Einzelheiten in Ingolstadt. Inzwischen müssen, wie ja zu erwarten war, die Vorberatungen der Regierung ergeben haben, daß für Bau und Dotierung zweier Kollegien durchaus die Mittel fehlten. Das Dezimationskapital, mit dem Canisius rechnete, stand nur mehr als eine herzogliche Schuldverpflichtung zu Buche, abgesehen davon, daß es der Universität gehörte; selbst der auf 9000 Gulden taxierte Neubau auch nur eines Kolleggebäudes[154] schien auf absehbare Zeit nicht zu finanzieren. Der ganze Ernst der Situation wurde dem Jesuitenpater wohl erst im Lauf der Ingolstädter Verhandlungen[155] Schritt für Schritt offenbart; die herzogliche Seite konnte es sich als Erfolg anrechnen, daß es ihr trotzdem gelang, die Rückkehr der jesuitischen Professoren nach Ingolstadt sicherzustellen.

Auf der anderen Seite verstand es Canisius mit beachtlichem Verhandlungsgeschick, das Interesse des Ordens im Rahmen so begrenzter Möglichkeiten optimal zur Geltung zu bringen. Anstelle des eben noch erörterten Doppelgründungsplans kam er gleich am

[153] „... volendo già in ogni modo avere prima un collegio integro della Compagnia, et secundo un altro di 15 scolari almeno, che siano sotto il nostro governo e auditori di teologia, e che, eccetto in temporalibus, haviamo la piena sopraintendentia di loro" (Canisius an Loyola am 20. 10. 1555, Braunsberger I 566).

[154] Kostenvoranschlag in HStA Jes. 1748/I 7.

[155] Sie lassen sich nur indirekt aus den verschiedenen Memoranden rekonstruieren, die Canisius Ende November — Anfang Dezember 1555 für die herzoglichen Räte anfertigte: Braunsberger I 570ff.

Beginn der Unterredungen auf seinen Vorschlag von 1551 zurück: ein einziges Kolleg sollte die Funktionen einer Ordensniederlassung und eines bayerischen Priesterseminars zugleich übernehmen[156]. Dabei stand der Vorrang der ersteren Funktion wohl auf beiden Seiten außer Frage[157]; der Orden mußte und sollte seine, räumlich und finanziell im Zentrum des Gesamtprojekts stehende, Hausgründung bekommen, der Canisius gegen den spürbaren Widerstand der herzoglichen Kommissare den Charakter eines echten Ordenskollegs sicherte. Ein erster herzoglicher Vertragsentwurf hatte den Jesuiten die Besetzung zweier Theologieprofessuren und die Bereitstellung so vieler „praeceptores" auferlegen wollen, „quot erunt in collegio fratres aut patres". Canisius bestand jedoch darauf, daß der Orden Gelegenheit haben müsse, seinen Professorennachwuchs am Ort selbst heranzubilden[158], und der Vertragstext verpflichtete denn auch das Kolleg nur, außer den beiden theologischen Professuren eine öffentliche Kinderschule zu veranstalten, stellte ihm aber frei, darüber hinaus soviel „sui ordinis discipulos et personas" aufzunehmen, wie ihm beliebte und die Stiftungssumme zuließ[159].

156 „... Concludatur de collegio parando, quod certis inservatur studiosis theologiae ijsque certa sub disciplina sic instituendis, ut brevi ad messem Bavariae ceu fidi operarij possint extrudi ... Atque hoc est quod volebam, de collegio scilicet, non tantum nostris, verum etiam alijs instituendo, ut Bavariae vicinisque ecclesijs in tanta ministrorum ecclesiae penuria tandem succurratur" (Braunsberger I 571). Canisius' Formulierungen sind nicht sehr genau, doch stellte er sich anscheinend ein Jesuitenkolleg vor, an das, räumlich abgetrennt, doch im gleichen Haus, eine externe Stipendiatenabteilung angegliedert werden sollte. Das Wiener Beispiel wurde dem Herzog vorgehalten (ebd. 570). Vgl. auch Lanoys Bemerkung, Canisius verhandle „(de) collegio theologico ... parte per la nostra compagnia, parte per altri studenti de theologia" (Epp. mixtae V 74, 3. 11. 1555).

157 „... Satis non esse de Collegio nostris extruendo meditari", darüber müßte gar nicht mehr verhandelt werden (Braunsberger I 570).

158 Braunsberger I 580.

159 Mederer IV 283. Entgegen ihren lebhaft bekundeten Wünschen (vgl. Anm. 151) blieb also den Jesuiten die Artistenfakultät vorerst noch versperrt; die Schule, das spätere Universitäts-„Pädagogium", galt als privat. Am 20. 1. 1556 schrieb Loyola noch einmal mahnend an Schweiker, „che non saranno buoni auditori di theologia, nè capaci, quelli che non sonno essercitati nella logica et philosophia; et che in questa parte saria de haverne cura che fussino maestri et auditori delle arti liberali dette, acciò si preparasse buon seminario per la theologia" (Mon. Ign. I/10, 537). Ähnlich Loyola am 27. 1. 1556 an Canisius: „Circa le arti, molto importarebe che ci fosse buon' ordine nel università" (ebd. 574).

Das Kolleg, dessen Errichtung Herzog Albrecht in einer schriftlichen Erklärung vom 7. Dezember 1555 verbindlich ankündigte[160], bezeichnete sich als „Collegium theologicum" und wurde mit der deklaratorischen Bestimmung eingeführt, dem Priestermangel der bayerischen Kirche abzuhelfen[161]. Canisius beharrte auf dieser Namensgebung auch dann noch, als der eigentlich seminaristische Teil seines Programms den von der finanziellen Notlage diktierten Abstrichen bereits großenteils zum Opfer gefallen war[162] und ein eindeutig und exklusiv jesuitisches Ordenskolleg übriggelassen hatte[163]. Der verhandlungstaktische Vorzug dieser Fiktion lag auf der Hand: die evidente, von Canisius selbst laut und lebhaft beschworene Aktualität des Seminargedankens[164] konnte vom Orden für seine eigenen Zwecke in Dienst gestellt werden. Es ist kaum anzunehmen, daß sich die herzoglichen Räte über den Charakter der vereinbarten Gründung im unklaren waren; auf ihrer Seite mögen Rücksichten, etwa auf die Universität, deren Dezimationsanspruch zwar im Moment nicht angetastet, aber insgeheim wohl schon in die Rechnung einbezogen wurde, und auf eine weitere Öffentlichkeit den Ausschlag dafür gegeben haben, daß sie Canisius' Interpretation mit solcher Bereitwilligkeit übernahmen[165].

160 Mederer IV Nr. 41. In einem anschließenden Briefwechsel interpretierten Herzog Albrecht und Ignatius den Text als gegenseitige, frei kündbare Verpflichtung (Mon. Ign. I/10, 525f., 535ff. und 541f.; Pachtler III 456ff.; Mederer IV 286f.).

161 Mederer IV 282 (Arenga) und besonders 284: „principis institutum de educandis bonis et catholicis pastoribus".

162 Vgl. zu den Ersatzplanungen, sobald sie sich von der jesuitischen Kolleggründung abgelöst hatten, unten Kap. II.

163 Zur Namensfrage auch Braunsberger I 576 und besonders II 3ff. In § 1 seiner Erklärung versprach der Herzog, eine Behausung mit Garten und Kapelle „in usum collegii theologici assignare". Dazu notierte Polanco in seinen Korrekturen (gedruckt bei Buxbaum 292): „in usum collegii Societatis Jesu". Im Gegensatz dazu insistierte Canisius noch im August 1556 auf der zweideutigen Bezeichnung „Collegium theologicum", die in der Tat von einer nachfolgenden herzoglichen Verordnung (vgl. II Anm. 7) noch einmal bestätigt wurde, dann aber rasch außer Gebrauch kam.

164 Und zwar besonders auch in Hinblick auf die andernfalls sinn- und erfolglose jesuitische Lehrtätigkeit. Den jetzt vorhandenen Studenten theologische Vorlesungen zu halten, erklärte Canisius in Erinnerung an seine eigene Ingolstädter Lehrtätigkeit, bedeute „surdis canere" (Braunsberger I 570).

165 Vgl. auch im Vereinbarungstext die Formulierung: „hoc quidem collegium tunc converti debet in usum venerabilis Societatis" (Mederer IV 283). An Loyola schrieb Albrecht klar „de collegio Societati vestrae ... erigendo" und von „vestrum apud nos collegium" (Mon. Ign. I/10, 541f.). Loyola seiner-

Offensichtlich fiktiven Charakter trug aber auch die herzogliche Versicherung, diesem jesuitischen „Collegium theologicum" in Ingolstadt ein neues Gebäude zu errichten. In ihrem Gesandtschaftsbericht legten die Räte dem Herzog dar, daß ein solcher Neubau, wie ihn die Erklärung vom 7. Dezember feierlich ausmalte, in absehbarer Zeit nicht erschwinglich, ja nicht einmal wünschenswert sei[166]. Stattdessen machte man den Jesuiten auf das städtische Franziskanerkloster Hoffnung, von dem zu erwarten schien, daß es bald völlig veröden würde[167], und wies ihnen einstweilen die oberen, früher von den Artistenkollegiaten bewohnten Stockwerke des Alten Kollegs als Bleibe zu. Die erforderlichen Umbauten kamen die Regierung auf kaum mehr als 100 Gulden zu gestehen[168], die zudem zwei Jahre später auf die Zinsrückstände der Dezimation, also auf das Konto der Universität, verrechnet wurden[169]. Auch eine eigentliche Stiftung unterblieb; neben einem Naturaliendeputat wurde dem Kolleg eine Jahrespension von 800 Gulden zugesagt, über deren Aufbringung sich der Vereinbarungstext nicht näher erklärte.

Mit so bescheidenen Aufwendungen war dennoch eine Gründung dieser Art und Funktion nicht sonderlich billig erkauft. Die Kollegpension ersetzte die Gehälter zweier Theologie- und mehrerer Gymnasialprofessoren, wenngleich sich der aktuelle Gebrauchswert des jesuitischen Unterrichtsangebots in einer solchen Rechnung nicht voll erfassen läßt. Jedenfalls erschöpfte sich vom Standpunkt des Herzogs und der Universität der unmittelbare Nutzen des Jesuitenkollegs in dieser Lehrverpflichtung, die um den Aufpreis der Finanzierung des internen jesuitischen Seminarbetriebs erkauft werden mußte. Die Gesellschaft hatte dem Herzog aller-

seits übernahm die Sprache des Vertragstextes: „de instituendo Ingolstadii collegio, ac seminario bonorum ac fidelium ministrorum catholicae religionis ibi parando" (ebd. 538).

166 Weil Ingolstadt eine Festung sei (Braunsberger I 717). Umständlich und dunkel erscheint die Begründung der provisorischen Raumlösung in der herzoglichen Erklärung (Mederer IV 284): Canisius kenne die „graves et urgentes rationes", die den Neubau vorläufig nicht erlaubten. Polanco notierte dazu: „Decernatur quo loco et quo tempore sit erigendum collegium, ne cogatur Societas perpetuo manere in collegio veteri" (Buxbaum 295).

167 Loyola erwiderte darauf, falls noch Mönche im Kloster seien, solle man formell nichts unternehmen, sondern gegebenenfalls so wie in Wien und Prag verfahren (Mon. Ign. I/10, 574). Von dieser Raumlösung ist später nie wieder die Rede; vgl. auch Braunsberger I 717f.

168 HStA Jes. 1748/I, 51'.

169 Vgl. III Anm. 11.

dings eindringlich weitere Vorteile eines solchen Kollegs ausgemalt[170], und so verpflichtete auch eine Klausel im Vereinbarungstext alle Kolleginsassen, dem Herzog auf Verlangen in Religionssachen, also etwa mit Predigten und Beichthören, ihre Dienste zu leihen[171]. Diese Reminiszenz an Erwartungen, die die herzogliche Politik mit einer Seminargründung verbunden hatte, kann aber so wenig wie die verbalen Absonderlichkeiten des ganzen Gründungsakts darüber hinwegtäuschen, daß das jesuitische Kolleg seiner Natur nach ein Priesterseminar nicht zu ersetzen vermochte. Die Versorgung der Universität mit Lehrpersonal hatte den Vorrang erhalten; die hypokritische Form aber, in der das geschah, belegt die außerordentliche Kraft und Popularität, die der Seminaridee eigneten und auch weiterhin zu Gebote stehen würden.

170 Sehr eindringlich das oben Anm. 101 zitierte, für den Eichstätter Bischof bestimmte Kommissionsschreiben. Loyola schrieb dem Herzog am 4. 7. 1554: „quot religiosos ex nostra familia, tot operarios fideles ad conservanda et promovenda, que catholice religionis et pietatis sunt, in suis populis V. E. est habitura“ (Mon. Ign. I/7, 208ff.).

171 Mederer IV 284.

II.

HERZOGLICHE STIPENDIENVERGABE SEIT 1556 ALS SEMINARPOLITISCHE ERSATZLÖSUNG

In seinem zweiten Memorandum von Ende November 1555, also noch ganz am Anfang der Ingolstädter Verhandlungen, hatte Canisius zur Kenntnis nehmen müssen, daß die finanziellen Mittel für die Errichtung eines „collegium studiosorum theologiae", wie er es dringend wünschte, nicht ausreichten[1]. An diesem Punkt trennte sich das nunmehr in Zusammenhang und Charakter eindeutig jesuitische „Collegium theologicum" von seminaristischen Behelfs- und Ersatzlösungen ab, in denen dem einzigen bereits vorhandenen Ingolstädter Kolleg, dem Georgianum, die entscheidende Rolle zufiel.

Es ist eine überraschende und nicht leicht zu erklärende Beobachtung, daß die herzogliche Seminarpolitik bisher an dieser Gründung Herzog Georgs vom Jahre 1494, durch die sich doch ihre eigene Geschichte bis tief in die vorreformatorische Zeit zurückzuverlängern scheint, uninteressiert vorbeigegangen war[2]. Als staatlich gestiftetes Internat für 11 zum sukzessiven Studium der Artes und der Theologie verpflichtete Stipendiaten nahm das Georgianum in den großen Umrissen seiner Anlage tatsächlich jenen universitären Kollegtyp voraus, dem der Seminargedanke später zu einer so überraschenden Renaissance verhalf. Die Motive allerdings, denen es seine Entstehung verdankte und die auf seine Verfassung abfärbten, entstammten einem noch ganz mittelalterlichen, von privater Stiftungsfrömmigkeit und Heilssuche geprägten Vorstellungskreis und hatten mit den Zielsetzungen der nachreformatorischen staatlichen Seminarunternehmungen wenig gemein. Ausführliche gottesdienstliche Verpflichtungen und Gebetsauflagen machten das Kolleg zu einer halbklösterlichen Kommunität, deren Mitglieder nur gleichsam nebenbei dem Studium oblagen. Den knapp skizzierten Vorschriften über Studiengang und -ziel geht

[1] Vgl. I Anm. 155.

[2] Vgl. zum folgenden Seifert, Georgianum.

eine klare Ausrichtung auf einen wie auch immer, individuell oder sozial gemeinten Ausbildungszweck ab. In den fünf Jahren, die er im Kolleg bleiben durfte, konnte der Stipendiat günstigstenfalls das artistische Magisterium erwerben und sich zwei weitere Jahre lang mit Theologie beschäftigen; in der Regel wird er aber über die artistische Fakultät nicht hinausgelangt sein. Seiner Zusammensetzung, auch seiner Stellung in der Universität nach war das Georgianum eher ein artistisches als ein theologisches Kolleg. Die Besetzung der Kollegplätze hatte der Stifter verschiedenen Städten des Herzogtums anvertraut und damit aus der Hand gegeben. Auch die Zukunft der entlassenen Stipendiaten interessierte ihn nicht; in der georgianischen Gründungsurkunde fehlt eine allen nachreformatorischen Stipendien- und Kollegstiftungen gemeinsame Klausel: die Verpflichtung zum Dienst in der Kirche oder auch nur im Land.

Solche Eigenarten mußten kein Hindernis dafür sein, daß sich die herzogliche Seminarpolitik dieses Kollegs bemächtigte und es im Sinne ihrer Zielsetzungen reformierte. Das Georgianum hatte den Untergang des Ingolstädter Bursenwesens überlebt, private Stifter hatten die Zahl seiner Stipendien vermehrt, seine Räumlichkeiten waren auch danach noch weitläufig genug, um die Aufnahme zahlender Studenten, sogenannter Konviktoren, zu gestatten. Der Herzog hätte sich unter diesen Umständen mit einer Aufstockung des Stiftungsfonds begnügen können, bauliche Aufwendungen erübrigten sich. Der Eintritt in die bayerische Seminardiskussion war aber dem Georgianum, das sich, wie Jay 1550 resignierend feststellte, aus rechtlichen Gründen dem Orden nicht einfach übergeben ließ[3], so lange verwehrt, wie sich die Gründung des jesuitischen von derjenigen des theologischen (Stipendiaten-) Kollegs gedanklich noch nicht abgesondert hatte. Dieses Hindernis war nun im November 1555 beseitigt: die Jesuiten sollten ihr eigenes Kolleg bekommen, von ihm abgetrennt konnten, so schlug Canisius den herzoglichen Kommissaren vor, „studiosi quidam certo numero comprehensi et sacris studijs destinati“ entweder im gleichen Haus, aber räumlich abgeschieden, oder im Georgianum untergebracht werden[4]. Die erste Möglichkeit schied aus, als die Jesuiten für sich

[3] Jay an Loyola im Juli 1550: „In Ingolstat vi è uno collegio nello quale saria cosa facile accettare alchuni scholari nostri; ma applicarlo del tutto a la Compagnia non è in potestà de monsignor de Aycstet ni de monsignor de Augusta, ma solamente de il duca de Baviera“ (Epp. Broeti 353).

[4] Braunsberger I 573ff., Memorial Canisius' von Ende November 1555.

selbst auf einen Neubau verzichten und mit den oberen Stockwerken des Alten Kollegs vorliebnehmen mußten. Damit war es beschlossene Sache, daß nur das Georgianum die Funktion übernehmen konnte, die das jesuitische „Collegium theologicum" seiner Natur nach unerledigt lassen mußte.

In ihrem Gesandtschaftsbericht unterbreiteten die Kommissare dem Herzog den Plan, zwanzig neue, mit je 30 Gulden Jahreseinkünften dotierte Stipendien ins Georgianum zu stiften, „damit die theologi professores und jesuiten auditores haben und, wie die groß notturft erfordert, geschikht und tauglich catholisch prediger und seelsorger" ausgebildet werden könnten[5]. Ein solcher Aufwand, der sich ungefähr auf 12000 Gulden belaufen hätte, muß aber schon wenig später unerschwinglich erschienen sein; die Korrektur reduzierte die Zahl der Stipendien auf zwölf, sie sollten nun „aus der decimation" finanziert werden.

Zugleich wurde die Laufzeit der bereits vorhandenen georgianischen Stipendien mit der Begründung, der Stifter habe ihre Inhaber „fürnehmlich" zum Theologiestudium bestimmt und für den geistlichen Stand vorbereiten wollen, von fünf auf acht Jahre verlängert. Die Verpflichtung zum geistlichen Stand war damit in die Stiftungsurkunde, wo man sie vergeblich sucht, zurückinterpretiert; wer ihr nicht nachkam oder wer versäumte, nach Entlassung aus dem Kolleg seine Dienste dem Herzog anzubieten, hatte die empfangene Unterstützung zurückzuerstatten. Das Präsentationsrecht der Städte tastete die Reform nicht an; die Präsentierten mußten sich aber in Ingolstadt einer Aufnahmeprüfung unterziehen und konnten bei Untauglichkeit abgewiesen oder auch später abgesetzt werden, die Verfügung über den vakanten Kollegplatz ging dann an den Herzog über. Die zur Zeit etwa zwölf privatgestifteten Stipendien, für die auch zuvor schon die Kollegordnung verbindlich gewesen war, sollten nach den gleichen Normen behandelt werden[6].

[5] Seifert, Universität Nr. 45.

[6] Vgl. zu diesen Bestimmungen der „Reformation" vom 19. 12. 1555 (Prantl II Nr. 71) Seifert, Georgianum 179ff. sowie ders., Universität Nr. 68. Ein zusätzlicher Beleg für die Inanspruchnahme der städtischen Stipendien durch den Herzog findet sich in UA J III 19, 40f.: Aus Anlaß der Vakanz zweier Georgianumsstipendien schrieb Simon Eck 1560 an Agricola: „Es hat gleichwol m. g. f. und herr von der zeit bevolchen, das man sein f. g., wann sich dergleichen zuetrag, berichten soll, damit sein f. g. ire knaben auß der capell auch mecht mit glegenhait befurdern. Aber es wirt dessen wie anderen vergessen."

Die Art dieser Reformen zeigt, wieviel dem Georgianum bisher zu einem Klerikalseminar gefehlt hatte. Besonderer oder auch nur zusätzlicher Unterricht war den Stipendiaten nicht erteilt worden, sie gingen mit den übrigen Studenten in der Universität zur Schule. Jetzt wurde das Kolleg der besonderen Obhut des Jesuitenkollegs anvertraut[7]. Die Patres sollten neben ihren öffentlichen Universitätsvorlesungen im Georgianum Predigt-, Deklamations- und Disputationsübungen anstellen „und mit den stipendiatis repetiern". Zusammen mit den bisherigen Aufsichtsinstanzen durften sie das Kolleg visitieren und die von den Städten präsentierten Stipendiaten auf ihre Tauglichkeit prüfen. Von der Kontrolle der Wirtschaftsverwaltung waren sie auf Canisius' Wunsch dispensiert. Übrigens verbot ihnen der Herzog ausdrücklich, seine Stipendiaten für den Orden anzuwerben[8].

Diese Kombination von jesuitischem Professoren- und georgianischem Studentenkolleg schien die „Pflanzstätte" abgeben zu können, deren die bayerische Kirche so dringend bedurfte. Ihr Erfolg hing aber in erster Linie davon ab, ob es der Herzog wirklich vermochte, die vorhandenen, numerisch nicht ausreichenden und rechtlich nicht voll verfügbaren Kollegiaturen des Georgianums zu vermehren. Der entsprechende Rätevorschlag von 1555 zielte in seiner korrigierten Form darauf ab, das ebenso aufwendige wie schwerfällige Instrument einer neuen Stipendienstiftung durch ein freies Vergabesystem zu ersetzen, dessen Finanzierung „aus der decimation" der Kostenverrechnung auf die Zinsansprüche der Universität gleichgekommen wäre. In der andauernden herzoglichen Finanzkrise war es die einzig erfolgversprechende, freilich eine rechtlich bedenkliche und dazu eine wenig solide Lösung, stellte doch der Dezimationszins, auf den als dritter Konkurrent auch das Jesuitenkolleg mit seiner finanztechnisch noch nicht abgesicherten Pension Anspruch erhob, im Augenblick nicht mehr dar als eine ungedeckte Zahlungsverpflichtung der herzoglichen Kammer.

Es gab aber andere Möglichkeiten, ein solches ungestiftetes Stipendiensystem zu finanzieren. Im Mai 1556 entstand als neue,

[7] Herzogliche Verordnung vom 19. 8. 1556, zitiert bei Seifert, Georgianum 181.

[8] Herzogliche Erklärung vom 7. 12. 1555: Die Jesuiten dürfen in ihr Kolleg nach Belieben Personen aufnehmen, „dummodo tamen ex stipendiatis, quos illustrissimus princeps theologiae studio consecrabit, nullum nisi de praescitu et expresso consensu suae illustrissimae excellentiae Societati adstringant vel associent" (Mederer IV 283f.).

mit der Vergabe der Kirchenämter und -pfründen betraute Zentralbehörde der Religions- und Geistliche Lehenrat[9]. Aus seinen Protokollen[10] läßt sich eine staatliche Studienförderungspraxis rekonstruieren, die ähnlich wohl auch schon früher geübt worden ist, mit der neuen Behördengründung aber systematischere Formen annahm. In den drei Jahren bis zu seiner Wiederauflösung im April 1559 bedachte der Religionsrat im ganzen etwa 20 Supplikanten mit Beihilfen für das Studium in Ingolstadt, und zwar zunächst fast ausschließlich in Form der Verleihung vakanter Meßbenefizien in allen Teilen des Landes. Das geschah in der Regel auf folgende Weise: Ein Bewerber präsentierte sich der Behörde auf eigene Faust, oder er wurde ihr durch den Rat der Stadt, in der ein Benefizium vakant war, oder auch durch einen herzoglichen Beamten empfohlen; mangelnde Vorbildung, insbesondere ungenügende Lateinkenntnisse, führten gewöhnlich zur Abweisung[11]. Unter den Bittstellern begegnen junge Knaben, aber auch ältere, aus der Schul- und Pfarrpraxis zum Studium zurückkehrende Männer. Entsprechend dem Vorbildungsstand wurden reifere Kandidaten sogleich zum Theologiestudium bestimmt, die Mehrheit jedoch begann in der Artistenfakultät. Nach einer im Mai 1557 fixierten Formel verpflichteten sie sich, nirgends anders als in Ingolstadt zu studieren und während der zunächst auf drei Jahre befristeten Laufzeit des Stipendiums das artistische Magisterium zu erwerben. Waren sie dann zum Übertritt in den geistlichen Stand und in die

[9] G. Heyl, Der Religions- und Geistliche Lehenrat 9ff.

[10] HStA Staatsverw. 3019.

[11] Einige Beispiele: Am 27. 9. 1556 bittet Hans Pinder, Vikar in Augsburg, „umb underhalltung bej dem studio theologico"; nach zwei Probepredigten in der Neuveste wird er gegen „obligation" angenommen (HStA Staatsverw. 3019, 16). — Am 21. 4. 1557 erhält Leonhart Weitmair die Frühmesse in Ergolting, „doch das er davon auf der universiteth zu Ingolstat studiere" (ebd. 29'). — Am 3. 7. 1557 bittet Hieronymus Hiltprant um die Messe in Feldkirchen und erbietet sich dafür, bei den Jesuiten theologische Vorlesungen zu hören; wegen mangelnder Eignung wird er abgewiesen: die Messe soll für einen Ingolstädter Theologiestudenten reserviert werden (ebd. 37'). — Am 9. 7. 1557 werden zwei Bewerber um eine Mainburger Messe wegen unzulänglicher Vorbildung abgewiesen; sie soll einem Tauglicheren gegeben werden, „dieweil man teglich umb stipendia anhellt und die universitet sollches nit vermag und sonst beschwert ist" (ebd. 38'). — Am 21. 7. 1557 erhält Balthasar Hiltinger die Messe in Gershausen, er „hat sich obligiert ad triennium Ingolstadij zu studirn" (ebd. 40). — Am 1. 10. 1557 erhält Christoph Seibolsdorfer jährlich 50 Gulden von zwei Messen in Riedenburg versprochen „zu seiner underhalltung in studio zu Ingoldstat" (ebd. 45'f.).

theologische Fakultät bereit, so konnte ihnen das Benefizium oder Stipendium für weitere drei Jahre verlängert werden, sofern sie sich eidlich verpflichteten, ihre Dienste anschließend dem Herzog und dem Land zur Verfügung zu stellen. Wer sogleich mit dem Theologiestudium begann, legte einen entsprechenden Eid wohl bereits bei der Aufnahme ab[12].

Stipendien im engeren Wortsinn begegnen in den Religionsratsprotokollen zunächst fast ausschließlich in der Form von Pfründenpensionen oder -„absenten"; die betreffende Messe wurde also vakant gelassen und mit einer fixierten Jahresabgabe belegt, die sich zumeist auf 20—30, gelegentlich auch auf 50 und mehr Gulden belief. Es wird hier deutlich, wie fließend die Grenze zwischen Benefizium und Stipendium war, auch wenn man von ihrer funktionalen Ebenbürtigkeit absieht. Gelegentlich wurden aber auch Stipendien oder Gnadengelder, etwa „zur erlangung und verrichtung gradus magisterii"[13], ohne diese Beziehung zu einem Benefizium verliehen, und es läßt sich vermuten, daß Unterstützungen dieser Art nicht unbedingt in die Kompetenz des Religionsrats fielen, aus seinen Protokollen also nicht vollständig erfaßbar sind. Da auch die Universitätsmatrikel Benefiziaten kaum je und Stipendiaten nicht regelmäßig als solche zu erkennen gibt, ist wohl noch vor dem Abbrechen der Religionsratsprotokolle mit einer beträchtlichen Dunkelziffer zu rechnen.

Im Falle der Benefizienvergabe waren die Rechtsverhältnisse sehr unterschiedlich. Nur in selteneren Fällen konnte der Herzog auf eigene Patronatstitel zurückgreifen, zumeist befanden sich die Präsentationsrechte im Besitz von lokalen Instanzen oder Stifterfamilien. Das Examens- und Posseßgebungsrecht, das der Religionsrat für sich in Anspruch nahm, gestattete die Überspielung solcher Differenzen in der Rechtslage. Lokalen Präsentatoren gegenüber übte die Behörde eine Art Nominationsrecht, das sich im Falle der Säumigkeit der Präsentatoren durch die herzogliche Kirchenvogtei

[12] Verpflichtung Sigmund Widmers am 24. 5. 1557: er erhält eine Messe in Dingolfing zunächst für drei Jahre, dann soll er das artistische Magisterium erworben haben. Tritt er dann in den geistlichen Stand und studiert Theologie, verbleibt ihm die Messe für weitere drei Jahre. Er ist 17 Jahre alt, war zuvor in der Regensburger Poetenschule und hat die Prüfung vor dem Religionsrat glänzend bestanden (HStA Staatsverw. 3019, 34'f.; gedruckt bei Seifert, Universität Nr. 49a). — Die Kategorie der sogleich zum Theologiestudium verpflichteten Stipendiaten repräsentiert Matthäus Zerer, dem am 2. 10. 1558 bis auf Widerruf 70 Gulden bewilligt werden (ebd. 121f.; gedruckt ebd. Nr. 49b).

[13] Oder auch um „puecher zekhauffen" (HStA Staatsverw. 3019, 85f. und 130').

und ihren Notstandsauftrag decken ließ. Von der direkten Präsentation über verbindliche Kandidatenvorschläge bis hin zum Bewerberexamen verfügte der Religionsrat über eine breite Methodenskala, die ihm die Verfügung über die Kirchenpfründen des Herzogtums weitgehend in die Hand spielte.

Von Seiten der Bischöfe wurden gegen diese Praxis schon vor der Jahrhundertmitte verschiedentlich Bedenken geltend gemacht. Die eindeutig unstatthafte Vergabe von Benefizien an Laien mag nur in Ausnahmefällen vorgekommen sein, aber auch bei formell geistlichen Scholaren hatte man, wie bereits 1542 von Salzburg moniert wurde, kaum eine Garantie, daß sie später die höheren Weihen nehmen und in den Kirchendienst treten würden[14]. Dieser Gefahr sollte die vom Religionsrat geforderte „Obligation" begegnen, für minderjährige Schüler war sie freilich untauglich. Grundsätzlich konnte die Verwendung von Kirchengut für schulische Veranstaltungen, also für zweifelsfrei fromme Zwecke (pii usus), als kirchenrechtlich akzeptabel gelten, zumal sie von den Bischöfen ganz ähnlich empfohlen und gehandhabt wurde. Die systematische Erfassung und Neuverwendung der „ecclesiastica bona" gehörte zu den Reformforderungen Bayerns auf dem Konzil von Trient[15]. Einer Konzilsentscheidung war der Herzog allerdings zuvorgekommen; bereits die Visitation von 1558 war als Gelegenheit ergriffen worden, in Bayern eine allgemeine Pfründenerfassung vorzunehmen, deren Ergebnis schon 1560 in Gestalt eines Verzeichnisses der vazierenden Benefizien mit genauen Angaben über Rechts- und Einkommensverhältnisse in München zur Verfügung stand[16]. Die Auflösung des Religionsrats im Vorjahr entzog zwar dieser Politik

[14] „Wiewol auch diser der weltlichen furslag, das man die fructus vacantium beneficiorum auf schuelmaister, schueler und prebendisten wenden solt, prima facie ain ansehen hat, als sei er von merung der priester bedacht worden, so mag es doch weit fälen ..., dass man noch nit gwiss ist, was aus den schuelern wierdt" (Pfeilschifter, Acta ref. cath. II 737). Das Argument gegen diesen Einwand hatten die Bischöfe zwei Jahre vorher selbst formuliert: ein mit einer Präbende unterstützter Schüler habe sich zum geistlichen Stand zu verpflichten, „auf das er bei der kirchen das widerumb abdiene, das er in der jugent durch gottes willen empfangen hat" (ebd. 643ff.).

[15] Vgl. die von Staphylus entworfenen „Capita instructionis" für den bayerischen Konzilsorator Paumgartner: „Nec dubium esse quin, si haec ecclesiastica bona in certum ordinem redigerentur, posse inde selectum aliquem et copiosum ecclesiastici seminarii in iuventute plantari coetum" (HStA Staatsverw. 2723, 67'; wörtlich ebenso Paumgartners Vortrag vom 27. 6. 1562: Conc. Trid. V 623f.).

[16] StAM GR 523/110 (vgl. IV Anm. 13).

für ein Jahrzehnt das administrative Instrumentarium und dezentralisierte die Verwaltung des Pfründenwesens von neuem. Mit der Neugründung des Geistlichen Rats im Jahre 1570 aber wurden die „geistlichen Lehensachen“ erneut zentral zusammengefaßt. Die Prüfung von Bewerbern, die Vergabe von Benefizien gegen Verpflichtung zum Eintritt in den geistlichen Stand oder zur Rückerstattung, schließlich auch die Belastung der Pfarreien mit Stipendienpensionen übernahm die neue Behörde als Aufgabe von ihrer Vorgängerin[17]. Die gleichzeitig akut betriebene Seminargründung verringerte allerdings das Gewicht des Benefiziatenwesens im Gesamtrahmen der Studienförderungs- und Priesterbildungspolitik, zumindest in Rücksicht auf die zentralen Lehranstalten. Es kann aber doch für den ganzen hier behandelten Zeitraum damit gerechnet werden, daß Kirchenpfründen — und ganz besonders natürlich die zahlreichen Benefizien der beiden Ingolstädter Stadtpfarreien — von der Zentralverwaltung in breitem Maße dazu verwendet wurden, das monetäre Stipendienwesen in seiner stets prekären Existenz und der Unzulänglichkeit seiner Ausmaße unauffällig zu ergänzen.

Finanzielle Mittel brachte das neue Stipendiensystem abgesehen von den Pfründenpensionen nur in bescheidenem Umfang zum Einsatz. Auf den ursprünglich dafür vorgesehenen Zinsertrag der Dezimation wurde den Religionsratsprotokollen zufolge bis 1558 nur zweimal ein Stipendium angewiesen[18]. Bei der Abrechnung der Zinsrückstände, die anläßlich der Neuverschreibung des Dezimationszinses im Februar 1558 vom Hofzahlamt vorgenommen wurde, kam für die Unterstützung zweier Stipendiaten der belanglose Posten von 20 Gulden zu Lasten der Universität in Anschlag[19]. Von da an ließen sich diese Mittel für das Stipendienwesen nur mehr in der Form in Anspruch nehmen, daß der Religionsrat Unterstützungsbewerber direkt an die Universitätskammer verwies.

[17] Mayer, Behördengeschichte 89ff., Geistliche Ratsinstruktion vom 5. 1. 1570 (vgl. IV Anm. 43).

[18] Am 1. 10. 1557 erhielt ein zwölfjähriger Bewerber auf ein Jahr zur Probe 25 Gulden aus der Universitätskammer und den Dezimationszinsen bewilligt (HStA Staatsverw. 3019, 46’). — Am 23. 3. 1558 bekam der 22jährige Wilhelm Sartoris auf drei Jahre 40 Gulden auf die Dezimationszinsen angewiesen (ebd. 81’ff.).

[19] StAM HZR 3, 184ff.; vgl. III Anm. 11. Die beiden hier genannten Stipendiaten Georg Held und Sebald Alt erhielten am 26. 11. 1558 vom Religionsrat je 10 fl. „zu erlangung unnd verrichtung gradus magisterij“ (HStA Staatsverw. 3019, 130’).

So wurde tatsächlich noch in den sechziger Jahren, also nach Auflösung des Religionsrats, wiederholt und in ausgedehntem Maße verfahren, obwohl sich der realisierte Anteil der Universität am Dezimationsertrag inzwischen empfindlich reduziert hatte. Durch die Jesuiten waren die Stipendiaten 1555 um ihre Hausgründung gebracht worden; die Vergrößerung des Ingolstädter und die Neugründung des Münchener Ordenskollegs hörten nicht auf, dem Stipendienwesen, mit dem beide Häuser und die Universität in einem Finanzsystem kommunizierten, seine Quellen abzugraben.

Das gleiche gilt für die Erträge der vakanten Klöster, die der Studienförderung hätten zugutekommen können, wenn sie nicht in wachsendem Maße von den Jesuiten in Beschlag genommen worden wären. Nur dreimal wies der Religionsrat Stipendien auf sie an[20]. Dabei ist jedoch zu berücksichtioen, daß sich ein geistlicher Etat mit der Aufgabe der „underhaltung der geistlichen, professoren, jesuitten“, der herzoglichen Kantorei und der Aufbringung einschlägiger Baukosten und Zehrungen erst nach Auflösung des Religionsrats in den Hofzahlamtsrechnungen ausgliederte, ohne daß sich seine Einzelposten erkennen ließen[21]. Wie hoch der Anteil der Stipendien an der in den frühen sechziger Jahren über 5000 Gulden kletternden und die Einnahmen bedeutend übertreffenden Ausgabenseite dieses Etats war, muß unentschieden bleiben. 1562 erklärte der Superintendent Staphylus öffentlich, der Herzog unterhalte zur Zeit im Georgianum „bey dreissig personen mit jerlichen notturftigen stipendien zu dem theologico studio“[22], eine Zahl, von der allerdings die elf georgianischen Stammstipendien abzuziehen wären. Ein größerer Teil des verbleibenden Rests dürfte auf der Universitätskammer gelegen haben, also auf diesem Umweg (wie die Jesuiten) am Dezimationsertrag partizipiert haben. Nachdem aber der jesuitische Anteil an diesem Ertrag infolge der Neustiftung von 1563 beträchtlich angewachsen war, mußte die Kammer mit den Stipendien in Schwierigkeit geraten. Im Juni 1565 ersuchte die Universität den Herzog dringend, sie von den Stipendienzahlungen

[20] Am 26. 7. 1558 40 fl. für zwei Jahre auf das Kloster Paring für den ehemaligen Kantoristen Leonhard Funf (HStA Staatsverw. 3019, 112), am 10. 11. 1558 20 fl. für die gleiche Zeit auf das Kloster Paring für Peter Keller. Am 14. 10. 1558 wurden dem Bewerber Sebastian Metzger auf drei Jahre 70 fl. „pro stipendio theologico“, zahlbar zunächst durch die Universität, bewilligt; „sollen von ainem vacierenden closter dem d. Peurle widerumb zuegeschafft werden“ (ebd. 126f.).

[21] Vgl. Kap. IV.

[22] Lurz I 337ff. (vgl. III Anm. 71ff.).

zu befreien; es waren zu diesem Zeitpunkt, wie das Schreiben offenbart, zehn Stipendien in Höhe von 20 bis 60 Gulden, der jährliche Gesamtbetrag belief sich auf 330 Gulden[23]. Erst fünf Jahre später, als sich durch die Neuordnung der geistlichen Gefälle für die Studienförderung ganz neue Perspektiven abzeichneten, erteilte der Herzog eine entsprechende Zusage[24].

Daneben zahlte wohl schon in den sechziger Jahren auch die Hofkammer Stipendien, deren Gesamtbetrag sich 1571 auf die stattliche Summe von 2600 Gulden belief[25]. Neben den zum Theologiestudium und zum geistlichen Stand bestimmten Ingolstädter Stipendiaten profitierten von ihr drei weitere Personengruppen: Vor allem in München, aber auch in Ingolstadt wurden mit je 20 bis 24 Gulden im Jahr Knaben unterstützt, die bei den Jesuiten ins Pädagogium gingen und noch zu jung waren, um sich schon zum Kirchendienst verpflichten zu können; anläßlich der bevorstehenden Errichtung des Ingolstädter Seminars sollten dergleichen Stipendien nur mehr in München an höchstens zehn bis zwölf Schüler gezahlt werden. Zweitens wurden in Ingolstadt in nicht erkennbarer Anzahl neben den geistlichen auch Studenten unterstützt, die nicht zum Theologiestudium verpflichtet waren, vornehmlich Söhne oder Schutzbefohlene herzoglicher Räte, Amtleute und Diener. Ihre Förderung sollte 1571 eingestellt werden, war aber eine zu naheliegende, mit der Gewährung nicht zweckgebundener „Gnadengelder“ zu eng verbundene Form fürstlicher Mildtätigkeit, als daß sie sich auf die Dauer hätte unterdrücken lassen. Als dritte Gruppe schließlich wurden ältere und schon vorgebildete Theologiestudenten mit entsprechend größerem Aufwand auf ausländischen katholischen Universitäten unterhalten, etwa in Löwen, vor allem aber in Rom. Das Collegium Germanicum verwandelte sich in den sechziger Jahren in Ermangelung einer Dotation aus einem Seminar für arme deutsche Theologiestudenten in ein Konvikt für die adlige und vornehme Jugend aus allen Teilen Europas. Unter den deutschen Konviktoren hatten die Bayern den größten Anteil; für eine Anzahl von ihnen, vornehmlich wohl geistlichen Ratsnachwuchs, der weniger die theologischen Aus-

[23] Die Universität an Herzog Albrecht am 18. 6. 1565: „Wir haben nun vil jar auß unnserer universitett cammer ettlich stipendiaten underhalten, dieweil wir ein geldt ihm vorrhat gehabt.“ Jetzt „künnen unnd mügen wir die stipendiaten auß der cammer nicht mehr bezalen“, der Herzog möge diese Aufgabe auf sich nehmen (HStA Jes. 1753).

[24] Am 28. 4. 1570 (UA E I 1; vgl. IV Anm. 44).

[25] Laut Geistlicher Ratsinstruktion vom 15. 9. 1571 (vgl. IV Anm. 75).

bildungsmöglichkeiten nützen als die kurialen Verhältnisse kennen lernen sollte, trug der Herzog die Unterhaltsgebühren[26]. Nach der durch die Reorganisation von 1573 bewirkten Rückkehr des Kollegs zu seiner seminaristischen Ursprungsform war der Herzog dieser finanziellen Last überhoben; von nun an spielte das Verlangen, den bayerischen Anteil an den Plätzen des dotierten Kollegs zu vergrößern, in den herzoglichen Verhandlungen mit der Kurie eine wichtige Rolle[27].

Bis zu der großen Reorganisation am Beginn der siebziger Jahre trug dieses ganze herzogliche Stipendienwesen den Stempel des Provisorischen, und zwar schon deshalb, weil ihm seit der Auflösung des Religionsrats eine zentrale Organisation ebenso fehlte wie eine verläßliche finanzielle Grundlage. Schon der Religionsrat war mit den ihm zur Verfügung stehenden Mitteln dem Andrang der Bewerber nicht gewachsen gewesen und hatte taugliche Kandidaten nicht selten auf künftige Pfründenvakaturen vertrösten oder Stipendiaten zum baldigen Erwerb des Magisteriums ermahnen müssen, damit sie in der Aufnahme von „discipuli“, also als „paedagogi“, sich eine neue Studienfinanzierung erschlössen[28]; noch immer eröffnete ja die artistische Promotion den Zugang zu Erwerbsquellen, die funktional dem reinen Studienstipendium äquivalent, historisch aber älter waren. Nach der Auflösung der Behörde mußte mit der Möglichkeit der Kandidatenprüfung auch die Übersicht über das ganze Förderungssystem in einem Chaos privater Protektionen verloren gehen.

Nach dem Plan von 1555 hatten diese Stipendiaten und Benefiziaten des Religionsrats mit den Kollegiaten des Georgianums in einem Haus unter jesuitischer Aufsicht zusammengefaßt werden sollen. Das Kolleg Herzog Georgs, rechtlich und geschichtlich eng mit der Artistenfakultät verbunden, entzog sich jedoch mit Erfolg der ihm zugedachten seminaristischen Aufgabe[29]. Seine Kollegiaturen wurden zwar gelegentlich und bei Säumigkeit der Präsentatoren durch den Religionsrat besetzt, doch blieb das Präsentationsrecht der Städte und insbesondere dasjenige der privaten Kollatoren grundsätzlich unangetastet; wie bei der Pfründenvergabe

[26] Vgl. Steinhuber, Germanikum I 70f.

[27] Vgl. V Anm. 46ff.

[28] „Dabej ist inen den supplicannten“ (nämlich Held und Sebald, vgl. Anm. 19) „gesagt, sollen magistri werden, sich als dan umb discipulos bewerben, damit sy die underhaltung sovil statlicher gehaben mögen“ (HStI Staatsverw. 3019, 130').

[29] Vgl. Seifert, Georgianum 185ff.

im allgemeinen, begnügte sich das herzogliche Kirchenregiment auch hier mit der Verfügung über Vakaturen. Ungeachtet der Reformbestimmungen von 1555 scheint der Anteil der Theologiestudenten unter den georgianischen Stipendiaten gering geblieben zu sein, das Kolleg im ganzen seinen „artistischen" Charakter gewahrt zu haben. Was die „freien" Stipendiaten betrifft, so wurde auffälligerweise nur ein einziger von ihnen durch den Religionsrat ausdrücklich ins Georgianum eingewiesen; die meisten werden nach dem Beispiel der übrigen Studenten, auch etwa der oft kritisierten jungen Kanoniker, privat in der Stadt gewohnt haben. 1564 erhielt der Superintendent Staphylus vom Herzog Befehl, auf Mittel und Wege zu denken, wie die Stipendiaten „all miteinander ins neu collegium zebringen oder sonsten zu ainem eingezogenen erbern leben zehalten und zuverainigen" seien[30]. Staphylus blieb keine Zeit, sich dieser Sorge anzunehmen, nach seinem Tod wurde das Amt sechs Jahre lang nicht wieder besetzt, eine Aufsichtsinstanz für die Gesamtheit der Stipendiaten fehlte.

Den Jesuiten gelang es nicht, den Einfluß zu realisieren, den ihnen die „Reformation" von 1555 über das Georgianum zugedacht hatte. Die ihnen aufgetragenen Übungen mit den Stipendiaten führten sie zwar eine Zeitlang fleißig durch, die Leitung des Kollegs aber und die Aufnahme der präsentierten Stipendiaten entzog sich ihrer Einwirkung. Ende 1558 schrieb der jesuitische Kollegrektor Lanoy an den Ordensgeneral Lainez, es wäre eine nützliche Sache, wenn die Gesellschaft das Georgianum, in dem über 50 Stipendiaten beisammen seien, vom Herzog übertragen bekomme. Er habe andeutungsweise bereits an Hund geschrieben und ihm dargelegt, wie wichtig es sei, die Zahl der Stipendiaten noch zu vergrößern und sie mit „guten Rektoren und Gesetzen" zu versehen[31]. Lainez riet zur Vorsicht: der Orden dürfe sich zu dieser Aufgabe höchstens bitten lassen, sich nicht nach ihr drängen[32]. Vor einem so gravierenden Eingriff in die georgianischen Stiftungsbestimmungen aber scheint die Regierung zurückgeschreckt zu sein. Es sollte dreißig Jahre dauern, bis die Jesuiten erneut, nun von einer viel stärkeren Position aus und trotzdem erfolglos, ihre Hände nach dem Georgianum ausstreckten[33].

30 Prantl II 247.

31 Lainii Mon. VIII 514; Seifert, Georgianum 202.

32 Lainii Mon. IV 124.

33 Vgl dazu Seifert, Georgianum 202ff.

Während sich so die „freien“ Stipendiaten einer wirksamen Kontrolle ihrer Lebens- und Studienweise entzogen und die seminaristische Reform des Georgianums im ganzen mißglückte, fehlte auf der anderen Seite dem jesuitischen „Collegium theologicum“ der institutionelle Annex, der diesen Namen gerechtfertigt hätte und den Canisius so dringend verlangt hatte. Für das Verständnis der folgenden Vorgänge ist die Annahme unerläßlich, daß die Kombination des jesuitischen Professorenkollegs mit dem „freien“ herzoglichen Stipendiensystem objektiv, vor allem aber in der Auffassung der beiden hauptbeteiligten Seiten, nämlich des um die bayerische Kirche besorgten Herzogs und der am Erfolg ihrer Ingolstädter Tätigkeit interessierten Jesuiten, nicht den Erwartungen entsprach, die mit dem 1555 aus finanziellen Rücksichten preisgegebenen Seminarprojekt verknüpft gewesen waren. Nur von finanzpolitischen Entwicklungen konnte es infolgedessen abhängen, ob und wann die Regierung ihre Seminarplanung wieder aufnahm.

III.

BAYERISCHE INITIATIVEN IM ZEITLICHEN UMKREIS DER TRIDENTINISCHEN SEMINARGESETZGEBUNG 1556—1568

Die Errichtung des Ingolstädter Jesuitenkollegs hatte die herzogliche Kammer zunächst mit einer Jahreszahlung von 800 Gulden belastet. Schon Ende 1556 verlangten die Jesuiten eine Erhöhung dieser Pension, die ihnen auch grundsätzlich zugesagt wurde[1]. Hund erklärte aber Canisius im Februar 1557, der Herzog sei mit Schulden überladen, der Orden müsse sich gedulden, bis die Gelegenheit eintrete, Klostergut für diesen Zweck zu verwenden[2]. Soeben hatte die Regierung wirklich damit begonnen, den verödeten Klöstern Biburg und Paring finanzielle Abgaben aufzuladen[3]. Noch im Jahre 1557 erhielt das Ingolstädter Kolleg einen Zuschlag von 100 Gulden[4] und wurde der größere Teil der nun 900 Gulden betragenden Jahrespension den beiden Klöstern auferlegt[5]. Eine weitere Erhöhung auf 1000 Gulden bekam der unaufhörlich drängende Orden noch im Herbst des gleichen Jahres zugesagt[6].

Die Absicherung der Ingolstädter Stiftung galt den Jesuiten als Bedingung für die von Herzog Albrecht begehrte und betriebene Gründung weiterer Ordenskollegien in Bayern. Dazu gehörte der Wunsch, das Ingolstädter Kolleg möglichst von der unzuverlässigen, schuldenbeschwerten herzoglichen Kammer unabhängig zu machen. Schon 1556 hatte der Kollegrektor Lentulus darum gebe-

[1] Canisius an Lainez am 1. 12. 1556 (Braunsberger II 34ff.).

[2] Canisius an Lainez am 11. 2. 1557: „vesogna haver un pocho de patientia et spettare altra opportunita in praticare sopra li beni de alcun monasterio per la Compagnia“ (Braunsberger II 66).

[3] Vgl. unten Anm. 5.

[4] Litt. quadr. V 400ff., Bericht des Ingolstädter Kollegrektors Peltanus vom 8. 10. 1557: Hund habe neulich bei einem Besuch in Ingolstadt diese Erhöhung versprochen. Vgl. aber Anm. 5.

[5] Am 30. 8. 1557 befahl der Herzog der Hofkammer, die bisher in vier Jahresraten zu je 225 fl. an die Ingolstädter Jesuiten entrichtete Pension sei jetzt zu 400 fl. von Biburg und zu 300 fl. von Paring zu tragen (HStA Jes. 1746, 21).

[6] Canisius an Lainez am 18. 11. 1557 (Braunsberger II 158).

ten, die Jahrespension der Universität aufzuladen und diese dafür durch Zuweisung von äquivalenten Einkünften zu entschädigen[7]. Eine Gelegenheit zur Neuordnung schien sich zu bieten, als der Landshuter Landtag im Dezember 1557 herzogliche Schulden im Betrag von 500 000 Gulden zur Ablösung übernahm[8]. Diese Pauschalbewilligung wird die Regierung veranlaßt haben, der Universität im Februar 1558 neue Jahreszinsverschreibungen auf die Zollämter München (550 fl.) und Ingolstadt (1000 fl.) sowie auf den herzoglichen Kasten Aichach (800 fl.), fällig ab Pfingsten 1558, auszustellen[9]. Bei diesem Anlaß wurden auch die alten Zinsrückstände, die sich nach einer größeren Zahlung im Rechnungsjahr 1556 noch immer auf fast 6000 Gulden beliefen, vom Hofzahlamt beglichen, allerdings unter Anrechnung der auf 1000 Gulden taxierten Unkosten der Dezimation[10], weiter von 600 Gulden für den Kauf eines den Jesuiten geschenkten Gartens und nochmals von 126 Gulden für die Umbauten im Alten Kolleg[11]. Das der Landschaft überreichte Schuldenverzeichnis enthielt dann zwar

[7] „Ut universitas (si modo id commodum utrique visum fuerit) singulis angarijs collegio solvat summam illam pecuniae ab ill. principe iamdudum clementissime concessam. Ipsa vero reditus aequivalentes habeat, qui alioquin collegio ratione fundationis consignari deberent“ (HStA Jes. 1748/II, post 79; Braunsberger II 8).

[8] HStA Altb. LL 376, 72f. und 230f.; dasselbe Lit. 622; vgl. Freyberg, Landstände II 333ff.

[9] Die Urkunde fehlt, wird aber erwähnt in einem Universitätsrevers von 1592 (Prantl II Nr. 118; vgl. unten VIII Anm. 95).

[10] Vgl. I Anm. 87.

[11] StAM HZR 3 (1557) 184ff. Aus der Aufzeichnung des Hofzahlmeisters geht hervor: Seit Pfingsten 1552 hätten der Universität 1100 fl. von der ersten, seit Lichtmeß 1554 1250 fl. von der zweiten Dezimationsrate gezahlt werden müssen (vgl. I Anm. 126). Gezahlt worden waren aber nur 1552 1100 fl., dann 1556 5888 fl.; von der letzteren Summe muß bezweifelt werden, daß sie direkt an die Universität ging oder nicht vielmehr für einen Grundstücks- oder Hauskauf zugunsten der Jesuiten verwendet wurde. Insgesamt waren demnach bis 1557 12 850 fl. Zinsen aufgelaufen. In Abschlag auf den Differenzbetrag bezahlte Zeller in diesem Jahr 20 fl. für zwei herzogliche Stipendiaten (vgl. II Anm. 19), 500 fl. an die Universität (wovon 225 fl. an die Jesuiten weitergereicht werden mußten, vgl. Anm. 14) und 126 fl. für die Umbauten im Jesuitenkolleg. Es blieb ein Rückstand von 5215 fl., über den angeblich im Einvernehmen mit der Universität wie angegeben (vgl. auch Anm. 15) verfügt wurde. 1215 fl. blieben als herzogliche Schuld anerkannt. Im folgenden Jahr gingen an die Universität davon 500 fl. (26. 2.), an die Jesuiten 600 fl. (21. 4.) und wieder an die Universität 100 fl. (26. 9.) (HZR 4, 1558, 197f.); der Rest scheint untergegangen zu sein.

das Dezimationskapital nicht[12]; für die Zukunft aber war diese herzogliche Zahlungsverpflichtung zum handelsfähigen Objekt geworden[13].

Nachdem die Jesuiten in der Universität Lehraufgaben erfüllten, deren Umfang in den folgenden Jahren durch die Übernahme von artistischen Lehrstühlen weiter wuchs, ließ sich ihre Teilhabe an dem der Universität gehörigen Dezimationsertrag zur Not vertreten[14]. Kurz vor der neuen Zinsverschreibung hatte Canisius die Regierung ersucht, die Jahrespension des Kollegs wenigstens teilweise auf die Universitätskammer zu legen, und auch eine Zusage erhalten[15]. In der Tat muß im Februar 1558 der Ingolstädter Teilzins, als dessen Empfänger in der Hofzahlamtsrechnung nach wie vor die Universität bezeichnet wird, in voller Höhe von 1000 Gulden dem Jesuitenkolleg zugesprochen worden sein[16].

Auch der Münchener Teilzins ging der Universität wenig später verloren. Wie schon bemerkt, war Herzog Albrecht, beeindruckt von der Leistung der Jesuitenschule in Ingolstadt, im Frühjahr 1557 zu dem Entschluß gekommen, weitere Kollegien und Schu-

[12] HStA Fürstensachen 361, 78ff.

[13] Vgl. zum Landtag von 1563 unten Anm. 126.

[14] Schon am 9. 2. 1557 hatte das Hofzahlamt der Universität 525 fl. geschickt mit der Auflage, 225 fl., also eine Quartalsrate der jesuitischen Pension, an die Jesuiten weiterzugeben (HStA Kurb. Prot. 3, 123). Auch die von Zeller angerechneten 500 fl. (vgl. Anm. 11) hat demnach die Universität nicht voll erhalten.

[15] Canisius an den Religionsrat Ende Februar 1558: „ut Universitas Ingolst. numeret nostris ad singulas Angarias aliquam pecuniae summam"; dazu Randbemerkung: „Das soll beschehn, wan man der Universitet die newen Verschreibungen zuschikht". Die Universität sollte nach Canisius' Wunsch auch den Kaufpreis für den dem Kolleg geschenkten Garten übernehmen (Braunsberger II 220f.).

[16] Leider fehlen für diesen Zeitraum die Rechnungen der Universitätskammer. Schon im Herbst 1557 hatte Hund den Jesuiten versprochen, „ut redditus collegio nostro iampridem promissi, certo aliquo in loco consignarentur; idque iam ut audio confectum est" (Litt. quadr V 400ff.). Am 18. 3. 1558 berichteten die Jesuiten nach Rom, der Herzog „certos pro collegio nostro redditus assignavit, quos ab universitate hac ingolstadiensi singulis annis exigere debemus; quod nobis commodius est, quam si in immobilibus rebus illos constituisset" (Litt. quadr. V 574f.). Damit stimmt überein, daß die Ingolstädter Jesuitenpension auf der Ausgabenseite des Hofzahlamts fehlt, während das Kloster Biburg im Jahre 1562 seine inzwischen auf 1000 fl. gestiegene Jahreszahlung nicht an die Jesuiten, sondern direkt an den Herzog entrichtete (HStA KL Biburg 1, 129), und daß die Universität am Ende wirklich nur den Aichacher Teilzins der „alten" Dezimation für sich behauptete (vgl. VIII Anm. 95).

len des Ordens in Bayern zu gründen[17]. Auf Canisius' Fürsprache hin erklärte sich der unter Personalmangel leidende Orden im Herbst 1557 zunächst mit einer Münchener Gründung einverstanden[18], für die die Regierung das nahezu entvölkerte städtische Augustinerkloster zu verwenden gedachte. Schon im April 1557 hatte der herzogliche Orator Heinrich Buslidius Auftrag erhalten, in Rom diese Angelegenheit zu betreiben[19]. Die Augustiner sträubten sich aber gegen die Hergabe ihres Klosters[20], und es dauerte zwei Jahre, bis man zu der Übereinkunft gelangte, daß ein Teil der Klostergebäude den Jesuiten leihweise überlassen wurde[21].

Auf dem Augsburger Reichstag wurde 1559 die Münchener Kolleggründung mit Canisius definitiv verabredet, im November dieses Jahres kamen, vorwiegend aus Wien und Ingolstadt, die ersten Jesuiten nach München[22]. Für die Bestiftung dieses und des gleichzeitig geplanten Landshuter Kollegs dachte der Herzog einerseits an die Zuwendung von Kirchengut, andererseits, glaubt man dem Bericht Canisius', an eine Fortsetzung der 1551 abgebrochenen Dezimation[23]. Einstweilen sollte das Münchener Kolleg aus dem

[17] Erste Erwähnungen dieser Absicht bei Braunsberger II 105 (Canisius an Lainez am 27. 7. 1557) und 110ff. (Canisius an Lainez am 29. 7. 1557). Danach ging es dem Herzog vor allem um die jesuitischen Schulen. Vgl. auch Litt. quadr. V 400ff. und Dollinger, Wilhelmsgymnasium 67f.

[18] Braunsberger II 140 (Simon Eck an den Herzog am 6. 10. 1557).

[19] Instruktion vom 3. 4. 1557: HStA Jes. 2232; dort auch weitere Korrespondenz. Vgl. Dollinger, Wilhelmsgymnasium 64f. und Braunsberger II 867; zur Gesandtschaft Paumgartners unten Anm. 32. Auch für Landshut und Straubing hoffte der Herzog auf die Stadtklöster der Dominikaner bzw. Karmeliter. Am 29. 7. 1557 schrieb Canisius an Lainez, Herzog Albrecht wolle Jesuitenkollegien dort und in München um so lieber gründen, „cum videat monasteria quae illic aut deserta, aut indigne praveque admodum habitata sunt, nullis rectius ac nostris ad scholas collegiaque permitti et tradi" (Braunsberger II 110ff.).

[20] Vgl. Braunsberger II 185f. und 868. Gegen den Willen der betroffenen Orden wollten die Jesuiten die Klöster nicht haben; andererseits sträubte sich Canisius auch gegen ein unbefriedigendes Provisorium (ebd. 215ff.). Im April 1558 verhandelte der Kardinal Caraffa in München über diese Angelegenheit (ebd. 251).

[21] Die Jesuiten erhielten das frühere Krankenhaus des Klosters als Wohn- und eine Kapelle als Schulhaus (Braunsberger II 870ff.).

[22] Braunsberger II 870ff.; Litt. quadr. VI 441ff. und 552ff.

[23] Canisius an Lainez am 3. 6. 1559: der Herzog habe ihm versichern lassen, „che tengono assai beni Ecclesiastici che si perdono, et desyderano sianno convertiti in uso di questi collegij della Compagnia". Es folgt die Darstellung der Dezimationsgeschichte bis zum Verbot der dritten Rate; man habe ihm aber gesagt „pur non obstante detta revocatione forsse il duca anchora fece

bisherigen Dezimationsaufkommen 600 Gulden erhalten[24]; für diesen Verstoß gegen die Bestimmungen des Breves von 1548 bemühte sich der Orden an der Kurie um Dispens[25]. Tatsächlich zahlte das Hofzahlamt den Münchener Jesuiten im Jahre 1560 600 Gulden „in namen der universitet zu Innglstat von der decimation herrüerendt"[26], und dabei wird es auch geblieben sein, als im folgenden Jahr die Pension auf 1000 Gulden erhöht wurde[27]. Der Münchener Dezimationszins war damit um 450 Gulden überschritten; der Fehlbetrag scheint aus dem seit 1561 in der Hofzahlamtsrechnung geführten „geistlichen Etat" bestritten worden zu sein[28]. Der Anteil der Universität am Dezimationsertrag war damit auf den Aichacher Teilzins (800 fl.), also auf wenig mehr als ein Drittel des gesamten, nach wie vor nur rechnerisch vorhandenen Zinsaufkommens zurückgegangen, das ihr allerdings auch bisher nur theoretisch gehört hatte. Trotzdem waren die Jesuiten noch immer nicht endgültig und zu ihrer Zufriedenheit versorgt; am Anfang der sechziger Jahre kamen von ihrer Seite neue Forderungen auf den Herzog zu, der außerdem noch immer an weitere Kolleggründungen dachte.

Dies ist der wenig günstige finanzgeschichtliche Hintergrund, vor dem die herzogliche Regierung am Ende der fünfziger Jahre ihre Seminarplanung, die sie, wie gezeigt, im Herbst 1555 zunächst hatte fallen lassen, wieder aufnahm. Die damals gefundenen Behelfslösungen hatten sich inzwischen als ungenügend erwiesen; die bayerische Kirche verlangte, wie die 1558 begonnene große

racogler le dette decime il terzo anno secondo la prima concess. che li era fatta" (Braunsberger II 432ff.). Wohl auf diese Vermutung bezieht sich die Antwort Polancos, Canisius habe sich wohl von Leuten informieren lassen, die Gegner der Dezimation seien (ebd. 562).

24 Am 3. 6. 1559 sprach Canisius noch von 500 fl. (Braunsberger II 432ff.), am 22. 7. 1559 schrieb er, „sexcentos credo ex decimis reservari florenos in huius collegii sustentationem" (ebd. 478f.). Albrecht hatte sich am 3. 7. 1559 gegenüber Lainez zur Unterhaltung von 14 Ordensleuten verpflichtet (ebd. 869).

25 Braunsberger II 562, 565f. und 578 (Lainez wolle ein Memorial entwerfen, mit dem er vor den neuen Papst Pius IV. treten werde, 6. 1. 1560).

26 StAM HZR 5 (1560) 205.

27 Litt. quadr. VII 252ff.: Bericht vom 1. 5. 1561, die Pension sei jetzt erhöht worden. Im gleichen Jahr zahlte wirklich der Münchener Großzoll an die Münchener Jesuiten 1000 fl. (StAM HZR 6, 183), überschritt also seine Dezimationsverpflichtung um 450 fl. — Die Pensionserhöhung war den Jesuiten schon bei der Gründungsbesprechung im November 1559 von Eck zugesagt worden (Litt. quadr. VI 441).

28 Vgl. dazu IV Anm. 14.

Visitation bestätigte, wirksamere Nachwuchsfürsorge[28a]. Dieser Aspekt schnitt sich im Fluchtpunkt mit dem Interesse der Ingolstädter Jesuiten, denen, wie schon der erste Kollegrektor Thomas Lentulus im Sommer 1556 berichtete, von vielen Seiten externe Schüler zur Betreuung anvertraut wurden, ohne daß sie über ausreichende Unterbringungsmöglichkciten verfügten[29]. Ein dem Jesuitenkolleg angeschlossenes, gebührenpflichtiges Konvikt hätte ein herzogliches Stipendiatenkolleg zwar nicht voll ersetzen, sich aber mit ihm in einer Hausgründung vereinigen lassen. Raum verlangten die Jesuiten weiter für Externe, die zum Eintritt in den Orden ausersehen waren, und schließlich, diese Novizen wohl einbegreifend, für „pauperes", bei denen überdies für den Unterhalt gesorgt werden mußte.

So verschiedene, aber miteinander verträgliche Aufgabenstellungen scheinen sich in herzoglichen Planungen begegnet zu sein, über die es aus dem Frühjahr 1558 fragmentarische Nachricht gibt. Bei der Neuverschreibung des Dezimationszinses ließ Herzog Albrecht überraschend von den aufgelaufenen Zinsrückständen 2400 Gulden einbehalten, „um ain neu collegio zuerhalttung der allten religion zuerpauen"[30]. Scheint der Vorsatz in diesem Zusammenhang wenig vertrauenswürdig, so wird er doch bestätigt; etwa

[28a] Bereits am 19. 8. 1556 hatte Herzog Albrecht der Universität gegenüber die Errichtung der beiden neuen jesuitischen Theologieprofessuren mit der Hoffnung begründet, daß „dadurch unnserm vorhaben ain gnuegen bescheh unnd sovil ehe geschickhte leuth bey disem grossen menngl guetter und gelertter seelsorger auferzogen" würden (Seifert, Universität Nr. 47). Am 23. 3. 1557 wurde der theologischen Fakultät mit der gleichen Begründung angekündigt, ihre Absolventen erhielten bei der Besetzung von Pfründen im Lande Vorrang vor allen anderen Bewerbern; das möge als Anreiz verstanden werden (ebd. Nr. 48a; eine weitere Aufforderung ähnlichen Inhalts vom 10. 11. 1558 ebd. Nr. 48b). — Über die Visitationsbefunde von 1558/60 vgl. Pfeilschifter, Weihezulassung 408ff.; speziell für Freising auch Simbeck in Zeitschr. f. bayer. Kirchengesch. 12 (1937) 152ff.

[29] Der Herzog möge ein Nachbarhaus kaufen „pro recipiendis instituendisque monachis iuvenibus aut cuiuscunque forte generis studiosis theologis, quales persaepe nobis commendantur" (HStA Jes. 1748/II, post 79, undatiert; Braunsberger II 8). Am 13. 7. 1557 schrieb Lentulus an den herzoglichen Sekretär Schweiker, ein schwäbischer Abt habe ihm Studenten anvertraut, ähnliche Anträge kämen von allen Seiten, man könne sie nicht annehmen (HStA Jes. 1748/II, post 57). Im Sommer 1561 unterstellte Bischof Martin von Eichstätt den Jesuiten 12 Stipendiaten (Litt. quadr. VII 463ff.).

[30] StAM HZR 3 (1557) 184ff.; vgl. Anm. 11. An Baukosten enthielt dieser Betrag 1400 fl., weitere 1000 fl. waren für den Ankauf der Bibliothek eines Dr. Lucretius „solchem collegio zu guetten" bestimmt.

um die gleiche Zeit oder wenig später erklärte der Herzog durch seinen Gesandten Dr. Augustin Paumgartner dem Augsburger Kardinal Otto Truchseß seinen Wunsch, die beiden dörflichen Kollegiatstifte Habach und Pfaffmünster nach Ingolstadt zu transferieren[31], um die Unterhaltung von Theologieprofessoren und die Erziehung von Priesternachwuchs zu erleichtern. Zu dem gleichen Zweck wolle der Herzog jetzt in Ingolstadt „mit großem unkosten ein new collegium erpawen lassen, darinn wir allein studiosos theologiae und darinnen erhalten wellen, so lang bis sy ire studia absolviren, welche dann auch nit ein geringer nuz der religion sein, aber unß nit wenig impenß khosten wirdet". Der Kardinal wurde um seine Meinung oder wohl vielmehr um Unterstützung bei der Kurie gebeten[32].

Im Frühjahr 1558 kaufte die Regierung für die Ingolstädter Jesuiten den von ihnen lange begehrten Garten. In ihm stand ein recht stattliches Haus, und wir erfahren aus den Berichten der

[31] Schon 1465 hatte Herzog Ludwig der Reiche, dem Beispiel anderer Universitätsstifter folgend, in Rom die Erlaubnis für die Umwandlung der Ingolstädter Frauenkirche in ein Professorenstift erlangt (Mederer IV Nr. 4), doch erwies sich die Kirche wohl als zu schlecht dotiert. 1497 hatte die Universität wieder angeregt, ein Kollegiatstift zu gründen, der Herzog „hab wol annder stifft, die nit wohl gehallten werden" und sich nach Ingolstadt transferieren ließen (Seifert, Satutengeschichte 324). Das später ausdrücklich genannte Vorbild für eine solche Translation war die Gründung des Münchener Liebfrauenstifts durch Inkorporation der Stifte Ilmmünster und Schliersee 1492/3. Statt dem letzteren hatte Albrecht IV. damals zunächst ebenfalls das Stift Habach ins Auge gefaßt, dann jedoch aus Rücksicht auf den Augsburger Bischof darauf verzichtet. Der Streit mit dem dann allein durch die Translationen betroffenen Bischof von Freising hatte sich bis 1501 hingezogen (vgl. Rankl 70 und 104ff.).

[32] Die undatierte Gesandschaftsinstruktion für Paumgartner („Was d. Paumgartner in sonderheit mit dem cardinal von Augsburg in vertrauen rath haben und reden soll") im Entwurf Simon Ecks: HStA Jes. 2233/I, 1ff.; in Abschrift (von Dollinger benützt): ebd. Jes. 2232. Braunsberger (II 867) und nach ihm Dollinger (Wilhelmsgymnasium 63f.) bringen sie in direkten Zusammenhang mit der Instruktion für Buslidius (vgl. Anm. 19) und datieren sie daher auf den Jahresanfang 1557. Dieser Zusammenhang ist nicht zwingend; Buslidius sollte nur in der Münchener Sache verhandeln, Paumgartner außerdem die Übertragung der Stadtklöster in Landshut (Dominikaner) und Straubing (Karmeliter) betreiben. Die Münchener Angelegenheit zog sich lange genug hin, daß Paumgartners Sendung auch auf später datiert werden kann. Simon Eck wurde erst 1558 Münchener Kanzler, Paumgartner promovierte erst am 24. 8. 1557 in Pisa zum Dr. iur. (F. Weigle in QFIAB 39, 1958, 263) und trat erst 1558 in herzoglichen Dienst (Oberbayer. Archiv 53, 1908—10, 491). Die zitierte Stelle paßt gut ins Jahr 1558, also in den Zusammenhang der damals

Jesuiten, daß der Herzog hier Mönche und andere Stipendiaten unterbringen und von den Patres betreuen lassen wollte. Diese wünschten ihrerseits, daß auch ihre Konviktoren aufgenommen würden. Die Leitung eines solchen Kollegs sei zwar eine schwierige, aber wichtige Aufgabe, dem Herzog zuliebe könne man sich ihr schwerlich entziehen[33].

Zwei Jahre lang hört man nichts mehr von diesen Planungen. 1560 wurde das genannte Haus den Jesuiten als Schulgebäude übergeben und hergerichtet, dadurch gewannen sie im Kolleg für sich selbst neue Schlaf- und Wohnräume[34]. Auf den versprochenen

erfolgten finanziellen Klärung. — Durch die Übertragung der beiden Kollegiatstifte, heißt es in der Instruktion, „möchten wir daselbs zu Ingolstatt geistliche und gelehrte professores dest statlicher erhallten, brachten unser universitet in ain merers ansehen und hetten dest mer gueter glerter priesterlicher leut alda zuerziehen und die alsdann an anderen orten unsers lands zugebrauchen". — Der Umstand, daß Albrecht V. das Präsentationsrecht auf das weltliche Chorherrenstift Habach erst 1560 vom Augsburger Domkapitel erwarb, könnte für einen noch späteren Ansatz dieser Gesandtschaft sprechen (vgl. Hartig, Die oberbayerischen Stifte II 68ff.).

33 „Nacta vero domus commoditate in qua Illustr. princeps cuperet institui monachos iuvenes, vel quosvis alios, quemadmodum ex literis domini Schveicheri intelligo, vellem in colloquio tractari, quum de illa domo statuendum erit, num convictores illic habere debeamus, ut in aliis collegiis moris est, licet haec ratio habendi convictores difficilior esset propter oeconomum etc.; vel in hac re Illustr. principi pareamus de recipiendis monachis sive stipendiatis, qui sibi de coquo, oeconomo et reliquis necessariis providere ipsi possint, vel pro novitiis nostris eam instituamus. Postremum illud plus nobis commodaret et instituto vicinius erit, ut mihi tantum videtur. De monachis et convictoribus non dubitarem necessarium etiam et utilissimum opus esse...": Kollegrektor Thomas Lentulus am 26. 4. 1558 nach Rom (Litt. quadr. V 605). Kurz zuvor hatte auch Canisius nach Rom berichtet, der für die Jesuiten gekaufte Garten enthalte „una casa grande, dove il Duca accenna de nutrire alcuni religiosi, che fussero sotto la disciplina et havessero uno delli nostri seco, si come li commensali in Vienna". Diese Einrichtung empfehle sich für Deutschland sehr; es fehle freilich an geeigneten Personen für die Leitung des Kollegs, man wolle die bevorstehende Generalkongregation abwarten (23. 4. 1558, Braunsberger II 259f.).

34 Am 16. 3. 1560 befahl der Herzog dem Vizekanzler Theander, „den jhesuiten das khlein heusl am alten collegio" zu überlassen, „damit sy ain classem junger scholarn darin underbringen und ire khämern, darin sy diser zeit lesen müessten, für sich selbs frej behalten mügen" (HStA Jes. 1748/I, 112; ebd. herzogliche Anweisung an den Ingolstädter Baumeister vom Herbst 1560, er möge das Haus herrichten). Ihre „private" Knabenschule hatten die Jesuiten im Winter 1556/57 mit zunächst drei Schülern eröffnet; im März 1557 hatten sie schon 150, im Oktober 200 Schüler in mehreren Klassen (Litt. quadr. V 131, 400ff. und 571ff.). Am 11. 10. 1561 berichtete der Kollegrektor Lanoy nach

neuen Kollegbau hofften sie nicht mehr, sondern suchten in den folgenden Jahren, sich auf Kosten der Universität in deren Hauptgebäude weiter auszudehnen[35]. Im neuen Schulhaus scheint man zugleich die Konviktoren einquartiert zu haben[36]. Nachdem die Jesuiten schon früher vereinzelt Externe zu sich genommen hatten, kann seit 1560 von der Existenz eines Konvikts die Rede sein; im September dieses Jahres zählte es 12[37], Anfang 1562 schon 22 Insassen[38]. Im Mai 1561 wurde auch in München mit dem Bau eines Konvikts begonnen[39], nachdem soeben das neue Kolleggebäude fertiggestellt worden war[40].

Im Frühjahr 1561 übernahmen die Ingolstädter Jesuiten auf herzoglichen Wunsch eine Philosophieprofessur in der Universität[41]. Wenn sie schon auf ein neues Haus verzichten mußten, konnten sie nun wenigstens eine Dotationserweiterung verlangen. Die Absicht Herzog Albrechts, ein drittes Jesuitenkolleg in Straubing zu gründen[42], gab dem Orden Gelegenheit, zuvor die stiftungsrechtliche Absicherung der bestehenden Häuser zu fordern. Der zurückhaltend taktierende, weil über die herzogliche Finanzlage unterrichtete Provinzial Canisius erhielt im März 1561 entgegen seiner

Rom, das Schulhaus sei nun fertig; die früheren Klassenräume im ersten Stockwerk des Kollegs dienten jetzt als zwei „triclinia“: eines für die Jesuiten, das andere für die „commensales“ (ebd. VII 463ff.; Braunsberger II 244).

35 Litt. quadr. V 600ff.; Braunsberger II 392, 486. Am dringendsten begehrte man zunächst eine Kapelle; diejenige im Alten Kolleg genügte den Ansprüchen nicht mehr. Im Januar 1562 wurde den Jesuiten eine Seitenkapelle in der Frauenkirche zur Verfügung überlassen (Braunsberger III 683f.). 1564 nahmen sie auf Anweisung des Herzogs gegen heftigen Widerstand der Universität den Karzer und das Archiv in Beschlag. Unerfüllt blieb ihr Wunsch, den Eingang des Universitätsgebäudes zu verlegen, um die Kollegkapelle vor Störungen zu schützen (vgl. Seifert, Universität Nr. 64).

36 So schrieb jedenfalls am 17. 5. 1560 der Kollegrektor Lanoy an den General Lainez: „ma oltra di questo“ (nämlich der Verlegung der Schule in das neue Haus) „si ha havuto rispetto di poter albergare et nutrire anche alchuni poveri scolari in quella casa si se trovasse alchuna certa elemosina etc., per aiutarli“ (Lainii Mon. V 52).

37 Bericht vom 1. 9. 1560 in Litt. quadr. VI 776ff.: es gebe 12 Konviktoren „qui in locis separatis et manent et comedunt“. „Convictoribus autem habitatio est nunc amplificata, constructis in ea varijs cubiculis“. Vgl. auch ebd. 313ff., 611ff. und Braunsberger III 224.

38 Litt. quadr. VII 691ff.

39 Litt. quadr. VI 973ff. und VII 252ff.; Braunsberger III 131.

40 Litt. quadr. VII 254, 472ff.; Braunsberger II 870ff. und III 206.

41 Braunsberger III 37ff.

42 Erstmals im Januar 1562 erwähnt: Braunsberger III 364f.

Empfehlung aus Rom Anweisung, diese Angelegenheit zu betreiben; man müsse die durch den erwiesenen Wohlwollen Herzog Albrechts gegebene Situation nützen[43]. Die verlangte „Stabilisierung“ meinte den Ersatz der Jahrespensionen durch feste Renten, wenigstens für Ingolstadt aber zugleich eine Einkommenserhöhung. Eine grundsätzliche Zusage erhielt Canisius von der Regierung im Mai 1561[44], im Januar 1562 wurde sie bei einer Besprechung mit herzoglichen Räten in Ingolstadt erneuert[45]. Die Regierung war soeben mit einer Erneuerung der Universitäts-„Reformation“ von 1555 befaßt[46]. Auch die Jesuiten hatten zu diesem Zweck ein Gutachten vorgelegt, in dem die Forderung nach Disziplinierung und Internierung vor allem der theologischen Studentenschaft den Leitgedanken bildet. Alle Theologiestudenten seien unter Aufsicht „simul in eodem domicilio“ zusammenzufassen, so wie es in Paris und Löwen gebräuchig sei. Überhaupt müßten ein oder mehrere „contubernia“ errichtet werden, auch um die Lebenshaltungskosten zu verringern. Schließlich seien möglichst viele Studenten „ex bonis ecclesiasticis“ beim Studium zu erhalten, zu diesem Zweck solle der Herzog zum Nutzen der Religion und der bayerischen Kirche ein

[43] Ähnlich hatte der Orden schon 1559 die Münchener Gründung von der Stiftungssicherung des Ingolstädter Kollegs abhängig machen wollen (Braunsberger II 486). Am 15. 2. 1561 schrieb Polanco an Canisius, vermehrte Leistungen (nämlich die Übernahme der Philosophieprofessur) erforderten eine erhöhte Dotation (Braunsberger III 46); und am 15. 3. 1561, der Orden teile nicht Canisius' Meinung, den Herzog jetzt mit dem Verlangen zu verschonen „di stabelire, et aumentare le dette fundatione“; Albrechts Nachfolger werde der Gesellschaft vielleicht weniger wohlgesonnen sein (ebd. 81).

[44] Canisius an Lainez am 3. 5. 1561: Simon Eck habe die Stiftung beider Kollegien „certis proventibus“ zugesagt (Braunsberger III 131). Am 6. 9. 1561 wurde berichtet, es werde „de collegijs Bavaricis dotandis“ in München verhandelt (ebd. 206). Am 21. 9. 1561 meldete Canisius: „Paramus nunc scriptum offerendum Principi Bavariae, ut Collegijs Bavaricis addatur firma dotatio, et Collegium simul pauperum studiosorum“ (ebd. 224f.). Am 25. 9. 1561 kam aus Rom die Aufforderung: „L'attendere alla fundatione et perpetuità delli collegij di Babiera è un opera molto santa“ (ebd. 229). Canisius erwiderte am 8. 11. 1561: „Urgemus modo Ducem Bavariae ...“ (ebd. 293).

[45] Braunsberger III 683f., Bericht aus Ingolstadt vom 1. 5. 1562: „Nam de dotatione Collegiorum Princeps noster cum suis Consiliarijs serio cogitat.“ Am 31. 1. 1562 schärfte die Ordensleitung nochmals ein, vor der Straubinger Gründung „doveriano prima essere fundate et stabilite le entrade degli altri collegi“ (ebd. 364f.). Damit ist der Anschluß an Vieheusers Gesandtschaft hergestellt (vgl. Anm. 53).

[46] Die neue „Reformatio“ vom 3. 2. 1562 bei Mederer IV Nr. 45; über die Vorbereitungen vgl. Seifert, Universität Nr. 57—60.

„collegium pauperum“ gründen[47]. Die herzoglichen Räte nahmen diesen Vorschlag auf und kündigten im Januar 1562 an, der Herzog wolle auf seine Kosten in Ingolstadt wie in München arme Studenten unter jesuitischer Leitung ausbilden lassen[48].

Zu diesem Zeitpunkt bahnte sich in der jesuitischen Stiftungsangelegenheit eine wichtige Entscheidung an. Aus Anlaß der Münchener Kolleggründung hatte Canisius im Juni 1559 nach Rom berichtet, der Herzog wolle das reiche Kirchengut, das im Lande brachliege oder veruntreut werde, den Jesuitenkollegien zuwenden[49]. Die große Visitation hatte der Regierung bereits Gelegenheit gegeben, sich einen Überblick über die finanzielle Lage der Kirchen und Klöster zu verschaffen; eine planmäßige, zentral geleitete Ausbeutung des Kirchenguts im Dienste der Schul- und Seminarpolitik schien mit oder ohne Zustimmung der Kurie nahe bevorzustehen[50]. Zugleich erwog man, wie oben gezeigt, die Fortsetzung der Dezimation. Die Jesuiten verwandten sich Anfang 1561 bei Pius IV. um Dispens für die geplante Zweckentfremdung des bisherigen Dezimationsertrags zugunsten des Münchener Kollegs; vielleicht brachten sie oder andere Freunde des Herzogs dabei

[47] Pachtler III 480ff. (18. 10. 1561): „Ratio conveniens ad retinendum in officio huiusmodi studiosos et ad promovendum illorum studia haec videretur, ut non vivant inter cives dispersi, ut nunc fere faciunt, ... sed simul in eodem domicilio, contenti mensa communi, sub aliquo probatae vitae ac doctrinae magistro ac praeside... Ex bonis ecclesiasticis alendi essent adolescentes ac iuvenes non pauci in studio... Instituendum nihilominus esset collegium pauperibus bonae indolis in studio et christiana doctrina educandis. Hoc enim opus, praeterquam quod pium esset, magnam quoque adferret cum tempore utilitatem Bavaricis ecclesijs. His in universum, maioribus praesertim, promittenda saltem essent sacerdotia seu ecclesiastica beneficia, quae illis post adhibitam diligentem in studijs operam ad honestam sustentationem conferrentur.“

[48] „Primum fuit, ut tum hic, tum Monachij aliquot pauperes studiosi beneficio alerentur, regimini et curae nostrorum subiecti“: Bericht des Georg Crispus aus Ingolstadt vom 1. 5. 1562 (Braunsberger III 683f.). Am 3. 1. 1562 berichtete derselbe, man betreue zur Zeit in Ingolstadt einige Arme „quos in collegio pauperum mox erigendo ac piorum ope sustentando primos fore confidimus“ (Litt. quadr. VII 691ff.). Die Gründung solcher Armenkollegien hatte Canisius schon im September 1561 angekündigt (vgl. Anm. 44); die zitierten Äußerungen lassen den geplanten Anteil des Herzogs unbestimmt.

[49] Braunsberger II 432ff. (3. 6. 1559): „che tengono assai beni Ecclesiastici che si perdono, et desyderano sianno convertiti in uso di questi collegij della Compagnia“; dies hätten ihm herzogliche Räte erklärt.

[50] Über die Vorarbeiten vgl. IV Anm. 12ff.

auch den Wunsch nach einer neuen Dezimation zur Sprache[51]. Diese Vorbereitungen liegen im dunkeln; im Dezember 1561 jedenfalls erhielt Herzog Albrecht von Kardinal Otto Truchseß die bestimmte Zusage, die Kurie werde eine mündlich vorgetragene Bitte um Erneuerung des Dezimationsprivilegs nicht abschlägig bescheiden[52]. Daraufhin wurde im Februar 1562 Dr. Sigmund Vieheuser nach Rom abgeordnet[53]. Canisius gab ihm ein Empfehlungsschreiben mit, es gehe um die Dotation der beiden Jesuitenkollegien[54]; unterwegs in Trient verschaffte er sich außerdem die Fürsprache verschiedener Kardinäle[55]. Trotzdem gestalteten sich seine Verhandlungen an der Kurie langwierig und mühsam[56]. Der Wunschkatalog, den er namens des Herzogs dem Papst präsentierte, enthielt an erster Stelle die Fortsetzung der Dezimation; weiter wurde um die Inkorporation verschiedener Benefizien, nämlich wohl der schon früher begehrten Kollegiatstifte Habach und Pfaffmünster, in die Universität[57], schließlich um bestimmte

[51] Vgl. oben Anm. 24 und die Gesandtschaft Paumgartners zu Kardinal Otto oben Anm. 32.

[52] Goetz, Briefe und Akten V 226 (6. 12. 1561).

[53] Vgl. Constant 204ff. und Braunsberger III 380.

[54] Braunsberger III 380 (22. 2. 1562).

[55] Constant 205. Am 5. 3. 1562 schrieb Kardinal Mantua nach Rom, der Herzog lasse um Kollationsrechte in den päpstlichen Monaten und um „certe decime" nachsuchen, man möge sie ihm vielleicht wenigstens befristet gewähren.

[56] Vieheusers Gesandschaftsbericht: HStA Staatsverw. 2723, 226ff. Da die Instruktion nicht vorliegt, ist er die entscheidende Quelle für die Ermittlung der herzoglichen Anträge.

[57] Vieheuser nennt keine Namen. Schon in der ersten Audienz erhielt er vom Papst den Bescheid: „Die incorporation aber etlicher particularium beneficiorum scholae Ingolstadianae hete nicht wol stat" ohne Zitation aller Betroffenen. Nach der Verweigerung der Kollationsrechte hoffte aber der Gesandte, der Papst „wurde doch unius beneficij auf yetzlichen stifft incorporationem zuerhalltung gelerter leuth" bewilligen. Borromeo beschied dann Vieheuser, die Suppression eines Klosters auf dem ordentlichen Rechtsweg werde gestattet (vgl. das Zitat unten V Anm. 31). Ebenso unbestimmt schrieb am 11. 4. 1562 Otto Truchseß an Herzog Albrecht, der Antrag auf „collation oder incorporationem benefitiorum ad studia" werde kaum durchgehen (Goetz, Briefe und Akten V 244). Im Lichte der früheren Instruktion für Paumgartner (vgl. Anm. 32) und der späteren für Eisengrein und Pfister (vgl. Anm. 136) handelte es sich wohl bei dem herzoglichen Antrag um die Inkorporation ländlicher Kollegiatstifte und vakanter Klöster in die Universität bzw. in die Jesuitenkollegien, vielleicht zugleich um das Präsentationsrecht auf Domkanonikate (vgl. die Instruktion für Fabricius IV Anm. 120).

Kollationsrechte für den Herzog nachgesucht[58]. Nur im ersten Punkt ließ sich Pius IV. nach langem Zögern zum Nachgeben bewegen[59]. Am 16. Mai 1562 forderte er den Erzbischof von Salzburg als päpstlichen Exekutor auf, die bayerischen Kirchen zum Zwecke der Neugründung zweier Jesuitenkollegien und eines „collegium theologicum" durch Herzog Albrecht mit zwei Jahreszehnten zu belegen. Eximiert wurden gegen Vieheusers lebhaften Protest die Metropolitan- und Kathedralkirchen; der Dezimationsertrag sollte bis zur bestimmungsgemäßen Verwendung unter kirchlicher Verwahrung bleiben[60]. Gewitzigt durch die Erfahrungen mit der

[58] Vieheuser spricht unbestimmt von „collatio", die der Papst von Anfang an verweigerte, um kein schlechtes Beispiel zu geben. Wahrscheinlich handelte es sich um das zwischen Bayern und Salzburg seit dem 15. Jahrhundert strittige päpstliche Monatsrecht, das die Herzöge wohl nicht kraft eines in den zwanziger Jahren erlangten Privilegs, sondern gewohnheitsrechtlich beanspruchten und wahrnahmen (vgl. Rankl 81 und 248f.). Am 8. 5. 1561 hatte der Erzbischof in dieser Sache ein Breve erlangt, durch das Bayern seine alte Gerechtsame verletzt sah. Am 20. 5. 1563 bestätigte Pius dem Herzog seine Rechte, soweit er sie vor dem Salzburger Breve besessen habe (StAM GR 505/31).

[59] Im einzelnen berichtet Vieheuser, er sei am 22. März in Rom angelangt, habe dann nach dem Osterfest am 1. 4. die zweite, entscheidende Audienz beim Papst gehabt, dabei aus den verschiedenen Punkten seiner Instruktion „die beede decimas und collationem" herausgegriffen. Pius äußerte sich über den Kollations- und den Inkorporationsantrag bedenklich und erklärte zur Dezimation: „der decima halber werde jetzo one das der clerus mit dem concilio unnd anndern dergleichen anlegen beschwert." All das sei zunächst „dubitative" und nicht „decisive" gemeint. Borromeo versprach später dem Gesandten Unterstützung und forderte zwei Memoranden an, die er dem Papst übergab. Pius reichte sie Morone zur Begutachtung weiter und setzte dann eine Kommission aus Commendone, Truchseß und dem kaiserlichen Orator Arco ein. Gegen die Beteiligung des letzteren protestierte Vieheuser mit der Begründung, der Herzog wünschte nicht, daß seine Anträge publik würden. Die Kommission bot dem Herzog einen Zehnten an. Vieheuser bedankte sich, blieb aber hart: man kenne doch Herzog Albrecht, der „unnserm deutschen brauch nach das nicht wurde wöllen, auch begern, dessen sy nicht vermaint genuegsam fueg, ursach unnd mer dann recht zehaben". Auf Fürsprache Borromeos bewilligte der Papst dann zwei Zehnten und die Suppression eines Klosters (vgl. Anm. 57). Borromeo teilte die Beschlüsse Vieheuser mit, der sich dann noch der Korrektur des Breventextes widmete. Am 13. Mai hatte er das Breve „im puesen" und eilte zurück nach München. — Zwei Berichte Arcos an den Kaiser über die bayerischen Anträge und den Gang der Verhandlungen bei Constant 206f.

[60] Der Breventext, inseriert in ein gedrucktes erzbischöfliches Exekutorium vom 20. 2. 1578, in HStA Staatsverw. 1751; in gesonderter Abschrift: HStA HL Salzburg 487, 181ff.; jetzt gedruckt bei Seifert, Universität Nr. 61. Der Herzog habe dargetan, wie er „partim" mit der Dezimation Pauls III., teils auf eigene

„alten“ Dezimation, hatte man dem zu erwartenden bischöflichen Widerspruch die Spitze abgebrochen.

So stattlich die Ausbeute von Vieheusers Gesandtschaft anmutet, alle von der herzoglichen Seminarpolitik ausgestellten Wechsel konnte sie nicht decken. In dem „Collegium theologicum“, zu dessen Errichtung der Breventext den Herzog verpflichtete, läßt sich zwar das den Jesuiten versprochene Armenkolleg, zugleich auch das alte herzogliche Seminarprojekt wiedererkennen; für die gleichfalls zugesagte Neudotierung der bestehenden Jesuitenkollegien aber durfte der künftige Steuertrag nicht verwendet werden. Überdies mußte diese „neue“ Dezimation gegenüber der noch immer agonisierenden, soeben von einer schweren Pestepidemie zusätzlich geschädigten bayerischen Kirche im allgemeinen und dem Episkopat im besonderen erst einmal verantwortet und durchgesetzt werden.

Noch bevor Vieheuser Anfang Juni 1562 nach München zurückgekehrt war, auch bevor die Nachricht von seinem Erfolg den Herzog erreichte, hatten im März 1562 die Bischöfe der Salzburger Provinz ihre Reformberatungen, denen die kaiserliche Reformationsformel von 1548 zugrundelag, wieder aufgenommen[61]. Längst war die Notwendigkeit, der Kirche durch Förderung und Neugründung von Schulen aufzuhelfen, ein Gemeinplatz geworden, auch für die bayerischen Bischöfe, von denen Canisius im Sommer 1559 berichtete, sie hätten sich zur Errichtung von Schulen bekehrt, und nichts sei im Moment leichter, als in Deutschland Kollegien zu bekommen[62]. Viel skeptischer hatte sich allerdings kurz zuvor Johannes Gropper über die Lässigkeit und Lasterhaftigkeit der

Kosten die Universität bereichert und zwei Jesuitenkollegien gegründet habe. Jetzt wolle er „ut maiorem piorum doctorumque virorum copiam habeat“, „etiam unum theologiae in dicta universitate Ingolstadiensi et duo alia eiusdem societatis Jesu collegia in oppidis seu locis suae ditionis, ubi magis expedire videbitur, instituere et erigere“. Vieheuser hatte die Streichung der Klausel erlangt, daß die Kollektoren vereidigt werden und dem Papst die Höhe des Steuerertrags anzeigen sollten, sich aber vergeblich bemüht, auch die Zweckbindung der Zehnten, die Bestimmung über die Hinterlegung des Geldes bei einer Kirche und die Exemtion der Domkapitel streichen zu lassen. Am 2. 5. berichtete Kardinal Otto Truchseß dem Herzog über den Verhandlungserfolg (Goetz, Briefe und Akten V 244).

[61] Constant 201ff.; Knöpfler 77ff.; zur Vorgeschichte vgl. I Anm. 41.

[62] „Episcopi plane statuerunt ad scholas erigendas se convertere; nihil facilius, quam collegia nunc constituere Germanica“ (22. 7. 1559, Braunsberger II 479). Vgl. auch das Truchseß-Gutachten von 1561 (Krasenbrink 5).

deutschen Bischöfe vernehmen lassen, die sich um die Schulen nicht kümmerten und in dem Bestreben, sich als weltliche Fürsten zu geben, die Fürsten dazu reizten, sich des Bischofsamts anzunehmen. Nur ein befehlender Eingriff des Papstes könne hier helfen[63]. In der Tat waren auch in Bayern bislang nur in den beiden Mainzer Suffraganbistümern ernsthafte Bemühungen und erste Erfolge auf schulischem Gebiet zu erkennen. Das Dillinger Hieronymuskolleg[64] hatte mit der Erhebung zur philosophisch-theologischen Universität den Charakter eines diözesanen Priesterseminars inzwischen nahezu vollständig abgestreift, um so mehr, als die ursprünglich für die Unterhaltung bischöflicher Alumnen vorgesehenen Mittel zunehmend durch die Professorengehälter aufgezehrt wurden. Die Schwierigkeiten bei der Beschaffung von Lehrpersonal veranlaßten Bischof Otto schon 1558, mit den Jesuiten Verhandlungen anzuknüpfen, die endlich 1564 mit der Übernahme der Gesamtuniversität durch den Orden endeten. Die Gründung ihres Kollegs beraubte das Hieronymuskolleg vollends seiner Dotation, es verwandelte sich in ein jesuitisches Externenkonvikt, die Bemühungen um Errichtung eines Diözesanseminars mußten danach von vorn beginnen. Diese Frühgeschichte der Dillinger Schule skizziert ein Entwicklungsschema, das für die bischöflichen Schulgründungen im bayerischen Raum typisch wurde. Die Präsenz des neuen Schulordens und das Beispiel seiner florierenden Schulen in Ingolstadt und München strahlten auf die weitere Umgebung hinaus. Wenn sie dem herzoglichen Vorgehen folgten, waren die Bischöfe der Sorge um Lehrpersonal enthoben. Auch der Kaufpreis war freilich unübersehbar; außer der neuen Schule mußte ein jesuitisches Kolleg räumlich untergebracht und finanziell versorgt werden.

In dem mit der Universität Ingolstadt als Residenz ihres Diözesans und Kanzlers eng verbundenen Eichstätt[64a] hatte Bischof Eber-

[63] „Deinde nulla est apud eos (sc. episcopos) erigendarum et sustentandarum scholarum ... cura." Daß die Lutheraner sich um die Schulen kümmerten „studiososque suae haereseos alant", sei Ursache ihrer Überlegenheit. „Porro haec manifesta episcoporum vitia faciunt, ut ceu solo nomine episcopi a principibus saecularibus contemnantur utque hi sibi officium episcopale dormitantibus videlicet episcopis mirabili metamorphosi usurpent ... Breviter eo ventum est ut saeculares principes etiam episcopi videri velint, episcopi vero tantum principes saeculares." Der Papst „iubeat eos scholas erigere et sustentare, in quibus ad pietatem alantur studiosi": Denkschrift Groppers von Okt. 1558 bei Lutz, Reformatio Germaniae 280ff.

[64] Specht, Universität Dillingen.

[64a] Nach Bauch (26f.) hatten in der 1. Hälfte des 16. Jahrhunderts 50 Prozent der Eichstätter Ordinanden in Ingolstadt studiert. Anfang 1548 war Bischof

hard 1559 eine jesuitische Kolleggründung erwogen[65]. Sein Nachfolger, Bischof Martin von Schaumberg[66], verpflichtete sich 1560 in seiner Wahlkapitulation zur Errichtung einer Schule, entschloß sich aber angesichts der Obstruktion des Kapitels 1561 zunächst dazu, eine Stipendiatengruppe nach Ingolstadt auf die Universität zu entsenden. Es spricht gegen deren Zustand, daß der Bischof zwei Jahre später dieses Alumnat nach Dillingen verlegte.

Ende 1559 hatte sich auch Erzbischof Michael von Salzburg durch Simon Eck über Charakter und Funktion eines Jesuitenkollegs informieren lassen. Ein Platz war schon ausgewählt, ein Antrag an den Orden schien bevorzustehen[67]. Um die gleiche Zeit warb Herzog Albrecht in Salzburg und Passau um bischöfliche Stipendiaten für die Universität Ingolstadt. Staphylus berichtet zwei Jahre später, der Erzbischof habe die Stiftung von 24 Theologiestipendien zugesagt, davon 12 für Ingolstadt, falls der Herzog dort ein Kolleg gründe und für Disziplin sorge. Eine ähnliche Zusage will Staphylus auch von Bischof Urban und dem Passauer Kapitel erhalten haben[68].

Als das Salzburger Provinzialkonzil im März 1562 zusammentrat, waren die Bischöfe in der Schulfrage seit Mühldorf (1553) keinen Schritt vorangekommen, während Herzog Albrecht immerhin seine beiden Jesuitenkollegien, die soeben erneuerte „Reformation" der Universität, schließlich auch sein neues Seminarvorhaben vorweisen konnte. Die von Simon Eck entworfene bayerische Gesandtschaftsinstruktion[69] verfolgte nun in Anknüpfung an die Argumentation von 1553 das Ziel, den Bischöfen die wenig aussichtsreichen eigenen Schulgründungen auszureden und sie zur finanziellen Mitwirkung am Ausbau der bestehenden, nämlich der herzoglichen Schulen in Ingolstadt und München zu bewegen. Arme Studenten, so verlange es die Not der bayerischen Kirche, müßten hier „erhallten und in vera religione instituiert" werden. Die Bischöfe sollten sich daher auf die Stiftung von Stipendien ver-

Moritz mit der Universität über die Berufung eines Dompredigers in Konflikt geraten, den die Universität nicht entbehren zu können glaubte. Der Bischof schrieb ihr, „er het sich versehen, wo er solcher leut bedorfft hette, wir wolten in auss der universitet versehen haben, was vor alter beschehen wer" (Seifert, Universität Nr. 37).

[65] Litt. quadr. VI 317.

[66] Zum folgenden Reiter 121ff.

[67] Litt. quadr. VI 444.

[68] Lurz I 334ff.; vgl. unten Anm. 144.

[69] HStA HL Salzburg 256, 119'ff. (Entwurf Ecks) und 104ff.

bindlich festlegen, hingegen werde der Herzog in Ingolstadt ein Kolleg gründen — die Korrektur steckt zurück: das Georgianum erweitern lassen — und für das nötige Personal sorgen[70]. Friedrich Staphylus, Superintendent der Universität und bis zu seinem Tode 1564 einer der Initiatoren der bayerischen wie der kaiserlichen Kirchenpolitik, erläuterte in Salzburg diesen Vorschlag[71]: Bisher hätten die Bischöfe für die Priesterausbildung „wenig oder gar nichts“ getan[72]. Es komme nun einerseits darauf an, unausgebildete Ordinanden an die Jesuitenkollegien zu schicken. Von solchen Partikularschulen erhalte man aber nur „beanen oder bachanten“, mit denen die anspruchsvolleren Ämter in Staat und Kirche nicht besetzt werden könnten. Hierfür seien, wie die kaiserliche Reformationsformel richtig erkannt habe, die Universitäten zuständig. Herzog Albrecht habe seine Ingolstädter Hochschule reformiert, ihren Lehrkörper ergänzt und ein Jesuitenkolleg gegründet, nun sollten sich billigerweise die Bischöfe und Prälaten dieses Angebots auch bedienen[73]. Auf Grund der seinerzeitigen Zusagen aus Salzburg und Passau erbiete sich der Herzog nun, das Georgianum, in dem schon jetzt dreißig Theologiestipendiaten beisammen seien, baulich zu erweitern und mit Personal zu versorgen, die Bischöfe ihrerseits sollten sich verbindlich auf bestimmte Stipendienzahlen festlegen[74] und „das fürnembste werckh instaurandae Ingolstadianae academiae nicht fur das geringste der reformation schätzen“.

[70] Man solle sich vergleichen, „was anzal ir yeder bey unnser universitet zu Inglstat yetz und hinfüran verlegen welle, und das ir lieb- und freundschafften ein bestendige fundation machen, dann so das beschicht, send wir urbüttig (gestrichen: ein collegium zuer) das new collegium dermassen zuerweittern, auftzurichten und zuerpauen, das darinnen irer liebden und freundschafften, auch unnser stipendiaten und ander studiosen mer in zimblicher anzal ir underkhumen haben mögen; wir wellen inen auch alda regenten, preceptores, dispensatores und was dergleichen notwendiger personen mer sendt, verschaffen“.

[71] HStA HL Salzburg 256, 167ff., gedruckt bei Lurz I 334ff.

[72] Sie hätten „wenig oder gar nichts von jungen leuthen, so zu irer profession oder dem studiern tauglich sein, zu der schuel zu halten und auf die universitet zuschickhen sich beflissen“.

[73] „... das nit allain die umbligenden bischove, sonnder auch die anndern, prelaten und geistlichait, sich der aufgerichten hohen schuelen zu Inglstat besser, dann bißheer gesehen, zu gebrauchen und zu niessen underwunden.“

[73a] Vgl. oben Anm. 68. Erzbischof Johann Jakob wußte sich an eine solche Zusage seines Vorgängers nicht zu erinnern.

[74] Dieser Teil des Memorials folgt wörtlich der Instruktion.

Die bischöfliche Erwiderung[75] nahm die alten Vorwürfe gegen die unbefriedigenden disziplinarischen Zustände in Ingolstadt wieder auf, derentwegen man trotz grundsätzlicher Zustimmung Bedenken trage, Stipendiaten dorthin zu schicken. Übrigens sei ja die Universität seinerzeit durch die Dezimation überreich versorgt worden, ohne daß man einen Erfolg sehen könne[76]. Vielleicht könne von diesen Mitteln etwas für bischöfliche Stipendiaten abfallen[77]. Der herzogliche Seminarplan wurde nicht geradezu abgelehnt; die Bischöfe begnügten sich aber mit der vagen Zusicherung, auch weiterhin wie schon früher, ja in verstärktem Maße Studenten auf die Universitäten zu entsenden, und räumten im übrigen der Errichtung eigener Schulen, mit der „etliche" von ihnen, darunter auch der Salzburger, bereits beschäftigt seien, den Vorrang ein[78]. Das veranlaßte Staphylus in seiner Duplik[79] zu einer grundsätzlichen Erörterung dieser Alternative. „Collegia oder particulares scholae" seien zweifellos wichtig, sie führten aber über Grammatik, Dialektik und Rhetorik nicht hinaus und genügten damit höchstens für die Ausbildung von Dorfpfarrern. Für den höheren Priesternachwuchs, insbesondere für die Besetzung der Kollegiatkirchen und der städtischen Predigerstellen, sei das Universitätsstu-

[75] HStA HL Salzburg 256, 192'ff, gedruckt bei Lurz I 340ff.

[76] Es seien „zu der universitet Ingolstatt von der geistlichen gueter bey wenig jaren ain unseglich gelt per decimas, tertias et sextas einganngen, damit solche universitet reichlich unnd uberflüssig dotirt, damit in der anzal vil taugliche unnd geschickte personen könten daselbs erzogen werden, die hernach den herrn ordinarijs zugebrauchen wären. Und da dise zeit heer von anfanng yetzgemelter contribution die studiosen dermassen wären auferzogen worden, so het man yetzt den abganng unnd mangl, so bey den pfarren unnd sonst erscheint, durch dieselben gar leichtlich zuersetzen gehabt".

[77] Daß die Bischöfe „auch solcher contribution durch taugliche unnd geschickte personen geniessen unnd sich derselben erfreuen mögen".

[78] Man wolle Kollegien gründen, „darinn gelerte leut an der hannd zuerziehen unnd darein auch solche personen zenemen, deren man zum geistlichen stannd gewiß sein unnd in gar wenig jaren auf die pfarren mit nutz unnd frucht gebrauchen möge". Diese Schulen würden durch die Scholaster bzw. unter Beteiligung bischöflicher Vertreter durch Superintendenten überwacht werden. Von ihren Absolventen wolle man einige auf die Universitäten schicken. — In diesen Zusammenhang gehört weiter ein „Nebenbedenken" der Bischöfe zur Reformationsformel (HStA HL Salzburg 256, 202ff.): Nicht nur die Bischöfe, sondern auch Dompröpste, Dekane, Kanoniker und Prälaten seien zur Finanzierung der Schulen heranzuziehen. Ein Teil der Stipendiaten könne für ein oder zwei Jahre auf Universitäten geschickt werden. Die Kurie solle für diesen Zweck Benefizien freigeben.

[79] HStA HL Salzubrg 256, 224ff., gedruckt bei Lurz I 342ff.

dium die unerläßliche Voraussetzung. Über dem Partikularen dürfe das Allgemeine, das „Katholische“[80], nicht vernachlässigt werden, das erstere habe dem letzteren zu „ancilliern“. Was den Vorwurf wegen der Dezimation betreffe, so gebe der Herzog für „die neuen stipendiaten und jhesuiter“ jährlich dreimal mehr aus, als die Steuer erbracht habe. Der Herzog werde also jetzt in Ingolstadt eine „bursa theologica“ errichten, die bischöfliche zusammen mit den herzoglichen und anderen Stipendiaten aufnehmen könne. Sollten die Bischöfe „vil difficultieren“, so werde der Herzog — dies eine kaum verhohlene, wohl schon mit der neuen Dezimation rechnende Drohung — „auf anndere gebürliche weg“ denken.

Der Vergleich dieser beiden so lebhaft engagierten Memoranden mit der viel knapperen und farbloseren Instruktion Simon Ecks macht den persönlichen Anteil sichtbar, der dem früheren lutherischen Professor, nun kaiserlichen und bayerischen Rat Staphylus[81] an dieser Konzeption zuzumessen ist. Schon die Annahme der Ingolstädter Berufung (1560)[82] deutet an, daß die Universitätsreform in Staphylus' kirchenpolitischen Überlegungen einen zentralen Platz einnahm; darin stimmte er aber zugleich mit der traditionellen bayerischen Politik überein. Im September 1561 hatte er Kaiser Ferdinand ein großes Gutachten über die Reform der österreichischen Kirche unterbreitet[83], das den Vorschlag enthielt, in Wien ein „theologicum collegium“ als „seminarium“ zu gründen, dessen etwa 80 Stipendiaten von den Klöstern des Landes unterhalten werden sollten. Wenn Gründungen dieser Art bisher „anderswo“ nur wenig Erfolg gezeitigt hätten, so liege das daran, daß man zu junge und zu schlecht vorbereitete Studenten aufgenommen habe. Der Abschluß des Philosophiestudiums und das 18.

80 „... das catholicum, welliches universalis scholae studium ist...“

81 Vgl. die Biographie J. Soffners. Welche Bedeutung Staphylus schon in seiner schlesischen Zeit dem Seminargedanken beimaß, zeigt das von H. Tüchle (Erste Versuche der katholischen Wiedererneuerung in Schlesien: Reformata Reformanda II, 1965, 114ff.) gedruckte Gutachten.

82 Im Mai 1560 kam der „doctor bullatus“ nach Ingolstadt, am 20. 1. 1561 gab der Herzog ihm als Superintendenten eine Instruktion (Prantl II Nr. 74; Seifert, Statutengeschichte 299ff.). Ein Reformgutachten von seiner Hand jetzt bei Seifert, Universität Nr. 54.

83 Die „Deliberatio de instauranda religione in archiducatu Austriae“ gedruckt bei J. G. Schellhorn, Amoenitates historiae ecclesiasticae et literariae, I 1737, 616ff.; vgl. dazu auch Eder 90ff.

Lebensjahr müßten als Aufnahmebedingung gelten[84]. Die Agitation Staphylus' auf dem Salzburger Provinzialkonzil läßt vor dem Hintergrund dieser „Deliberatio" ein wohlbedachtes und ausgereiftes Bildungsprogramm erkennen, das den Hochschulen die entscheidende Rolle zuwies, mit den jesuitischen Schulen aber noch kaum rechnete. Die überraschend enge Verwandtschaft der kaiserlichen und der bayerischen Seminarpolitik erklärt sich durch die Mittler- und Autorschaft Staphylus' auf natürliche Weise; sie war aber auch durch objektive Gemeinsamkeiten verbürgt, insbesondere durch das Vorhandensein von Landesuniversitäten, auf die man bei der Reform des Klerus zurückgreifen zu können hoffte. Auch in Wien hatte das theologische Kollegprojekt des Staphylus seine (oben skizzierte) eigenständige Tradition, auch hier konnte der Gedanke, für solche Zwecke Kirchengut in Anspruch nehmen, auf ältere Vorgänge verweisen. In München wie in Wien implizierte die mit den besten sachlichen Argumenten vertretbare Konzentration der Priesterausbildung an der Universität die Führungsrolle der Eigner und Patrone eben dieser Universitäten, also der weltlichen Landesherren. Dieser Umstand, der für die ohnehin den staatskirchlichen Bestrebungen und der Konzessionspolitik Bayerns und Habsburgs in Opposition gegenüberstehenden Bischöfe kaum mehr als eine finanzielle Mitwirkung übrigließ, sollte bei der Entscheidung der Alternative Universitätskolleg oder Diözesanseminar letztlich den Ausschlag geben.

[84] „Tertium quia nulla alia ratione personarum idonearum penuria sublevari poterit, nisi" (hier knüpfte Staphylus später den entsprechenden Artikel des kaiserlichen Reformationslibells an: „nisi publica gymnasia instaurantur" etc., vgl. unten Anm. 87) „hic Viennae aliquod seminarium sancte educatae juventutis in quodam theologico Collegio in hunc usum erigatur. Quanquam vero scimus, hoc alicubi tentatum esse minusque cessisse feliciter, quia vix ex triginta unus ad frugem pervenerit, tum vero quod plerique soleant, cum didicerint aliquid, abhorrere a sacerdotio, atque ideo, occasionem nacti cum sint, neglecta fide data, turpiter aufugere. Hoc qui objicere solent, jacturam quidem subsecutae rei animadvertunt, causam vero ejus jacturae non animadvertunt. Scimus enim alicubi ad hujus generis institutum pueros atque adolescentulos, vix in primis elementis versatos, admissos esse, favore amicorum, et intercessione patronorum ..." Dagegen helfe nur die Altersgrenze und die Beschränkung auf Absolventen der philosophischen Fakultät. Die Zahl von 80 Stipendiaten könne leicht erreicht werden, wenn die reichen Klöster je drei, die mittleren je zwei und die armen je einen unterhielten. — Auch in dem aus der gleichen Zeit stammenden „Ratschlag an Pabst Pium IV." von Staphylus wird die Notwendigkeit kurz berührt, „seminarium aliquod plantari catholicae iuventutis" (Conc. Trid. XIII 483; Eder 80ff.).

Die Eröffnung der dritten Sitzungsperiode des Trienter Konzils im Frühjahr 1562 erteilte den kirchlichen Reformüberlegungen an beiden Höfen einen neuen Impuls. Wieder war es die Feder des Staphylus, der die Konzilsvorlagen des Herzogs und des Kaisers im wesentlichen entflossen. Die kaiserliche Gesandteninstruktion vom 1. Januar 1562 hatte sich noch unbestimmt mit der Forderung nach Gründung eines „seminarium hominum, qui ad has functiones ecclesiasticas promoveri queant“ begnügt, ohne sich über Organisation und Standort weiter auszulassen[85]. Etwas konkreter verlangte die von Staphylus im April 1562 entworfene, von Augustin Paumgartner am 27. Juni in Trient vorgetragene Instruktion für die bayerischen Oratoren, die Prälaten sollten sich um die Errichtung von „domesticae scholae“, aber auch um die Förderung der Universitäten kümmern, dafür sei Kirchengut bereitzustellen und ein „legitimus modus“ festzulegen. Ein späterer Zusatz, vielleicht von anderem Verfasser, verweist auf die landbekannten Pläne, die Herzog Albrecht „gravissimis sumptibus et perpetuo studio“ in Angriff genommen habe[86].

Im Mai 1562 wurde Staphylus zur Beratung der kaiserlichen Reformvorschläge nach Prag gerufen. Seiner Grossationsarbeit

[85] HStA Staatsverw. 2723, 1ff. und 16ff. Eder (107ff.) zufolge geht die Instruktion auf einen Entwurf des Reichsvizekanzlers Georg Sigmund Seld zurück. Vgl. auch Constant 213f.

[86] Von der eigentlichen, hier uninteressanten Gesandtschaftsinstruktion (HStA Staatsverw. 2723, 74ff.) ist das den Gesandten mitgegebene Vortrags- oder Memorialkonzept zu unterscheiden. Sein von Staphylus stammender Entwurf, bezeichnet als „Capita instructionis“, ebd. 62ff.; vgl. Constant 222f. Zur Reformfrage wird auf die erschreckenden Ergebnisse der bayerischen Visitationen verwiesen und die Folgerung gezogen, „ut praelati dent operam erigendis domesticis scholis et amplificandis academijs“. Von der vorigen Generation sei das versäumt worden, die Folgen habe man jetzt zu tragen. Es sei nötig, daß „summo studio sacrosancta synodus Tridentina legitimum aliquem modum excogitet, quo inopia cleri aufferri possit“. Dabei sei an das überflüssige Kirchengut zu denken: „nec dubium esse quin, si haec ecclesiastica bona in certum ordinem redigerentur, posse inde selectum aliquem et copiosum ecclesiastici seminarii in iuventute plantari coetum“. Dazu Randbemerkung: „Non quid princeps hac re hactenus praestituit.“ In den eng an das Staphylus-Konzept anschließenden Ausarbeitungen (ebd. 76ff. und 90ff.) wurde dann an dieser Stelle der Hinweis auf die bisherigen Leistungen des Herzogs eingeschoben, wie ihn auch Paumgartner am 27. 6. 1562 vor dem Konzil mit vortrug: „Illustrissimus vero princeps meus quid gravissimis sumptibus et perpetuo studio hac in re conatus sit, referre iactanter minime cupit“, es gebe aber unter Bischöfen und Priestern genügend Zeugen (Conc. Trid. V 623f.; Constant 243ff.).

verdankt der bekannte Artikel des Reformationslibells seine Entstehung, der von den Bischöfen die Finanzierung von theologischen Kollegien an den benachbarten Universitäten verlangte. Aus der „Deliberatio" des Vorjahres übernahm Staphylus als Aufnahmebedingungen die Absolvierung des philosophischen Studiums und die Erreichung des 18. Lebensjahrs. Die Unterhaltspflicht aber wurde nun ganz entsprechend den in Salzburg vorgetragenen Vorstellungen von den Klöstern auf die Bischofskirchen ausgedehnt; jeder Erzbischof sollte 20, jeder Bischof 10, die Kathedralkapitel und die Äbte je zwei Stipendiaten jeweils fünf Jahre lang ernähren. Nach Ablauf dieser Frist würde der Student die höheren Weihen nehmen und in den Dienst seiner Kirche treten oder die an ihn gewendeten Kosten zurückerstatten müssen[87].

Mehr als die kaiserliche Politik, die sich für diesen Programmpunkt weder vor noch nach dem Konzil sonderlich stark gemacht hat, verallgemeinerte Staphylus hier unter dem frischen Eindruck der Salzburger Verhandlungen die ungleich engagierteren Seminarplanungen der bayerischen Regierung. Nach drei Seiten hin hatte Herzog Albrecht im Frühjahr 1562 Verhandlungen führen lassen, in denen das Ingolstädter Seminarprojekt, finanz- und funktionsgeschichtlich eng mit der jesuitischen Stiftungsproblematik verbunden, den zentralen Platz einnahm. Den Jesuiten war die Dotation ihrer bestehenden, die Errichtung zweier weiterer Kollegien und die Gründung eines „collegium pauperum" zugesagt; von den Bischöfen suchte man einen finanziellen Beitrag für eben dieses letztere Projekt, hier als „bursa theologica" bzw. als Erweiterungsbau des Georgianums vorgestellt, zu erlangen, und in Rom schließlich wurde das neue Dezimationsprivileg wiederum zu diesem Zweck, außerdem für die Gründung zweier neuer Jesuitenkollegien erbeten. Vom Ausgang der römischen, in zweiter Linie auch der Salzburger Verhandlungen mußte es abhängen, ob sich dieses

[87] Conc. Trid. VIII 661ff. und Eder 158ff., auch für die Mitwirkung Staphylus' an der Ausarbeitung dieses Reformlibells. Die entsprechende Passage zitiert auch O'Donohoe, Tridentine Seminary Legislation 131. Sie lautet: „Iniungendum igitur episcopis, ut, qui ipsi academias non habeant, in vicina academia eorum aliquot collegium quoddam pro theologiae studiosis erigant", in dem jeder Erzbischof 20, jeder Bischof 10, jedes Kathedralkapitel und jeder Abt 2 Stipendiaten zu unterhalten habe. Diese sollten wenigstens 18 Jahre alt und in der Philosophie vorgebildet sein. Die Stipendien würden eine Laufzeit von 5 Jahren haben und nur gegen die Verpflichtung zur Annahme der höheren Weihen und zum Dienst in der Diözese vergeben werden, bei deren Nichterfüllung der empfangene Förderungsbetrag zurückzuerstatten sei.

Programm in seinem ganzen Umfang verwirklichen lassen oder ob und mit welcher Prioritätensetzung Abstriche an ihm vorzunehmen sein würden.

Nun hatte sich die Salzburger Synode im März 1562 zunächst ohne Ergebnis auf den Sommer vertagt; es war aber schon voraussehbar, daß die Bischöfe bei ihrer Meinung bleiben und dem Universitätsstudium neben der vorrangig, freilich vorerst nur verbal angestrebten Partikularschulgründung nur eine ergänzende, mit linker Hand unterstützte Rolle zubilligen wollten. Diese Haltung und die Vorwürfe in der Dezimationsangelegenheit blieben auf die bayerische Politik nicht ohne Auswirkung. Nachdem Anfang Juni 1562 Vieheuser mit dem Dezimationsbreve aus Rom zurückgekehrt war, steckte die herzogliche Gesandtschaftsinstruktion für die im gleichen Monat beginnende zweite Salzburger Tagungsperiode merklich zurück. Die Instruktion vom März, heißt es, bleibe in allen Punkten in Kraft, ausgenommen die Frage der bischöflichen Stipendien; denn wenn die Ordinarien „anhaimbs bey iren stifften“ eigene Kollegien zu errichten wünschten, so sei es der Herzog zufrieden. Er habe mit seinem Vorschlag nicht den eigenen Nutzen, sondern Abhilfe gegen die allgemeine Not gesucht. Die Gesandten sollten also die Errichtung solcher Diözesankollegien befördern; der Herzog aber gedenke, seine eigenen Pläne zu verwirklichen[88]. Mit schärferem Vorwurf äußerten sich die Gesandten: nachdem die Bischöfe einem so frommen und katholischen Fürsten unter dem Vorwand eigener Kollegpläne die Unterhaltung von „aliquot adolescentes“ an der Universität abgeschlagen hätten, sei nun von solchen Kollegien noch immer nichts Gewisses zu erkennen; die Folgen werde man noch erleben[89].

[88] Instruktion vom 5. 6. 1562 in HStA HL Salzburg 256, 253': „... dann weil die ordinarii anhaimbs bey iren stifften collegia aufrichten unnd arme studiosen, der man sich in khürtz in khirchendiensten zugebrauchen, erhallten wellen, send wir daran wol zufriden. Doch welltetst dermassen urgieren, damit es alsßbald ins werckh khumen. Dann was wir jungstlich unnserer schuel halben zu Innglstat an sy sinnen lassen, das ist nit beschehen, das wir unns davon ainichen gnies schöpffen wellen, sunder von not wegen. So es aber nit will angenomen werden, so lassen wirs im namen gottes auch beleiben und wellen dannocht bey unnser schuel thuen, was gemainen nutzen zu guetem khumen khan“. Übrigens solle den Bischöfen gesagt werden, daß die beiden Dezimationen auf Heller und Pfennig der Universität und den Jesuitenkollegien zugute gekommen seien.

[89] HStA HL Salzburg 256, 271: „Primo articulo petivimus illustrissimi principis nostri nomine formulam nobis exhiberi erigendorum collegiorum, sed quemadmodum nuper princeps pius et catholicus nullius rei praeter ecclesiarum in-

Die Bischöfe warteten auf eine regulative Äußerung des Konzils[90]; die Synode vertagte sich auf September. Inzwischen ließ Herzog Albrecht im Juli durch eine besondere Gesandtschaft, der auch Vieheuser angehörte, den Erzbischof zur Exekution des Dezimationsbreves auffordern. Die Instruktion, deren Inhalt die Gesandten am 1. August mündlich in Salzburg vortrugen[91], beginnt breit mit der Würdigung der katholischen Restaurationspolitik Bayerns, der sich nun also auch die Bischöfe anzuschließen bereit seien, und findet über den Zweifel an der Reformierbarkeit breiter Teile des Klerus zum Thema der Schulreform. Es sei das Ziel des Herzogs, gleichzeitig die Ingolstädter Universität „in ein aufnemmen (zu) bringen" und Partikularschulen zu errichten. An dieses Vorhaben seien neben den beiden Zehnten große Summen aus der herzoglichen Kammer gewendet worden, was sich leicht beweisen lasse. Nach Gründung der beiden Jesuitenkollegien würde man gern in dieser Weise fortfahren und sei auch „mit noch mererm im werk"[92]; wenigstens müsse bei jedem Jesuitenkolleg ein „collegium zue unnderhaltung unnd auferziehung armer schueler" gegründet werden, dessen Absolventen anschließend an der Universität zum Priesterstand ausgebildet werden könnten. Das alles koste viele tausend Gulden, die der Herzog allein aufzubringen weder in der Lage noch willens sei[93]; schließlich gehe es ja um die

staurandarum causa aliquot adolescentes in universitate aliqua catholica tamen ali petijt nec impetrare potuit, sed promissione collegiorum petitio eius declinata fuit, ita ne nunc quidem certi aliquid de collegijs cognoscere potest ..."

90 Bischöflicher Bescheid auf den Anm. 89 zitierten Vortrag der Herzoglichen: der Erzbischof habe „geen Trient umb bericht, guetachten unnd stellung ainer solchen notl... geschriben" und sich außerdem an die Jesuiten gewandt (HStA HL Salzburg 256, 318ff.; vgl. auch ebd. 331: die Bischöfe verlangten nach einer Kollegformel).

91 Instruktion für Hans von Trenbach und Dr. Sigmund Vieheuser vom 20. 7. 1562: HStA HL Salzburg 487, 186ff.; Regest bei Goetz, Briefe und Akten V 247f.; das Vortragsmemorial der beiden Gesandten, eng an den Instruktionstext angelehnt, in HL Salzburg 487, 197ff.

92 „... weils unsers erachtens der einig weg ist, dardurch man wider fruchtpare seminaria guetter taugenlicher kirchendiener zue bekomen".

93 Es sei nötig, „das bey yedem jhesuiten collegio aufs wenigist auch ein collegium zue unnderhaltung unnd auferziehung armer schueler zuegericht unnd gleichfalls dotiert werde, damit man aus denselben jerlich etlich unnd sonnderlich die, welche ire fundamenta gelegt unnd sich zue dem studio philosophiae geschickht gmacht haben, zue unnser hohenschuel geen Inngolstat verschaffen unnd daselbs so lanng erhallten mögen, bis sy des priesterlichen stanndts wierdig geachtet werden. Welche underhaltung jerlich ein mergkh-

Ehre Gottes, das Heil der Gläubigen und die Erhaltung des Priesterstandes. Unter dem Eindruck dieser Argumente habe der Papst die neuen Dezimationen bewilligt; der Erzbischof als apostolischer Kommissar möge also seines Amtes walten.

Zur unverzüglichen Exekution des Breves ließ sich Erzbischof Hans Jakob jedoch nicht bewegen. Eine so wichtige Sache wollte bedacht und mit den anderen Bischöfen beraten sein; da die Provinzialsynode Mitte September fortgesetzt werde, möge sich der Herzog bis dahin gedulden[94]. Diesen Bescheid, den Hans Jakob dem Herzog auch schriftlich mitteilte[95], versuchten die Gesandten vergeblich umzustoßen, zumal sich Salzburg mit einigem Recht auf den Breventext berief, demzufolge die Dezimation in den nächsten beiden Jahren vorgenommen werden und nicht, wie Bayern wollte, schon im laufenden Jahr beginnen sollte[96]. Im Münchener Rat entstand der Eindruck, Hans Jakob suche nur Ausflüchte[97] und werde womöglich gar in Rom gegen die Dezimationen intervenieren. Kardinal Truchseß erhielt Auftrag, seine Ohren offenzuhalten und gegebenenfalls dem Herzog bei dem Versuch, Salzburg das päpst-

liche ausgab machen, zugeschweigen was die erste zuerichtung unnd erpauung der collegien, erkhauffung allerlay hausnotdurfft, puecher, pethgewanndt unnd annderer hausrath chosten wierdet. Das wir nun solchen mergkhlichen unchosten allein auf unns nemmen unnd gedulden sollen, das würde unns nit allein bschwerlich, sonnder wir vermeinen, das auch nit schuldig sein".

[94] Relation der Gesandten vom 2. 8. 1562: HStA HL Salzburg 487, 201ff. Die Herzoglichen hätten erwidert, die Sache gehe die übrigen Bischöfe gar nichts an, es handle sich um den Vollzug eines päpstlichen Befehls. — Am 4. 8. 1562 erstattete Trenbach gesondert Bericht: Vieheuser werde alles genau referieren, der Erzbischof sei sonst ganz willig, und „quod differtur non auffertur" (ebd. 205). Der Sonderbericht Vieheusers vom 7. 8. 1562 (ebd. 206f.) enthält keine zusätzlichen Auskünfte.

[95] Erzbischof Johann Jakob an Herzog Albrecht am 1. 8. 1562: auf die Exekution des Breves habe er sich jetzt „nit schließlich einlassen können noch mögen"; er wolle bis September warten, die Sache eile ja nicht, da die Zehnten für die nächsten beiden Jahre vorgesehen seien (HStA HL Salzburg 487, 195f.).

[96] Die herzogliche Instruktion hatte die Ausschreibung für Martini verlangt, die Gesandten sollten die Instrumente gleich aus Salzburg mitbringen, damit sie in München gedruckt und publiziert werden könnten. Der Erzbischof erklärte, er verstehe den Breventext so, daß die Dezimation „infra annorum duorum proxime futurorum spatium" vorzunehmen sei (das Breve sagt: „successive ad biennium"). Die Gesandten entgegneten, ihres Wissens stehe im Breve „hoc presenti unam et sequenti alteram". Durch nochmalige Lektüre fand aber der Erzbischof seine Interpretation bestätigt.

[97] Simon Eck sandte dem Herzog zu Vieheusers Bericht ein Begleitschreiben (7. 8. 1562): er finde die Haltung des Erzbischofs „verwunderlich", man werde sie im Rat erörtern und dem Herzog berichten (HStA HL Salzburg 487, 208f.).

liche Kommissariat wieder entziehen zu lassen, Hilfe zu leisten[98]. Am gleichen Tag wurde an Hans Jakob geschrieben, sein Verhalten befremde den Herzog sehr, der ihn aus Liebe und Achtung in Rom zum Exekutor vorgeschlagen habe, obwohl man wie bei der „alten" Dezimation auch ohne eine solche Ernennung hätte auskommen können. Man erwarte also von Salzburg für die nächste Tagungsperiode der Provinzialsynode die unverzügliche Exekution, dann könne der erste Zehnt noch in dieser günstigen Jahreszeit ausgeschrieben, eingesammelt und seinem löblichen Zweck zugeführt werden[99].

Die Darstellung dieser Kontroverse macht deutlich, wie wichtig die herzogliche Regierung ihre Stiftungsvorhaben und deren Finanzierung im Herbst 1562 nahm. Die Gesandtschaftsinstruktion zur dritten Salzburger Tagungsperiode griff das Thema der bischöflichen Stipendienstiftungen nicht wieder auf, insistierte aber beim Erzbischof auf der Exekution des Breves oder jedenfalls auf einer eindeutigen Erklärung[100]. Hans Jakob erwiderte, wie die Gesandten am 20. September an den Herzug berichteten, er habe zwar Bedenken, ob diese Steuer dem Werk der Kirchenreform nicht Abbruch

[98] Herzog Albrecht an Otto Truchseß am 20. 8. 1562: HStA HL Salzburg 487, 212f. (Entwurf Fends). Er wende sich an Otto, weil dieser in der Dezimationssache „sovil mueh, fürderung und treu angelegt" habe. Otto erwiderte am 29. 9. 1562, auch er finde die Haltung des Erzbischofs befremdlich und habe ihn mit dem Hinweis auf den frommen Zweck freundlich ermahnt, glaube aber nicht an eine ernstliche Weigerung. Er habe „aller ort gehaime unnd fleissige Aufseher" bestellt, aber von salzburgischen Machenschaften noch nichts bemerkt (ebd. 214f.).

[99] Herzog Albrecht an Erzbischof Johann Jakob am 20. 8. 1562 (HStA HL Salzburg 487, 211f., Entwurf Fends): Der Herzog habe sich nicht versehen, „das e. l. hierinnen ainichen auffschub suechen und das guett christlich werckh damit hindern würden". Die erzbischöfliche Interpretation des Breves sei irrig, Widerstand fehl am Platz. „Und hetten disen unverhofften verschub, wa wir den weg wie vorige decimationen voltzogen und eingebracht worden, an die hand nemen wellen, zu Rom, wol fürkhommen mügen, alda es zu unserm bedacht und freyer wahl gestanden, einen exequutorem und commissari der bewilligten decimen fürtzueschlagen". Sobald der Erzbischof im September seines Amtes walte, könne der Herzog „zu vorhabender fürderung unserer universitet zu Ingolstatt, auch anderer unserer heiligen christlichen religion obligender merckhlicher notturfft ungehindert verfaren". — Die Version über die von Bayern betriebene Ernennung des Salzburger Erzbischofs zum Dezimationskommissar mutet höchst unwahrscheinlich an, nachdem Salzburg ja die „alte" Dezimation am energischsten bekämpft hatte, läßt sich aber aus Vieheusers Gesandtschaftsbericht nicht widerlegen.

[100] Instruktion vom 24. 8. 1562 (HStA HL Salzburg 256, 315'; dasselbe als Entwurf Simon Ecks ebd. 360ff. und 367ff.).

tue, sei aber zur Ausführung seines Auftrags bereit und werde dem Herzog einen Termin für die Exekutorialhandlung anzeigen, sobald die grassierende Pest abgeklungen sei[101].

Im Synodalrezeß vom 17. September 1562[102] verpflichteten sich die Bischöfe der Salzburger Provinz, von Herzog Albrecht wieder dazu aufgefordert[103], aber ohne auf die herzoglichen Gegenvorstellungen noch einmal einzugehen, zur Errichtung eigener Kollegien. Die zugleich verabschiedete Reformationsformel übernahm zwar den ausgesprochen universitätsfreundlichen Abschnitt „De scholis et universitatibus instaurandis" aus der kaiserlichen Formel von 1548 bzw. 1559 im Wortlaut[104], doch blieb er auf die Haltung der Bischöfe gegenüber dem Seminarprogramm Bayerns ohne Einfluß. Noch wartete man auf die regulative Verlautbarung des Konzils[105]; die Grundsatzentscheidung für das bischöfliche Diözesanseminar und gegen die bischöfliche Beisteuer zum staatlichen Universitätskolleg aber war in Bayern gefallen, beinahe ein Jahr bevor sich das Trienter Konzil am 15. Juli 1563 in der gleichen Richtung entschied.

Der von Staphylus formulierte Seminarparagraph des kaiserlichen Reformlibells hat freilich den Konzilsvätern offiziell nicht vorgelegen. Die formelle Annahme der ganzen Schrift verweigerten die Legaten mit dem Hinweis auf die in ihr enthaltenen, den Kaiser kompromittierenden Konzessionsforderungen in Hinsicht auf Laienkelch, Priesterehe und Fastenlockerung; nur die eigentlichen Reformpunkte wollte man, sobald sich das Konzil der Reformfrage

101 Relation der bayerischen Gesandten vom 20. 9. 1562 (HStA HL Salzburg 256, 357ff.). — Am 6. 10. 1562 schrieb Eck an den Herzog über den Salzburger Tag: „So hat sich hochgedachter ertzbischoff erbotten, das breve apostolicum von wegen der decimation zuexequieren, warten teglich, wann er ein tag ernenn zue publication und ausschreibung derselben" (HStA Staatsverw. 2723, 243).

102 HStA HL Salzburg 256, 350.

103 HStA HL Salzburg 256, 339.

104 Knöpfler 63ff.; Lurz I 346ff.; über die Reform des Weiheexamens und die bayerischen Anträge dazu Pfeilschifter, Weihezulassung 364ff.; ebd. 363 ein Zitat aus dem Schreiben vom 10. 10. 1562, in dem sich Staphylus gegenüber Herzog Albrecht über den papiernen Charakter dieser Statuten und die Reformunwilligkeit der Bischöfe ausließ.

105 Vgl. die oben Anm. 78 und 90 zitierten Passagen. Im April hatte das Provinzialkonzil den Bischof von Lavant Herkules Rettinger, Felician Ninguarda und Johann Baptist Fickler nach Trient abgeordnet (Dalham 344ff.); bekanntlich hat keiner der bayerischen Bischöfe das Konzil selbst besucht.

zuwenden würde, auf die Tagesordnung setzen[106]. Als dieser Augenblick sich im Frühjahr 1563 näherte, nahm Kaiser Ferdinand eine Revision des Libells vor, ohne jedoch die Kelchforderung zu entfernen. Dafür ist das Seminarprogramm Staphylus' in dieser kaiserlichen Instruktion durch den vageren Vorschlag ersetzt, aus den Einkünften niedergegangener Klöster und aus Pensionszahlungen von Bischöfen und Äbten seien Schulen zu errichten[107]. Im Juni 1563 erarbeitete eine kaiserliche Theologenkommission einen neuen „Liber in materia reformationis", dessen Schulprogramm auf die Reform der bestehenden und die Gründung neuer „publicae scholae et gymnasia", außerdem auf die Errichtung von „collegia pro pauperibus studentibus alendis" an Kathedral- und Kollegiatkirchen abzielte, sich also an die Reformationsformel von 1548 anlehnte[108]. Die Annäherung an die bischöflichen Seminarvorstellungen wird noch deutlicher in der Stellungnahme der kaiserlichen Konzilsoratoren zu diesem Punkt: Beinahe alle Väter seien sich einig, daß einerseits in den vermögenderen Kirchen, gegebenenfalls mit Unterstützung der Nachbarkirchen, Schulen gegründet, andererseits die „publicae scholae et gymnasia" einer Reform und konfessionellen Reinigung unterzogen werden sollten[109]. Die letztere Forderung blieb denn auch die einzige, die die kaiserlichen Oratoren zum Seminardekret des Konzils anzumerken fanden[110].

Daß die kaiserliche Regierung die von Staphylus entworfene Linie ihrer Seminarpolitik nicht festhielt, erklärt sich mit dem vergleichsweise geringen Gewicht dieses Programmpunkts, der sich im Schatten der existentiellen Konzessionsforderungen trotz ein-

106 Sickel, Zur Geschichte des Concils von Trient 431.

107 Sickel 456ff.: Instruktion vom 21. 3. 1563.

108 „De scholis: ut publicae scholae et gymnasia iam erecta reformentur et ubi opus est nova erigantur omniaque haec redditibus et privilegiis amplificentur, similiter et apud cathedrales et collegiatas ecclesias collegia pro pauperibus studentibus alendis erigantur" (Sickel 523). Der „Liber", an dem auch Canisius mitgearbeitet hat, stammt vom 5. 6. 1563.

109 „... multa praeclara dicta sunt a patribus et in eam sententiam fere ab omnibus itum est, ut scholae in ditioribus ecclesiis erigantur, et si quibus in ecclesiis propter tenuitatem proventuum hoc fieri non posset, aliunde per vacantium beneficiorum applicationem provideatur, ne rei tam utilis executio praetermittatur. Placet et necessarium videtur ut canones de erigendis novis scholis sanciantur, neque vero minus necessarium videtur ut publicae scholae et gymnasia quae iam magna ex parte haeresibus sunt infecta, reformentur idque ut fiat omnino curandum erit": Gutachten der Erzbischöfe von Braga und Fünfkirchen vom 18. 6. 1563 (Sickel 532).

110 Sickel 575 (31. 7. 1563).

deutiger Beziehungen zu Interesse und Traditionen der weltlichen Universitätseigner eben doch gutenteils als das persönliche Werk seines Autors zu erkennen gibt. Auch für die bayerische Politik, die sich doch in dieser Frage früh und heftig engagiert hatte, scheint das Ausscheiden Staphylus' (gestorben im Jahre 1564) eine gewisse Kontinuitätslücke, wenn auch keinen Kontinuitätsbruch, eingeleitet zu haben. Bei dieser Sachlage hatte der episkopale Standpunkt, hatte also das Diözesanseminar weniger Mühe, sich gegen die trotz allem klar erkennbare Alternative des Universitätskollegs unauffällig und wie selbstverständlich durchzusetzen und die Entscheidung des Konzils zu prägen.

Das Dekret „Cum adolescentium aetas" vom 15. Juli 1563[111] normierte mit seinem vergleichsweise niedrigen Mindestalteransatz (12 Jahre) und seinem, die artistischen Rudimente mit einer praxisorientierten Auswahl theologischer Materie kombinierenden Lehrplan ein Partikularschulprogramm, dem zugutegehalten werden muß, daß es mit der Bescheidenheit seiner Zielsetzung der deutschen Kirchenmisere besser Rechnung trug als die vergleichsweise elitäre Bildungskonzeption Staphylus'. Wenn sich aber das Konzil im Recht befand, als es dem akademischen Theologiestudium einen an das verfallene Domschulsystem anknüpfenden, nicht einfach nur zeit-

[111] Text und Entwürfe des 18. Reformkanons jetzt übersichtlich bei O'Donohoe 121ff. Der Einfluß des Londoner Synodaldekrets des Kardinals Reginald Pole von 1556 auf den ersten Entwurf (ebd. 135ff.) und die Gesamtkonzeption ist seit langem bekannt. Poles Dekret seinerseits ist nicht direkt von den Germanikumsstatuten abhängig (so schon Merkle 17ff., wieder O'Donohoe 115ff.), sondern in erster Linie von der Reformordnung der Kathedralschule von Canterbury (1541) und der Reformatio Eduards VI. (1553), wie O'Donohoe (106ff.) nachweist. Darüber hinaus ist an wenigstens indirekte Einflüsse seitens des englischen Kollegwesens mit seiner wachsenden Tendenz zur Einbeziehung der „undergraduates" zu denken (vgl. A. B. Cobban, The King's Hall within the University of Cambridge in the later Middle Ages, 1969). Pole spricht allerdings nicht ausdrücklich von „collegia", obwohl er wahrscheinlich Internatsschulen im Sinn hatte. Erst der Dekretentwurf des Bischofs von Verdun, Nicolas Psaume, bringt klar den Begriff „collegium" im Sinne von Schule und Internat, wie er sich in Frankreich fast von selbst verstand. In den Finanzierungsregelungen der Zweitfassung treten die drei Bestandteile: Gebäude, Professorengehälter und Studentenunterhalt, übersichtlich auseinander (O'Donohoe 147ff.). Jedin (Domschule und Kolleg 213) hat als Muster für Pole die Veroneser Akolythenschule des 15. Jahrhunderts herausgestellt. Zu dem Bestreben, die tridentinische Seminarkonzeption von der „elitären" Tradition der Universitäten und Gymnasien abzulösen, ist allerdings anzumerken, daß solche Überlegungen weder von der Sache her notwendig waren noch in den Konzilsberatungen anscheinend eine Rolle ge-

lich verkürzten, sondern sachlich reduzierten und modifizierten Klerusbildungsweg an die Seite stellte, so ist doch kein Grund erkennbar, warum sich nicht auch das traditionelle Universitätskolleg einer analogen Normierung und Zweckausrichtung hätte unterwerfen lassen können. Die Stipendiatenanstalten der vielbeneideten protestantischen Universitäten etwa boten dafür Beispiele. Schlug man diese Möglichkeit, den Rückgriff auf das Vorhandene, aus, so nahm man den Zwang in Kauf, neue Lehranstalten gleicher oder doch ähnlicher Art neben die bestehenden zu setzen. Es ließ sich ja absehen, daß eine den Konzilsforderungen genügende Schule den Funktionsverband des tridentinischen „collegium" sprengen mußte, daß also das Seminar im engeren Sinne nur als Annex einer neuzugründenden „öffentlichen", aus Gründen der Autarkie und der Attraktivität den Hochschulstatus anstrebenden bischöflichen Unterrichtsinstitution verwirklicht werden konnte. Was mithin das Konzil in letzter Konsequenz den Bischöfen zumutete, war nichts Geringeres als die Kombination von Hochstiftsuniversitäten (oder wenigstens universitätsähnlichen Gymnasien) mit diözesanen Stipendiatenanstalten.

Die Seminargeschichte nicht nur Bayerns gibt Anlaß, das tridentinische Seminarmodell an seiner zeitgenössischen Alternative zu messen und auf seine Tauglichkeit hin in Frage zu stellen. Die Trennung der Geistlichenausbildung, nicht von der Universität als Institution, sondern von den bestehenden Hochschulen und Gymnasien stellte eine Entscheidung dar, die aus den didaktischen Erfordernissen einer dem Zeitbedarf angepaßten Bildungskonzeption nicht zwingend folgte. Für sie sprachen sachlich der natürliche Aufsichtsanspruch der Bischöfe über ihren künftigen Diözesan-

spielt haben. Im Gegenteil wurde das Unterrichtsprogramm Poles (Grammatik und „ecclesiastica doctrina et disciplina") in Trient nicht unbeträchtlich erweitert, z. B. um die ganzen „artes liberales". Daß sich das Konzil nicht an den Germanikumsstatuten, sondern an Poles Dekret orientierte, läßt sich einerseits als Überlieferungszufall erklären (vgl. O'Donohoe 142ff.), andererseits durch die Tatsache, daß das deutsche Kolleg zur Zeit kein „Seminar" mehr darstellte. Das wohl entscheidende Motiv der Konzilsväter, nämlich die Betonung der bischöflichen Autorität, wird in den Beratungen deutlich vernehmbar, wenn sich die Spitze auch nur ausnahmsweise gegen die laikalen Instanzen (Conc. Trid. IX 501), zumeist gegen Kapitel und Synoden richtete. Von hier aus ist dann auch der episkopalistische Geist des Seminardekrets nicht gut zu verkennen. In den bisherigen Würdigungen fehlt die doch unabweisbare Erkenntnis, daß die Idee der Priesterbildungsreform durch das Konzil eine Formulierung gefunden hat, durch die sie um den Preis sofortiger und wirksamer Realisierbarkeit vom Episkopat monopolisiert wurde.

klerus, auch die größere Nähe zur Praxis des Kirchendienstes, gegen sie die vom Konzil zweifellos zu gering taxierten Gesichtspunkte der Kosten-, Raum- und Personalersparnis, um von der doch auch schon absehbaren Initiativ- und Kraftlosigkeit zumindest des deutschen Episkopats nicht zu reden. Wenn das Dekret sich, wie von vielen Würdigungen bestätigt worden ist, durch die Jahrhunderte bewährt hat, so berechtigt nicht nur die bayerische Seminargeschichte zu dem Zweifel, ob es der zeitgenössischen Kirche in ihrer Not Hilfe brachte. Schon in der Konzilsdebatte klang an, was durch viele spätere Zeugnisse und durch den Gang der Ereignisse selbst bestätigt wird: Die Bischöfe erhielten hier eine Aufgabe gestellt, der sie im 16. Jahrhundert nur in Ausnahmefällen und unter größten Anstrengungen gewachsen waren[111a].

Die Frage nach den Gründen rückte diese Konzilsentscheidung in die Nähe der dilatorisch-ablehnenden Behandlung der kaiserlichen und bayerischen Konzessionsanträge. Es mag dahingestellt bleiben, in welchem Maße die katholischen Universitäten das Mißtrauen in ihre Ausbildungsleistung und ihre Rechtgläubigkeit verdienten. Die Erinnerung, daß die Reformation von den hohen

[111a] In den Konzilsberatungen kehrt bei aller grundsätzlichen Zustimmung der überwiegenden Mehrheit das „ubi observari potest" immer wieder (Conc. Trid. IX 489ff.); gelegentlich wurde diese Realisierbarkeit auch ausdrücklich in Abrede gestellt (ebd. 489). Trotzdem ist von einer Alternative nicht die Rede, obwohl schon der Kardinal von Lothringen in seinem Reformlibell von der Erziehung der Alumnen „in gymnasiis et scholis ad id institutis" (nicht „instituendis") gesprochen hatte (O'Donohoe 132f. übersieht diese Tatsache). Der Erzbischof von Fünfkirchen wies zwar darauf hin, daß es nördlich der Alpen keine Domschulen oder Kathedralprofessuren mehr gebe, leitete aber daraus nur die Folgerung ab, sie neu zu errichten (Conc. Trid. IX 544). Die Warnung des Bischofs von Lavaur, „ne gymnasiis publicis detrahatur" (ebd. 539), blieb isoliert. Die Zweitfassung des Dekrets fügte zwar der Bestimmung, die Kollegien seien „prope ipsas ecclesias" zu errichten, die Ergänzung „vel alio in loco convenienti ab episcopo eligendo" hinzu (O'Donohoe 147ff.), womit formell auch Seminargründungen an ausländischen Universitäten legalisiert waren, doch widersprachen die Vorschriften über die Heranziehung der Alumnen zu den kirchlichen Handlungen und Feierlichkeiten im Grunde einer solchen Auslegung. — Wenn Merkle betont, daß das Konzil den Universitäten nicht ablehnend gegenübergestanden habe, und wenn im can. 6 die Universitätsausbildung von Ordinanden ausdrücklich als zulässig eingeräumt wurde (Conc. Trid. IX 625), so ändert das wenig an der Tatsache, daß sich das Konzil im einschlägigen Zusammenhang jedes Hinweises auf die schulischen Anstalten enthalten hat, deren sich die Seminargründungen dann doch allenthalben bedienen mußten: die Universitäten und, in ihrer zukunftsweisenden Bedeutung doch schon erkennbar, die Jesuitenkollegien. Wenn man das im Lichte der viel späteren Entwicklung rechtfer-

Schulen ausgegangen war, mag sich mehr oder weniger vor die aktuelle Erfahrung geschoben haben. Alle deutschen Universitäten befanden sich längst im festen Griff ihrer landesherrlichen Patrone, der Verdacht hinsichtlich ihrer konfessionellen Zuverlässigkeit konnte daher im Grunde nur diese letzteren meinen. Vor die Wahl gestellt zwischen Diözesanseminar und Universitätskolleg, votierte das Tridentinum mit den deutschen Bischöfen für das bischöfliche und gegen das staatliche Priesterseminar. Die Abneigung gegen die Auslieferung des geistlichen Nachwuchses an den zum konfessionellen Kompromiß neigenden, dazu immer entschlossener in die kirchlichen Verhältnisse ein- und nach dem Kirchengut ausgreifenden weltlichen Staat, wie sie die Haltung des bayerischen Episkopats so unverkennbar prägte, ist, wenn wohl auch stillschweigend, motivisch in die Seminargesetzgebung des Konzils eingegangen.

Im Sommer 1563, als eben das tridentinische Dekret seiner Endfassung entgegenreifte, ließ Herzog Albrecht erneut, diesmal übrigens in konziliantestem Ton, die versammelten Salzburger Bischöfe zur Stipendienstiftung auffordern; die Benützung der Universität Ingolstadt sei billiger als die Gründung eigener Schulen, zumal wenn der Herzog, wie wiederum versichert wurde, durch die Erweiterung des Georgianums für gute Unterbringung sorge[112]. Die

tigt, dann muß sich die ganze frühe Seminargeschichte als ein einziger, den hohen Konzilsintentionen nicht entsprechender Notbehelf darstellen. — Für die deutschen Verhältnisse hat auf die „Oberhand des Universitätsgedankens" und die „Verklammerung der Priesterausbildung mit der Reform der höheren Schulen und Universitäten" in der frühen, bis ins 17. Jahrhundert hineinreichenden Periode am klarsten Hegel hingewiesen. Der Kölner Klerus beantwortete im November 1574 die Aufforderung, ein erzbischöfliches Seminar zu finanzieren, mit der Erklärung, die Universität sei selbst ein Seminar, und eine Neugründung erübrige sich, wenn man in den bestehenden drei Bursen eine Anzahl zweckgebundener Stipendien stifte (Reckers 29ff. und 270ff.). Für die kaum ertragreichere frühe Seminargeschichte Frankreichs vgl. Degert, besonders I 96ff.; die Handvoll Seminare, die vor 1620 gegründet wurden, waren fast durchweg Konvikte an Universitäten und Jesuitenkollegien (vgl. besonders die Gründung des Bischofs von Toul in Pont-à-Mousson 1579: Choux 117ff.); der Bischof von Bordeaux begnügte sich sogar mit der Reform eines bereits bestehenden Kollegs (Degert I 62f.) usw. usf. Vgl. weiter Kap. V.

112 Die Instruktion für Trenbach, Schwarzenberg, Eck und Hund vom 30. 6. 1563 (HStA Staatsverw. 2781, 1ff.) mahnt nur zur Ausführung der vorjährigen Reformbeschlüsse. Am 5. 7. erklärten die Bischöfe, sie bemühten sich um die Gründung von Schulen (ebd. 30f.). Darauf folgt die von Eck entworfene Replik: „Derhalben lassen hochernanter hertzog Albrecht etc. durch seiner f. g. abgesandte räthe den herren metropolitan und die andern ordinarios,

Antwort der Bischöfe war lakonisch genug: Man habe sich oft genug zu dieser Frage erklärt, dem sei im Moment nichts hinzuzufügen[113]. Der nun schon wohlbekannte Dialog wiederholte sich im Sommer 1564, nun also nach Erlaß des Konzilsdekrets, bei den Verhandlungen, die Christoph Elsenheimer und Martin Eisengrein in Salzburg über Möglichkeiten und Schranken der soeben von Rom genehmigten Kelchfreigabe führten. Wieder wurde um bischöfliche Stipendiaten geworben; für die Universität Ingolstadt sprächen nur sachliche Gründe und keine eigenen herzoglichen Interessen, dort seien nun eben schon einmal Lehrer und Wohngelegenheiten vorhanden, und die Aufsicht des Herzogs bürge für Ordnung und Erfolg. Sollten übrigens die Bischöfe am Zustand der Universität etwas auszusetzen haben, so erbiete sich der Herzog, ihre Vorstellungen in einer neuerlichen Reform aufzugreifen[114]. Die Bischöfe

auch irer f. g. thumcapitl nochmaln freundtlich und genedigklich ersuechen und ermanen, ire f. g. hoch- und erwürden wellen in sollchem ein geringen unchosten nit ansehen und sich einer anzal studiosen zue Ingolstat zuerhallten vergleichen. Dann so das beschicht, ist sein f. g. erbüttig, das neu collegium mit habitationen dermassen erpauen und zuerichten zelassen, das sy alda neben andern stipendiaten ir statlichs underkhumen haben mögen" (ebd. 49'). Vgl. zu dieser Synode auch Constant 414ff.

113 HSTA Staatsverw. 2781, 61'f.

114 Vgl. über diese Gesandtschaft Knöpfler 140ff. und Constant 633ff. Geplant war eine Bischofskongregation, es fand dann aber zur Überraschung der Herzoglichen nur eine Diözesansynode statt. Instruktion für Elsenheimer und Eisengrein vom 28. 7. 1564 (HStA Staatsverw. 2781, 258ff.): „allso das auch ire liebd unnd f. sich nun mehr auf ain seminarium enndtschliessen unnd in sollchem den uncossten, der darauff geen wurde, nit ansehen wellen. Unnd do sy je ab unnser schuel zu Ingolstat mengl hatten, sollen die unnsere gesandten von iren lieb und f. vernemen, seyen wir urbütig, dieselben abzestellen unnd das collegium nach irer liebd unnd freundtschafften guetachten zu reformiern". Am 8. 8. berichtete Elsenheimer an Eck, es habe keine Kongregation stattgefunden, den Seminarantrag wolle der Erzbischof seinen Suffraganen übermitteln (ebd. 275f.). Das bayerische Memorial führte aus: Der Herzog habe in Rom zur Finanzierung der Priesterausbildung zwei Zehnten erlangt, darüber werde anschließend mit dem Erzbischof noch vertraulich gehandelt werden. Die Bischöfe könnten an dem Werk mitwirken, wenn sie „ein anzal studiosen zue Inglstat unnderhielten; dann von denselben khönnten ire f. g. yedertzeit leut haben, wie sie solten winschen unnd derselben wol notturfftig weren. Das aber Inglstat fürgeschlagen wirdet, beschicht nit darumben, das mit des herrn metropolitani unnd der ordinarien gellt dieselb schuel für anndere befürdert werden solle, sonnder von wegen der glegenhait, das ire f. g. dest besser aufsehen möchten, ob die hilff bey einem unnd dem anndern angelegt sey oder nit, item das die studiosen alda mit den habitationen unnd preceptorn ein vortl hatten". Das sei nur ein Vorschlag; wenn der Erzbischof etwas besseres wisse, wolle man ihm gern folgen (ebd. 320ff.).

beharrten auf ihrem alten Standpunkt: Die Gründung von Diözesanseminaren sei unerläßlich, man wolle sie nach bestem Vermögen in Angriff nehmen. Der Erzbischof verwies wie früher auf die Stipendiaten, die er bereits jetzt auswärts unterhalte und von denen er gern eine Anzahl nach Ingolstadt schicken wolle[115]. Mehr war auch diesmal trotz der ausgesprochenen Liebenswürdigkeit des bayerischen Ansuchens nicht zu erlangen.

Im Laufe dieses Jahres ließ Herzog Albrecht in Ingolstadt tatsächlich den seit 1562 versprochenen Erweiterungsbau am Georgianum aufführen, damit, wie der Kollegregens Christian Kripper schrieb, „wan sich die bischof und prelaten in Bayrn einmal bedächten, ire ordinandos hieher auf das studium zuschikhen, dieselbigen raum hetten im collegio beyeinander zuwonen“[116]. Das war aber im Januar 1565 für die Eingeweihten kaum mehr eine begründete Hoffnung. Mochte die Werbung an die Bischöfe in den herzoglichen Instruktionen noch zwei Jahre mitgeschleppt werden, die Einforderung der Dezimationskonzession konnte die bischöfliche Kooperationsbereitschaft kaum vergrößern; die herzogliche Regierung hatte damit den Weg beschritten, ihre Ziele auf eigene Faust und mit eigenen Mitteln zu erreichen. Versprochen und also zu leisten waren die Neudotation der beiden Jesuitenkollegien, die Neugründung zweier weiterer Ordenskollegien und diejenigen eines Seminars in Ingolstadt; für die beiden letzteren Zwecke war der Ertrag der neuen Dezimationen bestimmt. Fehlte dem Gesamtprogramm mithin auch eine vollständige finanzielle Absicherung, so war es doch unter Einrechnung einer zusätzlichen Belastung der herzoglichen Kammer nicht von vornherein unrealistisch.

In dieser Situation trat nun 1563 eine Wende ein, als sich der Herzog entschloß, von der päpstlichen Zehntbewilligung vorerst nicht Gebrauch zu machen. Die Entscheidung ist nicht genau zu datieren, weist aber in ihrer Motivation auf die Zuspitzung der

115 Synodalrezeß vom 5. 9. 1564: Der Erzbischof unterhalte außer einer größeren Zahl von Stipendiaten 24 Präbendisten in Salzburg. Ihre räumliche Unterbringung werde vorbereitet, demnächst auch ein Theologieprofessor bestellt (HStA Staatsverw. 2781, 335ff.).

116 Kripper an Herzog Albrecht am 27. 1. 1565 (StAM GL 1477/3, 152). Es handelte sich um ein Rückgebäude; eine Beschreibung liefert Rotmar (Mederer I 291), vgl. auch Schmid, Georgianum 55 und 59. Wahrscheinlich wurde ein vorhandenes Nebenhaus nur renoviert und angeschlossen, denn es gelang Kripper, die Arbeiten trotz ausbleibender herzoglicher Zahlungen, zum Teil mit eigenen Mitteln, abzuschließen.

religionspolitischen Lage in Bayern, also auf die bekannte Schwenkung zurück, die die herzogliche Politik im Anschluß an den Ingolstädter Landtag vom Frühjahr 1563 vollzog. Aus der utraquistischen Adelsopposition heraus wurde dem Herzog der Vorwurf gemacht, er habe sich seine Konzessionsbereitschaft vom Papst mit der Dezimation abkaufen lassen, und es scheint sogar unnatürliche Bündnisbestrebungen der Art gegeben zu haben, daß man den reformfeindlichen Prälatenstand gegen die Zehnten aufzubringen versuchte[117]. Unter diesen Umständen empfahl die kirchen- und steuerpolitische Rücksicht auf die Äbte wie auch diejenige auf die Glaubwürdigkeit der von nun an verfolgten intransigenten Linie der Regierung, die Kirche wenigstens im Moment finanziell nicht zusätzlich zu belasten.

Noch im Herbst 1562 scheint sich in München, wohl auch unter dem Eindruck eines beruhigenden Schreibens des Augsburger Kardinals[118], die mißtrauische Hast in der Dezimationsangelegenheit gelegt zu haben. Ein neuerliches, mit der anhaltenden Pest begründetes Vertagungsgesuch des Salzburger Erzbischofs begegnete im Oktober 1562 keinem Widerspruch von herzoglicher Seite[119]. Einen Monat später lud Hans Jakob herzogliche Vertreter für Mitte Januar 1563 zur Ausschreibung des ersten Zehnten nach Salzburg[129]. Dort einigten sich beide Seiten über die Modalitäten und über den Aufbewahrungsort für den Steuerertrag; noch vor Jahresende sollte die erste Dezimation vorgenommen werden. Weil aber, so erklärte der Herzog zehn Jahre später, damals die Reform des bayerischen Klerus nach den Konzilsvorschriften bevorstand und befürchtet werden mußte, daß die Dezimation dieses Werk behindern könne,

117 Goetz-Theobald, Briefe und Akten VI 89 (Achaz von Laiming: „die decimen sein ain recht gift, so der babst zue verblendung des fursten ausgossen“) und 88f. („dem [Papst] hab ir f. g. neulichen das herz umb die decimation verkauft“, so daß er jetzt seinen Untertanen nicht mehr entgegenkommen könne).

118 Vgl. oben Anm. 98.

119 Hans Jakob an Albrecht am 19. 10. 1562 (HStA HL Salzburg 487, 218ff.) Die Pest war zwar am Abklingen, aber nun hatte der Erzbischof von „schlechtem frieden“ in Bayern gehört. Ein undatierter Entwurf Ecks für die herzogliche Antwort (ebd. 220ff.): Man warte also, daß der Winter die Pest zum Abklingen bringe, dann könne die Exekution vorgenommen werden. Ob der erste Zehnt noch im kommenden Frühjahr eingezogen werden könne, solle demnächst beraten werden.

120 Hans Jakob an Herzog Albrecht am 20. 11. 1562 (HStA HL Salzburg 487, 222ff.); der angegebene Termin war der 18. 1. 1563.

nahm man von der Ausführung der Beschlüsse vorerst Abstand[121]. Die Münchener Rätekonferenz vom April 1564 erwähnte die „neue“ Dezimation bei all ihrem Suchen nach neuen Hilfsquellen für die herzogliche Schul- und Seminarpolitik mit keinem Wort[122]. Im Juli 1564 erhielt Elsenheimer noch einmal Auftrag, mit dem Erzbischof vertraulich über das Thema zu reden[123]; die Zurücknahme des herzoglichen Verzichts scheint aber weder damals noch in den folgenden, für die bayerische Kirche „sehr schwierigen Jahren“ beabsichtigt worden zu sein. Ende 1565 ließ Herzog Albrecht in Rom erklären, wie wenig er den Klerus zu beschweren gesonnen sei, könne daraus ersehen werden, daß er sich der Zehntkonzession nicht bedient und doch die beiden Jesuitenkollegien neu dotiert habe[124].

[121] In der Instruktion für Fabricius vom März 1573 (vgl. unten IV Anm. 120) schreibt Erasmus Fend: Der Erzbischof habe sich dem Vollzug des Dezimationsbreves zunächst widersetzt, „non tam ex suo quam coepiscoporum suorum consilio“, dann aber von der Lauterkeit der herzoglichen Absichten überzeugen lassen. „Conventum est deinceps Salisburgi mense Januario anni 63 de subdelegatis commissarijs, de processu instituendo, de loco asservandae collectae pecuniae idoneo alijsque ad eam rem necessarijs, sic ut eo ipso anno colligenda videretur una decima. Verum quia ex s. Tridentini concilij decretis et provincialibus aliquot synodis tum temporis cleri Bavarici reformatio severe instituebatur et periculum erat, ne, si ad eum decimarum quoque onera accederent, eijceretur potius dissolatior tum clerus quam sanaretur, intermissum est illud negotium, quod etiam institui per succedentes aliquos difficillimos annos nulla ratione voluit benignissimus princeps“ (HStA HL Freising 78, 18ff.). Die Bedenken des Erzbischofs scheinen also in München Eindruck gemacht zu haben. Elsenheimer verhandelte in erster Linie über die Durchführung der vom 16. 4. 1564 datierten päpstlichen Kelchkonzession für Bayern, von der aber der Herzog nach den Vorgängen auf dem Ingolstädter Landtag und dem Adelsprozeß im Juni 1564 schon nicht mehr Gebrauch zu machen gedachte. Zweifellos ist in der herzoglichen Abwendung von der Konzessionspolitik der Vorjahre die entscheidende Ursache für den Verzicht auf die Dezimationen zu sehen.

[122] Vgl. Anm. 153.

[123] Vgl. oben Anm. 114.

[124] Durch Pfister und Eisengrein (vgl. Anm. 136). Ihre von Vieheuser vorentworfene Instruktion enthält den Satz: „Unnd mögen unnsere gesanndten in ausfüerung diß puncten neben annderm behelff ... ir heyl. wol vermelden, das wir unns irer heyl. verlihner gnaden unnd mildigkhayt mit einvorderung der decimen noch nie gebraucht, aber nichts minder der jhesuiten collegia mit bestendigem eewigen einkhomen erhebt unnd begabt, aus deme ir heyl. zesehen haben, ob wir den clerum zuebeschweren unnd gaistliche gueter unns selbß zu nutz zerichten gesynnet seyen“ (GStA K. schw. 2048 und HStA HL Freising 75, 183ff.).

Dafür war allerdings die „neue" Dezimation auch nicht bestimmt gewesen. Der Verzicht auf sie ließ aber das globale Stiftungsprogramm noch im Laufe des Jahres 1563 zerfallen. Im November 1562 hatten die Jesuiten über ihre eigenen Forderungen in Landsberg mit der Regierung verhandelt und, nachdem zu diesem Zeitpunkt finanzpolitisch noch nichts entschieden war, einen hinhaltenden Bescheid bekommen[125]. Auf dem Ingolstädter Landtag im März 1563 gelang es dem Herzog, die Stände zur Ablösung von 840 000 Gulden herzoglicher Schulden zu bewegen, darunter des „alten" Dezimationskapitals[126]. Nun drängten die Jesuiten erneut auf die Einlösung des herzoglichen Dotationsversprechens[127]; die Regierung erwiderte, sie werde ohne weitere Verzögerung erfolgen, zumal die Einwilligung des Erzbischofs zur „neuen" Dezimation bereits vorliege[128]. Zu diesem Zeitpunkt plante man in München also noch eine große Lösung unter Einbeziehung der „neuen" Dezimation, für die die Jesuiten allerdings die Verantwortung ablehnten[129]. Die Wendung fällt in den Herbst des gleichen Jahres, also wenig nach der tridentinischen Seminarentscheidung. Mitte September einigte sich die Regierung mit dem Ordenskommissar Nadal auf die separate Neuversorgung der beiden Jesuitenkollegien[130]; vom 8. Dezember stammt die neue, gemeinsame Stiftungsurkunde, durch die die Jahrespensionen beider Häuser um je 500 auf 1500 Gulden erhöht wurden. Der Zahlungsmodus blieb der alte, auf eine Kapitalstiftung mußten die Patres, ersichtlich zu ihrem Mißvergnügen, wiederum

[125] Braunsberger III 686ff. und IV 124ff.

[126] HStA Altb. LL 378, 140ff. (vgl. Freyberg, Landstände II 345ff.). Das Landtagsprotokoll schlüsselt den Schuldenbetrag nicht auf; daß die Dezimation dazu gehörte, geht aus dem folgenden hervor (vgl. Anm. 132).

[127] Braunsberger IV 124ff., Eingabe des Ingolstädter Kollegrektors Lanoy im Auftrag von Nadal und Canisius an die Regierung vom Frühjahr 1563 mit der Bitte um Dotation für ein Kolleg von wenigstens zwanzig Personen; schon für zwanzig sei die bisherige Pension von 1000 fl. unzureichend.

[128] „Dotationem ipsam collegiorum non differet ill. princeps, cum et de summi pontificis et commissarijs decimarum voluntate certum iam constet" (HStA Jes. 1746, 69).

[129] Polanco am 9. 8. 1563: den Bischöfen solle bedeutet werden, daß der Orden mit der Dezimation nichts zu tun habe (Braunsberger IV 306; vgl. auch ebd. 42f.).

[130] Im Mai 1563 war die Dotationsangelegenheit erneut verschoben worden (Braunsberger IV 165). Am 15. 9. kam Nadal nach München (ebd. 938ff.). Im November billigte die Ordensleitung im ganzen den Entwurf der Stiftungsurkunde; über einige Änderungen sollte Nadal noch einmal in München verhandeln (ebd. 382 und 399). Erst im Februar 1564 wurde die Stiftungsurkunde den Jesuiten ausgehändigt (ebd. 441 und 447).

verzichten[131]. Das von der Landschaft ausgezahlte Dezimationskapital (47 000 Gulden) entschloß sich der Herzog, weder für diesen Zweck zu verwenden noch an die Universitäten weiterzureichen, sondern als Notvorrat einzubehalten[132]. Anfang Januar 1564 erhielt die Universität als formelle Eigentümerin ihre Zinsverschreibungen auf die drei herzoglichen Ämter erneuert[133]. Die Verbindlichkeit der Hofkammer gegenüber Universität und Jesuitenkollegien belief sich jetzt auf zusammen 3800 Gulden im Jahr; 2350 Gulden davon wurden als Dezimationszins besonders registriert, der Rest auf den geistlichen Etat verrechnet[134]. Diese Unterscheidung hatte ihren guten Sinn: Im Dezember 1565 übernahm die durch den Adelsprozeß des Vorjahres in ihrer Widerstandskraft geschwächte Landschaft auf hartnäckiges Drängen des Herzogs zwar nicht die Ablösung, aber die Verzinsung der Dezimation von neuem[135]. Die Bewilligung galt nur bis zum nächsten Landtag; es blieb aber dann bis zur Neuverteilung des Dezimationsertrags in

131 Abschriften in HStA Jes. 1746, 90ff. und 2233/I, 15ff.; danach gedruckt bei Seifert, Universität Nr. 62. Die Urkunde beschwört die künftigen Herzöge von Bayern, diese Stiftungen, „ad quas summorum pontificum Pauli tertij sanctae memoriae et... Pij quarti liberalitate cleri nostri decimis adiuti sumus", zu respektieren; sie rechnete also noch mit der neuen Dezimation. Am 8. 2. 1564 erhielten der Münchener Großzöllner (für 1500 fl.) und der Ingolstädter Zöllner Auszahlungsorder (HStA Jes. 2233/I, 18).

132 Herzogliche Proposition auf dem Landtag von 1565: zusammen mit 84 000 fl., die der Herzoginmutter geschuldet würden, habe der Herzog das Dezimationskapital von den Landschaftsverordneten ausgezahlt bekommen, aber „noch also par auf ain khonnftige lanndtsnot beyhannden behalten" (HStA Altb. LL 381, 65'f.).

133 Herzog Albrecht an die Universität am 2. 1. 1564: er habe der Landschaft die 47 000 fl. zur Ablösung übergeben, sich aber wegen Geldbedarfs die Summe gegen drei Verschreibungen aushändigen lassen. Die Landschaft verlange von der Universität eine Quittung, sie möge ausgestellt werden. Die Verzinsung erfolge wie bisher über die bekannten Ämter (HStA Kurbaiern Prot. 4, 74'f., gedruckt bei Seifert, Universität Nr. 63).

134 StAM HZR 9 (1564) 169': „Nachdem man den h. jhesuiten jerlichen durch den zollner zu Innglstat zu den vier quottembern eingetaylt bezalen lest 1500 fl., durch den casstner zu Aichach 800 fl. unnd vom groszol alhie 1500 fl., thut in allen 3800 fl., von diser summa wierdet abgezogen järlichs zinsgellt von 47 000 fl., so thut 2350 fl., bleibt noch, so den h. jhesuitten wegen der decimation gegeben wierdet, 1450 fl., welliche 1450 fl. bey den geystlichen außgaben zufünden; die ybrigen 2350 fl. setz ich hiemit fur ain verzinsung: 2350 fl.". In bezug auf die 800 fl. aus Aichach befand sich der Hofzahlmeister sicher im Irrtum, sie gingen an die Universität. Vgl. über den „geistlichen Etat" zusammenfassend unten IV Anm. 1 ff.

135 HStA Altb. LL 381, 65'ff. und 100'ff.; dasselbe Lit. 380, 628 (Originalentwürfe) und 629; vgl. auch Freyberg, Landstände II 363ff. Die Bewilligung

den achtziger Jahren bei dieser Regelung, die den geistlichen Etat nachhaltig entlastete. Alljährlich zu Weihnachten zahlte die Landschaft den vollen Dezimationszins formell an die Universität, de facto jedoch zum größeren Teil an die Jesuitenkollegien. Spätestens seit 1570 verfuhr man so, daß die Universität wie schon bisher den Aichacher Teilzins (800 fl.), das Münchener Jesuitenkolleg die über den Münchener Großzoll und das Ingolstädter Mautamt gezahlten Teilzinse (550 und 1000 fl., wohl abzüglich der überständigen 50 fl.) bezog, während die Ingolstädter Kollegpension von den geistlichen Gefällen getragen wurde.

Diese Neuverschreibung der „alten" und der etwa gleichzeitige Verzicht auf die „neue" Dezimation hatten die finanzielle Situation der herzoglichen Seminarpolitik geklärt, zugleich aber ihre Möglichkeiten eng umgrenzt. Für neue Stiftungen waren keine Mittel verfügbar. Noch einmal ergriff die herzogliche Regierung am Jahresende 1565, als in der Freisinger Bistumsangelegenheit Johann Pfister und Martin Eisengrein nach Rom abgeordnet wurden, die Gelegenheit, den Papst um Hilfe anzugehen. Aus Paumgartners und Vieheusers Wunschkatalogen übernahm ihre Gesandtschaftsinstruktion den Antrag, in Ingolstadt durch Inkorporation der Kollegiatstifte Habach, Petersberg und Pfaffmünster sowie der Pfarrei Engelbrechtsmünster eine Kollegiatkirche zu errichten. Als unmittelbares Ziel wurde die bessere Versorgung der theologischen Professorenschaft genannt, doch stellte der Satz, „das der clerus bey unnser universitet unnd ainem so ansehlichen fleckhen zum studieren unnd priesterlichen wanndl vil ernnstlicher khann gehallten werden als auf dem lannde", den Anschluß an die Seminardiskussion her[136]. Noch im Frühjahr 1566 wurde, um die schwierige

galt zugleich für den oben Anm. 132 genannten Anspruch der Herzoginmutter, zusammen also für 131 000 fl. Die Ablösung wurde vom Herzog ausdrücklich nicht erbeten, sondern die Entlastung der herzoglichen Kammer von der Zinsverpflichtung. Erst nach mehrmaligem Ansuchen der herzoglichen Räte gab die Landschaft nach.

136 Vgl. zu dieser Gesandtschaft Lossen, Der Kölnische Krieg I 78ff. Die Instruktion für Pfister und Eisengrein vom 3. 12. 1565 (GStA K. schw. 2048) lehnt sich im Wortlaut an ein Gutachten Vieheusers an (HStA HL Freising 75, 183ff.), ging aber unmittelbar auf einen Entwurf Fends zurück (ebd. 122ff.). Sie führt aus: „Zum dritten nachdeme wir vast gern sehen wollten, auch für nützlich unnd guet hielten, das wir bey unnser catholischen universitet zu Inngolstat ain collegiatam ecclesiam aufrichten, damit wir nit allain ain ansehlichere priesterschafft daselbß bei der hanndt haben, sonnder auch aus den canonicis gelerte treffliche theologos zun lecturn unnd annderm nottwendigen gebrauch unnserer universitet hernemen möchten", wird um die

freisingische Frage nicht durch zusätzliche Anträge zu behindern, dieser Punkt aus der Instruktion gestrichen[137]. Ohnehin wird man sein Gewicht vorsichtig taxieren müssen; die Auffüllung der römischen Instruktionen mit Nebenanträgen ließ ja der mechanischen Tradition viel Raum. Da dasselbe auch für die herzoglichen Verhandlungen mit den Bischöfen gilt, kann die resignative Wendung der bayerischen Seminarpolitik schon in das Jahr 1563 datiert werden, also auf einen Zeitpunkt in der Nähe der tridentinischen Seminarentscheidung, die ja in der Tat den herzoglichen Bestrebungen viel von ihrem Antrieb nehmen und ihre Argumentation schwächen mußte. Was lag näher, als nun zunächst den Bischöfen die Initiative zu überlassen, die das Konzil ihnen zuerkannt hatte.

Im November 1564 gelang Bischof Martin in Eichstätt mit Hilfe einiger aus Ingolstadt zugewanderter Professoren seine seit langem betriebene Schulgründung, die als das erste tridentinische Seminar

Translation dieser auf dem Lande unnützen Stifte gebeten. Es handle sich nicht um eine „suppression“, sondern „melioration“ dieser Stiftungen. Das 1493 auf ähnliche Weise gegründete Kollegiatstift der Münchener Frauenkirche wird als Beispiel zitiert (vgl. Anm. 31). Für die Bemerkung über die „neue“ Dezimation vgl. oben Anm. 124, für die früheren Anträge Paumgartners und Vieheusers Anm. 32 und 57. Weiterhin ersuchte der Herzog (wie vielleicht auch schon durch Vieheuser, vgl. Anm. 57) um Verleihung von Nominationsrechten auf die bayerischen Domkirchen, und zwar mit der merkwürdigen Begründung: die beiden Jesuitenkollegien seien sehr nützlich, und es sei „dise jar her ain merckhliche anzal taugenlicher catholischer jugent darinnen erzügelt worden“, der Adel jedoch, der auf die Domkanonikate Ansprüche geltend mache „unnd disfalls etwa mehr auf ain ruehbig leben als die ehr des Almächtigen“ sehe, sei „disen jhesuiten schuelen nit so gar genaigt“ und bevorzuge ausländische Schulen, wo es freier hergehe. Auf diese Weise würden die Kapitel mit unzuverlässigen Leuten besetzt, was der Herzog verhindern könne, wenn er die Nomination habe. — Zum Kanonikatsprivileg von 1523 vgl. Einl. Anm. 8, zur Wiederaufnahme des hier gestellten Antrags unten IV Anm. 120ff.

137 Der Papstwechsel hatte die Gesandten zunächst zum Umkehren veranlaßt, am 16. 1. 1566 erhielten sie eine neue Instruktion, die die alte bestätigte (HStA HL Freising 76, 19ff., Entwurf Fends, und 22ff.). Am 28. 3. 1566 schrieb Fend dann an die Gesandten nach Rom: „Und damit ir durch ander neben händl die babst. heil. nit zevil bemühet, so wellet der translation der dreyer collegaten gar geschweigen, dan wür bej den ordinarien und sonsten sovil berichts finden, das mit solher translation, da sy gleich solle zuegelassen werden, gar wenig auszerichten. So manglet uns sonsten nit an gelegnen guetten miteln zu auffrichtung des furgenomnen Inglstatischen werckhs“ (ebd. 45f., Entwurf Fends, und 47f.; in der Ausfertigung fehlt das Wort „Inglstatischen“). Fend wiederholte diese Anweisung in einem Schreiben vom 4. 5. 1566 (ebd. 70).

in Deutschland gilt[138]. Ihr Lehrprogramm umfaßte neben den Humaniora und der Philosophie auch theologische Vorlesungen. Kern der Anstalt war das aus 12 bischöflichen Alumnen und etwa ebenso vielen Benefiziaten bestehende, von einem Praeses geleitete Internat, dessen Insassen das 16. Lebensjahr erreicht haben mußten. Ihre Grade empfingen die Eichstätter Studenten an der Universität Ingolstadt, der das Collegium Willibaldinum zu diesem Zweck 1565 inkorporiert wurde[139]. Bischof Martin hatte die Anstalt zunächst mit eigenen Mitteln gegründet; nur mit päpstlicher Nachhilfe gelang es ihm später, das Kapitel und den Klerus zur Beisteuer zu bewegen. Dennoch blieb die Dotation unsicher; schon 1573 erwog der Bischof, das ganze Seminar nach Ingolstadt zu verlegen, nach seinem Tode verkümmerte es zur Trivialschule ohne Internat (1602), bis schließlich Gebäude und Fonds 1614 für die Gründung eines Jesuitenkollegs verwendet wurden[140].

Daß für den schulischen Teil des Seminarmodells auf die Dauer die vom Konzil ignorierten Jesuitenkollegien würden eintreten müssen, konnte lange vor diesen, das Dillinger oder auch das Würzburger Ablaufschema[140a] variierenden Eichstätter Erfahrun-

138 Vgl. vorn Anm. 66 sowie Reiter 136ff und Bauch 26ff.; ebd. 335ff., von E. Reiter ediert, die Seminarstatuten von 1564. Neben der Finanzierungsfrage, in der das Kapitel Obstruktion leistete, war es vor allem das Problem der Professorenbeschaffung, an dem die Gründung fast gescheitert wäre. Bischof Martin suchte zunächst von der Übergabe der Dillinger Universität an die Jesuiten zu profitieren, bis ihm überraschend drei von den Ingolstädter Patres verdrängte Magister in die Arme liefen.

139 Mederer IV Nr. 46. Das Willibaldinum wurde unterrichtstechnisch der Ingolstädter Artistenfakultät gleichgestellt, seine Absolventen konnten an der letzteren ohne weitere Vorbedingung die Magisterprüfung ablegen. Herzog Albrecht honorierte diesen Anschluß durch die Ausdehnung der Universitätsfreiheiten auf das Eichstätter Kolleg, das damit für eine Nebenanstalt der Universität gelten konnte.

140 Bauch 38ff. Das Seminar, das unter Bischof Martin fast den ganzen Priesterbedarf des Stifts gedeckt hatte, ging an der Zahlungsunwilligkeit von Kapitel und Klerus und am Professorenmangel zugrunde, den gleichen Problemen, die schon seine Gründung fast verhindert hätten. 1599 verständigte sich Bischof Konrad von Gemmingen mit der Kurie über die Verlegung des Seminars an die Universität Dillingen, nachdem zunächst erneut Ingolstadt als Alumnatsstandort in Erwägung gezogen worden war (vgl. auch Krasenbrink 281f.). Die Jesuiten übernahmen dann das finanzielle und bauliche Seminarerbe, ließen sich jedoch zur Übernahme der Seminarinstitution nicht bewegen. Mit einer Seminargründung mußte 1626, mit dauerhaftem Erfolg erst 1710, von neuem begonnen werden.

140a Vgl. dazu Wegele. Der Würzburger Schule gelang wie der Dillingischen der Aufstieg zur jesuitischen Universität, allerdings nur unter Einsatz aller figen für ausgemacht gelten. 1564 erklärte sich der Jesuitenorden zu dieser Aufgabe unter der Bedingung bereit, daß die bischöflichen Seminare mit Ordenskollegien verbunden würden[141]; wenig später unterstellte Pius IV. weithin sichtbar sein eigenes Seminar den Patres und ihrem Collegium Romanum. In Salzburg ließ Erzbischof Johann Jakob Khuen, an Erwägungen seines Amtsvorgängers anknüpfend, im Frühjahr 1562 bei den Münchener Jesuiten vorfühlen und den Provinzial Canisius um Rat fragen[141a]. Der vom Orden beauftragte Pater Johann de Victoria berichtete Anfang 1563 zuversichtlich über seine Besprechungen mit dem Erzbischof[142], und wieder mehr als ein Jahr später wandte sich Hans Jakob mit der Zusicherung, ein Jesuitenkolleg gründen zu wollen, sogar direkt an den Ordensgeneral Lainez, allerdings nur, um inzwischen einen Jesuiten als Prediger zu bekommen[143]. Weiter scheint die Angelegenheit nicht gediehen zu sein.

Von den Salzburger Suffraganen, die sich ja wie ihr Metropolitan dem Konzil und Herzog Albrecht gegenüber gleich doppelt in

nanziellen und Machtmittel eines vergleichsweise gut ausgerüsteten fürstbischöflichen Staatszentralismus. Eine 1561 durch Bischof Friedrich von Wirsberg gegründete Partikularschule war zwei Jahre später wieder eingegangen. 1567 stiftete Bischof Friedrich daraufhin ein Jesuitenkolleg mit angegliederter Stipendiatenanstalt. 1575 bzw. 1582 ließ Bischof Julius Echter ohne Rücksicht auf das widerstrebende Kapitel die Schule zur Universität erheben und zugleich das Seminar zum zweistufigen, mit je 40 Alumnen besetzten Internat ausbauen (vgl. ebd. II 207ff.).

141 Pachtler I 75f.: die Ausnahme wird gestattet, „si tamen fundatio perpetua et insignis hujusmodi Seminariorum ita fieret, ut simul etiam conjunctum Collegium nostrum valde promoveretur, et abundaret Societas operariis idoneis, et libera eidem Societati gubernatio committeretur“. Das Seminar solle vom normalen jesuitischen Kollegunterricht profitieren, also keine eigene Schule erhalten. — Bei der Beurteilung des tridentinischen Seminardekrets ist auch zu berücksichtigen, daß verschiedene Anträge auf Zulassung von Ordensprofessoren nicht berücksichtigt worden waren (O'Donohoe 161). — Auch in Frankreich entstanden die meisten der frühen Seminare als Annexe von Jesuitenkollegien, so allein drei in Pont-à-Mousson 1579—95, eines in Avignon 1586, eines in Toulouse 1590 und eines in Rouen 1593 bzw. 1617 (Degert I 69ff., Delattre, für Pont-à-Mousson Choux). Degert (I 96ff.) erkennt die Logik dieses Vorganges, vermerkt aber als Nachteile den spekulativen Charakter des jesuitischen Unterrichts und das Fehlen einer wirksamen Internatserziehung. Vgl. zum letzteren Punkt Anm. 156f.

141a Braunsberger III 467f.

142 Lainii Mon. VI 614: Der Erzbischof wolle demnächst mit dem Kaiser sprechen, „et anche vol conferir col duca di Baviera, aciò, come buon vicino, si ralegri“ (3. 1. 1563).

143 Am 11. 4. 1564: Lainii Mon. VII 667ff.; vgl. Braunsberger IV 42f. iund 525.

der Pflicht und im Wort befanden, gelang in den sechziger Jahren keinem eine Schulgründung[144]. Bezeichnenderweise ging der einzige ernsthafte Versuch, dem tridentinischen Dekret Folge zu leisten, auf eine herzogliche Initiative zurück[145]. Im Frühjahr 1566 erwirkte Herzog Albrecht in Rom in mühsamer Verhandlung die Zustimmung der Kurie zur Einsetzung seines zwölfjährigen Sohnes Herzog Ernst als Administrator des Freisinger Bistums. Wurde die geistliche Jurisdiktion auch dem Kapitel zugesprochen[146], so betrachtete es Herzog Albrecht doch als päpstlichen Auftrag, mit der weltlichen Verwaltung zugleich die Sorge für die kirchliche Reform in seine Hände zu nehmen. Im Februar 1567 forderte Pius V. den Freisinger Klerus auf, die vom Konzil befohlene Semigründung durch Entrichtung des vorgeschriebenen Seminaristikums zu unterstützen[147]; der Domherr Johann Pfister, der die Freisinger Angelegenheit für den Herzog in Rom betrieben hatte, wurde mit den Vorbereitungen betraut. Auch die Münchener Regierung nahm sich des Projekts „mit ernst und großem eyfer" an[148]. Im April 1568 erhielten herzogliche Gesandte den eigenartig anmutenden Auftrag, dem Kapitel die Gefahren darzustellen, die dem studierenden Klerus auf den Hohen Schulen drohten, und ihm zu bedeuten, Herzog Albrecht werde das Freisinger Seminar kraft päpstlicher Kommission von sich aus gründen und den Kanonikern ein „deputat" auferlegen, falls es nicht zu festen finanziellen Zusagen und zu einer Lösung des Raumproblems komme[149].

144 Auch Bischof Urban von Passau scheint 1562 mit den Jesuiten in Unterhandlung gewesen zu sein (Braunsberger III 483), bevor er zwei Jahre später zu den Franziskanern überwechselte (Eggersdorfer 9).

145 Mayer (Lyzeum Freising 12) und Punkes (Freisings höhere Lehranstalten 2) behandeln diese Frühphase nur im Vorübergehen, ohne das reichhaltige archivalische Material auszuwerten.

146 Lossen, der Kölnische Krieg I 83f.

147 Am 28. 2. 1567 (Knöpfler 106f.).

148 So formuliert Pfister in einem undatierten Schreiben an Simon Eck (HStA HL Freising 75, 260ff.). Arbeitspapiere aus dem Jahre 1567 zur Freisinger Seminarsache, nämlich ein Gutachten vom 18. 10. 1567 unter dem Titel „Seminarij Frisingensis ad normam s. sancti concilij Tridentini recte constituendi declaratio" und ein Bericht „wo unnd zu was zeiten die seminaria bey den thumstifften aufzurichten beratschlagt sey worden", beide doppelt, ebd.

149 Instruktion für Elsenheimer (und wohl für Fend) vom 3. 4. 1568 (HStA HL Freising 75, 272ff., Entwurf Ecks und Fends, und 284ff.): Geistliche, „die auff andern hochenschuelen etwa in andere studia gerathen, durch muethwillig freche leuth zu argem gewisen und villeicht gar von dem catholischen christlichen gehorsame zuer sectischen ungehorsame und verdamblicher spaltung verfüert werden". Daher die dringliche Mahnung, dem tridentinischen Dekret Genüge zu tun, die sich auf einen päpstlichen Auftrag beruft.

Pfister betrieb die Sache mit Fleiß, aber am Ende ohne Erfolg. Nach seinen Vorschlägen[150] sollte Bischof Ernst mit einem ansehnlichen Beitrag aus seiner Mensa vorausgehen und den bischöflichen Neubau auf dem Domberg zur Verfügung stellen; von Herzog Albrecht wurden die nötigen Professoren erwartet, sie sollten in einem Domherrenhof untergebracht werden. Das Kapitel erklärte sich gegenüber dem Herzog grundsätzlich zur finanziellen Mitwirkung bereit[151]; zehn Jahre später aber wurde es von Fend vor dem Legaten Morone beschuldigt, die Gründung sabotiert zu haben[152].

Die herzogliche Seminarpolitik ihrerseits trat nach 1563 in eine Phase des Abwartens und der zurückgeschraubten Zielsetzungen ein. Die Neudotation der Jesuitenkollegien und der Verzicht auf die „neue" Dezimation ließen weitgespannte Unternehmungen vorerst nicht zu, auch aus finanziellen Erwägungen empfahl es sich daher, den Bischöfen die Vorhand zu lassen. Im Frühjahr 1564 beriet in München eine Rätekonferenz über Religionsfragen und über die noch immer als vordringlich angesehene Vermehrung und Verbesserung der Bildungsanstalten[153]. Das Gewicht, das der Jesuitenorden inzwischen im bayerischen Schulwesen erlangt hatte, drückt sich darin aus, daß nun auch für die Klerusausbildung seinen Kollegien und nicht so sehr der Universität die entscheidende Rolle zuerkannt wurde. Entsprechend den älteren Planungen hielt man es für wünschenswert, neue Ordenskollegien in Bayern zu gründen, gab sich aber hinsichtlich der Realisierungschancen keiner Illusion

150 Entwürfe und Briefe Pfisters an Eck und Herzog Albrecht; HStA HL Freising 75, 260ff., 279ff., 302ff.

151 Am 14. 4. 1568, allerdings mit der Bitte um Vertagung bis nach Pfingsten (HStA HL Freising 75, 295). Für Anfang Mai stand eine Beratung des Eichstätter Kapitels, zu dem auch der Freisinger Dekan gehörte, über die Seminarsteuer bevor; Pfister empfahl dem Herzog, diese Tagung abzuwarten (ebd. 300ff.).

152 In dem unten Kap. V. Anm. 82 zitierten Memorial B (falsch datiert bei Lurz II 293): „Frisingae quidem paratus erat iam dudum ill. administrator ad seminarii curam certam pecuniam, vina, frumenta, ligna impendere, domum quoque convenientem assignare. Verum ubi ad capituli partes res venit, penes quod spiritualium rerum est potestas, totum negotium evanuit. Sic nimirum amant religionis atque pietatis conservationem, qui ex religionis atque pietatis opibus tam laute vivunt".

153 Knöpfler 154ff. Die erhaltenen Unterlagen befinden sich in HStA Staatsverw. 2781, 174ff.: ein Protokoll Fends vom 19. 4. 1564 (ebd. 175ff.), ein Konzept Ecks (ebd. 189'), eine „erste lange relation" vom 21. 4. 1564 (ebd. 214ff.) und eine „summarische Relation" vom 23. 4. 1564, beide von der Hand Fends.

hin. Der von Rom (durch Vieheuser) angebotene Vorschlag, für diesen Zweck einige Klöster supprimieren zu lassen, wurde erwogen, aber mit Rücksicht auf die Stände, besonders den ersten, nicht weiter verfolgt[154]. Als Empfehlung an den Herzog blieb übrig, einerseits die Städte und Märkte zur Schulgründung anzuhalten, andererseits bei den bestehenden Jesuitenkollegien Armenhäuser zu errichten und aus den Erträgen der vakanten Klöster zu finanzieren[155].

Dieses letztere war von der Regierung bereits im Januar 1562 angekündigt worden. Mit ihrem Externenunterricht konnten Jesuitenkollegien zur Not den Geist des tridentinischen Seminarprogramms für sich in Anspruch nehmen; auf dem Konzil hatte der

[154] Elsenheimer: „Da man den schuelen will aufhelffen, werden mer collegia jhesuitarum muessen angericht werden... Ain closter, zwey oder dreien im underland nemen, die temporalia durch diener lassen versehen, jhesuiten drein setzen, die von ainem closter tanquam per classes zuem andern docierten" (ebd. 181). Noch in der ersten Relation Fends wird die Suppression von zwei bis drei Klöstern vorgeschlagen, päpstliche Erlaubnis liege vor. Der Schlußbericht verweist dann auf die genannten Schwierigkeiten. Die Gründung neuer Jesuitenkollegien sei daher zwar wünschenswert, aber kaum zu realisieren.

[155] Eck: „Das man die schuelen aufricht, arme gesellen verleg, bey den jesuiten collegia pauperum fundier aus den vacierenden pfrüenden, also auch zue Ingolstat. Hierzue sollen die bischof und capitl nochmaln ermant werden" (ebd. 189', vgl. auch im Protokoll ebd. 177'). Onuphrius Berbinger bemerkte: „Die prelaten sollen zu erhaltung collegij pauperum contribuieren, damit man ghut leuth ziehe" (ebd. 179); ähnlich, mit distanzierten Bemerkungen über die Klosterschulen, der Landshuter Kanzler (ebd. 180'). Die erste Relation erklärt: „Und were wol guett, das inen (d. h. den Jesuiten) mer collegia auffgericht und daneben für arme khnaben ain haus und underhaltung verordnet würde, aus denen gleich als einer speiskhamern mechte man für und für an woertzogner (!) geistlicher jugent einen vorrath hernemen" (ebd. 225ff.). Daneben seien die städtischen Schulen zu fördern; wenig Aussicht gebe es vorerst für die Wiederherstellung der Klosterschulen. — In der „summarischen Relation" heißt es nach einer skeptischen Bemerkung über die Neugründung von Jesuitenkollegien: „Es müssen aber ir f. g. mit merckhlichem nutz der religion bej den collegien, so jetzt vorhanden, domos pauperum verordnen und von den vacierenden clöstern ein statliche hülff thuen, damit arme schueler alda ertzogen werden". In den Städten könne mit 200—300 Gulden und „nach der jhesuiten disposition" je eine gute Schule unterhalten werden; die Universitäten Ingolstadt und Dillingen sowie die Jesuitenkollegien würden die nötigen Lehrer ausbilden. Klosterschulen seien im Moment nicht zu erhoffen, doch sollte den „vermüglichen" Prälaten befohlen werden, je einen oder zwei Mönche nach Dillingen (nicht nach Ingolstadt!) oder an die Jesuitenkollegien zur ein- bis dreijährigen Ausbildung in den „principia" zu entsenden.

Orden seine Exemtion von der Seminarsteuer mit der Begründung erlangt, seine Häuser seien selbst „veri et optimi seminarij“[156]. Die Analogie stimmte jedoch nicht ganz. Canisius schrieb 1575, viele einsichtige und maßgebende Leute seien der Meinung, daß von jesuitischen Kollegien in Deutschland so lange kein rechter Nutzen zu erwarten sei, wie ihnen nicht Konvikte beigegeben würden[157]. Ein vollständiger Brückenschlag vom jesuitischen Professorenkolleg zur Idee des Priesterseminars konnte aber nur über Externenhäuser gelingen, für die von den Stiftern zugleich die finanzielle Unterhaltung übernommen wurde. Die Jesuiten waren zur Übernahme solcher „domus pauperum“ bereit, sofern sie dotiert würden[158], die Regierung ihrerseits suchte in der Formel des Armenhauses einen Ausweg aus ihrer Finanzierungspflicht, der wiederum nur dahin gehen konnte, daß die öffentliche Fürsorge für die Ausbildung des Kirchennachwuchses als Armenpflege reprivatisiert wurde. Eine dauerhafte Lösung war das zweifellos nicht.

Die Vergabe von Stipendien, Unterstützungsgeldern und Benefizien blieb bis zum Ende der sechziger Jahre das einzige Betätigungsfeld der herzoglichen Seminarpolitik. Der Versuch, die Stipendiaten im Georgianum zusammenzufassen, mißlang ebenso wie die Umdeutung des Georgianum zum theologischen Seminar[159]; der 1564 errichtete Anbau erhielt nicht die ihm ursprünglich zugedachte Aufgabe[160]. So waren die Jesuiten auf ihr Konvikt angewiesen, das im August 1563 etwa 30 Insassen zählte[161]. Die Verhältnisse in dem kleinen Haus waren aber unbefriedigend; es fehlte an den von der Ordensregel geforderten Verwaltungs- und Aufsichtsbeamten, zu den Mahlzeiten mußte man die Konviktoren gar in die Wirtshäuser entlassen. 1566 unternahm der Ordensvisitator

156 Braunsberger IV 285. Ebenso wird in Frankreich seitens der Bischöfe entschuldigend erklärt, Seminargründungen seien bislang unmöglich gewesen, aber die jesuitischen Kollegien funktionierten „instar seminariorum“ (Degert 105). Vgl. auch Merkle 18.

157 „... Quidam iudicio et authoritate praestantes publice dicere non verentur, non adeo magni se facere nostra Collegia et Scholas, quibus domus convictorum non annectuntur, ex his enim praecipuum in Germania fructum sperandum et expectandum esse“ (Braunsberger VII 285ff., April 1575).

158 So schrieb Polanco schon im Januar 1563 an Canisius (Braunsberger IV 37).

159 Vgl. Kap. II.

160 Im August 1564 schlugen Canisius und andere Simon Eck vor: „Serio cogitandum est de seminario bonorum adolescentium qui Ingolstadij ex vacantibus beneficijs alantur ut possint postea ecclesijs prodesse“ (Braunsberger IV 617).

161 Braunsberger IV 353.

Nadal einen Versuch, die Anstalt zu reformieren[162], scheiterte aber wohl an den räumlichen Gegebenheiten. Unter diesen Umständen verstärkte sich im Orden die Abneigung gegen diese ohnehin ungeliebte Institution. Im Winter 1566/67 erbot sich die Regierung, in München ein Konviktgebäude zu errichten, verzichtete aber darauf, als sie bei den Jesuiten auf kein Interesse stieß[163]. In Ingolstadt geriet das Konvikt in Gefahr, als der Orden im Zuge der Reoganisation seines oberdeutschen Schulsystems seit dem Herbst 1565 erwog, das im gleichen Haus untergebrachte Pädagogium aufzulösen[164]. Im Herbst 1567 ließ Canisius zunächst die schwachbesuchte oberste, die Rhetorikklasse abschaffen[165]; sein Nachfolger Hoffaeus betrieb im folgenden Jahr die Aufhebung der ganzen Schule, stieß aber dabei auf den Widerstand der Ingolstädter Jesuiten und schließlich auch der Ordensleitung, die im Dezember 1568 die Erhaltung der verbliebenen drei Schulklassen anordnete[166]. Erfolg hatte Hoffaeus dagegen mit seinem Plan, das Ingolstädter Konvikt aufzuheben[167]. Im Februar 1569 verwendete sich der General Borja in dieser Sache beim Herzog, der noch im gleichen Frühjahr seine Zustimmung erteilte[168]. Der zeitliche und sachliche Anschluß an den großen Neuansatz der herzoglichen Seminarpolitik ist damit hergestellt.

162 Braunsberger V 723ff.: „che li convictori mangino in casa et alant regentem et subregentem et uno di nostri per dieci convittori che sia prefetto de camera etc.“; die Wirtschaftsverwaltung sei durch einen Externen zu besorgen.

163 Braunsberger V 437ff. ud 768.

164 Am 3. 9. 1565 beschloß die Generalkongregation, das Ingolstädter Kolleg solle zwar nicht zugunsten einer Straubinger oder Landshuter Gründung halbiert werden, doch wäre zu wünschen, daß die Ingolstädter Schule abgeschafft würde (Braunsberger V 761). Aus Ingolstadt wurde daraufhin gefragt was solle dann „de aedificio scholarum et convictorum“ werden? (ebd. 113).

165 Braunsberger VI 48. In seinem Rechtfertigungsschreiben an Borgia vom 9. 12. 1567 bezieht sich Canisius dafür auf eine Empfehlung Nadals. Eine Verpflichtung zu dieser „inferior schola“ sei die Societas nie eingegangen; unbequem sei vor allem die Nähe der Universitätshörsäle, viele Schüler gingen lieber dorthin, sobald es ihnen bei den Jesuiten nicht mehr gefalle (Be. d 132). — Die herzogliche Erklärung von 1555 hatte die Jesuiten sehr wohl zur Unterhaltung einer öffentlichen Schule verpflichtet (vgl. Anm. 159); in der Stiftungsurkunde von 1563 (vgl. Anm. 131) werden die Pflichten des Ingolstädter Kollegs nicht im einzelnen aufgeführt.

166 Braunsberger VI 216ff. Nach Hoffaeus' Plan sollten München und Innsbruck für die Gymnasialausbildung, Ingolstadt für den artistischen und Dillingen für den theologischen Unterricht zuständig werden.

167 Braunsberger V 726f.

168 Braunsberger VI 258 und 312f.

IV.

DIE GRÜNDUNG DER GEISTLICHEN KAMMER IN MÜNCHEN UND DES ALBERTINISCHEN SEMINARS IN INGOLSTADT 1569—76

Die Dezimationen von 1549 und 1551 eröffnen die Geschichte eines geistlichen Einkommens in Bayern, deren noch weithin unerforschter Verlauf motivations- und institutionsgeschichtlich mit der herzoglichen Seminarpolitik auf das engste verbunden ist, um mit ihr zusammen gegen das Jahrhundertende hin auszulaufen. In der bayerischen Verwaltungsgeschichte ist der 1571 errichteten Geistlichen Kammer, der vierten, allerdings kurzlebigsten zentralen Behördengründung dieses Zeitraums, bisher kaum Erwähnung geschehen[1]. Für die Beurteilung der Kirchen- und Stiftungspolitik der Herzöge Albrecht V. und Wilhelm V. bedeutet diese Forschungslücke nicht weniger, als daß sich ihre finanzielle Grundlage in Ausmaß und Begrenzung bis heute weitgehend der Kenntnis entzog.

Der landesherrliche Ausgriff nach dem Kirchengut hat in Bayern eine längere Tradition[2], doch setzte auch in diesem Bereich die Mitte des 16. Jahrhunderts mit der Ausweitung und andererseits mit der schulpolitischen Zweckbindung solcher Besteuerungs- und Belastungsmaßnahmen eine Zäsur. Erst jetzt läßt sich von der Herausbildung eines geistlichen Etats sprechen, von dem man, zusammen mit den älteren Türkensteuern, zweckmäßigerweise auch

[1] Vgl. die Arbeiten von Mayer, Rosenthal und Neudegger. Die stoffreiche Untersuchung Dollingers über die Finanzreform Maximilians erwähnt die Geistliche Kammer, die schon bei Maximilians Regierungsantritt kaum mehr existierte, nur mit knappen Anmerkungen (161 und 422ff.). Die Abtrennung der geistlichen Gefällverwaltung wird immerhin von Knöpfler (198ff.), Rosenthal (I 519f.) und Heyl, Geistlicher Rat 369f. registriert.

[2] Vgl. dazu, insbesondere auch zur Ausbeutung der Klöster, die im Landshuter Erbfolgekrieg und dann im Jahre 1525 erste Höhepunkte erreichte, Rankl 162ff. Das Wort von der „bayerischen Alternative zur Klostersäkularisation" (ebd. 222ff.) erhält aber wohl erst jetzt durch die Ausbeutung der vakanten Klöster seine volle Geltung. Rankl leugnet (wohl zu Unrecht) eine Zäsur zwischen dem vor- und dem nachreformatorischen staatlichen Kirchenregiment in Bayern.

die seit 1556 den Klöstern auferlegten Kantoreigelder unterscheidet. Die allgemeine Steuer- und Hilfspflicht der Kirchen gegenüber ihrem landesherrlichen Patron war und bleibt weiterhin ein eigener, die nun aufkommende, wenn auch durch landesherrliche Regie vermittelte Assoziation von Kirchengut und Schulwesen nicht automatisch mittragender Gesichtspunkt.

Neben dem stets gesondert behandelten Ertrag der „alten“ Dezimation gehörten zu den, in den fünfziger Jahren vorerst von der Hofkammer verwalteten und terminologisch noch nicht klar abgegrenzten geistlichen Gefällen die Abgaben der unter herzogliche Verwaltung gestellten Klöster Schamhaupten, Paring, Biburg und Münchsmünster[3]. Gleich ihnen schwebten um die Jahrhundertmitte viele bayerische Abteien in der Gefahr, personell zu veröden. Daß die Kategorie der „vakanten Klöster“ für längere Zeit auf diese vier Namen beschränkt blieb, erklärt sich aus der Stellung, die die herzogliche Regierung zu dem Problem des Niedergangs der alten Mönchsorden einnahm.

Der Plan, den Besitz leerstehender Klöster und im allgemeinen brachliegendes Kirchengut für nützlichere, wenn auch fromme Zwecke zu verwenden und so vor Verschleuderung und Veruntreuung zu bewahren, reicht, wie gezeigt, bis in die Regierungszeit Leonhard Ecks zurück. Die beiden Augustinerstifte Paring und Schamhaupten waren 1549 und wieder 1551 den Ingolstädter Jesuiten zugedacht, denen man 1555 auch das franziskanische Stadtkloster zu überlassen erwog[4]. Zwei Jahre später bemühte sich die Regierung, das Münchener Augustiner- und das Landshuter Dominikanerkloster für neue Kolleggründungen des Ordens zu verwen-

[3] Vgl. über die beiden Augustinerchorherrenstifte Schamhaupten und Paring, die schon in den vierziger Jahren vakant oder nahe daran waren, Backmund, Die Chorherrenorden und ihre Stifte in Bayern 107f. und 136f.; über die beiden Benediktinerklöster Münchsmünster und Biburg, vakant seit 1554 bzw. 1555, Hemmerle, Die Benediktinerklöster in Bayern 69ff. und 172f. (ebd. 220ff. über Paring). Eine Ausnahmestellung kommt dem gleichfalls benediktinischen Mallersdorf zu, in dem zwar auch seit 1548 keine Abtwahl mehr stattfand, das aber nicht zu den vakanten Klöstern zählte; hierher zogen 1595 die Ebersberger Mönche um, als ihr Kloster den Münchener Jesuiten übergeben wurde (vgl. VIII Anm. 132).

[4] Vgl. oben I Anm. 91 und 167. Zur Geschichte des Ingolstädter Franziskanerklosters, dessen Güter schon 1466 vermittels der Einführung der Observantenregel für die Dotation der Universität in Beschlag genommen worden waren, vgl. im Überblick Lins, Geschichte des früheren (oberen) Franziskanerklosters in Ingolstadt.

den[5], dessen glänzender Aufstieg so auffällig mit dem allgemeinen Niedergang des Klosterwesens konstrastierte und dessen Schulbetrieb der Reform des Klerus mit Einschluß des Religiosenstandes am wirkamsten voranhelfen konnte.

Alle diese Projekte, soweit sie bis zur Aktionsphase ausreiften, scheiterten an der von Rücksicht auf die alten Mönchsorden bestimmten Haltung der Kurie. Nachdem auch die Jesuiten nicht gegen den Widerstand der Nachbarorden in deren Besitz eingesetzt werden wollten[6], waren die Aussichten, die formelle Suppression oder Translation von Klöstern auf dem Rechtsweg zu erreichen, für die herzogliche Regierung nicht günstig. Unter diesen Umständen bot sich eine unauffälligere Lösung an, die auf das bekannte, offen kritische Finanzgutachten herzoglicher Räte aus dem Sommer 1557 zurückzugehen scheint. Vor dem weiteren Niedergang der Klöster hatte im Hinblick auf die Sicherheit des Landes schon die Hofkammerinstruktion von 1550 gewarnt[7]; auch jetzt wurde die kurzsichtige Ausbeutung der Klöster und Benefizien durch herzogliche Amtleute oder auch (in Gestalt der Kantoreigelder) zum Nutzen der herzoglichen Kammer, erst recht aber jede Säkularisation von Klöstern, im Interesse der Landesverteidigung für äußerst bedenklich erklärt. Die Kritiker des herzoglichen Finanzgebarens boten aber die Alternative an, die vazierenden Klöster und Pfründen, wie überhaupt alles überschüssige Kirchenkapital, in allen Rentämtern zu erfassen und für die Unterstützung notleidender Kirchen, aber auch für im weiteren Sinn „fromme Zwecke", darunter die Finanzierung von Schulen und die Unterhaltung „etlicher armen studiosen", verwenden zu lassen[8], so wie es ja zu diesem Zeitpunkt, wenn auch ohne völlige

[5] Vgl. III Anm. 17ff.

[6] Dazu, im Zusammenhang mit der Angelegenheit des Münchener Augustinerklosters, Braunsberger II 215ff., 642f. und 656f. In dem Antrag, den Buslidius im Spätsommer 1557 an die Kurie übermittelte, wurde die Erwähnung des Jesuitenordens auf Empfehlung des Kardinals Delfino gestrichen: das Augustinerkloster solle für die Errichtung einer Schule verwendet werden (ebd. II 868). Grundsätzlich äußert sich die Instruktion Paumgartners (vgl. III Anm. 32) über den Niedergang der Prälatenorden und den Aufschwung der Societas Jesu, die auf das Wirken in den Städten angewiesen sei, aber auch über die Schwierigkeiten, die die Kurie bei solchen Anträgen mache.

[7] Mayer, Behördengeschichte 281, Instruktion vom 18. 10. 1550. Daß die Rücksicht auf den Stifterwillen bei diesen Überlegungen auch eine Rolle spielte, kann hier außer acht bleiben.

[8] Riezler, Zur Würdigung Albrechts V. 114ff. (Gutachten der Räte) und 102ff.

Übersicht und nur von Fall zu Fall, schon der Religions- und Geistliche Lehensrat betrieb[9]. Vielleicht ist es kein Zufall, daß sich das Verfahren vom Dezember 1554, als der Herzog im benediktinischen Biburg eine neue Abtwahl untersagte und das Kloster einem Verwalter unterstellte[10], von nun an nicht wiederholte.

Für Biburg und das ebenfalls benediktinische Münchsmünster sowie für Paring und Schamhaupten kam diese Wendung zu spät. 1557 wurde die Pension des Ingolstädter Jesuitenkollegs unter die Klöster aufgeteilt[11]. Die Neuvergabe des Dezimationszinses befreite sie im folgenden Jahr von dieser Last, nicht jedoch von der finanziellen Ausbeutung durch die herzogliche Verwaltung. Aus dem Jahre 1560 liegt ein Verzeichnis über die Einnahmen und Ausgaben der vier Klöster vor: in der Summe gelangt es zu dem Ergebnis, daß in Form von „Absenten" jährlich insgesamt 2000 Gulden aus dieser Quelle für „pii usus" abgezweigt werden könnten[12]. Nicht zufällig aus dem gleichen Jahr ist auch das älteste

(Replik der Räte vom 14. 7. 1557 auf die scharfe herzogliche Entgegnung); längere Zitate aus der Replik jetzt bei Busley, Zur Finanz- und Kulturpolitik Albrechts V. 209ff. Die Einordnung und Einschätzung Riezlers (88ff.) ist unangefochten geblieben.

9 Vgl. oben Kap. II.

10 Am 15. 12. 1554 schrieb Herzog Albrecht an den Regensburger Bischof, eine neue Abtwahl, wie sie der Adressat eben veranlaßt habe, empfehle sich in Biburg zur Zeit nicht; zunächst sollte man prüfen, ob es noch Mönche im Kloster gebe und „ob unnserm closter nutzer sej, an yetzt ain prelaten erwelen oder aber das closter ain zeitlanng durch ainen, doch auch geistlichen verwallter, bis es zum tail aus den schulden kumbt, regieren und versehen zelassen" (HStA KL Biburg 1, 32). Schon am 13. 12. hatte der Herzog den Konvent beschieden, die Wahl werde verschoben (ebd. 33). Am 7. 1. 1555 erhielt der Pfleger von Vohburg Befehl, die Klosterwirtschaft zu überprüfen (ebd. 34). Die im April vorgenommene Inspektion ergab, daß noch 5 Priester und 4 Novizen in Biburg waren; sie wurden an andere Orte geschickt (ebd. 53). Am 29. 12. 1556 reversierte der Herzog dem Verwalter über den Empfang von 450fl., die er zurückzahlen wolle, „wo nit soliche summa... zu ir aller nutz unnd beschirmung gebraucht wirdet" (ebd. 68). Hier läßt sich ein Ablauf rekonstruieren, der sich ähnlich wohl auch bei den drei anderen Klöstern abgespielt haben wird.

11 Vgl. III Anm. 5.

12 StAM GR 629/6. Im einzelnen werden berechnet: für Biburg Einnahmen von 2786 fl., Ausgaben von 1018 fl., unter Berücksichtigung einer gewissen Verschuldung jährlicher Überschuß von ca. 1000 fl.; für Münchsmünster Einnahmen von 1344 fl., Ausgaben von 411 fl., Schulden von 2500 fl., Überschuß ca. 500 fl.; für Paring Einnahmen von 791 fl., Ausgaben von 531 fl., Überschuß etwa 300 fl.; für Schamhaupten Einnahmen von 665 fl., Ausgaben von 325 fl., Überschuß ca. 200 fl.

Verzeichnis der vazierenden Pfründen erhalten, die, wie oben berichtet, seit 1556 vom Religionsrat in breitem Maß für Zwecke der Studienförderung eingesetzt worden waren. Es registriert Namen, Einkünfte und Umstände der an Zahl beträchtlichen Vakaturen und vermerkt als Vorschlag: wolle man „ad pios usus ain bestendig einkhomen von dem geistlichen bestimen", so sollten alle Geldvorräte in den Kirchenrechnungen registriert und, soweit entbehrlich, eingezogen werden; das „wurd ain grosse summa machen", mit der sich die Hofkammer von solchen Ausgaben entlasten ließe[13].

1559 hatte die herzogliche Regierung Canisius erklärt, sie beabsichtige, in breitem Maße Kirchengut für die Finanzierung ihres Stiftungsprogramms heranzuziehen; die beiden Verzeichnisse bezeugen, daß es ihr mit dieser Absicht ernst war. Seit 1561 erscheint in der Hofzahlamtsrechnung ein gesondertes „geistliches einnemen" zu allerlai unnderhaltung der geistlichen, professorn, jesuitten, der f. capeln unnd canntorei"[14]. Leider sind detaillierte Rechnungen darüber zwar geführt worden, aber anscheinend nicht mehr erhalten. Der Hofzahlmeister begnügte sich in seiner Jahresrechnung mit der summarischen Registrierung der Einnahmen und Ausgaben; die ersteren beliefen sich zunächst auf knapp 1500 Gulden, stiegen aber in den folgenden Jahren auf über 2000 Gulden und wurden von den Ausgaben regelmäßig um das Zwei- bis Dreifache übertroffen[15]. Den Großteil der Einnahmen bestritten die Abgaben der vier vakanten Klöster. Spätestens seit 1560 verlangte der Herzog den Klosterverwaltern Zahlungen für die „gaistlichen ausgaben" ab[16]; das gesamte geistliche Aufkommen ent-

[13] StAM GR 523/110. Der letzte Satz dieser „Nota" stammt von Erasmus Fend: „In dem weg khundte die f.chamer vil verschont werden."

[14] StAM HZR 6, 237, ebenso dann in den folgenden Jahrgängen. „Geistlichen professorn jesuitten" ist ohne Kommata geschrieben. Trotz des zitierten Titels möchte man annehmen, daß das 1556 von der Landschaft bewilligte Kantoreigeld in Höhe von 3000 fl. nicht in die geistlichen Einnahmen eingegangen ist, deren Summe sonst höher gelegen haben müßte. Auf die Kantoreisteuer verzichtete Herzog Wilhelm V. seit 1580, um den Prälaten in der Frage des Religiosenseminars finanziell entgegenzukommen (vgl. VI Anm. 25 sowie Riezler, Albrecht V. 97f.).

[15] Auf gesonderte geistliche Rechnungsbücher verweisen die Hofzahlamtsrechnungen StAM HZR 6, 237; 7, 244 usw. Die geistlichen Einnahmen betrugen genauer: 1561 1481 fl., 1562 2048 fl., 1565 2579 fl., die Ausgaben 1561 4030 fl., 1562 3503 fl., 1565 5602 fl.

[16] Befehl vom 2. 10. 1560 an die Verwalter von Biburg, Paring, Münchsmünster und Schamhaupten, 400 bzw. 300 bzw. 200 bzw. 100 fl. für etliche geistliche

sprach annähernd dem Voranschlag, der im gleichen Jahr für die Klosterüberschüsse gemacht worden war[17]. Auf der Ausgabenseite standen neben den römischen und tridentinischen Gesandtschaften und der Visitation von 1559[18] die Pensionen für die Universität und die beiden Jesuitenkollegien obenan. Zweimal (1550/52 und 1563) hatte sich der Herzog das Dezimationskapital aushändigen lassen, ohne sich der dazu gehörigen Zinsverpflichtung zu entledigen; endlich, 1565, gelang es ihm, den Dezimationszins und damit den Großteil der Pensionssumme dauerhaft auf der Landschaftskasse unterzubringen[19]. Der geistliche Etat blieb mit dem Differenzbetrag belastet, um den die drei Pensionen den Dezimationszins übertrafen, also seit der jesuitischen Stiftungsaufbesserung von 1563 mit 1450 Gulden[20]. Dazu und zu den Gesandtschafts- und Visitationskosten kamen an Ausgabenverpflichtungen weiter die Stipendien und sonstigen Unterstützungszahlungen. Wenn Staphylus im März 1562 den Salzburger Bischöfen erklärte, der Herzog gebe für Stipendiaten und Jesuiten jährlich dreimal soviel aus, wie die monierte Dezimation erbracht habe[21], so war das keine aus der Luft gegriffene Behauptung, sofern man den gesamten geistlichen Ausgabenbereich ins Auge faßt und dazu außer acht läßt, daß die Regierung den durch die Landschaft verdreifachten Betrag des Dezimationskapitals solchen seminarpolitischen Zwecken nicht zugeführt hatte. Die Situation war jedenfalls für den Herzog unbefriedigend genug, an der Erschließung neuer Finanzierungsquellen für den geistlichen Etat mußte ihm dringend gelegen sein.

Diesem Ziel hatte 1562 Vieheusers Gesandtschaft gegolten; von ihrer Ausbeute jedoch, dem neuen Dezimationsbreve und der zweifelhaften Klosterkonzession, mußte man sich im folgenden Jahr entschließen, einstweilen keinen Gebrauch zu machen. Keinen Er-

Ausgaben abzuliefern (HSTA Kurbaiern Prot. 3, 275 und 336). Blieben diese Posten unter dem Voranschlag von 1560, so ist doch anzunehmen, daß außerdem direkte Zahlungen an das Ingolstädter Jesuitenkolleg geleistet wurden (vgl. III Anm. 16).

17 Vgl. Anm. 12. Die Geistliche Kammerinstruktion von 1571 nennt die Klosterabgaben „das fürnembste und maiste gaistliche einkhomen“ (vgl. Anm. 75ff.).

18 Auf dem Ingolstädter Landtag im März 1563 nannte der Herzog diese Posten unter seinen auf 24 841 bezifferten geistlichen Ausgaben der letzten Jahre an erster Stelle (HStA Altb. LL 378, 63).

19 Vgl. III Anm. 135.

20 Vgl. III Anm. 134.

21 Vgl. III Anm. 79.

folg erbrachte zur gleichen Zeit der Versuch, die Bischöfe für eine finanzielle Unterstützung der schulpolitischen Unternehmungen Bayerns zu gewinnen. So blieb nur der Verhandlungserfolg auf dem Landtag von 1565 übrig, der aber das horrende Defizit des geistlichen Etats bei weitem nicht ausglich.

Einstweilen konnte die Regierung bei dieser Lage der Dinge nichts anderes versuchen, als die bereits erschlossenen geistlichen Einnahmen zu steigern und ihre Verwaltung zu verbessern. Die Instruktion von 1565 schrieb der Hofkammer, in deren Kompetenz der geistliche Etat noch immer gehörte, vor, auf Grund der Visitations- und Dezimationsakten die Überschüsse der vakanten Klöster und Benefizien, desgleichen die über den Bedarf hinausgehenden Kirchenvorräte zu erfassen und „in ein einnemen zu bringen", mit dessen Hilfe das Kammergut entlastet werden könne. Unter den aufgezählten Verwendungszwecken erscheint neben der Unterstützung von Priestern und Kirchen die „auferziehung der jugennt"[22].

Der Ausbau und die institutionelle Verselbständigung der geistlichen Gefälle war damit in den Überlegungen der Regierung von weitem vorbereitet, ehe sie am Beginn der siebziger Jahre sichtbare Konturen annahm. Desgleichen konnte der Gedanke, daß die Kosten einer verbesserten Klerusausbildung in diesen geistlichen Etat gehörten, also von den Kirchen selbst zu tragen seien, als unbestritten gelten. Meinungsverschiedenheiten mit den Bischöfen, deren eigene Planungen von dem gleichen Prinzip ausgingen, gab es nur über Kriterien und Kontrollen einer solchen Finanzierung[23], und sie ergaben sich folgerichtig aus den unterschiedlichen Vorstellungen über den räumlichen und verfassungsrechtlichen Standort der angestrebten Seminare. Den gleichen Charakter hat die

[22] Mayer, Behördengeschichte 306f. Über die vakanten Klöster und Benefizien lägen jetzt genügend Informationen vor, es sei zu beraten, „wie man derselben einkommen, stifft, rennt unnd güllt in ein weeg richten unnd anstellen welle, damit die wider ad pias causas zu befurderung der eehr Gottes, auferziehung der jugennt, unnderhalltung tauglicher briester, erhalltung der religion unnd in annder christlich unnd nuzlich weeg angewenndt unnd allso dieselben ausgaben eins tails ab unnserer chammer gebracht werden. Dergleichen sollen sy erkhundigung einziehen, wie mit den khirchen güettern gehaust unnd ob die nit zu besserm nuz gebracht mögen werden, was auch bei yeder khirchen uber die notwenndig ausgab ubrigs bleibt, ob dasselb nit gleichfalls in ein einnemen zu bringen unnd zu dergleichen notwenndigen christlichen ausgaben im lanndt auch zubrauchen seye".

[23] Vgl. II Anm. 14.

Differenz zwischen der in Trient vorgetragenen bayerischen Forderung nach Freigabe überflüssigen Kirchenguts für die Zwecke der Priestererziehung und den analogen, breit ausgeführten Bestimmungen des tridentinischen Seminardekrets, das die Umlage und Eintreibung der von allen Kirchen und Klöstern zu leistenden Seminarsteuer eben den Diözesen und ihren ordentlichen Organen selbst anvertraute. Auf die herzogliche Seminarpolitik hat diese tridentinische Konzeption des „Seminaristicum" ersichtlich anregend gewirkt. Ihr ins Jahr 1569 fallender großer Neuansatz unterscheidet sich von den früheren Planungen vor allem durch die Übernahme der Seminarsteuer als einer im Gegensatz zu den Dezimationen auf Dauer berechneten und staatlich verwalteten Institution.

Im März 1569 traten die Bischöfe der Salzburger Provinz erneut zu einem Reformkonzil zusammen. Fast sechs Jahre nach dem Erlaß des tridentinischen Seminardekrets und ein halbes Jahrzehnt nach seiner Rezeption durch die Salzburger Provinz hatte keiner von ihnen eine Schulgründung zuwegegebracht; die mißlungenen Versuche Freisings und Passaus und sogar das erfolgreiche Beispiel Eichstätts zeigten, wie schwer überwindlich die finanziellen Schwierigkeiten waren, die, eingerechnet freilich die passive Obstruktion der reformunwilligen Kapitel, den tridentinischen Weg der Klerusbildungsreform blockierten[24]. Um so bedauerlicher mußte es im Interesse der deutschen Kirche erscheinen, daß das von Ignatius als deutsches Seminar konzipierte Germanikum diesen Charakter in den sechziger Jahren fast vollständig verlor, bis 1569 sogar erwogen wurde, die übriggebliebene kleine Abteilung der

[24] Vgl. dazu die verschiedenen Äußerungen Canisius': außer Augsburg und Konstanz seien die deutschen Bischöfe in der Reformfrage eher „spectatores quam actores" (7.9.1567); „negligitur optimum institutum de seminarijs erigendis" (5.4.1568) (Braunsberger VI 38, 181f. und 358; zu Canisius' Werbetätigkeit auch Krasenbrink 44ff.). Über den Zustand der bayerischen Diözesen, speziell Augsburgs und Freisings, in den siebziger Jahren vgl. die Analyse der Weihestatistiken bei Pfeilschifter, Weihezulassung 392ff. In Augsburg ging die Ordinandenzahl bis 1587 zurück, um dann wieder anzusteigen; in Freising sank sie zwischen 1570 und 1580, ein Drittel der Kandidaten wurde abgewiesen, davon 77 % wegen mangelnder Vorbildung. Eine Tendenz zur Verschärfung des laxen Weiheexamens bahnte sich, ermöglicht durch einen stärkeren Zudrang zur Ordination, zögernd an; das herzogliche Urteil über die Freisinger Weihepraxis war aber 1575 (ebd. 417) und ganz ähnlich noch 1649 vernichtend. Die Wendung zum besseren betont G. Schwaiger, Die Freisinger Weihematrikel der Jahre 1570—1581: Reformata Reformanda II (1965) 236ff.

deutschen Alumnen ganz aufzulösen[25]. Durch die Kardinäle Morone[26] und Truchseß[27] setzte sich Herzog Albrecht im Frühjahr 1569 dafür ein, das Kolleg für die deutsche Kirche als Seminar zu erhalten; Past und Bischöfe sollten seine Finanzierung übernehmen. Wie vier Jahre später[28] dachte diese Konzeption dem Germanikum die Aufgabe zu, die bischöflichen Seminare, auf die man vergeblich wartete, zu ersetzen, und das Recht, die für sie bestimmten finanziellen Mittel an sich zu ziehen. Auch in Salzburg ließ der Herzog für diesen Plan werben, ohne doch sein eigenes altes Alternativprojekt zu vergessen. Es sei unzweckmäßig, schrieb er dem Erzbischof, an jedem Stift ein eigenes Seminar errichten zu wollen; besser brächten die Bischöfe ihre schon bestehenden Stiftsschulen in Ordnung und schickten ihre begabtesten Schüler in das Ingolstädter „collegium theologicum" und nach Rom[29]. Der Erzbischof erwiderte, das Germanikum sei zu weit, der Kirchennachwuchs werde besser in naher Verbindung mit den deutschen Kirchen und ihrem Brauchtum ausgebildet[30]. Auch das Ingolstädter Projekt stieß wieder auf Ablehnung; die Bischöfe von Freising, Passau und Regensburg verwiesen auf die aus der Ablösung des Kanonikatsprivilegs von 1523 stammenden Jahrespensionen, mit denen sie die Universität ohnehin schon unterstützten[31]. Statt dessen verpflichtete sich die Synode in ihren am 28. März 1569 verabschiedeten Reformkonstitutionen[32] zur Errichtung von Semi-

[25] Steinhuber I 62ff.

[26] Braunsberger VI 290 (Bericht Canisius' über Morones Besprechungen in München vom 2. 4. 1569) und 317.

[27] Goetz, Briefe und Akten V, 468f., Briefwechsel zwischen Herzog Albrecht und Kardinal Otto Truchseß über diese Frage von März bis Juni 1569 (Regesten).

[28] Vgl. V Anm. 58.

[29] Herzog Albrecht an Erzbischof Johann Jakob am 18. 3. 1569 (NB II/6, 311f.; vgl. auch Schellhass, Ninguarda I 60). In Freisinger Überlieferung wird berichtet, der Herzog habe empfohlen, „ut scholae particulares instituentur et novum collegium theologicum Ingolstadij instituatur, nec non iam dotetur inchoatum Collegium Germanicum Romae" (HStA HL Freising 190, nr. 20). Aus der Bemerkung über Ingolstadt ist wohl nicht zu folgern, daß der Herzog zu diesem Zeitpunkt schon ernstlich an den Ingolstädter Kollegbau dachte (vgl. dann unten Anm. 39).

[30] NB II/6, 312; Schellhass, Ninguarda I, 61.

[31] Vgl. Einl. Anm. 8.

[32] Dalham, Concilia Salisburgensia 348ff., hier 528ff.; Lurz II 55ff. Als Hauptursache für die bisherige Erfolglosigkeit aller Förderungsmaßnahmen wird die „nimia vivendi libertas atque licentia" der Studenten genannt; das häufig den Herzögen entgegengehaltene Argument war zweifellos ernst gemeint. Es

naren in den einzelnen Diözesen. Sie sollten binnen sechs Monaten in Salzburg, wohin auch die vier salzburgischen Eigenbistümer ihre Stipendiaten entsenden würden, in Freising, Regensburg, Passau und Brixen entstehen und, mit je drei Lehrern versehen, ihre Alumnen vom „trivium scholasticum" durch die theologischen Anfangsgründe zu den Weihen führen. Die Erhebung von Seminarsteuern behielt man sich vor. Zur Zusammenarbeit mit den weltlichen Fürsten erklärte sich das Konzil grundsätzlich bereit; auch ihre Gebiete, heißt es, würden von den bischöflichen Schulen profitieren.

Canisius, der über diesen Beschluß im Juni 1569 nach Rom berichtete, fand ihn bedauerlich. Daß auf ihre Mitwirkung verzichtet werde, könne der genügend beschäftigten Societas Jesu nur recht sein; ein Erfolg aber dürfe auf diesem Weg kaum erwartet werden[33]. Wohl die gleiche Überzeugung veranlaßte Herzog Albrecht, in Konkurrenz zu den Bischöfen und unter Berufung auf das Tridentinum seine eigene, seit Mitte der sechziger Jahre ruhende Seminarplanung wieder aufzugreifen. Im Juni 1569 wurde in München eine Rätekommission niedergesetzt, deren Vorschläge und Maßnahmen eine neue Epoche staatlicher Kirchenreform in Bayern einleiteten[34]. Die Konkurrenz dieses Programms zu den Salzburger Synodalrezessen ist unübersehbar. Eine allgemeine Kirchenvisitation wurde beschlossen, den Visitatoren, die schon im folgenden Herbst, als die Salzburger Konstitutionen eben erst ihren langen Weg nach Rom zur Einholung der päpstlichen Bestätigung angetreten hatten, ins Land hinausgingen, wurde besonders die Inspektion und Reform der Schulen aufgetragen. Eine allgemeine Schulordnung setzte Normen für die Anstellung der Schulmeister, regu-

gebe kein anderes Mittel „quam quod in nostra metropolitana et caeteris cathedralibus ecclesiis collegia instituantur, in quibus bonae spei juvenes ad ecclesiae venerabiles conditiones aspirantes in literis humanioribus, juxta et divinis, ac optimis moribus, ecclesiastica disciplina diligentissime erudiantur". Treibende Kraft auf dem Konzil war der in salzburgischen Diensten tätige Dominikaner Felician Ninguarda; seine Rede: Dalham 349ff. Er hatte drei Jahre zuvor dem Papst eine Denkschrift über die Reform der deutschen Kirche zugestellt, die ebenfalls die Diözesanseminare empfahl und sich über das Universitätsstudium mißtrauisch äußerte (Schellhass, Ninguarda I 33ff.).

[33] Canisius an Borja am 23. 6. 1569: „Doleo, Principis huius consilium apud Episcopos in synodo Salisburgensi nihil profuisse, cum ab illis peteret subsidium ad collegium Germanicum isthic promovendum. Statuerunt ipsi quatuor erigere seminaria sine opera Societatis. Ego nobis gratulor . . ., sed exiguum huius decreti fructum expecto" (Braunsberger VI 335).

[34] Knöpfler 159ff.; Lurz II 27ff.

lieferte den Religionsunterricht, verzeichnete die verbotenen und die empfohlenen Lehrbücher und wies zur Nachahmung auf den Lehrplan der Ingolstädter Jesuiten hin[35]. Den Schulmeistern wurde befohlen, bedürftige „guete ingenia“ der Regierung anzuzeigen, sie sollten dann nach Möglichkeit „mit stipendien unnd in annder weg zum studirn gefürdert“ werden[36]. Der Besuch protestantischer Universitäten wurde verboten; im deutschen Sprachbereich blieben als höhere Bildungsanstalten nur die Universitäten Ingolstadt und Freiburg (Wien wird nicht genannt), dazu alle jesuitischen Gymnasien und, falls es dazu kommen würde, die bischöflichen Seminare übrig[37].

Auch im Hochschulwesen verlangte aber die gegenreformatorische Abschließung nach Ergänzung durch die positive Reform. Die Rätekommission schlug dem Herzog vor, in Ingolstadt unverzüglich ein „collegium theologicum“ zu errichten, das in einem dreijährigen Studienkurs junge Leute für den Pfarrdienst ausbilden sollte. Es sei auf Mittel und Wege zu denken, wie sich eine solche Gründung ohne größere Belastung der Hofkammer bewerkstelligen lasse[38]. Mit dem eben wieder in Salzburg propagierten Vorhaben sollte also nun Ernst gemacht werden. Wie alle anderen machte sich Herzog Albrecht auch diesen Vorschlag des „Religionstraktats“ zu eigen. Noch vor dem Jahresende 1569[39] erteilte er dem Ingol-

[35] Lurz II 29ff.

[36] Visitationsinstruktion vom 31. 10. 1569 (Knöpfler 202ff.; ein Auszug bei Lurz II 43ff.).

[37] Religionsmandat vom 30. 9. 1569 (Lurz II 4ff.).

[38] Gutachten der Rätekommission, der u. a. Simon Eck, Erasmus Fend, Georg Ligsalz und Onuphrius Berbinger angehörten, in HStA Staatsverw. 2797, 238ff. (Reinschrift mit Korrekturen Ecks), hier 256f.: man hoffe, daß „der gwest synodus zue Saltzburg werd ein reformation mitbringen“, doch könne man nicht darauf warten. Es sei daher „auf die weeg zuegedencken, wie man zue Ingolstat ein collegium theologicum mit ehistem aufricht unnd darein sollche studiosos nemm, die in einem oder zway oder aufs maist drey jaren ein grundt in theologia legen unnd alsdann dennechsten zue den pfarren unnd predicaturn zubrauchen weren, unnd hiertzue seind weg zufinden, das die fürstlich camer davon unbeschwert blib, wann allein ein hauß verhannden oder doch die andern collegia weiter erpaut wurden“. Außerdem wurde vorgeschlagen, mit den Ständen über die Gründung eines Seminars „für die jungen vom adl“ in Ingolstadt zu beraten, die weltlichen Magistrate brauchten tüchtigen katholischen Nachwuchs. Dazu Randnotiz Ecks: „dises will für ein unnodturfft geachtet werden“ (ebd. 256f.).

[39] Schon am 1. 12. hatte Canisius an Otto Truchseß geschrieben, der Herzog „Ingolstadij statuit erigere collegium sive Theologorum seminarium, ut habeat

städter Baumeister Ahasver Stern Weisung, mit den Bauvorbereitungen für ein solches Seminar zu beginnen[40]. Wenig später wurde der Rechtsprofessor Nikolaus Everhard jun. zum Superintendenten über den Bau bestimmt; fürs erste erhielt er sofort die Summe von 1000 Gulden ausgehändigt[41].

Die Entscheidung war gefallen, die Vorstellungen über Charakter und Ausmaße des Projekts aber klärten sich erst allmählich. Vorhanden war zunächst in Ingolstadt der nördlich der Frauenkirche gelegene, 1554 für das Jesuitenkolleg vorgesehene Baugrund[42]. Anknüpfen konnte die Regierung weiterhin an ihr Stipendien- und Benefiziensystem, das am 5. 1. 1570 mit der Gründung des Geistlichen Rates neureguliert wurde. Die Behörde erhielt, entsprechend der von ihrer Vorgängerin geübten Unterstützungspraxis, die Instruktion, junge Leute, die um „beneficia, pfruenden, stipendia oder hilffgelt zum studiern" anhielten, sorgfältig zu prüfen und vor der Aufnahme zum Eintritt in den geistlichen Stand zu verpflichten. Ebenfalls sollte wie früher bei der Posseßgebung darauf geachtet werden, ob die Pfarrei oder das Benefizium eine Pension („absent") tragen könne, „des wir hinnach neben anndern auff erziglung junger priester unnd erhaltung annderer nutzlicher leuth verwen-

ministros et sacerdotes in Bavaricis Ecclesijs necessarios. Verum abeunt anni, priusquam haec sancti instituti fundamenta surgant in altum" (Braunsberger VI 381). Dieser Pessimismus sollte sich bestätigen.

40 Am 9. 12. 1569 erhielt Stern Antwort auf ein Schreiben wegen „deß dir unnderhannd gegebnen paues"; Holz und die Summe von 1000 fl. werde er erhalten (HStA Jes. 1748/I, 129).

41 „Wir haben ain new collegium in unnser statt Innglstatt für die jehnigen, so theologiam studiern wellen, erpawen und aufrichten zelassen fürgenomen, auch entschlossen, solches mit ehistem unnd sonnderlich auf nechstkhünfftige wettertäg ins werckh zerichten" (undatiertes herzogliches Schreiben an Everhard in HStA Jes. 1748/I, 130). Everhard bestätigte den Empfang des Auftrags am 2. 1. 1570 (ebd. 131).

42 Vgl. I Anm. 141. Man konnte ebenfalls auf Planungen zurückgreifen, die bereits 1555 angestellt worden waren (HStA Jes. 1748/I, 7ff.). Damals sollten für das „Collegium theologicum" an der Ecke Konvikt-/Jesuitengasse, unter Einbeziehung der kleinen Hieronymuskirche, die wohl als Schule dienen sollte, ein „großes" und ein Torhaus errichtet werden, so daß sich ein kleines Geviert am nordwestlichen Rand des von den genannten Gassen gerahmten Geländes ergeben hätte. Ebenso wurde jetzt verfahren; ein Antrag Everhards vom 19. 3. 1570, die gesamte Front der Konviktgasse einzubeziehen und den Eingang gegenüber der Frauenkirche anzubringen, scheiterte wohl an finanziellen Erwägungen. Vgl. auch die Lagepläne bei Schafhaeutl, Topische Geschichte der Universität Ingolstadt, Tafel 1 und 13, sowie unten Anm. 109.

den mügen"[43]. Auf dieser traditionellen Grundlage wurde in den folgenden Jahren vom Geistlichen Rat wieder Studienförderung betrieben. Im April 1570 befreite der Herzog die Universitätskammer von den letzten beiden auf ihr lastenden Stipendien[44]; von da an war das gesamte Förderungssystem beim Geistlichen Rat konzentriert, dessen Protokolle leider erst von 1574 an erhalten sind. Im September 1571 beliefen sich die gesamten, an Studenten in München, Ingolstadt und auf ausländischen Universitäten gewendeten Unterstützungsmittel auf die stattliche Summe von 2600 Gulden[45]; das dürfte einer Anzahl von 30 bis 50 Stipendiaten entsprechen.

Mit der Errichtung des Ingolstädter Seminars mußte sich diese Regelung überholen; sie ließ für die fernere Zukunft eine Kosteneinsparung erhoffen, erforderte aber fürs erste in Gestalt der Addition von Bau- und Dotationskosten einen finanziellen Aufwand, der mit herkömmlichen Mitteln nicht abzudecken war. Nun hätte die Regierung auf das Breve Pius' IV., also auf die bewilligten beiden Klerikerzehnten und auf die vermeintliche Klosterkonzession[46] zurückgreifen können. Einem anonymen, zu Anfang des Jahres 1570 entstandenen Gutachten[47] folgend, entschied sie sich

43 Mayer, Behördengeschichte 89ff. Scholaren sollten aber nur Benefizien erhalten, wenn sie sich verpflichteten, „im fahl sy zu gebürlichem alter khommen unnd gaistlichen stannd nit annemen wurden, allen empfang widerumb zuerstatten".

44 Herzog Albrecht an die Universität am 28. 4. 1570: „Was dann unnsere stipendiaten belanngt, haben wir unns hievor erclärt, das wir der universitet chamer mit denselben fürther nit beschweren, sonnder irenthalben andere fürsehung thun wellen. Darauf mögt ir die zwen, so noch stipendia haben von unnser universitet chamer, wol abschaffen" (UA E I 1).

45 Geistliche Kammerinstruktion vom 15. 9. 1571: „Wievil dann ietziger zeit unnserer stipendiaten aller orthen als zu Inglstat und München, auch bey etlichen universiteten ausser lands, und was jarlich einem jeden für hilffgelt angeschafft, dessen haben die verordneten hiebey ein lauttere verzaichnus, die sich in die 2600 fl. unchostens erlaufft". Die meisten seien Theologiestudenten (HStA Staatsverw. 2797, 63ff.; vgl. unten Anm. 75).

46 Vgl. III Anm. 56ff. und V Anm. 31ff.

47 HStA Staatsverw. 2797, 38ff.: „Rathschlag unnd gedenckhen, wie mit denen ausgaben, so auf die studia und gaistlichen personen, auch anndere mer sachen unnser heiligen religion zu guettem anngewendt unnd sonnderlichen zue fundation des neuen theologischen collegij zu Ingelstatt von nötten sein, damit unnsers genedigen fürsten unnd herrn hertzog Albrechts in Bayrn etc. chamerguett fürther müge verschont werden, sambt einer andeuttung, wie diß weittleuffig wesen in ein ordnung unnd enge zebringen". Der Text stammt von Schreiberhand; Erasmus Fend hat ihn mit einem Hinweis auf die Geistliche

jedoch gegen eine mechanische Realisierung dieser Rechtstitel, um an ihre Stelle ein elastischeres und größeren Erfolg versprechendes, allerdings rechtlich zweifelhaftes Steuersystem zu setzen.

Ähnlich wie dem Verfasser der Hofkammerinstruktion von 1565 gilt dem Gutachter die Entlastung des fürstlichen Kammerguts als Ziel, die Steigerung und Konzentration der geistlichen Gefälle aber als Mittel, um über die Erledigung der im engen Sinne kirchlichen Aufgaben hinaus größere Summen für die Schulpolitik, insbesondere für die Stiftung eines „collegium theologicum" in Ingolstadt, zu gewinnen[48]. Von der Exekution des Zehntbreves rät er unter den gegebenen Zeitumständen und mit Rücksicht auf die Lage der bayerischen Kirchen ab[49]. Stattdessen könnten anläßlich der soeben begonnenen Visitation erstens alle Geistlichen im Lande zur Übernahme eines freiwilligen Geldbeitrages für das Kolleg aufgefordert werden[50], zweitens alle Bargeldvorräte der 1600 Kirchen

Kammerinstruktion versehen, seine eigene Autorschaft ist nicht unwahrscheinlich, aber nicht zu erweisen. Das Gutachten bezieht sich auf die „iungst verneuert gaistlich rathsordnung", ist also nach dem 5. 1. 1570 und vor dem Visitationsmandat vom 20. 2. 1570 entstanden, das seine Vorschläge ausführt.

48 „Unnd anfanngs ist zubedennckhen, wiewol ir f. g. aus hocherleichtem christlichen gemüet auff arme studierende khnaben, sonnderlich gaistliche oder doch zu gaistlichem stannd geschickhte personen, neben deme, was von den vacierenden clöstern järlich eingangen, ires aignen f. chamerguets ein groß gelt reichlich unnd miltigclich verwendt, das doch in khunfftig, voraus zuer stifftung unnd dotation des neuen theologischen collegij zue Innglstat, solches alles nit erschiessen, es wurde dann ir f. g. chamerguett noch beschwerlicher angegriffen. Demselben aber zufürkhomen, ist allerlay bedenckhen zemachen, wie der sachen one sonnderbare beschwerd zehelffen sein möchte, weil man ja nit hinumb khan, der religion in solche mitl schutz, erhaltung und fürderung zuverordnen unnd anzestellen, one welche alles anndere von unchosten, sorg, mühe unnd arbait wenig austragt".

49 „Nun hette gleichwol ir f. g. hierzue einen trefflichen vortl in hannden, nemblich der babst. h. concession unnd bewilligung von aller clerisey unnd gaistlichem einkhomen baider fürstenthumb obern unnd nidern Bayrlanndts den zehenden pfennig steur unnd hilffgelt zuervordern unnd einzepringen. Weil aber diß bey ietziger theurer müehseligen zeit ein sehr harter weg unnd ir f. g. mit dem clero, der one das neben anndern lanndständen an gemeinen purden unnd obligen gnueg zetragen, selbs ein gnedig mitleiden hat, deshalben dann die vorlanngst erlangte decima untzher uneingevordert verbliben ist, so mueß man anndere hilff mitl suechen".

50 „Als nemblich bey den pfarrern unnd briestern, doch allain was sy aus freyem guettem willen für sich selbs unnd aller dings unbelegt oder ungenöttiget, jeder nach seiner andacht unnd vermügen järlich contribuiern wolten, unnd da ist zehoffen, weil nit allein der religion, sonnder inen selbs auch mit einem solchen almosen geholffen, es werde sich mancher ehrlicher briester selbs nun

des Herzogtums mit einer zehnprozentigen Kontribution belegt werden, als deren Ertrag sich der Gutachter die Summe von 4000—5000 Gulden ausrechnete. Diese einmalige, später evtl. wiederholbare Abgabe[51] könnte drittens durch eine fünfprozentige Jahressteuer auf die Kirchengefälle ergänzt werden[52]. Zusammen mit den vakanten Benefizien, den Pfarrpensionen[53] und den „geistlichen Erbfällen", und nicht eingerechnet die für eine spätere Dotation vorbehaltene Aufhebung eines oder mehrerer Klöster[54], er-

gern angreiffen unnd je ein gottsforchtiger fromer einen unmülden groben ubertragen". Jede Pfarrei könne wenigstens 5 Gulden geben. Die Steuer müsse den Priestern zunächst einmal „wol eingebildet werden", dazu könne man die Visitation benützen; später, wenn „jedweder mit seiner gethanen bewilligung eingeschriben" worden sei, hätten die Amtleute mit der jährlichen Einbringung keine Mühe mehr.

51 „Sölche der khirchen belegungen möchten auff zwen wege beschechen, als ietzt anfangs zuer nothilff der zehent thail aller rest an parschafft, so den khirchpröbsten in hannden bleibt unnd ... etwa übl angelegt wiert ... Unnd möchte dergleichen aufflage uber ein jar etliche, wann sich die rest wider meren, abermals gethan werden".

52 „... den zwaintzigisten pfening bestendigen einkhomens", wenn auch bei Dispens für „schlechte Zehnten" u. ä.: d. h. anstelle der päpstlich bewilligten zweimaligen Zehnt- wurde eine permanente Zwanzigst-steuer vorgeschlagen, nicht gerechnet die beiden anderen Kontributionen! — Die zehntprozentige Steuer sollte sofort, die fünfprozentige jährlich in den Kirchenrechnungen eingebracht werden. Damit die Kirchenpfleger nichts verheimlichten, sollte mit ihnen einzeln und vertraulich gehandelt werden. Anfangs werde sich vielleicht Widerspruch gegen die vermeintliche Zweckentfremdung frommer Stiftungen melden; sobald aber die Leute sähen, „das manches pidermans khinder hiedurch zu ehrn unnd solchem stande gelanngen, denen sonnst wol ungeholffen bliebe", würden sie gerne zustimmen.

53 Zu verschonen war, was „uber die bestelte ausrichtung des gestifften gottesdiensts" nötig sei. Im übrigen würden sich die Städte und Patrone, sogar die nichtkatholischen, unter solchen Umständen mehr um die Wiederbesetzung der vakanten Benefizien kümmern, wodurch es zu einer „mehrung der briesterschafft" kommen werde. Für die Neuvergabe der Pfarreien und Benefizien wird auf die Geistliche Ratsordnung verwiesen (vgl. Anm. 43).

54 „So send unnder den vacierenden mer als aines, deren güetter gein Innglstat wol gelegen unnd denen man one auffwendung viler tausent gulden one das zu khainer pawlichait mer verhelffen khan, weil nit allain alle varnus so wol zum gaistlichen als weltlichen verdorben unnd hinweckh, sonnder auch das gepew aintweders gar ernider ganngen oder doch anderst nit als neugemacht zebessern ist. Ob aber dem collegio unnd gemeinen studijs fürträglicher sein möchte, das einkhomen von parem gelt oder ligenden güettern zehaben, das werden unnsers g. f. unnd h. treffliche räthe vernunfftigclich zuerwegen wissen". Gegen die letztere Möglichkeit spreche: „Mit den güettern khünden dise leuth nit umbgeen, wie bey der universitet nun vil ja her augenscheinlich zesechen ist". — Zur Frage des Klosterprivilegs vgl. V Anm. 32.

gäben sich dadurch die Mittel für den Bau und die Dotierung eines auf 100 Stipendiaten berechneten Ingolstädter Kollegs[55] und für die Finanzierung eines zusätzlichen Stipendiensystems für minderjährige Schüler an den Jesuitenkollegien und für weltliche Studenten an der Universität Ingolstadt. Sobald der Steuerertrag vorliege, sollte das gesamte bisherige Unterstützungswesen neu geordnet werden[56]. Die Grundausbildung hätten die Jesuitenschulen zu übernehmen; hier könnte der Herzog, wie bisher, Stipendien in Höhe von 20—24 Gulden zahlen, dazu Kleider- und Büchergelder an besonders Bedürftige und Beihilfen von 10—12 Gulden an Bürgerskinder; dies alles jedoch in begrenzter Anzahl und nach strengen Regeln. Aus den Absolventen der Jesuitenschulen würde das theologische Kolleg seinen Nachwuchs rekrutieren[57]; ihm stände ergänzend das Georgianum zur Seite. Das theologische Kolleg wiederum als „ein recht christlich seminarium cleri Bavarici“[58] würde mit einem jährlichen Ausstoß von etwa 20 Priestern nicht nur die Kirchen versorgen, sondern auch besonders fähige Theologen zur weiteren Förderung im Ausland, etwa in Löwen oder Rom, bereitstellen[59]. 20 Plätze seien für Mönche zu reservieren, die von ihren Prälaten beim Studium unterhalten würden; deren ewige Klagen

[55] „... an deme als einem hochen schatz unnd clainat diß ganntzen lannds das maiste gelegen“. „In alweg sollen darein anndere nit als gaistliche oder doch zu gaistlichem stannde gwisse unnd verlobte personen auffgenomen werden und die nit so gar jung mer, auch zuvor in principijs philosophicis wol erfaren seyen“. Auszuschließen seien insbesondere Priesterkinder, damit nicht der Eindruck entstehe, daß der Herzog zwar den Konkubinat bekämpfe, aber „dannocht desselben frucht fovieren unnd erheben“ wolle.

[56] „Dann da alles hilffgelt, sovil etliche jare her auff studierende khnaben ganngen, gerechnet, wiert sich befinden, das khaum der dritte thail dahin gerathen, wie es vermeint unnd angesechen worden“.

[57] „Also khäme es zu ainer solchen ordnung, das bey den vättern, den jhesuitten, die ingenia aus dem gröbisten formiert unnd gleichsam zugeschniten unnd hinnach im collegio theologico zuem gebrauch der christlichen khirchen gar ausgerist unnd geziert wurden. Die jhesuiten schuelen weren der rauch hobl unnd das vilermelt collegium die entliche schlichtung unnd zuberaittung deren ingenien, daran die catholische religion einen trost haben möchte“.

[58] „Also were das vilermelt neue theologische collegium ein recht christlich seminarium cleri Bavarici, ein trost unnd zuflucht in aller gaistlichen notturfft, ein zierd unnd wolstannd catholischer religion unnd ein forcht unnd schreckhen aller irthumb unnd khetzereyen“.

[59] Der Herzog habe bisher gelehrte Leute, besonders Theologen, gefördert, dabei solle es auch bleiben, „dann dergleichen werden nit allain von frembden orthen wie bisher bey iren f. g. schutz unnd gnade suechen, sonnder auch aus dem neuen collegio theologico als der rechten werckhstat hauffen weiß herfür

über die Gefahren des Universitätslebens für ihre Konventualen würden damit gegenstandslos[60].

Die Ausführung dieses phantastisch anmutenden Plans wurde von der Regierung unverzüglich in Angriff genommen. Noch im Februar 1570 sandte der Herzog den bereits unterwegs befindlichen Visitatoren den Auftrag nach[61], die Geistlichen je nach ihrer Vermögenslage zu einer freiwilligen Abgabe aufzufordern, deren Satz sich etwa zwischen fünf Gulden bei reichen Pfarreien und einem halben Gulden bei einfachen Benefizien bewegen sollte; daß jemand so „unbescheiden" sei, gar nichts zu geben, wolle man nicht hoffen. Mit dem Trienter Konzil erachte der Herzog die Ausbildungsförderung für den Priesternachwuchs als vorrangige Aufgabe, er habe dazu bereits zwei Jesuitenkollegien gegründet und wolle auch künftig sein Kammergut nicht schonen. Der jetzt geplante Bau und vor allem die Bestiftung eines „theologischen Kollegs"[62] mache aber eine Beihilfe des Klerus zugleich nötig und zumutbar, zumal ja für die ungleich härtere Dezimation ein päpstlicher Konsens vorliege. Die Verpflichtung jedes einzelnen war genau zu registrieren, das Geld für dieses Jahr sofort einzusammeln, für die Zukunft werde eine neue Regelung gefunden werden. Wohl unter dem gleichen Datum erfolgte in einem Mandat an die Pfleger und Richter[63] die Ausschreibung der einmaligen Dezimation der Bargeldvorräte und der ständigen fünfprozentigen Abgabe auf die Kirchengefälle. Die Steuersätze, von denen gegebenenfalls nach oben oder unten abgewichen werden durfte, waren nach den letztjährigen Kirchenrechnungen taxiert worden. Der Zehnt sollte so-

prechen, die gein Rom, Löven unnd annderstwohin zeschicken send". Sie müßten aber zuvor die Priesterweihe erhalten, weil die Erfahrung zeige, „das etlichen der heiligen schrifft studiosen, wann sy hinaus khomen unnd nit briester gewest, die lanngen röckh bald zue schwer worden send".

[60] Vgl. dazu VI Anm. 15.

[61] HStA Staatsverw. 2797, 50ff., herzogliches Mandat an die Visitatoren vom 20. 2. 1570; nach dieser Abschrift jetzt gedruckt bei Seifert, Universität Nr. 71.

[62] „Unnd send noch darüber" (nämlich abgesehen von der Gründung der beiden Jesuitenkollegien) „ietzt im werckh, ain sonnderbar neu theologicum collegium bey gedachter unnser hochenschuel von grund auff zuepawen unnd im selben ein statliche anzal scholarn, die zu gaistlichem stand willig unnd geschickht send, zuerhalten, aus denen wür unnsere verledigten pfarren unnd andere gaistliche ämbter besetzen, auch anndern catholischen ständen mer nutzlich unnd gelegenlich helffen khünden".

[63] HStA Staatsverw. 2797, 55'ff., nur mit „ut supra" datiert; im Auszug gedruckt bei Seifert, Universität Nr. 71.

fort eingebracht werden, die ständige Jahressteuer jährlich bei der Erstellung der Kirchenrechnungen.

Die Zehntsteuer erbrachte den einmaligen Betrag von 7823 Gulden[64], also fast das Doppelte dessen, was sich der Gutachter von ihr erhofft hatte; das Jahresaufkommen der Kirchengefällsteuer war auf 2828 Gulden geschätzt, die Regierung hoffte aber im folgenden Jahr, es durch Erfassung aller Landesteile einschließlich der Hofmarken auf über 3000 Gulden steigern zu können. Dieses Steuersystem war, zumal die Lage der einzelnen Kirchen in Rechnung gestellt wurde, flexibler und milder als eine Dezimation, auf die Dauer aber nicht weniger einträglich. Das Zehntbreve behielt die Regierung in der Hinterhand; als der Salzburger Erzbischof noch im März 1570 mit dem Hinweis auf seine eigenen Seminarplanungen gegen die Kontributionen Widerspruch erhob[66], wurde ihm die „neue" Dezimation als Alternative angedroht. Eine neue Konfrontation zwischen dem herzoglichen und den bischöflichen Seminaren bahnte sich für die Zukunft an. Vorerst allerdings wurde dem Erzbischof beruhigend versichert, der Herzog werde seinerseits die Gründung eines Salzburger Seminars unterstützen, gegebenenfalls mit der Zustimmung zu einer analogen Steuer[67].

Die dreifache Kirchensteuer erhöhte die bisher zum überwiegenden Teil von den vakanten Klöstern bestrittenen geistlichen Einnahmen auf mehr als das Dreifache[68]. Auch die Ausgabeverpflichtungen vermehrten sich jedoch, lange bevor die Fundation des

[64] Laut Geistlicher Kammerinstruktion von 1571, vgl. Anm. 75.

[65] Ebenfalls laut Geistlicher Kammerinstruktion von 1571. Korrespondenz und Berichte über die Erhebung der Kollegsteuern liegen aus dem Jahre 1570 vor in HStA Staatsverw. 2791, 64', 66 und 94f. (Kontributionsregister für das Rentamt Landshut) sowie Staatsverw. 2953, 28ff.; für die folgenden Jahren (außer den folgend zitierten Signaturen) in HStA Jes. 1752 und GStA K. schw. 5639.

[66] Bericht der Burghausener Visitatoren vom 6. 3. 1570: die Salzburger Delegierten hätten um vorläufige Einstellung der Steuereintreibung ersucht, man habe ihnen Aufschub gewährt (HStA Staatsverw. 2797, 59ff.).

[67] Herzog Albrecht an die Burghausener Visitatoren am 8. 3. 1570: jetzt solle notfalls auch ohne Salzburger Beteiligung verfahren werden, künftig habe der Erzbischof die Wahl zwischen diesen Kollegsteuern und der neuen Dezimation (HStA Staatsverw. 2797, 60'ff.).

[68] Sie lagen in den sechziger Jahren konstant zwischen 2000 und 2500 fl. und erreichten 1570 auf einmal 8365 fl. In dieser Summe könnte allerdings der Dezimationszins (2350 fl.) enthalten sein. Auch die Abgaben der vier Klöster waren gestiegen; Biburg allein muß 1570 an die 2000 fl. aufgebracht haben, also soviel, wie 1560 für alle vier Klöster berechnet worden war (vgl. Anm. 12).

neuen Kollegs auf der Tagesordnung stand. Der Herzog hatte die Baulast zunächst auf seine eigenen Schultern nehmen wollen[69]; schon 1571 mußten jedoch mit wiederholten Zahlungen die vakanten Klöster einspringen[70]. Bereits die vorbereitenden Arbeiten, Abbruch und Materialbeschaffung, kosteten bis zum Frühjahr 1571 2000 Gulden; die dringlichen Hilfegesuche des Superintendenten Everhard nahmen kein Ende[71].

Noch bevor der Ingolstädter Bau in der herzoglichen Kammerrechnung zu Buche schlug, waren die geistlichen Ausgaben im Jahre 1570, vor allem wohl durch die Unkosten der im Vorjahr begonnenen Visitation, auf die enorme Höhe von fast 22 000 Gulden geklettert, während die Einnahmen nur 8365 Gulden erbrachten[72]. Noch immer läßt sich dieser Gesamtanschlag nicht zuverlässig aufschlüsseln. Auf jeden Fall mußte das unerträgliche Defizit eine organisatorische Neuregelung dringend wünschenswert erscheinen lassen; der angeschwollene geistliche Etat verlangte nach Revision und getrennter Verwaltung. Die Zentralisierung der geistlichen Gefälle bereitete diesen Schritt vor; seit 1571 lief auch der von der Landschaft gezahlte Zins der Dezimation über die Hofkammer[73], wodurch die Vergaberegelung von 1565 hinfällig wurde. Unter den geistlichen Ausgaben erscheinen die Pensionen des Münchener Jesuitenkollegs und der Universität, indirekt auch diejenige der Ingolstädter Jesuiten, die seit 1570 vom Kloster Biburg aufgebracht wurde[74].

[69] „Wiewol nun über solchen paw ein grosse summe gelts lauffen wirdet, so wellen wür doch in dem fahl unnsers chamerguets nit verschonen"; die Steuern seien für die Dotation bestimmt (Mandat vom 20. 2. 1570, vgl. Anm. 61).

[70] Korrespondenz zwischen dem Herzog, Everhard und den Klosterverwaltern in dieser Sache: HStA Jes. 1748/I, 232ff. und KL Biburg 1, 168. Danach erhielt Everhard 1571 von Biburg, das nebenbei die ganze Ingolstädter Jesuitenpension trug (vgl. Anm. 74), zweimal 400, von Münchsmünster und Schamhaupten je 300 und von Paring 200 fl., zusammen also in einem Jahr 1600 fl.

[71] Korrespondenz zwischen dem Herzog und Everhard in HStA Jes. 1748/I, 138ff. Die ersten 2000 fl. waren schon im März 1570 aufgebraucht, zwei Monate später weitere 650 fl. — Am 27. 12. 1570 quittierte der Herzog dem Burghausener Kanzler Widmann den Empfang von 1000 fl. aus dem Nachlaß des Priesters Wolfgang von Uttendorf. Die Summe war für das Seminar bestimmt; sollten sich noch Erben melden, so würde sie zurückgezahlt werden (ebd. 187).

[72] StAM HZR 15 (1570), 231.

[73] StAM HRZ 16 (1571), 114, 226.

[74] HStA KL Biburg 1, 159 und 165. 1570 scheint von Biburg nur eine Quatemberrate gezahlt worden zu sein. Am 29. 12. 1571 quittierte dann der Ingol-

Durch herzogliche Instruktion vom 15. September 1571[75] erhielt schließlich der geistliche Etat in der als Deputation des Geistlichen Rats gegründeten Geistlichen Kammer eine eigene Verwaltungsbehörde. Eine institutionelle Entwicklung, die sich mit der Dezimation von 1549 angebahnt hatte, erreichte damit ihren Abschluß: die schrittweise Vergrößerung des geistlichen Einkommens, von der Indienststellung der vakanten Benefizien über die Ausbeutung der leeren Klöster bis hin zu den steuerlichen Neuschöpfungen des Jahres 1570, führte auf dem Weg über die Ausgliederung eines das Schulwesen mitumfassenden geistlichen Ausgabenbereichs nun auch zu seiner verwaltungstechnischen Absonderung von der Hofkammer. Das anonyme Gutachten von 1570 gab für diese Neuordnung die Leitlinien vor; nach seinen Vorschlägen — und in Antizipation der analogen Behördenschöpfungen des 18. Jahrhunderts — entstand eine für die gemeinsamen Bedürfnisse und die gegenseitige Unterstützung der bayerischen Kirchen bestimmte Zentralkasse, deren Überschüsse nahezu ausschließlich dem Ingolstädter Seminar zugutekommen sollten. Die vorrangige Bedeutung, die die Regierung ihrer Kolleggründung zumaß, spiegelt sich eindrucksvoll in der Instruktion dieser mit den Geschicken der albertinischen und wilhelminischen Seminarpolitik engstens verbundenen neuen Zentralbehörde.

Unter der Verwaltung des geistlichen Rats Georg Ligsalz und des geistlichen Ratssekretärs Abraham Strobel wurden zusammengefaßt: erstens als das „ietziger zeit fürnembste und maiste gaistliche einkhomen" die Abgaben der vier vakanten Klöster; ihre Wiederbesetzung sei wünschenswert, aber im Moment kaum möglich, ihre vermeintlich vom Papst genehmigte Aufhebung empfehle sich vielleicht ebenfalls nicht[76], also solle es bei der bisherigen Regelung bleiben, nur daß anstelle der jetzigen Laien geistliche Verwalter einzusetzen seien[77]. Ligsalz erhielt Auftrag, die Klöster umgehend genau zu inspizieren und ihre Abgaben, wenn möglich, noch zu erhöhen; bei allen Anweisungen und Rechnungsprüfungen

städter Kollegrektor Arboreus den Empfang der ganzen Pension, die „an yetzet" auf das Kloster angewiesen worden sei. Die gleiche Angabe enthält auch Ligsalz' Klosterbericht von Mai 1572 (vgl. Anm. 137).

75 HStA Staatsverw. 2797, 63ff. (Abschrift), gedruckt bei Seifert, Universität Nr. 79.

76 Vgl. dazu V Anm. 33.

77 „... weil one das ainthweders pfarrer oder caplän besoldet werden müessen", so könne der Gottesdienst gleich durch die Verwalter mitbesorgt werden.

hatte er die Hofkammer zu konsultieren oder beizuziehen. Zweitens die im Vorjahr eingeführte Kontribution auf die Kirchengefälle, die in flexibler, aber konsequenter Handhabung auf die bisher nicht erfaßten Gebiete, wie etwa die Hofmarken, auszudehnen war[78]; drittens die freiwillige Priestersteuer[79] und die mit ihr verwandten Pfarr- und Pfründenpensionen, die im Unterschied zu früher „disem gemeinen einkhomen zugeworffen", also nicht mehr einzeln vergeben werden sollten[80]; viertens die vakanten Benefizien, soweit sie zur Zeit nicht ordentlich besetzt werden konnten[81]; fünftens schließlich die Erträgnisse der usurpierten geistlichen Testaments- und der nicht weniger illegalen geistlichen Strafgerichtsbarkeit. Alle diese Posten gingen in ein geistliches Gesamtaufkommen ein, das mit dem von der Hofkammer verwalteten herzoglichen Eigentum aus Gründen der Recht- und Zweckmäßigkeit nicht länger „vermischt" werden sollte[82]. Nicht erwähnt wird in der Instruktion der noch immer von der Landschaft aufgebrachte Zins der „alten" Dezimation, obwohl er seit 1570 von der Zentralverwaltung abgehoben wurde; desgleichen fehlen auf der Ausgabenseite der Geistlichen Kammer die Pensionen der beiden Jesuitenkollegien und der Universität, deren

78 „Aus mangl richtiger khirchen rechnungen" waren noch nicht besteuert worden die Grafschaft Haag und die Landgerichte Pfaffenhofen, Abensberg und Altmannstein. Vielfach waren wegen Brandschäden und ähnlichen Belastungen Nachlässe gewährt worden, die jetzt neu überprüft werden sollten. An Hand der künftigen Kirchenrechnungen sollten die bisherigen Anschläge korrigiert werden, damit „durchgeende guette gleichait gehalten werde". Die Steuer war von den Pflegern und Richtern mit der jährlichen Amtsrechnung an die Geistliche Kammer abzuführen.

79 „Ein guetter thail" der Priesterschaft habe gezahlt, „und hat solche der clerisej freywillige contribution auch ir aigen registratur". Der Gesamtertrag wird leider nicht genannt; vgl. aber unten Anm. 136.

80 Ein Vertreter der Geistlichen Kammer sollte daher bei der Pfründenvergabe im Geistlichen Rat immer anwesend sein.

81 „Was aber ietzt alsbald mit briestern nit khunde besetzt werden oder auch, da die lehenherrn selbs nit dran wolten, das alles wellen wir hiemit zu disem werckh auch gewidmet haben". Das Seminar werde dann später die Neubesetzung der Benefizien um so gewisser ermöglichen; inzwischen sollte das Gedächtnis der Stifter wenigstens mit Jahrtagen wachgehalten werden. Hilfen an Geistliche oder an städtische Schulen und Spitäler sollte die Geistliche Kammer zahlen; die vakanten Benefizien durften unmittelbar dafür nicht mehr freigegeben werden, frühere Konzessionen dieser Art wurden aufgehoben.

82 „... nachdeme diß werckh neben und mit unsern chamer sachen füeglich nit wol verricht werden khan und uns auch ungemeint ist, dergleichen einkhomen und empfang under unser chamer guett zuvermischen ..."

Überschuß über den Dezimationszins schon seit 1565 auf den geistlichen Etat verrechnet worden war und von ihm in jedem Fall weiter getragen werden mußte. Die Versorgung des „theologischen Kollegs" ist die Aufgabe, für die „das fürnemest und maiste der gaistlichen gefell" bestimmt wird; der Rest sollte den übrigen Stipendien und dem Bücherwesen zugutekommen. In der Reorganisation des herzoglichen Stipendiensystems, in der Höhe der vorgesehenen Unterstützungssätze, auch etwa in der Ausschließung der Priestersöhne von aller Studienförderung, folgt die Instruktion getreu dem Gutachten des Vorjahres. Da jedoch der Ingolstädter Bau inzwischen vorangekommen war, konnte eine provisorische Kollegorganisation ins Auge gefaßt werden. Bis zur endgültigen Dotation sollte das gesamte Stipendiengeld vierteljährlich dem Universitätsinspektor Martin Eisengrein übersandt und von ihm an die Unterstützungsempfänger weitergereicht werden[83]. Die jetzigen Stipendiaten[84] waren durch Eisengrein und die Jesuiten auf ihre Tauglichkeit zur Übernahme in das Seminar zu überprüfen; die Bereitschaft zum Eintritt in den geistlichen Stand und die Befähigung zum Antritt des Theologiestudiums galten dafür als Bedingung. Auf die Förderung weltlicher Studenten wollte der Herzog in Abweichung von dem Gutachten nun ganz verzichten; für sie, heißt es in der Instruktion, sei ja das Georgianum da. Über eine Haus- und Studienordnung für das Seminar sollten sich die Räte inzwischen schon Gedanken machen.

Man hatte ursprünglich gehofft, den Neubau vor Jahresende 1570 soweit unter Dach zu bringen, daß fürs erste 12 Stipendiaten in ihm untergebracht werden könnten[85]; das aber war viel zu optimistisch gerechnet. Noch ein Jahr später konnte von einem Abschluß der Bauarbeiten nicht die Rede sein. Immerhin mußte sich die Regierung allmählich auf diesen Augenblick einrichten, der mit der fälligen Dotation des Seminars ein neues Problem zu

[83] Bis zur späteren Dotierung des Kollegs „wellen wir gaistliche studierende leuth, also auch ire praeceptores, obere und schaffner, von disem gemainen gaistlichen einkhomen erhalten lassen... Und daher wirdet das fürnemest und maiste der gaistlichen gefell zuverwenden sein, nemblich als zu einem solchen orth, von dannen zu fürfallendem gebrauch und notturfft unserer fürstenthumb und landen gaistliche taugliche personen herzunemen seyen".

[84] Nach beiliegendem (nicht erhaltenem) Verzeichnis wurde an sie die Summe von 2600 fl. gezahlt. Priestersöhne sollten künftig ausgeschlossen werden (vgl. Anm. 55). In München sollten nur noch etwa 10 bis 12 Stipendien zum Satz von 20 bis 24 fl. vergeben werden.

[85] Herzog Albrecht an Everhard am 17. 5. 1570 (HStA Jes. 1748/I, 156).

lösen aufgab. Die Kollegkontribution wurde zwar nach wie vor fleißig eingezogen; schon der Gutachter von 1570 hatte aber bei allem Optimismus nicht geglaubt, daß sie für die Stiftung des Kollegs ausreichen würde[86]. Die Absicht des Herzogs, diese Dotation mit aller Großzügigkeit vorzunehmen, war durch die Geistliche Kammerinstruktion bekräftigt worden, allerdings mit Wendungen, die voraussehen ließen, daß sich die Regierung für längere Zeit mit dem Provisorium von Stipendienzahlungen begnügen würde[87]. Zu diesem Zeitpunkt, und das erklärt ihre Zurückhaltung, hatte sie bereits den Jesuiten gegenüber eine neue finanzielle Verpflichtung auf sich nehmen müssen, die die soeben aussichtsvoll erscheinenende Lage des geistlichen Etats wieder gravierend zu verschlechtern drohte. Im Januar 1571 war die herzogliche Seminarplanung durch eine einschneidende akademische Studienreform ergänzt worden, die das Pädagogium und den nun komplettierten Philosophiekurs der Jesuiten für alle Promovenden der Artistenfakultät, und das hieß, für alle Theologen, darunter auch ausdrücklich für alle herzoglichen Stipendiaten, zunächst auf ein Jahr Probezeit obligatorisch machte[88]. Fügte sich diese Maßnahme organisch der großen Klerusbildungsreform ein, so berechtigte sie doch die Jesuiten zu der Forderung nach einer, der notwendigen Vermehrung ihres Lehrpersonals Rechnung tragenden Erweiterung der Ingolstädter Kollegpension. Im Februar 1571 erklärte sich der Herzog grundsätzlich bereit, die finanziellen und baulichen Mittel für ein 50-Personen-Kolleg in Ingolstadt bereitzustellen[89]. Auf die

[86] Sondern dafür an die Suppression eines Klosters gedacht, vgl. V Anm. 32.

[87] „. . . so wirdet nun mer ein notturfft sein, das demselben“ (nämlich dem Ingolstädter Kolleg) „einkhomen verordnet werde, dabey sich studierende gaistliche personen hinbringen mogen. Wie wir dann entschlossen send, dasselb unnser neu theologisch collegium dermassen zubegaben und zuversehen, das man dabey unnser lieb und zunaigung zu angeregter unser wahren catholischen religion wol spüren und abnemen khünde. In mitler zeit aber, bis es zu solcher eines ewigen bestendigen einkhomens versicherung khombt, wellen wir . . .“ etc., vgl. Anm. 83.

[88] Rezeß vom 30. 1. 1571 (Mederer IV Nr. 49). Für Vorgeschichte und genauere Umstände dieser Reform vgl. Seifert, Universität Nr. 73f.

[89] Im Herbst 1570 scheint die Regierung dem Provinzial Hoffaeus zunächst für die damals auf drei Jahre veranschlagte Probezeit einen jährlichen Zuschlag von 500 fl. versprochen zu haben (vgl. Hoffaeus' Bericht vom 2. 11. 1570 bei J. Hansen, Rheinische Akten zur Geschichte des Jesuitenordens 1542 bis 1582, 1896, 587f. und 592). Diese Zusage wurde durch eine herzogliche Erklärung vom 17. 2. 1571 überholt (Entwurf Fends mit Zusätzen Ecks: HStA Jes. 1748/I, 214; Reinschrift, korrigiert von Eck, ebd. 211; vgl. auch Jes. 1766, 1):

Einlösung dieser Zusage drängte der Orden, als nach Ablauf des Probejahrs Anfang 1572 die von der Regierung lebhaft gewünschte Verewigung der neuen Studienorganisation zur Diskussion stand. Im Januar begehrte der Provinzial Paul Hoffaeus die Stiftungsmittel für ein „plenum collegium", also für 70 Ordenspersonen; neben den Professoren und den nötigen Hilfskräften war darunter auch der Ordensnachwuchs begriffen, der für Ingolstadt selbst und für die anderen bayerischen Kollegien, darunter für die vom Herzog erstrebte Landshuter Neugründung, benötigt wurde[90]. Dagegen bestanden Simon Eck und Erasmus Fend, die für den Herzog und zunächst ohne sein Wissen mit dem Provinzial unterhandelten[91], auf der Zahl von nur 50 Kolleginsassen, deren Unterhaltung im Vorjahr zugesagt worden war und nun im Februar 1572 erneut versprochen wurde. Hoffaeus, widerstrebend nachgebend, verlangte für sie eine Jahrespension von möglichst 4000, allerwenigstens 3500 Gulden, bekam aber von der Regierung nur 3000 Gulden bewilligt[92]. Diese neue Stiftungssumme, durch die sich die Ingol-

Wegen der geplanten Landshuter Gründung habe der Herzog die Bedenken des Ordens gehört und werde sich jetzt an den Ordensgeneral wenden. „So achten ir f. g. hiemit auch ein nodturfft sein, weil die societet zu Inglstatt mit dem cursu philosophico unnd paedagogio vil mer mühe unnd arbait übernimbt, als sy vor bey der hochen schuel gehabt, das inen den vättern auff ein merere anzal, unnd nemblich in allem bis auff funfftzig personen, die gebürliche unnderhaltung verordnet werde". Wegen der Höhe des Einkommens und „der zimer unnd wonungen" solle mit dem Provinzial Hoffaeus verhandelt werden.

90 Provinzial Hoffaeus an Kanzler Simon Eck am 26. 2. 1572: er übersende anbei die von Fend angeforderten Gutachten, einerseits für das zugesagte 50-Personen-Kolleg, andererseits für das noch immer erhoffte Vollkolleg für 70 Personen (HStA Jes. 1748/I, 282). Ebd. 274ff. und 286ff. das Gutachten „Rationes cur Societas Jesu Ingolstadij pleno egeat collegio". Die 70 Kolleginsassen sollten nach der Ordensnorm „partim superiores et sacerdotes atque professores, partim etiam studiosi fratres, qui excrescant in operarios, denique etiam temporales cooperatores, qui domestica curent" sein. Es sei nur billig, daß neben den weltlichen Studenten auch der Ordensnachwuchs von der jesuitischen Vorlesungstätigkeit profitiere. Zudem müßten neben dem Ingolstädter auch das Münchener und das geplante Landshuter Kolleg mit Professorennachwuchs versorgt werden.

91 Handschreiben Ecks, wohl an Fend, undatiert in HStA Jes. 1748/I, 290: Man wolle den Patres gern helfen, doch könne man ihnen im Moment nichts Festes versprechen, weil „der hertzog noch nichts davon waiß". Alle früheren Zusagen hätten immer nur vorbehaltlich der herzoglichen Bestätigung gegolten.

92 Hoffaeus, wohl an Eck: 3000 fl. seien zugesagt worden, davon ließen sich aber kaum 40, geschweige die verheißenen 50 Leute unterhalten, für die man 4000 fl. brauche, gegebenenfalls zum Teil in Naturalien (HStA Jes. 1748/I, 292).

städter Pension und damit die geistlichen Ausgaben um 1500 Gulden erhöht hätten, hielt der Entwurf einer neuen Stiftungsurkunde fest, der bei diesem Anlaß entstand[93]. Auf die verläßliche Anlage der Stiftungsmittel hatte Hoffaeus in richtiger Einschätzung der Lage von vornherein verzichtet, wenn er auch Hofkammer und Zollamt für „loca periculosa" erklärte. Auch hinsichtlich des begehrten Neubaus wollte er sich mit einem gemäßigten Tempo begnügen[94]; der Herzog verpflichtete sich, ihn binnen vier Jahren ausführen zu lassen[95].

Wieder war so wie 1555 das Seminar mit dem Jesuitenkolleg in eine scharfe Konkurrenz geraten, ließ sich doch voraussehen, daß die herzogliche Finanzkraft für die gleichzeitige Ausführung beider Stiftungsvorhaben nicht ausreichen würde. Der Entscheidung für das eine oder das andere wurde die Regierung im Frühjahr 1572 zunächst durch die heftigen Auseinandersetzungen enthoben, die zwischen der Universität und dem Orden über den Status der jesuitischen Professoren entbrannten und sich infolge des zurückhaltenden Taktierens der Patrone bis zum Jahresende hinzogen[96]. Im Zuge ihres erbittert geführten Abwehrkampfes gegen die Ansprüche und Anmaßungen des Ordens äußerte die Universität im Februar 1572 in einer Eingabe an den Herzog den Verdacht, die „gubernation unnd administration deß neuen theologischen collegii

[93] HStA Jes. 2233/I, 28ff.: das Ingolstädter Kolleg erhält mit Rücksicht auf seine erweiterten Lehraufgaben einen Stiftungszuschlag von 1500 fl., die aus den Einkünften des Klosters N. bestritten werden sollen. Dieser Entwurf wurde im November 1573 unter Änderung der Namen und Umstände für das Münchener Kolleg adaptiert (vgl. Anm. 140).

[94] So das oben Anm. 92 zitierte, undatierte Schreiben. „Telonia et camera sunt nobis loca periculosa". Zwischen dem Alten Kolleg, in dem die Patres jetzt wohnten, und dem Haus des Juristen Caspar Lagus sei Baugrund reserviert, auf dem allmählich in Jahresetappen etwas errichtet werden könne.

[95] Herzog Albrecht an Generalvikar Nadal am 21. 2. 1572 (BStB Cgm 2205a, 138ff.). In seinen 20 Forderungen an die Regierung, über die es dann zu den langwierigen Auseinandersetzungen mit ihr und mit der Universität kam, hatte Hoffaeus auch eine Entscheidung „de societatis seminario eiusque sustentatione et habitatione" verlangt (Prantl II Nr. 89). Der Herzog verpflichtete sich nun gegenüber der Ordensleitung zur Stiftung eines 50-Personen-Kollegs und zur Errichtung des Neubaus.

[96] Vgl. darüber zusammenfassend Seifert, Universität Nr. 81. Die Rolle der Regierung wird von Prantl nicht richtig gesehen; sie stand durchaus zwischen den Fronten und machte es keiner der beiden Seiten recht. Einesteils war sie lebhaft interessiert, die neue philosophische Studienordnung beizubehalten, andererseits fanden doch auch die Besorgnisse der Universität hinsichtlich ihrer Autonomie und Reputation bei ihr Gehör. Vielleicht war ihr auch die Verlängerung der ganzen Diskussion aus finanziellen Gründen nicht unlieb.

allhie" könne den Patres übergeben werden. Diese seien, wie die Erfahrung mit ihrem früheren Konvikt zeige, zur Erziehung von Externen, zumal von künftigen Priestern, durchaus nicht im Stande, sie behandelten sie falsch und wollten „nur lautter thomistas und scholasticos theologos" aus ihnen machen, während es doch vor allem auf die Ausbildung im Predigen und in der Kirchenpraxis ankomme. Auch mit Rücksicht darauf, daß private Stifter nicht abgehalten würden, dem Kolleg künftig ihre Wohltätigkeit zuzuwenden, möge daher nicht gestattet werden, „das ein solches ansechlichs collegium von der universitet getailt" werde, vielmehr solle es „als ein fürnem stückh und glid" bei ihr bleiben; sie besäße genügend fähige Leute für diese Aufgabe[97]. Die Regierung beeilte sich, das wohl kaum aus der Luft gegriffene Gerücht zu dementieren; der Herzog ließ am 13. März erklären, er sei „noch nie gedacht oder entschlossen" gewesen, das Kolleg der Societas Jesu zu übergeben[98]. Für den Beginn des bevorstehenden Sommers wurde nun die Eröffnung angekündigt. Der Vizekanzler Eisengrein erhielt den Auftrag, der Regierung ein Gutachten über die „regenterej" des Kollegs vorzulegen[99].

Die von Eisengreins Hand stammende „Idaea statutorum collegij Albertini"[100] wird also wenig später entstanden sein; zum erstenmal trägt das Ingolstädter Seminar hier den Namen seines Erbauers und künftigen Stifters. In Übereinstimmung mit dem Gutachten von 1570 und mit der Kapazität des vor der Vollendung stehenden Neubaus dachte der Vizekanzler an die Zahl von etwa 100 Kollegiaten, die das 16. Lebensjahr erreicht und in der Regel das Pädagogium absolviert haben[101], außerdem über die körperlichen und

[97] Universität an die Patrone Eck, Hund und Berbinger am 21. 2. 1572 (Seifert, Universität Nr. 84). Am 22. 2. 1571 schrieb Eisengrein dazu an Eck: „Jetzo seien sie sorgfältig pro collegio theologico, förchten, es werde den patribus Societatis undergeben und also aus der schul jurisdiction hinweggerissen" (BStB Cgm 3018, 25').

[98] Herzog Albrecht an die Universität am 13. 3. 1572 (Seifert, Universität Nr. 88): „Dan unser vorhaben ist, dasselb" (d. h. das Kolleg) „mit ehistem zebesetzen".

[99] Herzog Albrecht an Eisengrein am 13. 3. 1572: „... wist ir die regenterej unnsers neuerpauten theologischen collegij eurem hievorgethanen erbietten nach gleichfals hieher zufürdern, dan wür entschlossen send, dasselb auf eingeenden sommer sovil müglich zuebesetzen" (BStB Cgm 2205a, 62f.).

[100] HStA Jes. 1761. Das sehr ausführliche Schriftstück ist in drei Teile gegliedert, zu deren jedem Eisengrein eine Anzahl „dubia" anfügte.

[101] „De aetate recipiendorum: an certus annorum numerus ponendus, sicut dux Georgius ex multis causis" (im Georgianum wurde das 16. Lebensjahr ver-

geistigen Vorbedingungen für den Priesterberuf verfügen sollten[102]. Landeskinder seien zu bevorzugen. Von den Kandidaten sollte, wie bisher von den herzoglichen Stipendiaten, die eidliche Verpflichtung zum Eintritt in den geistlichen Stand und zum Kirchendienst in Bayern, dazu auch der Eid auf das tridentinische Glaubensbekenntnis verlangt werden. Das Präsentationsrecht sprach Eisengrein der Regierung zu, die Aufnahmeprüfung aber der Universität, wobei sich die Frage ergab, ob ein negatives Ergebnis die erfolgte Präsentation noch rückgängig machen konnte. Auch wurde angeregt, eine Anzahl von Kollegplätzen der theologischen Fakultät zur Besetzung zu überlassen[103]. Daß die Stipendiaten erst den philosophischen Kurs der Jesuiten absolvieren mußten, bevor sie zum Theologiestudium übergingen, verstand sich von selbst, nachdem dieser Studiengang den herzoglichen Stipendiaten auch bisher schon vorgeschrieben war. Dem besonderen Ausbildungszweck sollten eine im Kolleg oder in der Universität neu zu schaffende „lectio catechistica"[104], eventuell auch Unterricht im Gregoriani-

langt). „An paedagogij auditores, ij saltem qui fortasse intra anni spacium idonei cursus auditores esse possunt, sint recipiendi; alioquin dubium non est, paedagogistas in grammaticalibus adhuc haerentes nequaquam esse recipiendos, non hanc solum ab causam, quod trivialium istorum puerorum numerus nimium crescet, dum omnes aulae ducalis officiales et servitores per totum ducatum filios suos obtrudere conabuntur, verum etiam quod finem nostrum non assequemur, quod tales pueri se sacerdotio initiandos non bene iurare possunt".

102 „Delectus habeatur inter recipiendos, qui se dubio procul offerent in copia, ut nimirum praeferantur illi, qui ingenio et iuditio bono praediti sint, linguam autem habeant expeditam et idoneam ad munus illud cui destinantur recte gerendum, ad proponendum inquam in lectionibus vel contionibus Dei verbum".

103 Daß der Herzog die Präsentation habe, mußte ausdrücklich gar nicht gesagt werden. Als „dubia": „An non facultati theologicae et superintendentibus collegij Albertini ius concedetur, aliquos saltem in hoc collegium cooptandi, quemadmodum hoc ius dux Georgius quibusdam civitatibus Bavariae contulit? An nominati in aula et hic postea examinati, si forte minus idonei et qualificati a superioribus Ingolstadiensibus reperiantur, ab ijsdem reijci possint?" Dazu auch der Vorschlag, Vakaturen öffentlich auszuschreiben; zum angegebenen Termin sollten sich dann Bewerber mit ihren Zeugnissen vor der Präsentationsbehörde (sie wird nicht näher bestimmt, doch war wohl an den Geistlichen Rat gedacht) einfinden.

104 „Lectio catechistica vel in hoc ducali collegio vel publice in gymnasio instituatur, ad quam ex aequo omnes cuiuscunque facultatis studiosi accedere et inde fidei catholicae rudimenta haurire possunt". Vgl. ähnliche Bestimmungen bereits im Vorlesungsprogramm vom 13. 3. 1571 (Seifert, Universität Nr. 77).

schen Gesang, schließlich häufige Predigtübungen dienen, damit das Kolleg nicht nur „ad disputandum argutos", sondern „ad contionandum accomodos"[105] hervorbringe. Schließlich die Hausverwaltung: zum Superintendenten war wohl schon Eisengrein selber bestimmt, Präsident sollte ein promovierter Theologe sein, dem wieder ein aus den Kollegiaten ausgewählter Magister als Vizepräsident zur Seite stehen würde. Als „dubium" blieb offen, ob der Herzog seinen Alumnen nur ein bestimmtes Stipendium zahlen oder alle Lebenshaltungs- und Ausbildungskosten übernehmen würde[106].

Die Bauarbeiten kosteten 1572 noch einmal mehr als 4000 Gulden und kamen auch im folgenden Jahr noch nicht zum Abschluß[107]; erst im Herbst 1574 erstattete Everhard die Schlußabrechnung[108], doch hat schon das Sandtnersche Stadtmodell von 1573 das neue Gebäude in aller Pracht abgebildet[109]. Es war daher in diesem Frühjahr 1573 für die Regierung höchste Zeit, die Eröffnung des Seminars ins Auge zu fassen und über seine künftige Finanzierung eine Entscheidung zu treffen. Auch die Einlösung des den Jesuiten erteilten Neustiftungsversprechens ließ sich nun, nachdem im Dezember 1572 die Ingolstädter Studienreform formell bestätigt worden war[110], nicht länger aufschieben. Anfang Februar

[105] Über die Funktion des Seminars: „primus et praecipuus Albertini huius collegij finis est, ut quamplurimi ibi formentur ac instituantur, qui in magnam illam Bavaricarum ecclesiarum messem mitti queant boni et utiles operarij"; „admoneantur omnes, collegium hoc in eum finem a serenissimo duce erectum et fundatum esse, ut alantur in eo et instituantur, qui patriae necessitatibus in spiritualibus pro talento, quod Dei benignitate susceperint, opitulentur".

[106] „Utrum serenissimus dux alumno ducali certum tantum stipendium, an vero sufficientem sustentationem omniaque necessaria, quod ad victum, habitum, libros, consecutionem sacrorum ordinum et graduum scholasticorum suppeditaturus sit?" — Ausführlich beschäftigt sich das Gutachten mit der täglichen Lebensweise, der Gehorsamsverpflichtung, den religiösen Übungen, schließlich der Abberufung der Absolventen durch den Herzog.

[107] Laut Geistlichem Ratsprotokoll vom 7. 8. 1574 (HStA Staatsverw. 3020, 108') erhielt Everhard 1572 4446 fl. überantwortet.

[108] Vgl. Anm. 107 sowie ebd. 145f.: Everhards Rechnung für die Jahre 1570—73 wird am 23. 10. 1574 gebilligt, er erhält als Honorar 250 fl. Vgl. auch Seifert, Universität Nr. 97 Anm. 8.

[109] Teilansichten jetzt bei Boehm-Spörl 146 und 156; eine nicht ganz fehlerfreie Darstellung der Baugeschichte gibt S. Hofmann in der Sonderbeilage des Donaukuriers, Juni 1972, 19f. Vgl. auch oben Anm. 42.

[110] Mederer IV Nr. 51 (6. 12. 1572). Wiederum wurden alle herzoglichen Stipendiaten zum Besuch des jesuitischen Philosophiekurses verpflichtet.

1573, also ein ganzes Jahr nach der Eröffnungsankündigung des Herzogs, ging eine Rätekommission nach Ingolstadt, in erster Linie, um einen neuen Konflikt zwischen den weltlichen und jesuitischen Professoren der Artistenfakultät zu schlichten, sodann auch, um an Hand des Eisengreinschen Gutachtens über die Organisation des Albertinums zu beratschlagen. Das schriftliche Ergebnis dieser Konferenz[111] deckt das Ausmaß auf, in dem sich die finanziellen Möglichkeiten inzwischen verringert hatten. Statt der 1571 vorgesehenen und noch von Eisengrein unterstellten 100 wollte man es „ietzt anfangs" mit 24 Stipendiaten genug sein lassen. Ihre Versorgung mit Speise[112], geistlicher Kleidung[113] und Büchern wurde pro Person auf 70 Gulden taxiert, das ergab mit den Gehältern der leitenden Beamten die offenbar zu niedrig geschätzte jährliche Unterhaltungssumme von 1500 Gulden, die sich aber im ersten Jahr durch die auf 1000 Gulden berechnete Hauseinrichtung erhöhte. Sie hoffte man durch die Einsparung der bisherigen Stipendien aufzubringen[114], „das ander muessen die vacierenden clöster hergeben". In den übrigen Punkten folgten die Räte weitgehend den Vorschlägen Eisengreins[115]. Mit der im Auftrag der Universität wahrgenommenen Superintendenz[116] wurde deren eigener „Inspektor" Eisengrein, als sein Vertreter der Theologe Rudolf Clenck, betraut. Zum Präsidenten war der zur Zeit in der Mark-

[111] „Puncten von wegen anstellung und besetzung des neu erpawten theologischen collegij zu Inglstatt, durch die herrn f. räthe und die von der universitet daselbs bedacht den 12. Febr. anno 73" von der Hand Fends, dazu ein stichwortartiges Konzept (HStA Jes. 1767, gedruckt bei Seifert, Universität Nr. 92).

[112] An einem „hern tisch" sollten die Beamten und „ansechliche briester" jeweils 4 Mahlzeiten („essen"), 3 Maß Wein und nach Bedarf Bier erhalten, am zweiten Tisch die Kollegiaten drei Mahlzeiten, ein Maß Bier und ausnahmsweise etwas Wein.

[113] „Ein gleiche khlaidung sollen alle durchaus tragen, lange röckh, leibröckh, briesterpiret; dergleichen würde ainer alwegen im dritten jar bedürffen, sonsten jahrlich hosen und wameß".

[114] „Daher mag man ze steur khomen, was ietzt uber die jenigen get, so zu gaistlichem stand im hertzog Georgischen collegio erhalten werden". Nötig waren außerdem Mittel für die Heizung (nicht alle Räume sollten im Winter geheizt werden) und „zuer zerung ad suscipiendos ordines sacros".

[115] Sie lagen der Beratung zugrunde: „Erstlich hat her brobst Eysengrein etliche leges begriffen, welche verlesen und was bej iedem punct von nötten gewest, vertzeichennt worden". Das Konzept folgt Eisengreins „Idaea" Abschnitt für Abschnitt und beantwortet seine „dubia".

[116] „Sonsten hat die schuel wie billich alle obrigkhayt und superioritat daruber".

grafschaft Baden tätige Magister Christoph Fischer ausersehen, der im folgenden Monat in einem Schreiben an Eisengrein seine grundsätzliche Zusage an eine Reihe von Bedingungen knüpfte[117]. Auch für die Vizepräsidentschaft hatte man schon einen Kandidaten. Jede dritte Präsentation auf die Kollegiaturen wurde der Universität reserviert, die auch in den anderen Fällen Kandidaten nominieren und die vom Herzog Präsentierten einer Aufnahmeprüfung unterziehen durfte[118]. Von den Jesuiten ist in dem ganzen Schriftsatz nicht die Rede.

Es bleibt zu erklären, warum die Regierung nach dieser Beratung weitere drei Jahre zögerte, das Seminar in einer so bescheidenen und, wie es scheint, durchaus finanzierbaren Form in Betrieb zu nehmen. Anfang Februar 1573, also fast zur gleichen Zeit, als man in Ingolstadt beratschlagte, wurde Dr. Andreas Fabricius an die Kurie abgeordnet, um die in Aussicht genommene Romreise seines Zöglings Herzog Ernst vorzubereiten[119]. Man ergriff die Gelegenheit, auf diesem Weg dem soeben neugewählten Papst Gregor XIII. eine Reihe von Wünschen zu unterbreiten; die von Erasmus Fend entworfene Instruktion[120] übernahm aus den früheren bayerischen Antragsmemoranden ziemlich wahllos die Bestätigung der von Salzburg angefochtenen herzoglichen Präsenta-

[117] StAM GL 1496/22, Christoph Fischer aus Ettlingen an Eisengrein am 12. 3. 1573: er akzeptiert die angebotenen Bedingungen, nämlich 150 fl. und freie Wohnung, Nahrung und Kleidung, wünscht aber eine genauere Dienstanweisung, einen befristeten Vertrag und Befreiung von der Wirtschaftsverwaltung.

[118] „Das die presentationen one mitl bej unserm g. f. und hern als fundatorn steen, aber die von der hochen schuel umb belohnung ires vleissigen zuesechens alwegen die drite praesentatz haben sollen". Dazu im Konzept: „Recipiantur a principe cum voluntate scholae, subsint examini, inutiles reijciantur; ipsi scholastici semper tertium (korrigiert aus: quartum) praesentent, scribant vacantiam in aulam et nominent idoneos; singulis mutationibus bis in anno fiant generalia examina; et praeferantur alijs Bavari, caeteris paribus". — Weitere Bestimmungen des Konzepts: „instituatur lectio aliqua catechistica vel in templo collegij Georgiani vel in ipso collegio". „In cantu Gregoriano exerceantur omnino, erit enim illis necesse". „Agat princeps etiam cum alijs patronis, ut si vacantiae contingant, ex hoc loco idoneos homines poscant". Die Küche sollte durch einen Mann „wie etwa die clöster khöch pflegen" besorgt werden. — Beigefügt ist ein Verzeichnis von 8 Stipendiaten, die zur Aufnahme ins Kolleg willig und geeignet seien.

[119] Lossen, der Kölnische Krieg I 123f.

[120] HStA HL Freising 78, 18ff. (ohne genauere Datierung). Dieselben Anträge nach vatikanischer Quelle auch referiert in NB III/3, 28; eine Protokollnotiz der deutschen Kongregation vom 22. 5. 1573 bei Schwarz, Zehn Gutachten 75.

tionsrechte in den Papstmonaten[121], das Vergaberecht für Kanonikate in den bayerischen Kathedralkirchen[122], dann auch, in mittelbarem Zusammenhang mit der Ingolstädter Seminargründung, die Errichtung eines Kollegiatstifts an der Liebfrauenkirche durch Translation der Stifte Habach und Pfaffmünster und Inkorporation der Pfarrei Engelbrechtsmünster[123]. Das für unseren Zusammenhang und wohl auch objektiv wichtigste Gesuch aber betraf die päpstliche Dezimationsbewilligung von 1562. Während die Regierung fortfuhr, dem bayerischen Klerus ihre Kollegsteuern

[121] Vgl. dazu III Anm. 58. Fabricius erhielt von der deutschen Kongregation denselben salomonischen Bescheid, den schon das Breve vom 20. 5. 1563 dem Herzog gegeben hatte: die herzoglichen Rechte wurden bestätigt, soweit sie in Gebrauch seien (NB III/3, 28). Da der Herzog die Macht hatte, die umstrittenen Präsentationsrechte wahrzunehmen, ging es auch in diesem Punkt wie beim Dezimationsantrag im Grunde nur um die Legalisierung der bestehenden Praktiken. Die Angelegenheit blieb zwischen Bayern und Salzburg strittig (vgl. NB III/3, 179); die Bischöfe nahmen sie 1577 in ihre Gravamina auf (Schellhass, Akten V 41ff.; vgl. V. Anm. 103); das Konkordat von 1583 bestimmte, der Herzog wolle mit den von ihm beanspruchten Papstmonaten fremde Präsentationsrechte nicht beeinträchtigen (Absatz 4; vgl. den Text bei Wimmer, Bibliographie des bayerischen Concordats). Nach dem Tode Erzbischof Johann Jakob Khuens 1586 arbeitete Bayern dagegen, daß das Papstmonatsprivileg für seinen Nachfolger erneuert würde (NB II/1, 245). Dann kam es im Sommer 1587 zu einem Kompromiß: Salzburg verpflichtete sich, bayerische Nominationen bei der Kanonikatsbesetzung zu berücksichtigen, Herzog Wilhelm befürwortete dagegen das Salzburger Papstmonatsgesuch durch Schreiben an Papst Sixtus vom 12. 6. 1587, unbeschadet des Rechts „quod (dux) in conferendis parochijs in mense summi pontificis habet“ (HStA HL Salzburg 252). — Am 23. 1. 1593 berichtete Speer aus Rom, er habe im päpstlichen Archiv außer vagen Bestätigungen der herzoglichen Rechte in dieser Sache kein Privileg finden können (GStA K. schw. 7376). — Auf Anfrage erklärte der Geistliche Rat dem Herzog am 28. 3. 1596, der Bischof von Passau bestreite ihm das päpstliche Monatsrecht zu Unrecht, er habe ein Privileg von Pius IV., das bei Gelegenheit erneuert werden sollte (HStA Staatsverw. 3036, 484ff.).

[122] So schon durch Pfister und Eisengrein (vgl. III Anm. 136).

[123] So schon durch Paumgartner und dann wohl wieder durch Vieheuser (vgl. III Anm. 32). Die eindeutig durch seminarpolitische Überlegungen kontaminierte Begründung lautet: „Inter caetera autem quae ad religionem ac pietatem facere plurimum videntur, illud esse iudicat serenissimus princeps, si Ingolstadij in academia catholica et celebri numerosius cleri seminarium institui queat. Id enim non solum ad ipsius academiae dignitatem spectaret, sed etiam ad omnem totius religionis usum. Possent ex ijs ad scholasticas functiones adhiberi professores, regentes ac utilissimi quique. Exercerentur omnes in studijs sacris et administrandis ecclesiasticis negocijs efficerentur idonej. Haberet Bavaria sacris suis curis praesidium, haberet academia catholica solatium“.

abzuverlangen, bat sie, wenn auch eigenartig zögernd, Papst Gregor um ein Aufforderungsschreiben an den Salzburger Erzbischof, damit die aus Schonung für die Kirchen so viele Jahre zurückgestellte Zehntsteuer nun doch ausgeschrieben werden könne[124].

Wenn es richtig ist, daß diese Instruktion in erster Linie dazu bestimmt war, der Sendung Fabricius' einen offiziellen Vorwand zu geben[125], so hat sich doch die herzogliche Politik noch im Sommer, als sie es in der Hildesheimer Bistumsfrage längst mit größeren Zielen zu tun hatte, nachdrücklich mit diesen Anträgen identifiziert. Im Juni 1573 wurden sie dem Gesandten durch ein von Fend entworfenes herzogliches Schreiben bestätigt und eingeschärft. Anscheinend hatte Fabricius berichtet, daß nach Meinung der Kurie die „neue" Dezimation die bischöflichen Seminargründungen behindern müsse. Der Herzog ließ erwidern, es sei ja nun klarer als der Tag, daß von den Bischöfen und erst recht von den korrupten Domherren die so oft versprochenen Seminare nicht mehr zu erwarten seien, also dürfe man auf der Ausführung der ja bereits erteilten päpstlichen Konzession bestehen[126]. Am 31. Juli

124 Für Fends Darstellung der bisherigen Geschichte der „neuen" Dezimation vgl. III Anm. 128. Damals sei der Vollzug des Breves mit Rücksicht auf die Lage des Klerus zurückgestellt worden. „Quoniam vero Bavarici cleri ea iam est conditio, quae eiuscemodi pium ac necessarium institutum minus impedire videatur, et serenissimus princeps nihil tam cupiat quam religioni catholicae omni ex parte optime consultum esse, quod quidem ex Ingolstadiensis academiae caeterarumque scholarum incrementis provenire minimum dubium est, cogitabit eius celsitudo serenissima, qua ratione decimae istae collocari optime possint... Quodsi vero nec istorum temporum impedimenta talem aliquem exactionem admittere velle videbuntur, nihilo durius aget in clerum serenissimus princeps, etiamsi perbenignae accedant pontificiae voluntatis contestationes, imo talem se prebebit sua celsitudo serenissima, qualem magno suo commodo hucusque experti sunt sacerdotes et clerici omnes. Nec enim mens est optimi principis, tuendis conservandisque rebus sacris ita operam dare, ut dum ex una parte auxilia instituantur, reliqua interim labefactentur et concidant".

125 Lossen, Der Kölnische Krieg I 124.

126 Herzog Albrecht (Entwurf Fends) an Fabricius am 19. 6. 1573: „Atque quod ad decimationes adtinet, cum luce meridiana sit clarius nihil hic ab episcopis institui, quod a sancta Tridentina synodo... statutum est, nec sperari facile posse aliquam talem inclinatorum temporum foelicitatem, quae eiuscemodi succrescentis purioris ecclesiae seminaria ad ipsa tam effrontis et eversi propemodum adultioris cleri limina erigantur et floreant, nihil hic impedimenti nobis adferre debeant amplae illorum promissiones, quibus etsi stare velint episcopi ipsi, non poterunt tamen, diu maximum, per eam, quae constanti tot temporum usurpatione irrepsit, nocentissimam canonicorum licentiam" (HStA HL Freising 78, 43f.).

meldete Fabricius, die Beschwerden der Bischöfe hätten das von ihm gezeichnete Bild von Albrechts „pietas“ ein wenig beschädigt; nur mit Mühe habe sich die deutsche Kongregation davon abhalten lassen, die Bischöfe zur Dezimationsfrage anzuhören. Die allgemeine Meinung sei, daß man den Bischöfen jetzt für ihre Seminargründungen noch einmal eine Frist lassen müsse; wenn sie sie nicht nützten, habe der Herzog das Recht auf seiner Seite[127]. Auch in den meisten anderen Punkten erhielt Fabricius ablehnende Bescheide; die Zustimmung zur Verlegung der beiden Stifte wurde von genauerer Information und von der Zustimmung der betroffenen Bischöfe abhängig gemacht[128]. Ernstlich gewillt, die so lange verzögerte Salzburger Reform voranzutreiben, durfte die Kurie der staatskirchlichen Politik des Herzogs keine neuen Zugeständnisse machen[129]. Die Ablehnung fiel ihr um so leichter, als sie gleichzeitig mit der Einsetzung Herzog Ernsts in die geistliche Administration seiner Diözese Freising und mit seiner Konfirmation auf dem Hildesheimer Bischofsstuhl vorrangige Wünsche des Münchner Hofes erfüllt hatte[130].

Der herzoglichen Seminarpolitik war die Erweiterung ihrer finanziellen Grundlagen auf diesem Wege also nicht geglückt. Warum sie sich, zumal unter den Bedingungen der sich zuspitzenden Konfrontation mit den Bischöfen, nicht mit dem Vorhandenen begnügte und das neue Kolleggebäude endlich in Gebrauch nehmen ließ, ist eine Frage, die sich bündiger Beantwortung entzieht. Im Oktober 1573 wurde der Geistliche Rat, nun unter der Präsidentschaft eines Klerikers, neu organisiert. Die von Simon Eck, dem Superintendenten der Behörde, verfaßte, unter dem Einfluß eines auf größtmögliche Legalität bedachten Gutachtens überarbeitete Instruktion[131] bestätigte die vor zwei Jahren unter Ligsalz und Strobel

[127] Fabricius an Herzog Albrecht am 31. 7. 1573: „Si episcopi, praesertim iam per nuncium apostolicum admoniti, seminaria brevi non erigant, iustissimam habebit vestra celsitudo causam id prosequi quod coepit, et illis omnis tergiversandi occasio fuerit abrepta“ (HStA HL Freising 78, 57). In völliger Übereinstimmung mit dieser Formulierung berichtete Morone im August, er habe Fabricius gesagt, man müsse die bevorstehende Salzburger Provinzialsynode abwarten; „si vero non fient seminaria, facilius Sanctitas S. hoc privilegium collegio Ingolstadiensi, ut princeps efflagitat, concedet“ (NB III/3, 28).

[128] NB III/3, 28.

[129] Vgl. V Anm. 5ff.

[130] Vgl. Lojewski, Bayerns Weg nach Köln.

[131] StAM HR 476/4, danach gedruckt bei Mayer, Behördengeschichte 96ff.; der Entwurf Ecks: StAM HR 475/3, ebd. das Gutachten. Eck hatte die Regelung der Präsidentschaft und der Mitgliedschaft herzoglicher Entscheidung über-

verselbständigte geistliche Gefällverwaltung unter der Aufsicht von Geistlichem Rat und Hofkammer[132]. Ligsalz gehörte beiden an. Ihm unterstanden die vakanten Klöster und Benefizien; in die Kontrolle der übrigen Klöster als erklärten Kammerguts des Herzogs teilten sich je nach geistlichem und weltlichem Belang der Geistliche Rat und die Hofkammer. Ecks Entwurf bezeichnet die Versorgung der „collegia" wieder als den eigentlichen Verwendungszweck der geistlichen Gefälle. Insbesondere sollten bei der Vergabe der Pfründen zumutbare Abgaben für das Ingolstädter Seminar reserviert werden[133]; die Fundation des Kollegs aber war nach dem Willen des Korrektors nicht mit solchen Mitteln, sondern aus den Zahlungen der vakanten Klöster zu bewerkstelligen[134]. Die an „extraordinaria stipendia" gewendeten Beträge sollten strikt begrenzt, die Vergabe reguliert werden[135].

lassen; das Gutachten bringt dann den beschlossenen Modus, also einen geistlichen Präsidenten und großenteils geistliche Mitglieder. Eine Reihe von Vorschlägen des Gutachtens nahm Eck in seinen Entwurf auf, vgl. das folgende.

132 „Was dann das einkhommen von den vacierenden clöstern, benefitien, kirchen, pfarren und andern betrifft, darüber ist der Ligsaltz und der Strobel geordnet, dabej bleibts". Dieser Satz aus Ecks Entwurf ging in die Endfassung über; gestrichen wurde das folgende: „Von denen sollen die geystlichen in beisein der cammerräth rechnung aufnemen. Die sollen auch one der geystlichen räthe bevelch nichts als was man inen auf die collegia ordinarie anschaffen wirdet, außgeben". Sollte also die Geistliche Kammer nun doch selbständiger handeln dürfen? Die Endfassung bestimmte jedoch: allgemein seien die Rechnungen der „weltlichen Verwaltungen" durch Hofkammer und Geistlichen Rat gemeinsam zu prüfen.

133 Bei der Vergabe von Pfründen sollte der Geistliche Rat darauf sehen, „das von den vermöglichenn anndern unvermöglichenn ettwas hilff beschehe oder" (dies nur in Ecks Entwurf) „das dem collegio theologico zue Ingolstat etwas reserviert werde".

134 „Unnser collegi zu Inngolstat sollen sy von den vacierennden clöstern unnd nit von den reservaten der pfarren dotiren oder versehen". Dieser Satz stammt aus dem Gutachten und trat in der Endfassung an die Stelle der oben Anm. 133 zitierten, entgegengesetzten Bestimmung aus Ecks Entwurf. Ebenfalls aus dem Gutachten wurde die strikte Unterscheidung von weltlichen und geistlichen Klosterangelegenheiten übernommen, für deren erstere die Hofkammer, die letzteren der Geistliche Rat zuständig sein sollte. Im Rahmen seiner auf möglichste kanonische Legalität zielenden Gesamtintention wies also das Gutachten der Ingolstädter Kolleggründung mit den vakanten Klöstern einen Sonderbereich zu, der gegen das normale geistliche Lehen- und Klosterwesen schärfer abgegrenzt wurde, als es der Entwurf Ecks vorsah.

135 „Mann soll auch nochmaln sich entschliessen, ob und wem man hinfuran die sondern extraordinaria stipendia hie und zue Ingolstat volgen lassen und wievil man jerlich darauf wenden well, damit man ein gewisse summa hab

Die im Grunde illegitimen Kollegkontributionen erwähnt die Instruktion bezeichnenderweise nicht, sie wurden aber weiter eingezogen. Für den Zustand des geistlichen Etats ist man, da Rechnungen der Geistlichen Kammer für diese Zeit nicht vorliegen, aus den Hofzahlamtsrechnungen aber seit 1572 sogar der Gesamtanschlag verschwunden ist, auf Schätzungen angewiesen. Kirchenkontribution und Priestersteuer beliefen sich 1575 für die drei Rentämter Landshut, Burghausen und Straubing zusammen auf nahezu 2000 Gulden[136], das Gesamtaufkommen muß daher 3000 Gulden überstiegen haben. Etwa ebenso viel werden die vier vakanten Klöster erbracht haben[137], von denen Biburg allein neben anderen Abgaben die Ingolstädter Jesuitenpension (1500 fl.) trug. Zusammen mit den Pfründenabsenten und vor allem mit dem Zins der alten Dezimation erhält man so geistliche Einnahmen von, vorsichtig geschätzt, 9000 Gulden. Ihnen standen mit den bisherigen Pensionen der beiden Jesuitenkollegien (je 1500 fl.) und der Universität (800 fl.) Ausgaben in Höhe von 3800 Gulden gegenüber; in den Rest hätte sich das Seminar mit den nicht mehr zahlreichen übrigen Stipendiaten und mit den Jesuiten teilen können.

Auch die Ingolstädter Jesuiten hatten auf die Einlösung des ihnen im Februar 1572 erneuerten herzoglichen Stiftungsversprechens vergeblich warten müssen; ein einmaliger Zuschlag von 500

und dieselb nit uberschreit, dann sunsten ist des petlens und nachlaufens umb stipendia khein aufhören": so der Entwurf Ecks und die Endfassung. Vgl. dazu das Gutachten von 1570 und die Geistliche Kammerinstruktion von 1571 (oben Anm. 56 und 84).

136 StAM GL 1495/9, Schreiben der Rentämter an die Geistliche Kammer. Deren Instruktion von 1571 hatte allein für die Kirchenkontribution ein Gesamtaufkommen von 3000 fl. veranschlagt, das allem Anschein nach nicht erreicht wurde. 1575 zahlte Straubing unter diesem Titel 232, Burghausen 365, Landshut 681 fl. Die „freiwillige" Priestersteuer wurde jeweils gesondert eingebracht und verrechnet, sie erbrachte bedeutend weniger, z. B. 1575 aus Burghausen 236 und aus Landshut 272 fl. Die Geistlichen Ratsprotokolle dieser Jahre (HStA Staatsverw. 3020ff). sind voll von Anmahnungen und Dispensgesuchen in dieser Sache.

137 1572 führte Georg Ligsalz, wie es ihm die Kammerinstruktion auferlegt hatte, eine Visitation der vier Klöster durch. Sein Bericht vom 22. 5. 1572 (StAM GR 523/110) zeichnet ein düsteres Bild von der schonungslosen Ausbeutung, der die Klöster unterworfen waren, läßt aber die Höhe der Abgaben nicht klar erkennen. Immerhin zeigt wohl das Beispiel Biburgs, daß der Voranschlag von 1560 (vgl. Anm. 12) inzwischen beträchtlich übertroffen wurde. Vgl. für das etwas später noch sehr viel höhere Aufkommen aus den Klostergefällen unten VIII Anm. 1ff.

Gulden, um den sie obendrein nachträglich kämpfen mußten, war das einzige, was sie trotz der Verlängerung und Bestätigung der Studienreform im Dezember 1572 zu sehen bekamen[138]. Im September 1573 veranlaßte Simon Eck nach einem neuerlichen Konflikt zwischen den Jesuiten und der Universität die Verlegung des jesuitischen Philosophiekurses nach München[139]. Der für Ingolstadt bestimmte Stiftungszuschlag von 1500 Gulden wurde nun dem Münchener Kolleg zugesagt, doch vermied die Regierung vorsichtig, eine urkundliche Verpflichtung einzugehen[140]. Mit dem Vorwand, der Orden habe in Ingolstadt vereinbarungswidrig auch sein Pädagogium aufgegeben, wurde Hoffaeus im Mai 1574 vor die

[138] Hoffaeus schrieb am 24. 6. 1574 rückblickend an Mercurian: „Toto triennio probationis 500 tantum floreni nobis suppeditati sunt; initium tamen auctionis trium millium propria manu Principis promissum erat pro autumno anni 72 et vix tandem sequenti anno obtinuimus cum magno Collegij gravamine et debitis" (Braunsberger VII 221). Braunsberger hielt die Zahl 500 für einen Schreibfehler und setzte dafür 1500 ein. Das ist jedoch wohl ein Irrtum, wenn auch ein begreiflicher (vgl. Anm. 89). Am 24. 11. 1572 erhielt der Biburger Klosterverwalter Befehl, den Ingolstädter Jesuiten 500 fl. zu zahlen und sie ihnen künftig von ihrer Pension abzuziehen (HStA KL Biburg 1, 199 und Jes. 1790). Am 3. 9. 1573 beschwerte sich der Ingolstädter Kollegrektor beim Herzog über den Klosterverwalter, der ihm 500 fl. vom normalen Deputat abziehen wollte. Hoffaeus warf seinerseits der Regierung vor, sie habe dem Kolleg einen Zuschlag von 1500 fl. versprochen, aber nur einmal 500 fl. zahlen lassen, die jetzt dazu noch zurückgefordert würden. Am 19. 9. 1573 erging daraufhin an den Verwalter der Befehl, die strittige Summe vorerst nicht abzuziehen. Simon Eck vermerkte zu diesem Bescheid: „Unnser gnediger fürst und h. will, das die patres diese 500 fl. schuldig bleiben, damit man alle zeit ein freye vordrung hab" (HStA Jes. 1748/II, 251ff.; KL Biburg 1, 193ff.; Kurbaiern Prot. 6, 136' und 222'; Staatsverw. 3020, 142 und 161; vgl. auch Seifert, Universität Nr. 94).

[139] Das Schreiben Ecks mit dem entsprechenden Vorschlag an den Herzog vom 15. 8. 1573: HStA Jes. 1748/II, 1ff., gedruckt bei Seifert, Universität Nr. 94. Nach Ecks Plan sollten die Münchener Jesuiten mit der Ingolstädter Artistenfakultät in der philosophischen Ausbildung konkurrieren, beide dann ihre Absolventen an die höheren Fakultäten in Ingolstadt weiterreichen. Die philosophische Promotion war natürlich nur in Ingolstadt zu haben. „Doch weil sy hie" (d. h. die Jesuiten in München) „dest mer patres erhallten muesten, so were das augmentum ires einkhommens, welches e. f. g. hievor dem Ingolstettische (!) collegio gnedigklich bewilligt, von dannen ab und auf das hisig zuwennden". Der einmalige Zuschlag von 500 fl. solle den Ingolstädter Jesuiten aber verbleiben (vgl. Anm. 138).

[140] Der für das Ingolstädter Kolleg bestimmte Entwurf einer neuen Stiftungsurkunde wurde im November 1573 durch Änderung der Namen für München adaptiert; das dortige Kolleg sollte zu den bisherigen 1500 fl. noch einmal dieselbe Summe erhalten, zu zahlen vom Kloster Biburg (HStA Jes. 2233/I,

Alternative gestellt, entweder in Ingolstadt die Schule oder wenigstens einige zusätzliche Lekturen wieder zu übernehmen oder sich eine Kürzung der Ingolstädter Kollegpension gefallen zu lassen[141]. Am Ende nahm die Regierung von dieser Androhung Abstand und bestätigte dem Münchener Kolleg auf Probe die Verdoppelung seiner Pension[142]. Inzwischen hatte sich die Universität schon außerstande erwiesen, die aufgeklaffte Lücke in ihrem Lehrangebot

28ff.). Die Ausfertigung des Entwurfs unterblieb jedoch. Dem drängenden Provinzial Hoffaeus (HStA Jes. 2233/I, 26ff.: der seinerzeitige Entwurf Ecks habe ihm gut gefallen) erklärte die Regierung am 24. 5. 1574: „... Nachdem unser g. f. u. h. den cursum philosophicum hieher transferiert, auch ire f. g. die underhaltung reichlich und miltigclich derowegen augiert, sej doch ir begern, sovil die confirmatio der fundation betreff, bey andern chur- und fürstenthumben nit gebreuchig. Aber wie dem, da sie das jenig laistete, was die thun sollen, wurde es vileicht bej unsern g. f. u. h. nit müe haben, doch gegen ainen reverß" (HStA Jes. 1748/II, 4). Hoffaeus berichtete noch am 24. 6. 1574, die Räte „suspendunt sine legitima causa" den Münchener Stiftungszuschlag (Braunsberger VII 221).

141 So das Anm. 140 zitierte Ratsprotokoll vom 24. 5. 1574. In Wirklichkeit hatte der inzwischen gestorbene Eck dem Herzog am 15. 8. 1573 (vgl. Anm. 139) ausdrücklich auch die Translation des Pädagogiums vorgeschlagen. Hoffaeus bedankte sich nun zunächst „der guetten vätterlichen vermanung" und bat um Bedenkfrist. Wie er wirklich über das Verhalten der Regierung, die im Gegensatz zum Herzog dem Orden immer feindlich gesinnt gewesen sei und zur Universität gehalten habe, dachte, zeigen seine bitteren Berichte bei Braunsberger VII 219ff. Wenige Tage später legte er der Regierung ein Memorial vor, in dem er abstritt, daß die Ingolstädter Jesuiten je verpflichtet gewesen seien, ein Pädagogium zu unterhalten. Da die Translation auf eine herzogliche Anordnung zurückgehe, gebe es für die Kürzung des Ingolstädter Deputats keinen Grund. Die herzogliche Stiftungsverpflichtung für München nehme er zur Kenntnis, Reverse stelle der Orden grundsätzlich nicht aus (HStA Jes. 2233/I, post 37ff.).

142 Bescheid der Regierung vom 8. 6. 1574 (Entwurf Fends): Wie immer die Sache mit dem Pädagogium beschaffen sei, man könne von den Ingolstädter Jesuiten verlangen, daß sie entweder dem Münchener Kolleg finanziell zur Hilfe kämen oder für die ihnen gezahlte Pension mehr leistete als jetzt, etwa indem sie zusätzlich zu den beiden, von ihnen nach wie vor versehenen Theologieprofessuren eine Lektur für Hebräisch und eine weitere für Katechese übernähmen; abgezogen solle ihnen jedoch nichts werden (HStA Jes. 2233/I, 50ff.). Der Restitution des Pädagogiums hatte Mercurian im Mai 1574 widersprochen (Braunsberger VII 208); Hoffaeus empfahl nun, in Ingolstadt lieber einen Stiftungsabzug als neue Verpflichtungen hinzunehmen (ebd. 219f.). Sehr viel gemäßigter als der erbitterte Provinzial äußerte sich Canisius: man möge in Ingolstadt immerhin etwas mehr leisten, um dem Herzog keine Handhabe zu geben (ebd. 226f.). Am 27. 7. 1574 schrieb der General Mercurian begütigend an Herzog Albrecht, die bestehenden Meinungsverschiedenheiten ließen sich gütlich beilegen (ebd. 234f.).

zu schließen[143] und der Herzog behielt sich in einer Erklärung vom 8. Juni 1574 vor, den Jesuiten das Pädagogium und den Philosophiekurs in Ingolstadt wieder zu übergeben[144]. Die Bedingungen, die die Jesuiten für diesen Fall stellten, waren geradezu darauf berechnet, nicht erfüllt werden zu können: völlige Exemtion von der Universität, freie Verfügung über die Artistenfakultät und, für den hier interessierenden Zusammenhang entscheidend, Bau und Stiftung eines Vollkollegs für 70 Personen[145].

Kamen damit für die Zukunft unabsehbare finanzielle Belastungen auf die herzogliche Seminarpolitik zu, so erlaubte ihr der Ingolstädter Vorbehalt für den Moment, die Münchener Stiftungsangelegenheit in der Schwebe zu lassen; allem Anschein nach ist dem Münchener Kolleg der versprochene Zuschlag nie gezahlt worden[146]. Größere Bedeutung für das Ingolstädter Seminar hatte die herzogliche Zusage, den Münchener Jesuiten mit Rücksicht auf ihren erweiterten Lehrbetrieb ein neues Schulgebäude zu errichten[147]. Sie wurde eingelöst; noch im gleichen Jahr begannen die Bauarbeiten, die sich bis 1576 hinzogen und annähernd 6300 Gulden kosteten. Sie wurden von der Geistlichen Kammer aufgebracht[148]

143 Werbungen in Löwen waren erfolglos geblieben. Am 31. 3. 1574 hatte Eisengrein der Regierung Vorschläge für die Besetzung der vakanten artistischen Lekturen und für die Gründung eines Pädagogiums unterbreitet und sie dringend gebeten, sich der niedergehenden Universität anzunehmen. Im April 1574 kam daraufhin eine herzogliche Visitationskommission nach Ingolstadt und versuchte, die Artistenfakultät neu zu organisieren (Seifert, Universität Nr. 95—97).

144 Vgl. Anm. 142. Schon am 1. 5. hatte Hoffaeus über solche Bestrebungen der Regierung berichtet (Braunsberger VII 202f.).

145 So Mitte April 1574 von Canisius formuliert, von Hoffaeus gutgeheißen (Braunsberger VII 203ff. und 208). Der Herzog sollte durch diese Forderungen abgeschreckt werden, in Rom überhaupt erst einen entsprechenden Antrag zu stellen; würde er es doch tun, sollte der General hinhaltend taktieren.

146 In der Erklärung von März 1576 (vgl. Anm. 178) heißt es: „Monachiense Societatis collegium suo pristino manebit modo suisque redditibus mille quingentorum aureorum".

147 Von einer solchen Zusage, wie er selbst sie gefordert hatte (Braunsberger VII 220), ging Hoffaeus schon in seinem Memorial von Anfang Juni 1574 aus (vgl. Anm. 141); die Regierung bestätigte sie am 8. Juni (vgl. Anm. 142).

148 Über den neuen Schulbau auf einem Gelände des Klosters Schäftlarn an der Neuhauser Straße vgl. Dollinger, Wilhelmsgymnasium 69. Ein Verzeichnis „was den herrn jesuitern von nachvolgenden jarn zu den gebeuen ist bewilligt worden" (HStA Jes. 2233/I, 76ff.), weist für den Schulbau für die Jahre 1574—76 6282 fl. aus, für das „Kosthaus" 578 fl., außerdem noch 400 fl. für andere Zwecke. Wichtig ist der Vermerk, der herzogliche Bauschreiber habe

und gingen also dem Seminar verloren. Die Leistungskraft der Geistlichen Kammer wäre allerdings auch damit noch nicht in dem Maße ausgeschöpft gewesen, wie es für das Verständnis des herzoglichen Verhaltens in der Seminarfrage notwendig erscheint[149]. Es muß vielmehr angenommen werden, daß der Herzog die geistlichen Gefälle, wie es ihrem erklärten Verwendungszweck nicht gerade widersprach, zur Finanzierung seiner bistumspolitischen Unternehmungen mit heranzog[150].

Während das neue Gebäude in Ingolstadt weiterhin leerstand oder für andere Zwecke benützt wurde[151], bemühte sich die Regierung im Laufe des Jahres 1574 in verschiedenen Richtungen um die Erschließung neuer Hilfsquellen. Der schon länger währende Streit mit dem Bischof von Regensburg um den Nachlaß des Regensburger Domherrn Lorenz Hochwart verschärfte sich; beide Seiten suchten, die nicht unbeträchtlichen Summen ihren Se-

1573 Bescheid erhalten, daß die Kosten nicht auf die Hofkammer, sondern auf die geistlichen Ausgaben zu verrechnen seien. Folgerichtig fehlen die Baukosten in der Hofzahlamtsrechnung. Trotzdem machte die Hofkammer 1580 Anstalten, die Summe von den geistlichen Gefällen zurückzuverlangen (ebd. 99ff.). In Simon Ecks Schreiben vom 15. 8. 1573 (vgl. Anm. 139) ist von dem Schulbau noch nicht die Rede, stattdessen von einem Konviktneubau, der auf dem Klostergelände entstehen sollte. Trotzdem muß die Entscheidung für die Schule, wie der zitierte Vermerk beweist, noch im Jahre 1573 gefallen sein.

149 Schätzt man die Baukosten für das Jahr 1574 auf 2500 fl., so hätten die geistlichen Ausgaben ohne den Münchener Pensionszuschlag 6300 fl. betragen, gegen etwa 9000 fl. geistliche Einnahmen. Sogar bei Zahlung des Münchener Zuschlags wäre für das Seminar noch eine Summe abgefallen, die wenigstens einen bescheidenen Anfang zugelassen hätte, wie ihn ja die Räte immer wieder empfahlen.

150 Lojewski (Bayerns Weg nach Köln 100) macht darauf aufmerksam, daß für die Romreise Herzog Ernsts in der Hofzahlamtsrechnung nur etwa 6000 fl. ausgewiesen sind, während das Unternehmen ein Vielfaches dieser Summe gekostet hat. Er vermutet, daß der Rest teils durch Herzog Albrecht „privat" aufgebracht worden sei. Der Verdacht, daß die Geistliche Kammer, zu deren Aufgabenbereich die „Unterhaltung geistlicher Personen" und die römischen Gesandtschaften traditionell gehörten, mit Hilfszahlungen einspringen mußte, drängt sich auf, läßt sich jedoch, da die Rechnungen fehlen, nicht verifizieren. 1581 zählte die Regierung unter den bisherigen Verwendungszwecken der Klosterabgaben auf: Jesuiten, Stipendiaten, Bau des Ingolstädter Seminars und der Münchener Schule sowie „varia alia pietatis opera" (vgl. V Anm. 137).

151 Eisengrein schlug am 31. 3. 1574 vor, das nach dem Abzug der Jesuiten neuzugründende Pädagogium im neuen Kolleggebäude unterzubringen, „das ohn das lhär da steht, auch nit gewiß, wan es noch besetzt werde" (Seifert, Universität Nr. 96). Entsprechend verfügte am 14. 4. 1574 der Herzog (ebd. Nr. 97), doch kam das Pädagogium wohl nicht zustande.

minarprojekten zuzuführen[152]. Fabricius, seit dem Frühjahr 1574 im Gefolge Herzog Ernsts und zugleich als bayerischer Gesandter in Rom, erhielt den Auftrag, sich um die Suppression eines oder mehrerer Klöster zu bemühen. Schon das Gutachten von 1570 hatte für die endgültige Dotierung des Seminars diesen Weg vorgeschlagen, auf dem sich freilich, da die vakanten Klöster schon jetzt bis zur Grenze ihrer Belastbarkeit ausgebeutet wurden, der Vorrat der verfügbaren Mittel im ganzen kaum vergrößern konnte[153]. Als im Frühjahr 1574 die Kunde nach München gelangte, Papst Gregor beabsichtige, das deutsche Kolleg ganz oder teilweise auf deutschen Boden zu verlegen, wurde Fabricius angewiesen, den Ingolstädter Neubau als idealen Standort für dieses „commune Germanorum collegium" zu empfehlen[154]. Schließlich bot die Regierung im Dezember 1574 dem Nuntius Portia, der sich im päpstlichen Auftrag für die Errichtung eines bayerischen Klosterseminars einsetzte, wiederum ihr noch immer leerstehendes Ingolstädter Kolleg für diesen Zweck an[155]. Alle diese Projekte blieben über mehrere Jahre im Gespräch und werden später im Zusammenhang zu verfolgen sein. Deutlich genug bezeugen sie die Schwierigkeiten, in denen sich die herzogliche Seminarpolitik befand. Mit viel propagandistischem Aufwand war die Ingolstädter Gründung angekündigt[155a], seit fünf Jahren den bayerischen Kirchen und Geistlichen in ihrem Namen eine Steuer abverlangt worden, aber mehr als ein leerstehender Neubau war mit all dem nicht zustandegebracht, und dem Herzog mit seinem ganzen staatskirchlichen Potential schien es nicht besser ergehen zu sollen als den für ihre Säumigkeit so oft geschmähten und gescholtenen Bischöfen.

Im Oktober 1574 beratschlagten herzogliche Kommissare in Ingolstadt über die Lage[156]. Die Zahl der Seminarinsassen, im Vorjahr von 100 auf 24 herabgesetzt, wurde nun weiter auf 16 vermindert. Sie alle sollten aber jetzt, da man die gesamte Vor-

[152] Vgl. V Anm. 74ff.

[153] Vgl. V Anm. 32.

[154] Vgl. V Anm. 58.

[155] Vgl. VI Anm. 21ff.

[155a] Auch im Druck; das Vorlesungsprogramm der Universität vom 13. 3. 1571 versprach tägliche theologische Repetitionen und Disputationen im neuen „collegium theologicum", das der Herzog „iam dudum extruit et iam pene absolutum cernit" (Seifert, Universität Nr. 78 Anm. 6).

[156] „Anstellung und berathschlagung des theologischen collegij zu Inglstat" vom 4. 10. 1574 (HStA Jes. 1767).

schulung in München bei den Jesuiten besorgen lassen konnte, sofort mit dem Theologiestudium beginnen[157]. Die Präsentationen wurden ausnahmslos dem Herzog reserviert, die Aufnahmeprüfung dem Geistlichen Rat; wenigstens durfte die Universität dann die Präsentierten noch einmal „mit einer anderen Lauge zwacken“[158]. Ihr Hauptaugenmerk wandte die Kommission den Kosten zu. Für die Bekleidung der 16 Stipendiaten wurden jährlich zusammen 540 Gulden, für die Gehälter der vier Beamten — des „Regenten“, „Vizeregenten“, Schaffners und Kochs — 379 Gulden[159], für Reparaturen am Haus 100 Gulden berechnet. Außerdem war noch für die Möblierung des Hauses zu sorgen. Für die Verpflegungssätze legte man sich nicht fest; bei etwa 50 Gulden pro Person hätte sich jedenfalls der jährliche Gesamtaufwand auf die bescheidene Summe von 2000 Gulden belaufen.

Wohl im Auftrag der Regierung legte Martin Eisengrein um diese Zeit ein Verzeichnis von Personen vor, die sich verpflichtet hätten, Stipendien in das „Albertinum“ zu stifen[160]. Er selbst wollte 3000 Gulden für wenigstens zwei Stipendien, dazu aus dem seiner Verfügung unterstehenden Nachlaß des im Februar 1574 gestorbenen Kanzlers Simon Eck 2000 Gulden zur Verfügung stellen; eine längere Reihe geistlicher und weltlicher Personen, deren Stipendienstiftungen später zumeist dem Georgianum zugutekamen,

[157] „Yetzt im anfanng sollen nit mer als 16 stipendiarij ins collegium ein unnd aufgenomen werden. Es soll auch khainer unnder inen ain annder facultet als theologiam studieren“. Für die philosophische Ausbildung der Stipendiaten konnte man ja nun das Jesuitenkolleg in München benützen. Es entsprach der Logik dieses von Simon Eck (vgl. Anm. 139) entworfenen Schulprogramms, daß die Regierung im April 1575 die Münchener Jesuiten aufforderte, die Leitung eines geplanten Konvikts zu übernehmen, das sich zum Ingolstädter Seminar verhalten hätte wie der Münchener Philosophiekurs zum Ingolstädter Theologiestudium (vgl. Braunsberger VII 285ff. und unten Anm. 170).

[158] „Ius nominandi oder praesentandi stipendiarios soll niemandt haben alls unnser genediger fürst unnd herr. Doch soll vor allem ire f. g. undderthenigclich referiert werden, das dieselb nit ainen yeden aufnemen. Examinatores sollen sein die herrn religions räth alhie; post examen soll ainer mit ainem schreiben geen Inglstat an beede decanos facultatis theologicae unnd philosophicae, auch regennten abgeferttiget werden, dieselben werden ime, da ime was alhie vergessen, noch mit ainer anndern laug zezwagen wissen“.

[159] 300 fl. für den Regens (vorgesehen war Georg Würfel), 40 fl. für den Viceregens, 24 fl. für den Schaffner, 15 fl. für den Koch. Sie alle erhielten außerdem Freitisch und Kleidung.

[160] „Catalogus eorum, qui ad collegium Albertinum, si felicem sortiatur successum, aliquid contribuere decreverunt“ (UA Georg. II Nr. 157).

folgten in der Liste[161]. Der Vizekanzler hoffte weiter auf ein Einlenken der Bischöfe und schließlich auf den von verschiedenen Äbten verheißenen Zustrom von Mönchen, alles dies aber unter der Voraussetzung, daß der Herzog mit seiner eigenen Stiftung vorangehe[162].

Der Geistliche Rat, dessen Protokolle von 1574 an überliefert sind, vergab um diese Zeit, von geringen einmaligen Beihilfen abgesehen, schon keine Stipendien mehr. Bewerber wurden mit der Begründung abgewiesen, man könne ihnen nicht helfen, weil die Stipendien „abgeschafft" seien, oder sie wurden für das Albertinum vorgemerkt, sollten sich aber inzwischen anders behelfen[163]. Trotzdem, und obwohl der Herzog gegenüber der Öffentlichkeit in eine immer peinlichere Lage geraten mußte, verging der Winter, ohne daß das Seminar eröffnet wurde. Im März 1575 hielt sich eine herzogliche Visitationskommisson an der Unversität auf[164].

[161] Nämlich der Augsburger Bischof Johann Egolf von Knöringen, der der Universität durch Urkunde vom 2. 4. 1573 seine Bibliothek und dem Albertinum sein Kirchengerät schenkte; der Bibliothekar sollte mit einem Stipendium im theologischen Kolleg wohnen (Mederer IV Nr. 52). Weiterhin standen in Aussicht: 3000 fl. vom Wiener Propst und Brixener Kanzler Dr. Mathias Wertwein, ebensoviel für vier Stipendien vom Hildesheimer Scholaster Blacker, 1100 fl. von Abt Ludwig Landau von Hersfeld, 1000 fl. vom herzoglichen Rat und Vilshofener Propst Michael Benz; unbestimmtere Zusagen lagen vor von Seiten des Theologieprofessors Rudolf Clenck, der Ingolstädter Witwe Anna Sterkel und des Burghausener Pfarrers Bartholomäus Unsold. — In den Urkunden der Eck- und der Landaustiftung wird tatsächlich unmittelbar auf das neue herzogliche Kolleg Bezug genommen. Die Landausche Stiftung war später an kein Kolleg gebunden; diejenigen Ecks, Eisengreins, Benz', Clencks und Sterkels zog das Georgianum an sich (vgl. Real, Stipendienstiftungen, und Seifert, Georgianum 186f.).

[162] „Neque hoc silentio praeteriri debet, quod vicini episcopi quoque, cum huius collegij theologici successum felicem viderint, magnitudine sumptuum, quos in erigendis proprijs seminarijs facere necessario oportebit, absterriti libenter fortasse suos alumnos ad hoc collegium transferent, ubi cum professores et praeceptores iam antea conducti cernantur, eorum opera sine impensis frui possunt ... Quae omnia tamen tum demum executioni mandabuntur, sum serenissimum ducem praeeuntem viderimus".

[163] HStA Staatsverw. 3020, 90': Aegidius Widmann bekommt ein letztesmal aus den geistlichen Gefällen 10 fl. und den Bescheid, „dieweil auch die stipendia abgeschafft, das man ime weitter nit helffen khünde" (1. 7. 1574). Ebd. 118: Hieronymus Neuchinger bekommt 10 fl., „und da das theologisch collegium zu Ingolstat in das werckh gezogen wirdet, soll er alßbald eingenumen werden" (26. 8. 1574). Ähnliche Bescheide ebd. 129', 143, 147' und öfter.

[164] Protokoll über verschiedene Universitätsangelegenheiten, dessen erste Abschnitte vom theologischen Kolleg handeln, in HStA Jes. 1767. Die Datierung ergibt sich aus Angaben über verschiedene Personen.

Wieder plädierten die Räte für eine rasche Gründung des Seminars, notfalls erst einmal mit 10 oder 12 Stipendiaten. Auf die Dauer würden freilich Jahreseinkünfte von 1000 oder auch 1500 Gulden nicht genügen, und es sei daher zu erwägen, ob man „der briester und khirchen contribution gar dartzue hergäbe, und die doch one das zu disem werckh vermaint send"[165]. Der Theologie- und Philosophieprofessor Albrecht Hunger wurde zum „profes" des Kollegs bestimmt[166]. Wieder sollten nur Theologiestudenten aufgenommen werden[167]; eine Vorlesung in praxisorientierter Theologie, wie sie schon wiederholt vorgeschlagen worden war und auch nun wieder gefordert wurde[168], deutet darauf hin, daß man nicht an ein theologisches Vollstudium dachte.

Kurz nach der Visitation und zweifellos durch ihre Ergebnisse veranlaßt[169], forderte der Kanzler Christoph Elsenheimer Hoffaeus erneut auf, in Ingolstadt den Philosophiekurs und das Pädagogium wieder in die Obhut des Ordens zu nehmen, außerdem in München ein Konvikt zu eröffnen[170]. Daß es bis zum Jahresbeginn 1576 dauerte, bis sich die Vorgespräche mit dem Orden zu Verhandlungen verdichteten, wird durch die wiederholt erklärte und zweifellos aufrichtig gemeinte Abneigung der Jesuiten und besonders ihres oberdeutschen Provinzials Hoffaeus gegen eine Rückkehr zu den alten Ingolstädter Zuständen ausreichend erklärt. Anfang Februar 1576 konferierte aber dann Hoffaeus in München mit herzoglichen

165 „Das einkhomen ist zu khlein, weder mit 1000 noch 1500. Wen man der briester und khirchen contribution gar dartzue hergäbe, und die doch one das zu disem werckh vermaint send. Item daran ist es alles gelegen, das man zeitlich zu werckh stelle, die statuta adprobier, mit einem schaffner handle. Ligt nit dran, das anfangs 10 oder 12 seyen, dan täglich werden ... (?) leuth hertzue khomen; ein jar auff prob".

166 Mit einem Gehalt von 100 fl., dazu 50 fl. für Wein, Freitisch und kostenlose Wohnung. „Viceprofes erit ex stipendiarijs maxime idoneus".

167 „Stipendiati sollen sein ipso actu ad theologiam idonej, nit artisten oder philosophiae auditores, die one mitl das examen ubersteen sollen" (d. h. keine Promotionsgebühren zu zahlen brauchten). „Und alhie soll niemant favorisiert werden, sonder via regia".

168 „Und daher muess man einen professorem haben, der controversias oder solch ding lesen, das für die halbgelerten stipendiaten tauge, für pfarrer und seelsorger, weil nit alle werden doctores sein khünden". Dafür sei Hunger selbst am besten geeignet.

169 Am 27.3.1575 berichtete der Ingolstädter Kollegrektor Rabenstein nach Rom, in Ingolstadt befänden sich nur noch 217 Studenten (Braunsberger VII 318). Vgl. auch oben Anm. 143 die lebhaften Klagen Eisengreins aus dem Vorjahr: die Universität befinde sich am Rande des Ruins.

170 Braunsberger VII 285ff., Bericht Hoffaeus' von Anfang April 1575.

Räten; gemeinsam unternahm man anschließend eine Besichtigung der Ingolstädter Örtlichkeiten[171], und wieder etwas später meldete Fend dem Herzog, man habe sich geeinigt, daß die Jesuiten wieder ihren Philosophiekurs und ein Pädagogium veranstalten, außerdem mit der Zeit vielleicht auch weitere Professuren der Artistenfakultät übernehmen würden[172]. Die Situation, in der sich Herzog Albrecht befand, ähnelte der von 1555: der Abzug aus Ingolstadt hatte die Jesuiten in die Rolle derjenigen versetzt, von denen etwas verlangt wurde und die dafür ihre Bedingungen stellten. Die Zeit des Hinhaltens und Taktierens war damit für die Regierung vorüber, die früheren Zusagen mußten eingelöst, die Jesuiten also mit einem Stiftungszuschlag und einem neuen Kolleghaus bezahlt werden. Was den letzteren Punkt betrifft, so gab es zwei Möglichkeiten: entweder man errichtete ein neues Gebäude, oder die Jesuiten erhielten das ja noch leerstehende Albertinum eingeräumt. Hoffaeus bestand im Mißtrauen gegen neue Zukunftsverheißungen auf der letzteren Alternative; die Societas sei lange genug hingehalten worden und habe dieses Haus mehr verdient als „etlich wenig incertissimae spei iuvenes tales quales“[173]. Für die herzoglichen Räte galt es freilich zu bedenken, daß der Herzog sein „weit erschollenes“ und rühmliches Seminarprojekt unmöglich fallen lassen konnte, schon aus Rücksicht auf die privaten Stiftungen, die ihm bereits jetzt oder für die Zukunft zugedacht waren. Auf längere Sicht sollte daher ein Neubau ins Auge gefaßt werden und mit einem jährlichen Beitrag von 1000 Gulden aus der Geistlichen Kammer nach und nach aufgeführt werden. Überdies könne aus diesem Anlaß in Rom die „neue“ Dezimation verlangt werden, und

171 Braunsberger I 318.

172 „Memoriale zue relation von verrichten schuelsachen und was noch weitter dabey zue voltziehen“ von der Hand Fends (Seifert, Universität Nr. 98).

173 „Das man unß will ein collegij und schulen bawen, ist gutt. Aber erstlich geth mier starck für, es werd sich auf ettlich jar verlengern; zum anderen wirtt ein grosser unkost darauff gehn; zum dritten müßten unsere leuth mittlerweil in grosser anzal et magno cum nostro gravamine täglich uber die gassen ad lectiones umbstertzen. Derhalben praestabit, das man der Societeth, wie vormalß unß angebotten worden, das collegium Albertinum einanttwortt, und also darff man anders nichts dann die schulen bawen. Ist auch an im selb billich, das man die Societeth vor anderen stipendiaten mitt einer gutten habitation und ander notturfft versech, iam enim ad viginti annos expectamus huiusmodi gratiam in patientia. Und ist darzu auch nitt zevil, das man der Societeth das Albertinum eingeb, dieweil wirs besser verdient haben als etlich wenig incertissimae spei iuvenes tales quales“ (Hoffaeus an die Patrone, undatiert, in HStA Jes. 1748/II, 16ff.).

zwar mit Unterstützung der Jesuiten, deren eigenes Interesse so mit diesem Antrag verknüpft worden wäre. Inzwischen sei ihnen aber das Albertinumsgebäude zu überlassen; der Herzog brauche deswegen seine Seminarstiftung nicht aufzugeben oder auch nur zu verschieben, da die Stipendiaten selbst bis zur Zahl von 30 oder 40 in den bisherigen Wohnräumen der Patres im Alten Kolleg Platz fänden. „In solchem weg guenge des neuen theologischen collegij und der Societet fundation zu gleich miteinander an", zumal sich die Jesuiten, wenn auch zögernd, bereit erklärt hätten, die Leitung des Seminars zu übernehmen. Besser als sie, hieß es nun nach den gegenteiligen Beteuerungen von 1572 mit erstaunlicher Beiläufigkeit, könne das niemand besorgen[174].

[174] Da die Jesuiten im Alten Kolleg nicht mehr Personen als bisher unterbringen könnten, „so mueß man inen mer platz machen. Und solches khan anderst nit beschechen, als das inen ainttweder unsers g. f. und hern etc. neu erpawt theologisch collegium eingeben oder aber bej irem aigen haus, so die fraw Feldtmüllerin selige der Societet verschafft, ein neu collegium gepawet werde. So dan mit zuzweifeln, ir f. g. werden ir hochlöblich guett vorhaben von stifftung eines herlichen theologischen collegij, welches schon weitt erschallen und iren f. g. in ewiger zeit ruemblich ist, beharren und fortsetzen, auch hiedurch nit allein die Khnöringische, Eysengreinische und Clenckhische, so alberaitt ins werckh gericht und voltzogen send, sonder vil andere mer treffliche donationen und stifftungen (deren nit wenig anderst nichts als nur die würckhliche anstellung des collegij gewertig, sonsten allerding bereitt und gewiß) antreiben und befürdern wellen, so möchte villeicht bedenckhlich fallen, solches der Societet aigenthümlich eintzeräumen, sonderlichen weil die f. und anderer ehrlicher leuth stipendiarij theologici neben und mit den patribus darinnen nit zuekhomen möchte. Mag demnach der weg sein, das für die Societet etwas anders gepawt werde, zu welchem bej vorgedachtem irem aigen haus platz gnueg ... Aber mitler weil und bis man mit dem gepäw an ein orth khumbt, möcht die Societet in das neu erpawt collegium eingelassen und nichts minder irer f. g. vorhabende stifftung auch ins werckh getzogen werden, dan die stipendiarij theologici, da iren gleich 30 oder 40 sein sollen, khünden an dem orth, da ietzt die patres send, wol underkhomen. Zuem pawchosten bedörffts nit grosser verlag. Man möchte villeicht von gaistlichen gefellen järlich 1000 fl. hergeben und also fein gemach mit guetter gelegenhayt pawen. Bey deme da der religion und ehr Gottes in solcher wege fürderung beschicht, haben ir f. g. gewünschte gelegenhayt, die vorlengst aufgebrachte decimam eintzevordern, dartzue dann die Societet durch den Toletum bey der bäbstl. heyl. grossen schub thuen mag und gewißlich gern thuen wirdet, quia hic illis quoque et seritur et metitur. Die gubernation des collegij theologici wolt gleichwol die Societet nit begern, doch wil sys auch iren f. g. zu ehrn nit abschlagen, und khan ie besser nit als durch sy bestelt werden". Die Jesuiten bäten um mehr als die versprochenen 3000 fl. „Dessen khünden sy auff einbringung der decimation vertröst werden, deren richtigmachung wirt in hernach desto besser angelegen sein".

Die Rechnung hatte den Fehler, daß sie den Jesuiten ein behagliches Provisorium verschaffte, das sie denn auch entschlossen ergriffen, während die Zukunft des albertinischen Kollegs ins Ungewisse gestellt wurde. Als Jahrespension waren den Jesuiten vor vier Jahren 3000 Gulden zugesagt worden[175]. Hoffaeus erneuerte aber nun von einer stärkeren Verhandlungsposition aus seine frühere Forderung nach Finanzierung eines „Vollkollegs" von 70 Ordenspersonen, das ergab bei 60 Gulden pro Person und Jahr eine Pension von wenigstens 4000 Gulden[176]. Die Räte empfahlen dem Herzog zunächst, den Orden auch für dieses Verlangen auf die Dezimation zu vertrösten und so doppelt an ihr zu interessieren[177]. Die am 10. März entworfene und am 20. ausgefertigte herzogliche „Capitulatio"[178] erhöhte dann das Angebot auf 3500 Gulden, nämlich auf je 50 Gulden für 70 Personen; weitere 500 Gulden sollten zugeschlagen werden, sobald die Dezimation genehmigt und eingezogen sei[179]. Hoffaeus reservierte sich daraufhin für den Orden die Freiheit, die Leitung des Seminars nicht zu übernehmen oder später wieder abzugeben; diese und andere Verpflichtungen der Jesuiten seien daher in der künftigen Stiftungsurkunde nicht aufzuführen[180]. Die herzogliche Erklärung übernahm weiter die Zusage, ein neues Gebäude zu errichten, bis zu dessen Fertigstellung den Jesuiten das

175 Vgl. Anm. 92.

176 In dem oben Anm. 173 zitierten Gutachten.

177 Vgl. Anm. 174 und 179.

178 Entwurf Fends, datiert vom 10. 3. 1576, in HStA Jes. 1767; die reinschriftliche Endfassung vom 20. 3. 1576 ebd. Der Mittelteil, Aufgaben und Status der Jesuiten in der Universität regelnd, gedruckt bei Prantl II Nr. 98, das Übrige jetzt bei Seifert, Universität Nr. 99.

179 „Redditus porro annui, unde sustentetur collegium illud Societatis plenum, ab hoc quidem tempore, quo patres ea quae sequuntur Ingolstadij aggressi fuerint et tractanda curandaque susceperint, aurei erunt imperialis monetae ter mille quingenti. Quod si accesserit ex decimis, pontificia benignitate iam diu concessis, nec tamen adhuc per temporum difficultates collectis, tunc ex eo quoque accedent Societati alii quingenti aurei, sic ut ipsa Ingolstadiensis collegii fundatio sit in 4000 aureis futura". Dazu durchgestrichene Randnotiz Fends: „Nota ob alhie ein gewisse summa des weittern augmenti vermeldt oder alles nur in genere gesetzt werden solle, also das sich die Societet von der decima auch etwas zuegetrösten habe".

180 Memorial vom 13. 3. 1576 (HStA Jes. 1748/II, 13f.): „... ut scripto constet nobis quoque semper liberum fore ... curam convictorum et collegij theologici suscipere, et cum huiusmodi onera gravia nobis futura sunt, ea quoque moderari vel deserere, sicut nobis in Domino videbitur. Quamobrem etiam harum functionum nullam patiemur in literis fundationis mentionem fieri".

Albertinum übergeben und eingerichtet werden solle[181]. Mit der Stiftung seines Seminars wolle der Herzog fortfahren; die Leitung der einstweilen im Alten Kolleg untergebrachten Stipendiaten übernehme der Orden und werde sich dabei nach dem Muster des Germanikums richten[182].

Die Münchener Jesuitenschule erhielt durch die Abwanderung des Philosophiekurses den Charakter eines „Gymnasiums" zurück, das auf den Besuch der Universität vorbereitete. Dennoch sollte Minderbegabten und -bemittelten die Möglichkeit verbleiben, hier die für den Schul- und niederen Pfarrdienst erforderliche Ausbildung zu erhalten. Der Herzog wünschte daher, daß die Patres zusätzlich eine Dialektik- und eine theologische Einführungsvorlesung veranstalteten. Sie sollten außerdem, wie schon im Vorjahr verlangt, Konviktoren aufnehmen, für die nötigen Räumlichkeiten wollte der Herzog mit der Zeit sorgen. Zum Entgelt durfte das Münchener Kolleg seine bisherige Jahrespension von 1500 Gulden behalten, die, wie die nach dem Stiftungsversprechen von 1574 zynisch klingende Begründung lautete, bisher bei größeren Lehrverpflichtungen gezahlt worden sei und genügt habe[183].

181 „Itaque plenum et integrum eius in Bavaria collegium septuaginta plus minus personarum" (die letzten 4 Worte Zusatz auf Wunsch Hoffaeus') „Ingolstadii surget" in der Gegend an der Schutter, wo das von der Witwe Feldmüller den Jesuiten geschenkte Haus stand. „Ibi coemptis adiunctis aediculis, horreis, fundis, hortis, necessariae et commodae habitationes, templum, auditoria primo quoque tempore extruentur Societati. Ea vero interea temporis dum haec fiant habitabit in collegio illo novo Albertino . . ."

182 „Alterum autem est, quod ab ipsis Ingolstadii expetitur, nimirum ut saepedicti novi Albertini collegii curam et gubernationem in se quoque recipiant, in eo plane modo, qui ad Romani collegii normam, quantum fieri potest, accedat proxime. Legum autem et statutorum pro hoc collegio tanquam perpetuo Bavarici cleri seminario adumbratorum exemplum patri provinciali communicabitur, ut intellecto eius consilio commodius institui omnia queant. Et quamvis hoc tempore alumni ducales in suo isto collegio vivere non poterunt, donec patribus, quibus ad occupandum conceditur, aedificatum fuerit, nihilominus tamen perget cum sua illa fundatione serenissimus dux, et alumnis interim cedet id loci in veteri academico collegio, quod ipsi patres hucusque inhabitarunt".

183 „Et quia non omnibus est integrum academias publicas hinc accedere, quoque tamen multi sunt ingeniis non ita ineptis, qui hic pretio aequiori vivere possunt, rem facient patres et loco et tempore dignam, si vel catechisticam vel sacramentorum casuumve lectionem aliquam instituent pro iis, qui ad sacrorum curam populi fidelis informationem aliquando accessuri. Plurimum iam conferet ad rectam iuventutis institutionem et foelicius iacenda pietatis semina, ubi patres Monachii bonorum et piorum quorundam virorum liberos ita ad se recipient, ut victum, informationem et disciplinam apud ipsos

Das ganze Vorhaben überschauend, konnte der skeptische und zäh verhandelnde Hoffaeus nicht ohne Stolz feststellen, „das Bavaria wirtt per Societatem instruct sein mit allerlay studijs für allerlay ingenia, für arme und reiche“[184]. Ingolstadt würde einen kompletten Philosophie- und Theologiekurs bieten, wie er in anderen Universitäten des Reiches nicht besser gefunden werde, außerdem insbesondere den bayerischen Kirchennachwuchs ausbilden und schließlich auch den internen Seminarbetrieb der Gesellschaft übernehmen, und das bescheidenere Münchener Lehrangebot genügte noch immer für Dorfpfarrer und den übrigen niederen Klerus[185]. Im April 1576 wurde die Vereinbarung durch den Ordensgeneral Everhard Mercurian mit den üblichen formalen Vorbehalten und einigen sachlichen Einwänden gebilligt[186]. Im Juni zogen die Jesuiten in ihr neues Kolleg ein[187], wo sie auch, nun aber in Konkurrenz mit parallelen Veranstaltungen der weltlichen

habeant omnem, inque eum usum peculiares ipsis aedes conducentur, donec aliqua sit occasio huius etiam rei commode prospiciendi . . . Et existimat serenissimus dux, Societatem pro iis, quae sic praestanda erunt, supradicta annua pecunia contentam recte esse posse, cum antea pro maioribus etiam laboribus plus non expetiverit, nec etiam sit necesse ad proprium suum seminarium plures hic alere, quod post hac Ingolstadii commodissime instituent“. Hoffaeus verlangte auch in diesem Punkt freie Hand für den Orden; es werde „ex charitate“, „ad tempus et libere“ getan werden.

184 „Declaratio laborum et rerum necessariarum“ vom 14. 3. 1576 (Seifert, Universität Nr. 100).

185 „Dieweil aber nit ain jeder wirt complieren können, cum propter ingenij vilitatem, tum etiam paupertatis vel necessitatis causa, für solche leuth wirtt München plenum paedagogium cum studijs rhetoricae haben unnd noch darzu compendium dialecticae ac duas lectiones sacras, alteram in catechismo Romano vel sacra scriptura, alteram vero in casibus conscientiae, quae omni abunde satis erunt pro parochis ruralibus et alijs quoque concionatoribus et animarum curatoribus . . .“

186 Mercurian an Hoffaeus am 14. 4. 1576 (Seifert, Universität Nr. 102). Dem Schreiben lag ein Bericht Hoffaeus', noch nicht die herzogliche Erklärung vom 20. 3. selbst zugrunde. „Ut degamus in novo illo theologorum collegio, donec nobis nostrum a fundamentis extruatur eo loco et modo quo scribis, placet, si tamen prius attentico instrumento cautum fuerit eam nobis habitationem perpetuam fore, donec nobis nostrum collegium exaedificetur amplum satis et nostris usibus idoneum, cui et hortum satis patentem adiunctum esse oportebit. Quod attinet ad reditus annuos, ij in bonis certis ac immobilibus stabiliendi erunt“. Vgl. auch bei Braunsberger VII 323f. ein weiteres Schreiben Mercurians an Hoffaeus vom 28. 4. 1576.

187 Braunsberger VII 324.

Artisten, ihren Philosophiekurs lasen und ihre Schule hielten[188]. Die am 20. Dezember 1576 ausgefertigte herzogliche Stiftungsurkunde[189], die dritte des Ingolstädter Kollegs, legte ihre finanziellen Ansprüche nun doch ohne Bedingung auf 4000 Gulden fest, die jährlich von der Geistlichen Kammer über die Zollämter München und Ingolstadt zur Auszahlung gelangen sollten[190]. Vergeblich hatten Mercurian und Hoffaeus auf eine verläßlichere Dotierung gedrungen; eine Kapitalsumme von 80 000 Gulden war naturgemäß nicht flüssig zu machen. Die Urkunde blieb auch bei der provisorischen Einräumung des Albertinumsgebäudes, das ja schon in Beschlag genommen war, und bei der Verheißung eines Neubaus. Sie machte aber deutlich, daß beide Seiten an diese Möglichkeit nicht mehr so recht glaubten. Hoffaeus hatte in ironischen Glossen um eine definitive Regelung gebeten[191], und die Urkunde räumte ein, daß es der Herzog für immer bei dem Provisorium belassen könne; in diesem Falle werde das Seminar anders versorgt werden[192].

Um sein Haus beraubt, im geistlichen Kammeretat auf einen wenig aussichtsreichen zweiten Platz abgedrängt und von den Jesuiten widerwillig in Obhut genommen, stand nun dem alberti-

[188] Vgl. dazu die bei Prantl II 297ff. gedruckte, am 26. 11. 1576 der Universität mitgeteilte Vereinbarung über die Rechte und Aufgaben der Jesuiten in der Universität.

[189] HStA Jes. 1748/II, 36ff. (korrigierter Entwurf), gedruckt bei Mederer IV Nr. 53.

[190] Entwurf: „eamque pecuniam ex ecclesiasticorum proventuum nostrorum aerario ita quotannis integram Societati numerari"; dazu Randglosse Hoffaeus': „Die herrn wöllen auff etwas dencken, das doch certum, solidum und securum sey auff alle casus, die sich begeben mögen, propter Deum rogo". Die Endfassung unterläßt die Erwähnung der Geistlichen Kammer und bezeichnet lediglich die Großzölle München und Ingolstadt als Auszahlungsstellen (Mederer IV 350).

[191] „Ach Gott, man henck unser hoffnung an ein nagel mitt garten, schulen, habitation. Quaeso man wöll sich doch resolvieren, wo wier bleiben söllen, ut fundatio absoluta et non suspensa sit... Saltem ponatur etiam certus numerus temporis, quo isthaec praestabuntur" (Randglossen zum Entwurf).

[192] „Coeterum pleni hujus collegij sui habitationem et gubernationem instituet Societas hoc quidem tempore in collegio nostro theologico novo, nuper a nobis ad catholici seminarii usum Ingolstadii extructo, atque ibi certa et perpetua erit illi habitatio, donec aliud novum una cum sacello commodo et sufficienti construxerimus, amplum satis institutique sui usibus idoneum, cui et hortus adjunctus sit satis patens. Quodsi tamen in eam descenderimus sententiam, ut hoc ipsum novum collegium Societati perpetuo serviat, nosque seminarium illud nostrum alio quodam commodo loco instituendum duxerimus", soll den Jesuiten ein Garten und ein Schulgebäude verschafft werden (Mederer IV 350f.).

nischen Seminarprojekt doch wenigstens der Übertritt vom Papier der Planungen und Proklamationen in die lebendige Wirklichkeit bevor. Die an ihm vorgenommenen Verkürzungen und Verstümmelungen hatten Herzog Albrecht veranlaßt, sich noch einmal förmlich zu ihm zu bekennen. Hoffaeus und dann auch Mercurian nahmen die Leitung des Albertinums dem Herzog zuliebe an, jedoch auf freiwilliger und widerruflicher Grundlage[193]; nachdem die Capitulatio vom 20. März nur einer herzoglichen Erwartung Ausdruck gegeben hatte, konnte diese Bedingung für erfüllt gelten. Ganz auf dieser Verhandlungslinie lag es denn auch, daß Hoffaeus, wie er es schon im Frühjahr angekündigt hatte, aus dem Entwurf der herzoglichen Kollegstiftungsurkunde vom 20. Dezember 1576 alle auf das Seminar und seine Verwaltung durch die Patres bezüglichen Passagen streichen ließ[194]. Der Orden wollte für die fernere Zukunft freie Hand behalten und er ersparte damit allerdings auch dem Herzog, sich für seine Seminarstiftung urkundlich festzulegen.

Es war der provisorische Anfang, den die Räte in den vergangenen Jahren immer wieder empfohlen hatten. Für eine großzügigere Regelung fehlten nach der Erhöhung der jesuitischen Pensionsansprüche einstweilen die Mittel. Soeben waren aber neue Dotationsverhandlungen mit der Kurie in Gang gekommen; ihr Ausgang mußte über die Zukunft des Albertinums entscheiden.

193 „Sed neque de suscipienda theologici seminarii cura quicquam ducimus paciscendum. Ut in optimi principis gratiam aut etiam ob praesentem necessitatem eum laborem non defugiamus, non expedit tamen ulla transactione aut pacto fieri, quo minus nostra libertate uti possimus, et si quando nostris rationibus commodum esse videretur, susceptam curam deponere“ (Mercurian, vgl. Anm. 186). Hoffaeus hatte am 14. 3. noch dazu verlangt, „das man ir der Societeth in gubernatione rerum domesticarum et temporalium treulich beystehe“ (vgl. Anm. 184).

194 Im Entwurf hatte gestanden: „... Societas ... collegium quoque nostrum theologicum novum, quod pro catholicae Dei ecclesiae consolatione ex fundamentis nuper aedificavimus Ingolstadij, quibus potest rationibus promovet“. Dazu Randglosse: „Lieber her Vend, laßt das seminarium dauß, ists doch warlich gnug, das es in dem andern academico scripto vermelt ist, wirtts doch alles gehalten werden“. Daraufhin faßte Fend den Satz neu (HStA Jes. 1748/II, 62ff.): „apud collegium quoque etc. ... quibus potest ex instituti sui modo rationibus rem literariam atque pietatem promovet, iuvat et ornat“. In der Endfassung (Mederer IV Nr. 348) fehlt in dem sonst übernommenen Satz die Erwähnung des theologischen Kollegs. Zwei weitere Erwähnungen des Albertinums wurden auf Grund von Glossen Hoffaeus' ebenfalls gestrichen (ebd. 349 und 351).

V.

KONFRONTATION UND AUSGLEICH MIT KURIE UND EPISKOPAT 1573—83

Die Priesterbildungskonzeption des Konzils von Trient hatte eine Alternative verworfen oder doch ignoriert, die ihr am konsequentesten von der Seminarpolitik Bayerns entgegengestellt worden war. Zehn Jahre nach dieser Konzilsentscheidung stand ihre sachliche Berechtigung wieder, und ernsthafter als zuvor, in Frage. Was in den bayerischen Memoranden der frühen sechziger Jahre eine begründete Prognose gewesen war, lag nun als die empirische Bilanz eines Jahrzehnts vor aller Augen: Die Bischöfe waren der ihnen gestellten Aufgabe nicht gewachsen, und eine Verminderung der Schwierigkeiten, die sich vor ihren Schulgründungen auftürmten, ließ sich auch für die Zukunft nicht gut erwarten. Kardinal Otto Truchseß, der Augsburger Kardinal und Protektor der deutschen Nation, stand mit seiner 1573 gezogenen Schlußfolgerung, daß das Seminardekret seine Undurchführbarkeit hinreichend bewiesen habe[1], nicht allein; von der gleichen Ansicht ging im Grunde genommen die Reform des Germanikums aus, zu der sich Papst Gregor XIII. soeben anschickte: Ein gemeinsames deutsches Seminar, von der Kurie finanziert und eventuell sogar auf deutschen Boden überführt, sollte die bischöflichen Stiftungen auf die Dauer ermutigen oder auch in sich hineinziehen, in der gegebenen Notlage aber zunächst einmal ersetzen.

[1] „Sed quia decretum concilij de seminarijs in singulis ecclesijs instituendis hoc tempore impossibile videtur, prout iam plurimis in locis experientia docuit, consultum videtur, immo necessarium, ut ad generale quoddam seminarium veniatur“ (Gutachten von Januar 1573 in: Schwarz, Zehn Gutachten 13f.). Otto hatte sich vor und nach dem Konzil in Gutachten wiederholt für die Gründung von Seminaren oder Jesuitenkollegien eingesetzt (vgl. Schwarz, Vier ungedruckte Gutachten 34, 36, 39 und 43). Mit ähnlicher Begründung wie er plädierte am 15. 10. 1573 Paul Hoffaeus SJ für die Gründung eines päpstlichen Seminars in Deutschland: „cum meo iudicio tantum non certissimum sit, Episcopos singulos sua singula seminaria rite instituere non posse quod non inveniantur idonei institutores sicut iam quorundam Episcoporum conatus fuere decepti“ (Braunsberger VII 143ff.). Zur Diskussion um die Verlegung des Germanikums nach Deutschland vgl. unten Anm. 49ff.

Auch die bayerische Seminarpolitik bezog aus dem Versagen der Bischöfe ihren bewegenden Impuls und zugleich die zu ihrer Rechtfertigung nötigen Argumente. Man darf der wiederholten Versicherung Herzog Albrechts glauben, daß ihn erst die Passivität der Bischöfe, in dieser Angelegenheit wie in der Reformfrage überhaupt, veranlaßt habe, die Dinge in seine eigene Hand zu nehmen. Nachdem aber dieser Entschluß gefallen war, hatten die Mahnungen an die Bischöfe, endlich mit der Reform zu beginnen, und die Beteuerungen gegenüber der Kurie, wie dringend der Herzog an einer solchen, nämlich von den Bischöfen betriebenen Reform interessiert sei, in erster Linie apologetischen Wert. Der große Neuansatz der herzoglichen Seminarpolitik im Jahre 1569 nahm den tridentinischen Seminarauftrag für den weltlichen Staat in Anspruch. Indem er die Ausbeutung der Klöster und die Verfügung über die Benefizien durch die Abschöpfung der Steuerkraft von Kirchen und Geistlichen ergänzte, legte er auf die vorhandenen Ressourcen Beschlag und entzog einer supplementären Initiative der Bischöfe die materielle Grundlage. Die typologische Verschiedenheit des staatlichen und des bischöflichen Seminars nahm durch den Übertritt aus der Theorie in die finanziell beengte Praxis die Form einer strengen Disjunktion an, die von der bayerischen Politik durch ihren ja kaum mehr widerrufbaren Entschluß zur eigenen Kolleggründung bereits präjudiziert war. Folgerichtig mußte der Herzog danach versuchen, den Bischöfen die Gründung von Diözesanseminaren auszureden, wie er es 1569 auch in Salzburg hatte tun lassen[2], und der Kurie gegenüber, wie es 1573 Fabricius aufgetragen wurde, die Realisierung des tridentinischen Dekrets als unwahrscheinlich hinzustellen[3]. Wenn er im gleichen Jahre Canisius erklärt hatte, daß er sowohl bischöfliche Seminargründungen wie die finanzielle Unterstützung der Universitäten durch den Klerus für notwendig erachte[4], so bedeutete doch in der Praxis der Vorrang der letzteren Zielsetzung ihre Ausschließlich-

[2] Vgl. IV Anm. 29.

[3] Vgl. IV Anm. 126.

[4] Der Herzog halte es für ratsam, „si episcopi dent operam clericorum seminariis erigendis, ... si clerus subsidium adferat publicis gymnasiis, ut docti et studiosi commodius queant sua studia promovere“ (Canisius' Bericht über seine Verhandlungen in München im Februar 1573: Schwarz, Zehn Gutachten 31). Canisius hatte von Papst Gregor Auftrag, beim Herzog in der Reformfrage vorzusprechen; Albrecht zog es aber vor, seine eigentlichen Anliegen mit Kardinal Otto Truchseß zu beraten (Braunsberger VII 113ff.).

keit. Das Ingolstädter Kolleg war als „Seminarium Bavariae" konzipiert, und es lag in der Konsequenz dieses Begriffs, daß ihm die finanzielle Leistungskraft der bayerischen Kirchen durch den Landesherrn vorbehalten wurde. Einer solchen Politik war die Reformunwilligkeit der Ordinarien und ihrer Kapitel als Alibi unentbehrlich; umgekehrt lieferte sie wiederum den Bischöfen die der Kurie gegenüber benötigte Ausrede.

Gegen diese staatskirchliche Umdeutung des tridentinischen Seminardekrets hatte die Kurie seinen sanktionierten Buchstaben und das kanonische Steuerprivileg der Geistlichen festzuhalten. Mit diesen primären Rücksichten fiel zusammen, was sachlich von jeher für das diözesane und gegen das staatliche Seminar gesprochen hatte. Im September 1573 ließ Papst Gregor erklären, weltliche Fürsten, auch wenn sie eigene Seminare errichten wollten, dürften die unentbehrlichen bischöflichen Gründungen nicht behindern oder verzögern. Der Klerikernachwuchs müsse beizeiten an die Unterordnung unter die geistliche Obrigkeit gewöhnt werden, und daher sollte den Ordinarien sogar über die staatlichen Seminare eine gewisse Autorität zustehen[5]. Diese klare Entscheidung ließ sich nun freilich schwer gegenüber weltlichen Staaten zur Geltung bringen, von deren Verhalten das Schicksal der Gegenreformation und der katholischen Reform in der gegebenen Lage fast allein abhing. Rom konnte politisch nicht daran interessiert sein, ihr auch mit Hilfe des Staatskirchentums zusammengezimmertes Machtpotential zu schwächen, aber es durfte andererseits doch auch nicht, wie von den Bischöfen beklagt wurde, die staatlichen Übergriffe in die geistliche Gerichtsbarkeit mit immer neuen Privilegien und Dispensen honorieren. Nicht nur aus dem Vormarsch des Protestantismus, auch aus dem Verlust ihrer Staatsfreiheit drohten der Kirche Gefahren, die sie für existentiell halten mußte.

Die Entscheidung Roms mußte versuchen, zwischen beiden Bedrohungen eine nach den wechselnden Umständen austarierte Mitte zu halten. Diese Entscheidung wurde unumgänglich, als im Frühjahr 1573 die Beschwerden der Bischöfe und die neuen bayeri-

[5] „Et in questa materia di seminarij è da considerare, che, se bene qualche principi secolare haverà intentione, die erigerne qualchuno, non però questo deve impedire o ritardare la tanto necessaria erettione, da farsi da li vescovi" (Como an Portia am 12. 9. 1573: NB III/3, 114ff.). Über die Schwierigkeit, den Bischöfen durch Superintendenz oder Visitation „qualche autorità" über die fürstlichen Kollegien zu sichern, gab sich die Kurie keinen Illusionen hin (ebd. 224 und 254).

schen Konzessionsanträge an der Kurie aufeinanderprallten[6]. In der Vorbereitung der Nuntiatur Portias entwarf die soeben gegründete deutsche Kardinalskongregation eine taktische Gesamtkonzeption[7], die aber einer Reform nach den Maßstäben der kanonischen Legalität entschieden die strategische Priorität zuerkannte. Den bayerischen Anträgen, die freilich auch ihrerseits eine Wendung zur Legalität angekündigt hatten, durfte nicht stattgegeben werden, wollte man nicht den Bischöfen neue Vorwände und den anderen weltlichen Staaten ein Beispiel geben; schon drohte die bayerische Praxis, etwa am Innsbrucker Hof[8], Schule zu machen. Die Sendung Fabricius' wurde denn für die bayerische Bistumspolitik ein großer Erfolg[9], für die Seminarpolitik aber ein vollkommener Fehlschlag; insbesondere mußte die vom Herzog begehrte Dezimation den bischöflichen Seminarsteuern den Vortritt lassen[10]. Den Bischöfen und auch Erzherzog Ferdinand gegenüber ließ der Papst betonen, wie wenig er den bayerischen Wünschen entgegengekommen sei[11].

Um den weltlichen Fürsten das Argument für ihre Übergriffe und Gesuche aus der Hand zu nehmen, war es komplementär zu dieser Verhandlungslinie unerläßlich, die bischöfliche Reform endlich und ernsthaft in Gang zu bringen. Es würde unabsehbare Ge-

[6] Vgl. IV Anm. 127. Für die Alternative vgl. die Bemerkung in einem der bei Schwarz (Zehn Gutachten 51) abgedruckten Memoranden: viele Bischöfe gäben als Entschuldigung vor, „che non possono indurre a contributioni monasterii et chiese sogette a prencipi catholici, de quali ogn'uno dice voler instituire proprie schole, et il mancamento do governatori et precettori".

[7] Vgl. die der Vorbereitung der Nuntiatur Portias dienenden Memoranden von Juni 1573 in NB III/3, 11ff. Schon die bei Schwarz gedruckten Gutachten hatten trotz der pessimistischen Äußerung Otto Truchseß' und des negativen Berichts Delfinos die beschleunigte Durchführung des tridentinischen Dekrets in der Mehrzahl empfohlen; vgl. etwa: „Summa est: seminaria et plura et celerius et melius constitui debent quam hactenus, alioquin omnes de reformatione consultationes variae sunt inanes et inutiles" (Schwarz, Zehn Gutachten 43f.).

[8] Erzherzog Ferdinand ersuchte den Nuntius Portia im August 1573 um Überlassung von Klöstern und Benefizien für eigene Seminarplanungen, und zwar mit ausdrücklicher Berufung auf Bayern (NB III/3, 66ff.). Vgl. für die Innsbrucker Projekte Kurrus, Die Jesuiten an der Universität Freiburg.

[9] Lojewski 88ff.

[10] Vgl. IV Anm. 129.

[11] Portia erklärte Erzherzog Ferdinand, „non essere stato concesso al signor duca di Baviera, che desiderava, ne' monasteri" (NB III/3, 66f.). Ebenso Como an Portia am 12. 9. 1573: der Papst halte sich gegenüber den Wünschen weltlicher Fürsten sehr zurück, „et spetialmente ne le petitioni del signor duca di Baviera si è havuto gran risguardo a questo" (ebd. 118).

fahren beschwören, so hieß es beziehungsvoll in der deutschen Kongregation, wenn dem Verlangen der weltlichen Fürsten nach einer wirksamen Reform nicht Genüge geschähe[12]. Für ein halbes Jahr rückte die Reform im Salzburgischen, der wichtigsten Provinz des katholischen Restdeutschland, zum ersten politischen Anliegen der Kurie auf. 1572 war Felician Ninguarda als päpstlicher Beauftragter mit der Bestätigung der Reformkonstitutionen von 1569 nach Deutschland zurückgekehrt. Im Juli 1573 folgte ihm Bartolomeo Portia als erster päpstlicher Nuntius für Süddeutschland, auch er vor allem beauftragt, die Reform voranzutreiben. Den Bischöfen wurde durch ihn ausgerichtet, Papst Gregor werden sich ihrer Beschwerden gegen die Fürsten annehmen, sobald sie ihm offiziell vorgelegt würden; inzwischen sollten sie aber schon mit der Reform beginnen, sei es auch erst einmal nur in ihren Hochstiftsgebieten[13]. Umgekehrt hatte Portia an den weltlichen Höfen den Vorwürfen gegen die Bischöfe mit dem Hinweis auf deren Gravamina zu begegnen. Es war der pragmatische Versuch, von den gegenseitigen Vorhaltungen abzuziehen, was Vorwand war, und damit die heimliche Komplizenschaft des staatlichen Kirchenregiments mit der bischöflichen Indolenz aufzulösen[14]; der materielle Kern des Gegensatzes blieb vorerst unberührt.

Daß es sich aber gerade in der Seminarfrage um eine echte Konfrontation handelte, konnte die Kurie schon bald aus Portias Berichten entnehmen. 1570 hatte Herzog Albrecht dem Salzburger Erzbischof versichern lassen, ihm werde bei der Ausschreibung einer Seminarsteuer nichts in den Weg gelegt werden[15]. Inzwischen war zwar ein ernsthafter Versuch dieser Art von den Bischöfen noch nicht gemacht worden; die herzoglichen Behörden müssen aber wohl klar zu erkennen gegeben haben, daß sie ihn in den herzoglichen Gebieten nicht zulassen würden. Erzbischof Johann Jakob erklärte Portia, der Herzog unterbinde eine solche Besteue-

[12] Römische Denkschrift von Juli 1573: Nötig sei „una effetual riforma di quella parte, quanto la sia desiderata et ricercata da principi catholici, a' quali in ciò non si può, senza biasimo et evidente pericolo, mancare" (NB III/3, 11ff.). Zur Gründung der Congregatio Germanica und ihren Initiativen 1573 vgl. jetzt Krasenbrink, bes. 114.

[13] „... in quelli luoghi, dove sone principi in temporale et in spirituale" (NB III/3, 20, Denkschrift von Juni 1573).

[14] Für die klare Erkenntnis dieses Zusammenhangs, den die Bischöfe durch ihr Verhalten gegenüber dem Nuntius und durch die Weigerung, ihre Gravamina vorzulegen, bestätigten, vgl. NB III/3, 153 und 225.

[15] Vgl. IV Anm. 67.

rung mit der Begründung, er wolle selbst ein Seminar gründen[16]. Die Wahrheitsprobe lieferte der Herzog, als er im August 1573 auf der Salzburger Provinzialsynode durch seinen Gesandten Martin Eisengrein gegen jeden Reformbeschluß, der seine Rechte präjudiziere, formellen Protest einlegen ließ[17]. Die Durchführung der nun definitiv verabschiedeten Reformkonstitutionen von 1569 war damit von vornherein in Frage gestellt. In der Seminarfrage beschloß die Synode, alle Bischöfe sollten dem Metropolitan binnen sechs Monaten über ihre Gründungsvorbereitungen Bericht erstatten. Man wollte zunächst wenigstens einen Anfang machen, später ließen sich die Schulen dann weiter ausbauen[18]. Geplant waren Seminare in Salzburg — zugleich für Lavant, Seckau, Brixen und Chiemsee — in Passau, zugleich für Regensburg, und auf ausdrücklichen herzoglichen Wunsch auch in Freising[19]. Wenig später entschied sich dann auch Regensburg für eine eigene Gründung. Der Erzbischof selbst hatte bereits zwei Häuser gekauft und schien dem Erfolg am nächsten. Der Synodalrezeß sah die Ausschreibung von Seminarsteuern vor; die Bischöfe waren sich aber über die Aussichtslosigkeit dieses Vorhabens von Anfang an im klaren und scheinen sich insgeheim darauf verständigt zu haben, es im Widerspruch zu der offiziellen Verlautbarung bei der Wiederherstellung und gegebenenfalls dem Ausbau ihrer Stiftsschulen bewenden zu lassen[20].

Die Kurie registrierte den bayerischen Protest mit Betroffenheit; mit einem Schlag hatte sie das herzogliche Kirchenregiment als entscheidendes Hindernis für die bischöfliche Reform in den Blick bekommen[21]. Man erwog einen vorsichtigen Protest in München. In Salzburg war Portia darauf aufmerksam gemacht worden, daß der Herzog für seine Seminarpolitik über die Einkünfte der Klöster verfüge[22]. Er und Ninguarda erhielten nun von Rom Auftrag, über die vakanten Klöster Erkundigungen einzuziehen und nach Mög-

16 „... dicendo di volere farne uno" (NB III/3, 83f.). Für die traditionellen herzoglichen Genehmigungs- und Kontrollansprüche gegenüber bischöflichen Steuern vgl. Rankl 143.

17 NB III/3, 133f.

18 Dalham 564ff.; Wiedemann I 263; Schellhass, Ninguarda I 12f.

19 Vgl. Portias Berichte in NB III/3, 76ff. und 123ff.

20 So wurde Portia, der an der Synode nicht teilgenommen hatte, im Oktober 1573 in Freising berichtet (NB III/3, 190f.).

21 NB III/3, 155, 158, 198f.

22 „Se bene non ha facultà dalla Sede Apostolica, che riscuote da monasterij, per applicare o ad università o a chi piu li piace" (NB III/3, 83f.).

lichkeiten für ihre Wiederbesetzung Ausschau zu halten[23]. Für Herzog Albrecht wurde am 28. November 1573 ein Breve ausgefertigt, das auf den schlechten Zustand vieler bayerischer Klöster hinwies und den herzoglichen Amt- und Hofleuten, nicht dem Herzog selbst, vorwarf, sie bemächtigten sich der Klostereinkünfte und entzögen den Mönchen ihr Wahlrecht[24]. Portia entschloß sich indessen, das Breve nicht zu übergeben, und die Kurie stimmte ihm zu: man würde den Herzog und seine Räte, die sich im Recht wähnten und das Beste wollten, mit einem solchen Tadel nur verärgern, ohne das mindeste zu erreichen[25]. Bei seiner eigenen Vorsprache in München hatte sich der Nuntius im Oktober 1573 mit der unbestimmten Aufforderung an den Herzog begnügt, die Reform besonders in Freising und Regensburg zu unterstützen. Er bekam zur Antwort, Herzog Albrecht habe die Bischöfe immer wieder und eben auch jetzt in Salzburg ermahnt, nicht zuletzt in der Seminarfrage, in der aber nur er selbst bisher auf Anstrengungen und Erfolge verweisen könne. Eine angehängte Bemerkung bestätigte den in Salzburg eingelegten Protest: es sei zu hoffen, daß das althergebrachte und päpstlich bestätigte herzogliche Patronatsrecht über die bayerische Kirche seitens der Bischöfe nicht verletzt werde[26].

Einen ähnlich abweisenden Bescheid erhielt Ninguarda, als er den Herzog im Januar 1574 aufforderte, die „praelati minores" an der Zahlung tridentinischer Seminarsteuern nicht zu hindern, sondern sie vielmehr dazu anzuhalten[27]. Den entscheidenden Punkt, nämlich die eigenen herzoglichen Seminarsteuern, brachte erst im anschließenden Frühjahr eine Regensburger Gesandtschaft in Rom zur Sprache: der Herzog, hieß es in ihrer Instruktion, behandle die Klöster als Kammergut, verfüge über ihr Einkommen und zwinge überdies die Pfarrer und Geistlichen, zu einem neuen Ingolstädter Kolleg beizusteuern, das noch nicht einmal in der Regensburger Diözese liege und ihr daher keinen Nutzen bringe[28]. Papst Gregor

[23] NB III/3, 257ff.; Schwarz, Zehn Gutachten 80f.

[24] Theiner I 117; vgl. auch Schwarz, Zehn Gutachten 80.

[25] NB III/3, 271, 281f., 308.

[26] Beide Memoranden in NB III/3, 431ff.; dazu Portias Bericht ebd. 161ff.

[27] „... Ut e. et Ill. D. V. eos impeditura solum non sit, sed sponte etiam monitura et adhortatura, ut pareant ac contribuant quantum facultates ferent" (Schellhass, Akten I 242ff.).

[28] „... Etiam parochi et clerici ab eodem illustrissimo duce cogantur ad novum suum collegium Ingolstadiense contribuere, quod tamen est in altera diocaesi

fand sich zu dem gewünschten Aufforderungsbreve an den Regensburger Klerus bereit, doch ohne, wie verlangt, den Herzog und die Ingolstädter Universität zu erwähnen; das gleichfalls erbetene Mahnbreve an Herzog Albrecht verweigerte er[29].

Trotz solcher vorsichtigen Zurückhaltung der Kurie scheint sich die herzogliche Regierung unter dem Eindruck der Berichte aus Rom und Salzburg, vielleicht auch mündlicher Bemerkungen Portias und Ninguardas, der Unhaltbarkeit, wenn auch nicht der Unrechtmäßigkeit ihrer seminarpolitischen Linie zögernd bewußt geworden zu sein. Die Rückwendung zur Legalität unter Vermeidung finanzieller Einbußen schien wünschenswert, und sie war möglich. Seit 1562 verfügte der Herzog über zwei päpstliche Konzessionen, die er aus verschiedenen Rücksichten bislang nicht eingelöst, sondern durch seine nun umstrittenen Finanzpraktiken ersetzt hatte, ohne sie doch im Anspruch aufzugeben. An die Stelle der von Pius IV. bewilligten Dezimationen waren 1570 die herzoglichen Kollegsteuern getreten. Die 1573 dann doch wieder in Rom beantragte Exekution des Dezimationsbreves[30] hätte das herzogliche Seminarsteueraufkommen auf die Dauer begrenzt und befristet, für den Moment aber vergrößert und damit die schwierige Dotation des Ingolstädter Seminars ermöglicht. Die Kollegkontributionen, von denen wohl die Kurie zu diesem Zeitpunkt noch keine Kenntnis hatte, wären im Falle der Genehmigung dieses Antrages fraglos abgeschafft worden. Einen solchen Tausch hätte die Kurie aus grundsätzlichen Erwägungen wünschen, aus politischen Rücksichten aber in der gegebenen Situation auch dann nicht vornehmen können, wenn sie ihn als solchen erkannt hätte. Die Ablehnung des Gesuchs ließ die Dinge für drei Jahre im alten, von Rom stillschweigend tolerierten, aber zunehmend als unerträglich erkannten Zustand. Der Herzog fuhr mit der Einziehung seiner

nec quicquam commodi inde ad ecclesiam Ratisponensem redundet" (Regensburger Gesandtschaftsinstruktion vom 20. 4. 1574: Schellhass, Akten II 103). Für die Regensburger Seminargründungsbestrebungen zu dieser Zeit vgl. unten Anm. 71ff.

29 Protokoll der deutschen Kongregation vom 7. 7. 1574: „Ad tertium de contributione in sumptus seminarii: Concedendum esse facultatem, quae petitur, nulla tamen facta mentione ducis Bavariae neque Ingolstadiensis universitatis" (Schwarz, Zehn Gutachten 90). Zu dem nicht vorliegenden Breve vom 1. 9. 1574 vgl. Schellhass, Akten II 105f.

30 Vgl. IV Anm. 124. Für die Alternative: päpstlich genehmigte Dezimation oder eigenmächtige staatliche Kirchensteuer, wie sie sich erneut für die bayerische Politik im 18. Jahrhundert stellte, vgl. Bauer 262ff.

Kollegsteuern fort; den Preis, um den er davon abzubringen war, hatte er genannt.

Seit Vieheusers Gesandtschaft vermeinte die Münchener Regierung sich auch im Besitz der päpstlichen Zustimmung zur Aufhebung eines oder mehrerer vakanter Klöster. Vieheuser hatte zwar in dieser Sache nicht mehr mitgebracht als die mündliche Zusage des Kardinals Borromeo, der Papst sei mit der ordnungsgemäßen, also bei den zuständigen kirchlichen Instanzen erwirkten Suppression eines Klosters einverstanden[31]. Auf diese Stelle in der Gesandtschaftsrelation muß aber die wenig später am Münchener Hof für unbestritten geltende Überzeugung zurückgehen, es liege eine formelle und für mehrere Klöster geltende päpstliche Konzession vor, von der man nach Belieben Gebrauch machen könne. Das wegweisende Gutachten von 1570 empfahl sie einzulösen, sobald die Stiftung des Ingolstädter Seminars auf der Tagesordnung stehen würde[32]. Auch die Geistliche Kammerinstruktion von 1571 hielt die päpstliche Suppressionsbewilligung für gewiß, schien aber das seit den fünfziger Jahren eingespielte, finanziell nicht weniger einträgliche Provisorium, also die Ausbeutung der vakanten Klöster durch herzogliche Verwalter, dieser auffälligeren Lösung vorzuziehen[33]. Inzwischen war nun diese Praxis ins Zielfeld der Kritik geraten,

[31] Vgl. III Anm. 57. Vieheuser berichtet, Borromeo zufolge habe der Papst bewilligt „die suppressionem alicuius monasterij, doch illam legittime fiendam, id est, nominandum prius monasterium unnd volgenndts dasselbige authoritate metropolitani supprimendum" (HStA Staatsverw. 2723, 235).

[32] „Dann zu erster fundation unnd erhebung des vilgemelten neuen theologischen collegij ze Innglstatt hat unnser gnediger fürst unnd herr etc. guetten vorrath, nemblichen facultatem unnd concessionem, aines oder mer clöster gar ze supprimieren unnd auszethilgen... Als dann wirdet von den vacierenden clöstern, wie die wider mit religiosen zubesetzen oder eins thails gar aus zetilgen unnd derselben einkhomen zu stifftung des theologischen collegij und annderer gaistlichen ausgaben zuverwenden, auch zereden unnd zerathschlagen sein, damit nochermelts unsers g. f. und h. chamerguets forthin verschont werde" (HStA Staatsverw. 2797, 38ff.; vgl. IV Anm. 47).

[33] „... Wiewol wir nichts liebers sechen wolten, dann das solche erödigte clöster wider mit tauglichen religiosen besetzt..., unangesechen der volmacht und gewalts, so wir von bäbstl. heil. haben, dise oder anndere clöster gar auszetilgen und das einkhomen zu der ehr Gottes und unser heiligen religion wolfarth in anndere weg zuverwenden, so khan es doch auch villeicht bey vorsteenden müehseligen zeiten so gar fürderlich zu deme nit gerathen" (HStA Staatsverw. 2797, 63ff.; vgl. IV Anm. 75). Ein halbes Jahr zuvor hatte der Herzog allerdings versucht, vom Papst die Freigabe dreier Klöster für die Gründung weiterer Jesuitenkollegien zu erlangen; Hoffaeus berichtete am 21. 2. 1571 nach Rom, trotz seines Widerspruchs werde der Kanzler Eck jetzt deswegen an den Papst schreiben (Duhr I 374). Ob es geschehen ist und mit welchem Erfolg, ist

während zugleich die bevorstehende Dotierung des Ingolstädter Seminars den punktuellen Einsatz größerer Mittel erforderte. Die Kurie hatte von einem formellen Protest 1573 abgesehen; im Dezember 1574 ließ sie aber dem Herzog durch Portia den Wunsch vortragen, in einem Kloster ein gemeinsames Seminar für die Ausbildung des bayerischen Religiosennachwuchses zu gründen. In München hielt man das für eine Gelegenheit, beim Papst die Suppression der vakanten Klöster zu beantragen; für zwei von ihnen liege ein Privileg bereits vor, das aber nun auf die beiden anderen auszudehnen sei. Da es aber nicht im herzoglichen Interesse lag, die Klöster dem Religiosenseminar zuzuwenden, wurde der Antrag aus dem Memorial für Portia wieder gestrichen[34] und dafür im gleichen Herbst dem römischen Gesandten Fabricius aufgeladen. Dieser versicherte jedoch, von einem älteren Privileg dieser Art nichts zu wissen; weder er noch der ständige Orator Castellino seien in dieser Sache je tätig, geschweige erfolgreich gewesen[35]. Darüber verwunderte man sich wieder in München: es sei doch ge-

unerkennbar; der herzogliche Orator Castellino kann jedenfalls nicht eingeschaltet worden sein (vgl. das folgende).

[34] Zu den Verhandlungen über die Gründung des Religiosenseminars vgl. VI Anm. 18ff. Über Portias Memorial berieten Elsenheimer, Fend, Fugger und Berbinger; das Protokoll vermerkt: „Nota: der clöster so vaciern extinction und suppression halben mit dem nuntio zehandlen" (StAM GR 500 9 1/2, 21). Das von Fend anschließend entworfene herzogliche Memorial (NB III/4, 331ff.) enthält die folgende, dann gestrichene Passage: „nec defutura etiam sperat optimi pontificis clementia et liberalitas in extinguendis vacantibus aliquibus monasterijs, quorum opes ad pias et necessarias ejuscemodi fundationes convertantur. Qualem quidem superioribus annis Sancta Sedes elargita est facultatem, sed ad duo tantummodo monasteria, quorum proventus minus sufficere videbantur tanto instituto. Ijs si alia duo identidem vacantia adijciantur, summa tum erit rej pro religionis atque pietatis incremento bene gerendo oportunitas. Qua de re ad Sanctissimum D. N. per oratorem suum in urbe referet uberius serenissimus princeps", auch Portia möge aber den Antrag unterstützen. — Die herzoglichen Räte hatten ursprünglich die Absicht, das Ingolstädter Seminarprojekt im allgemeinen und umfassenden Sinne zu empfehlen; indem sich die Diskussion dann auf das Religionsenseminar einengte, mußte der Klosterantrag, um eine unerwünschte Assoziation auszuschließen, aus dem Memorial herausgenommen werden.

[35] In Fabricius' Instruktionen von 1573 und 1574 (vgl. IV Anm. 120 und V Anm. 58) fehlt dieser Punkt noch. Am 17. 12. 1574 schrieb der Gesandte an Fend: „De collegio theologico Ingolstadij erecto memini me perscripsisse alias, in quo dotando ut pontificia concessione monasteria aliquot extinguerentur, nec cogitavi neque unquam mihi fuit commissum, ut hoc nomine apud s. d. n. sollicitarem, multo minus gratiam talem ullo tempore impetravi" (GStA K. schw. 7306/1).

wiß, daß der Herzog die erwähnte Konzession vor gar nicht sehr langer Zeit erhalten habe, und sie müsse sich bei heimlicher Nachforschung im päpstlichen Kanzleiregister auffinden lassen[36]. Die Suche endete ergebnislos; Fabricius äußerte sein ärgerliches Erstaunen, daß von dem ominösen Privileg weder in Rom noch in München eine Spur oder auch nur gesicherte Kenntnisse übriggeblieben seien. Andere Fürsten besäßen ein Archiv, auch Herzog Albrecht sollte sich eins einrichten[37]. Es war wohl diese Erfahrung, die den Herzog veranlaßte, Erasmus Fend am 1. Januar 1575 zum Archivar zu ernennen und mit der Neuordnung des Archivs zu beauftragen[38].

In der Sache hielt Fabricius den herzoglichen Antrag angesichts der Erfahrungen, die man früher mit dem Münchener Augustinerkloster gemacht habe, für so aussichtslos, daß sich der Herzog damit nur kompromittieren könne. Die Kurie sei in diesen Dingen immer schwierig gewesen, und zwar auch dann, wenn es um die Gründung von Jesuitenkollegien gegangen sei[39]; wieviel weniger

[36] Fend an Fabricius am 2. 1. 1575: „Caeterum suppressiones duorum vel trium monasteriorum per Bavariam vacantium certissime impetratae sunt a Pio alterutro. Et vehementer nobis proderit, tam ad collegij quam aliqua pietatis negotia, ut de indulto sive facultate ista fiamus certiores. Quare operae precium maxime erit, si de eo in registris cancellariae apostolicae quaesitum fuerit et exemplum nobis transmissum, tacito tamen, quod indultum ipsum hic apud nos non reperiatur" (GStA K. schw. 7306/2).

[37] Fabricius an Fend am 20. 1. 1575: „An vero suppressiones unquam monasteriorum in Bavaria impetratae sint, etsi valde dubitem, tamen quo certi aliquid constet, publica registra perlustrari curabo" (GStA K. schw. 7306/2). Am 29. 1. 1575 versicherte Fabricius in einem Schreiben an den Herzog erneut: „Porro de extinctione et suppressione quorundam monasteriorum scio nihil unquam me tentatum fuisse, nec hactenus eius rei cura mihi fuit demandata. Id quod hinc facile intelligi poterit, quod anno superiori, quo facilius ad dotandum collegium Ingolstadiense quidpiam obtineretur, solum de decimis actum fuerit". Darauf am 19. 2. 1575 Herzog Albrecht an Fabricius (Entwurf Fends): „Quod autem de suppressione quorundam monasteriorum nostrorum nec per te neque per Castellinium indagari certi quippiam hucusque potuimus, equidem miramur, cum non dubitemus, eam rem in publica cancellariae registra esse relatam. Et certissimum est, eiusmodi gratiam aliquam pro nobis non ita multis ab hinc annis impetratam esse. Quod si iam de novo hoc rogandum existimaverimus, de toto illo negotio ubertim te intruemus", wie Fabricius verlangt hatte. Am 12. 3. 1575 antwortete Fabricius mit seinen erwähnten Bemerkungen über die Notwendigkeit eines Archivs (alles in HStA HL Freising 80, 80, 132, 161f.).

[38] Archivalische Zeitschrift 11 (1886) 66ff.

[39] Vgl. zu der eingeschränkten Berechtigung dieser Behauptung Duhr I 373ff.; sie galt jedoch für die bisherigen bayerischen Bemühungen von 1551 und 1557. Die allgemeine Ansicht auf kirchlicher Seite war, die alten Orden seien

sei also im vorliegenden Fall zu erwarten[40]. Fend gab endlich im April 1575 mit dem Bescheid nach, vielleicht werde sich die Angelegenheit besser erledigen lassen nach der Eröffnung des Ingolstädter Seminars, die jetzt eben bevorstehe[41].

Zu diesem Zeitpunkt hatte der Druck auf die herzogliche Seminarpolitik wieder nachgelassen. Die bischöfliche Reform machte keine sichtbaren Fortschritte, andere Angelegenheiten, darunter für längere Zeit besonders die Verhandlungen über die jesuitische Kolleggründung in Augsburg, bei denen sich der Herzog als Förderer hervortat, rückten im Briefverkehr zwischen der Kurie und ihrem süddeutschen Repräsentanten in den Vordergrund. Während Portia in Augsburg und Freiburg und Ninguarda in den österreichischen Klöstern festgehalten war, beschränkten sich die Reformbemühungen im Salzburger Raum, auf die die Kurie so große Hoffnungen gesetzt hatte, bis zum Ende des Jahres 1575 auf die Drucklegung der Synodalrezesse. Von der Seminargründung des Erzbischofs war nichts mehr zu hören[42].

Auf der anderen Seite stagnierte aber seit 1574 auch die Ingolstädter Seminargründung. Simon Eck hatte bei seinem Tod (Februar 1574) die herzoglichen Stiftungsangelegenheiten in ungeordnetem Zustand hinterlassen. Seine Nachfolger, unter denen Erasmus Fend die Leitung der Kirchen- und Schulsachen mehr und mehr an sich zog[43], setzten die bisherige Linie der herzoglichen

vor die Wahl zu stellen, ihre Klöster entweder wieder zu besetzen oder ihre Verwendung für andere Zwecke zu gestatten (Schwarz, Zehn Gutachten 63f.; Braunsberger VI 365).

40 „Ex alijs autem negotijs quae cum per me, tum etiam per alios sunt sollicitata, non obscure conijcere potestis, quam parum subsit spei, ut qualem requiritis extinctionem monasteriorum impetremus. Si enim cum Monachij tum Landishutae admittere noluerit sedes apostolica, ut quaedam neglectiora monasteria in pios usus seminariorum converterentur, quopacto similium extinctionem pateretur! Unde si dignitatem princips, quae hic praefulget, confirmatam cupimus, existimo satius fore, ut nihil eiusmodi proponamus" (17. 12. 1574). Und am 29. 1. 1575: „Valde se difficilem praebet sedes apostolica in concedendis eiusmodi monasteriorum extinctionibus" (Nachweise vgl. Anm. 35 und 37).

41 Herzog Albrecht (Entwurf Fends) an Fabricius am 2. 4. 1575: „De monasteriorum aliquot suppressione nova impetranda, quandoquidem vetus illa ex omnium memoria sic evanuit, non infoeliciter forte agemus post data collegij nostri initia, in quibus toti nunc sumus" (HStA HL Freising 80, 219).

42 Vgl. NB III/3, 343 und 400 und NB III/4 290 und 411 sowie Schellhass, Akten IV 103 und 106.

43 Schellhass (Legation Morones 357) nennt ihn zu Recht den „tatsächlichen Leiter der bayerischen Kirchenpolitik"; zusammenfassend über ihn (mit Lit.)

Seminarpolitik fort, fanden aber für die Lösung ihrer Probleme zunächst kein klares Konzept. Die Kollegsteuern und die Klosterabgaben wurden weiter eingezogen, doch gelang es anscheinend nicht, den Ertrag vor Zweckentfremdung zu bewahren und dem Ingolstädter Seminar zu reservieren[44]. Für die wiederholt als dringlich empfohlene Eröffnung des Kollegs fehlten daher die Mittel; zum Ausgleich bemühte man sich recht wahl- und planlos um die Erschließung neuer Hilfsquellen. Zur gleichen Zeit, als Fabricius in Rom in der Klosterangelegenheit beschäftigt wurde, ließ der Herzog dem Nuntius Portia in München seinen Ingolstädter Neubau als idealen Standort für das gewünschte bayerische Klosterseminar empfehlen[45]. Schon etwas früher hatte die Reform des deutschen Kollegs in Rom der Münchener Regierung Hoffnung auf eine päpstliche Finanzhilfe für ihr Seminar gemacht. Dem Germanikum war seit seinen Anfängen von der herzoglichen Seminarpolitik lebhaftes Interesse entgegengebracht worden, auch noch in den sechziger Jahren, als wiederholt auf herzogliche Kosten bayerische Schüler in das Kolleg entsandt worden waren[46], das sich in-

O. Hartig, Die Gründung der Münchener Hofbibliothek 22f.; ein Portrait jetzt bei Boehm-Spörl 141. In einem undatierten, von Anfang der achtziger Jahre stammenden Brief an Elsenheimer schreibt Herzog Wilhelm, Fend habe sich „mhermals, sunderlich aber erst gestern hoch beschwärtt, ehr khinde je nitt das archivum, den hoffrath, die lateinischen filfelttigen schreiben und instructiones, die geistlichen sachen und andere comissiones alles zugleich, wie mhan offt vhon im haben welle, verrichten" (GStA K. schw. 16 341).

[44] Vgl. IV Anm. 150.

[45] Vgl. VI Anm. 23. Lurz (II 292f.) druckt vermeintlich aus dieser Verhandlung eine Memorialfassung, die sich anfangs mit dem von Schellhass (NB III/4, 331ff.) wiedergegebenen Text deckt, dann aber überraschend und mit zweifelhafter Logik auf den Vorschlag umlenkt, die Bischöfe sollten ihre Stipendiaten ins Ingolstädter Kolleg schicken. Lurz' Fassung geht über Freyberg (Gesetzgebung III 256f.) auf den Pollinger Abschriftenkodex BStB Clm 1372, 238ff. zurück, der aber auch (f.270) Schellhass' Variante enthält. Der Fehler geht zu Lasten dieses Kopisten; der Lurz'sche Text gehört, wie schon die Apostrophierung des Gesprächspartners als Legaten deutlich macht und wie der Vergleich mit der frühen Kopie StAM GR 1255/3, 46ff. beweist, in die Verhandlungen mit Morone 1576 (vgl. Anm. 78).

[46] Ergänzend zu den Angaben Steinhubers hier einige Notizen aus den römischen Korrespondenzen: Am 26. 10. 1566 meldete Pfister an Eck die Ankunft der Studenten Schweikert und Wagner und ihre Aufnahme ins Kolleg; für jeden von ihnen mußten 100 Kronen bezahlt werden (GStA K. schw. 7372). Im April 1571 hielten sich Bartholomaeus Vischer, Ladislaus Mörtin und Stefan Simon als herzogliche Alumnen im Germanikum auf (Braunsberger VI 353). Am 14. 8. 1571 empfahl der Herzog (Fend) dem Kardinal Truchseß Johann Knab, einen Verwandten Simon Ecks, zur Förderung (StAM HR 427/4). Am

zwischen in ein internationales Adligenkonvikt verwandelt hatte. 1569 setzte sich Albrecht bei den Kardinälen Morone und Truchseß dafür ein, das Germanikum wieder zu einem allgemeinen deutschen Seminar zu machen, das, durch Beiträge der deutschen Bischöfe mitfinanziert, die ausgebliebenen bischöflichen Seminare ersetzen sollte[47]. Dem Drängen von Albrechts vertrautem Freund, dem Augsburger Kardinal, verdankt die Kollegreform, zu der sich Papst Gregor im Jahre 1573 anschickte, ihren entscheidenden Impuls. Im August 1573 stellte Gregor die Geldmittel für die Erhaltung von 100 deutschen Alumnen bereit[48]. Otto Truchseß hatte für die Beibehaltung des römischen Standorts, wenn auch für die Trennung des Seminars von dem mit ihm verbundenen internationalen Konvikt plädiert; in den frühen Reformberatungen war aber auch der Alternativvorschlag aufgetaucht, an die Stelle des einen römischen Kollegs eine Mehrzahl päpstlicher Seminare auf deutschem Boden treten zu lassen[49]. Im August 1573 führte der Wiener Nuntius Giovanni Delfino für diese „deutsche Lösung“ eine Reihe von Argumenten ins Feld: mit der gleichen Geldsumme ließen sich in Deutschland doppelt soviel Stipendiaten erhalten; die Rekrutierung wäre einfacher, das Klima günstiger, und schließlich erhielten die Bischöfe ein Beispiel zur Nachahmung[50]. Mit nicht weniger ein-

27. 3. 1573 weilten, wie Fabricius an Eck schreibt, im Germanikum B. Vischer (s. oben), Magister Ludwig Schinweis und Magister Abraham Parsdorfer. Am 17. 9. 1573 befahl der Herzog dem Orator, für die Unterbringung der herzoglichen Stipendiaten als Alumnen im deutschen Kolleg zu sorgen, die Unterhaltsgebühr werde dadurch für das Ingolstädter Kolleg frei (HStA HL Freising 78, 72f.). Am 29. 5. 1574 schrieb Fabricius an Fend, es sei ihm mit großer Mühe gelungen, neben dem bereits im Vorjahr angenommenen Johann Wagner-Eck (s. oben) nun auch Fends Verwandten Barth unterzubringen (GStA K. schw. 7306/1). Im April 1575 erhielt Christoph Weilhamer für die Promotion 50 Kronen überwiesen (HStA Staatsverw. 3021, 247'); 1578 lieh der Herzog ihn an den Mainzer Erzbischof aus, der ihn gern behalten hätte. Albrecht schrieb dem Erzbischof am 27. 7. 1578, er habe Weilhamer auf seine Kosten ausbilden lassen wie manchen anderen auch, er habe sich dafür zum Dienst verpflichtet, werde aber noch für ein halbes Jahr in Mainz belassen (StAM GR 1255/3). Im Juni 1575 erhielt Johann (Martin?) Thum in Rom 30 Kronen für seine Promotion (HStA Staatsverw. 3021). Im Juni 1576 waren Vischer, Martin Dum und Matthäus Maier in Rom (GStA K. schw. 7306/3). Vgl. weiter Anm. 85.

47 Vgl. IV Anm. 26ff.

48 Steinhuber I 85ff.

49 Schwarz, Zehn Gutachten 13f. und 57f.

50 Lukács, Die Gründung des Wiener päpstlichen Seminars 38f. und 57f.; ebd. die weitere Korrespondenz zwischen Como und Delfino in dieser Sache.

leuchtenden Gründen empfahl der oberdeutsche Jesuitenprovinzial Hoffaeus die Teilung des Germanikums; die Hälfte der päpstlichen Stiftungssumme sei für eine Art philosophisches Unterseminar in Deutschland zu reservieren, dem zusätzliche Unterstützungszahlungen von Bischöfen und Fürsten zufließen könnten[51]. Auf Morones Empfehlung[52] blieb Gregor zwar bei seiner Konzeption eines zentralen römischen Seminars, ging aber auf den Vorschlag, darüber hinaus eine Anzahl von Alumnen in Deutschland zu unterhalten, bereitwillig ein[53]. Anfang Dezember 1573 erhielt Delfino für die Gründung eines Alumnats im Wiener Jesuitenkolleg die Erlaubnis und die für 25—30 Schüler ausreichenden Mittel. Eine zweite Anstalt dieser Art sollte im westlichen Süddeutschland entstehen[54]. Hoffaeus hatte Augsburg, wo seit langem die Gründung eines Jesuitenkollegs betrieben wurde, oder auch München vorgeschlagen. Im Dezember 1573 verständigten sich Canisius und Portia auf die Empfehlung Dillingens, das für die blühendste, finanziell aber ungesichertste jesuitische Schule galt; auf keinen Fall sei eine der von den weltlichen Fürsten „absolut“ beherrschten Universitäten geeignet[55]. Gregor entschied sich stattdessen zunächst für Konstanz[56].

[51] Hoffaeus an Mercurian am 15. 10. 1573: „Episcopi reliqui facile huic Collegio in eodem oppido sua seminaria quoque adiungerent et hinc enasceretur sancta quaedam seminariorum aemulatio“ (Braunsberger VII 143ff.; vgl. auch Steinhuber I 89f.). Die Idee, einen zentralen Kristallisationspunkt für die bischöflichen Seminargründungen zu schaffen, entsprach dem alten Konzept der herzoglichen Politik. 1576 schlug auch Canisius Morone diese Alternativlösung vor (Braunsberger VII 358ff.). In Trient hatten 1563 die Bischöfe verlangt, auch der Papst solle durch das Seminardekret verpflichtet werden (ebd. III 289); im August 1564 hatte sich Pius IV. dann zur Gründung des römischen Seminars entschlossen (Steinhuber I 56f.).

[52] Lukács, Wiener Seminar 58ff. Morone erkannte, daß solche regionalen Papstseminare die bischöflichen Gründungen in ihrer Funktion ersetzt hätten, und hielt sie eben deshalb nicht für zweckmäßig. Die bischöflichen Seminargründungen blieben die vorrangige Aufgabe; das Germanikum als zentrale Anstalt, als „trojanisches Pferd“, werde den Bischöfen Lehrkräfte liefern. „Nè per questo si resterà oltre li seminarii nuovi delli vescovi che l'altri seminarii in Germania che si trovano di Jesuiti, non si possino mantenere et accrescere senza questo aiuto di S.Stà come han fatto fin qui“; notfalls könne ihnen durch den Papst auch noch geholfen werden.

[53] Lukács, Wiener Seminar 41; Braunsberger VII 150f.

[54] Lukács, Wiener Seminar 42ff. und 62ff.

[55] Braunsberger VII 151ff.: Am 20. 12. 1573 schreibt Portia an Como, er stimme mit Canisius überein „che non sia bene pensare a luochi d'università soggette a Prencipi per l'assoluta authorità, che vogliono havervi sopra, con la

Daß die Jesuiten nach dem Abzug ihres Philosophiekurses und Pädagogiums zu dieser Zeit für Ingolstadt kein Interesse zeigten, nimmt nicht wunder. Auf die herzogliche Regierung aber mußte das Wiener Beispiel beunruhigend und ermutigend wirken[57]. Im März 1574 erhielt Fabricius Weisung, beim Papst die Beibehaltung des gemeinsamen deutschen Seminars in Rom zu befürworten; die deutsche Kirche könne es, nachdem die Bischöfe mit ihren Gründungen nicht vorankämen, nicht entbehren. Sollte aber wirklich eine Verlegung nach Deutschland geplant sein, so empfehle sich Ingolstadt und das dort neugebaute Kolleg, wo alles schon bereit sei und nur diejenigen noch fehlten, für die alle diese Annehmlichkeiten bestimmt seien[58]. Das konnte nach den Raumproblemen, mit denen die Wiener Gründung zu kämpfen hatte, als Argument gelten. Fabricius berichtete aber im Juli 1574 aus Rom, die Verlegung des Germanikums sei im Moment nicht geplant, und auf eine Finanzhilfe für das Ingolstädter Seminar sei von seiten des voll ausgelasteten Papstes kaum zu rechnen[59].

rilassata vita, che vi si mena poco accomodata al fine santo di S. Beatitudine". Vgl. auch NB III/3, 413ff. und 444.

[56] Das auch Canisius ursprünglich vorgeschlagen hatte: Braunsberger VII 140f. und 157. Vgl. zu den deutschen Papstseminaren auch Duhr I 300ff. und Hofmann.

[57] Den Anstoß gab wohl ein Hilfsgesuch von Germanikums-Alumnen an den Herzog: NB III/3, 326.

[58] Instruktion für Fabricius vom 10. 3. 1574: Portia könne berichten, „quantum speremus ex ijs seminarijs quae ad ecclesiarum cathedras iubet concilium sacrum. Plus equidem esset praesidij et consolationis ex uno illo pontificio Germanorum collegio quam ex alijs omnibus, quae hinc inde in eos usus cogitari pararive queant uberus locorum". Wenn es jedoch zur Verlegung nach Deutschland komme, „non incommodum erit fortasse Ingolstadium... Sedem autem et arcem eiuscemodi pontificiae benignitatis offerimus collegium nostrum novum... Nihil hic opus erit sumptus facere in habitationes plurimas et commodissimas, cum parata sint omnia solumque desint, qui delitijs istis perfruantur... Huc si s. d. n. benignitatem et clementiam suam adhibuerit, ut nimirum sit ibi ex pontificia liberalitate commune quoddam Germanorum collegium futurum..." (HStA HL Freising 78, 18ff., Entwurf Fends).

[59] Fabricius an Fend am 31. 7. 1574: „Abeunti mihi ex Bavaria serenissimus princeps inter alia in mandatis dedit, up apud s. d. n. instarem, ut collegium et seminarium, quod in Germania erecturus dicebatur, Ingolstadium potius quam alium in locum transferre dignaretur". Er habe noch nichts unternommen; „quamvis enim sanctitatem suam a quibusdam publicatum sit proposuisse eodem modo in Germania quo hic in urbe seminarium instituere, tamen dubium id adhuc valde incertumque est", u. a. weil es an Mitteln fehle und das Germanikum große Kosten verursache. Die Hoffnung, etwas für Ingolstadt zu erreichen, sei sehr gering. — Fend notiert am Rand: „Collegium theologicum a

Im Oktober 1575 gab die Regensburger Begegnung mit Delfino, dem Initiator des Wiener Alumnats, dem Herzog Gelegenheit, seine Bitte zu wiederholen. Statt eines „commune Germanorum collegium" in Ingolstadt ging es jetzt um eine bescheidenere Stiftung nach dem Beispiel Wiens, wie sie Gregor dem Hörensagen nach nun auch für Freiburg plante. Wieder erbot sich Albrecht, dem Papst sein in Deutschland, wie er sagte, einmaliges Kolleggebäude zur Verfügung zu stellen. Vielleicht habe die Vorsehung gewollt, daß das noch immer leer stehende Haus durch päpstliche „liberalitas" seine Weihe erhalte; jedenfalls dürfe der Herzog angesichts seiner Verdienste um die Kirche darauf wenigstens ebenso viel Anspruch erheben wie jeder andere[60].

In Vertretung Portias und Ninguardas, die beide seit längerem in anderen Gegenden und Angelegenheiten festgehalten waren, hatte sich der Wiener Nuntius am Regensburger Wahltag der stockenden Reform in der Salzburger Provinz angenommen. Es scheinen diese Gespräche gewesen zu sein, von denen die neue Bewegung ausging, die in der Seminarfrage auf beiden Seiten der herzoglich-bischöflichen Konfrontation seit dem Winter 1575/76 zu spüren ist. Delfinos mit der üblichen Unverbindlichkeit vorgetragene und mit großer Selbstsicherheit beantwortete Aufforderung an den Herzog, die Ausführung der soeben in der letzten Drucklegungsphase

pontifice in Germania erectum iri non sperandum" (GStA K. schw. 7306/1). Am 9. 10. 1574 schrieb Fabricius an Fend: „De pontificijs ad novum theologorum collegium Ingolstadij erectum auxilijs multum polliceri non possum", und wieder am 17. 12. 1574: „De pontificis liberalitate quoque nihil polliceri possum" (ebd.).

60 „Porro si placeat suae sanctitati aliquam pro informanda juventute gratiam Ingolstadio conferre, quo nimirum catholicum seminarium maioribus quoque studijs et facultatibus esset coniunctum, sicuti Romae, Parisijs, Lovanij, Viennae institutum esse apparet et iam, quod fama fert, sua sanctitas Friburgi instituet, iterum paratus est serenissimus dux benevolentiam suam exhibere; habet enim ibidem collegium aedificij amplitudine et magnificentia nulli alii in Germania postponendum, quod serenissima sua celsitudo superioribus annis in usum studiosorum theologiae de novo construxit, idque nemo adhuc hominum inhabitavit. Quod divina forsitan voluntate sic accidit, ut nimirum tanti operis fructus pontificiae liberalitati primum consecraretur. Locus est elegantissimus, centum scholarium et amplius capax, adest iam autem ibi integrum Societatis collegium, academia quoque celebris, sic ut sperari possit vix alibi maiores futuros pontificiae liberalitatis fructus quam Ingolstadij, in loco propter insignem academiam clarissimo sub protectione catholicissimi et piissimi principis" (StAM GR 500 9 1/2, 26, Entwurf Fends, und GR 1255/3, 35'ff., Reinschrift, beide datiert vom 3. 11. 1575. Dasselbe in später Abschrift: BStB Clm 1372, 258f.).

befindlichen Salzburger Reformkonstitutionen zu unterstützen[61], beendete in München die zweijährige Phase unschlüssigen Wartens; wenig später begannen die Beratungen und Verhandlungen mit den Jesuiten, in deren Ergebnis diese ihren Pädagogial- und Philosophie-Unterricht nach Ingolstadt zurückführten, das neue Kolleggebäude und eine Erhöhung ihrer Jahrespension erhielten und schließlich auch die Leitung des unter behelfsmäßigen Bedingungen eröffneten Seminars übernahmen[62]. Dem Salzburger Erzbischof hielt Delfino seine Säumigkeit vor; in so langer Zeit hätte es möglich sein müssen, wenn schon kein Seminar zu gründen, so wenigstens an einem Jesuitenkolleg, also etwa in Wien oder München, ein paar Stipendiaten zu unterhalten. Johann Jakob gab zu verstehen, daß er von dieser Möglichkeit wie überhaupt von den Jesuiten wenig halte, und redete sich mit der Abwesenheit des ihm unentbehrlichen Ninguarda heraus[63]. Im Januar 1576 kam es aber dann in Salzburg doch zu einer Bischofsversammlung, von der beschlossen wurde, „die seminaria nit lenger ein(zu)stellen". In allen Diözesen sollten in der bevorstehenden Fastenzeit Synoden abgehalten werden, denen in richtiger Erwartung einer Zuspitzung des Konflikts mit den weltlichen Landesherren gleich aufgetragen wurde, die seit langem geplante und von der Kurie gewünschte Aufzeichnung der Gravamina vorzunehmen; da man auf eine Verständigung mit den Fürsten nicht rechnete, sollten sie im kommenden Sommer am Regensburger Reichstag dem päpstlichen Legaten überreicht werden[64].

Herzog Albrecht hatte dem Wiener noch deutlicher als zuvor dem süddeutschen Nuntius zu verstehen gegeben, daß er sich jeden Eingriff der Bischöfe in die ihm kraft uralten Gewohnheitsrechts

[61] StAM GR 500 9 1/2, 23—26: ein Resümee von Delfinos Vortrag vom 9. 10. 1575 (gedruckt bei Aretin, Auswärtige Verhältnisse, Anhang 31f.) und zwei herzogliche Memoranden vom 22. 10. und 3. 11. 1575, beide entworfen von Fend; dasselbe in zeitgenössischer Abschrift in StAM GR 1255/3, 33ff., in später Abschrift in BStB Clm 1372, 254ff. Delfino hatte gebeten, den bayerischen Prälaten und den weltlichen Amtleuten Anweisung zu geben, daß sie jetzt nach Publikation der Salzburger Synodaldekrete der bischöflichen Visitation nichts in den Weg legten. Der Herzog ließ erwidern, er behindere die Bischöfe nicht, habe aber „in talibus quae pro temporum deformitate minus facere ipsi ordinarij visi sunt", selbst mit großem Aufwand und stattlichem Erfolg eingegriffen. Vgl. auch unten Anm. 81.

[62] Vgl. IV Anm. 171ff.

[63] Schellhass, Akten IV 216ff.

[64] Dalham 584ff.; Schellhass, Akten I 234 und V 41ff.

zustehenden Kompetenzen verbitte[65]. Was von dieser Erklärung zu halten war, zeigte sich, als im März 1576 eine Passauer Diözesansynode mit der Ausschreibung der Seminarsteuer Ernst zu machen versuchte[66]. Auch jetzt scheint es zwar gar nicht erst bis zu einem Beschluß gekommen zu sein, weil die bayerischen und österreichischen Synodalen sich darauf herausreden konnten, daß ihnen von den Regierungen die Zahlung solcher Steuern untersagt worden sei[67]. Neu war, daß sich der Herzog diesmal nicht scheute, ein solches Verbot seinen Unterbehörden und einzelnen Klöstern und Pfarrern durch Mandat öffentlich mitzuteilen und wiederholt einzuschärfen[68]. Bischof Urban, der 1574 als erster unter den Salzburger Suffraganen eine Seminargründung bereits gemeldet hatte, resignierte bald darauf. Die kaiserliche Regierung war dem bayerischen Beispiel gefolgt, und sie erreichte am Ende, was sich die bayerische Seminarpolitik von dieser Verhaltenslinie seit jeher versprochen hatte: 1580 entschloß sich der Bischof zur Stiftung eines Passauer Alumnats an der Universität Wien[69].

Bayern hatte den Ausschließlichkeitsanspruch seiner Seminarpolitik bekräftigt. Die formellen Stiftungsverpflichtungen, die Herzog Albrecht zur gleichen Zeit gegenüber den Jesuiten einging, liefer-

[65] „Si quid tamen vel ibi vel alio etiam tempore in beneficiorum ecclesiasticorum collationibus ac monasteriorum praesertim, quantum ad temporalia pertinet, inspectione sereniss. suae cels. nomine ac authoritate ex antiquis domus Bavariae privilegiis institutum fuit aut imposterum etiam instituetur, in iis de iure suo adimi aut convelli quidpiam non ita facile patietur, cum optimus et necessarius sit eorum omnium finis“ (BStB Clm 1372, 254ff.). Einen ganz ähnlichen Bescheid hatte 1573 Portia erhalten (vgl. Anm. 26).

[66] Wiedemann I 267f.

[67] Vgl. die Passauer Beschwerden von Juni/Juli 1577 bei Schellhass, Akten V 39: Der Bischof hatte schon ein Seminar gegründet (vgl. NB III/3, 404) und wollte nun den Äbten und Pfarrern eine Beisteuer abverlangen, aber „principes saeculares Austriae ac Bavariae interdixerunt ut facerent“. Die Geistlichen hätten gerne gezahlt, „sed in publica synodo dioecesana sese excusarunt eo nomine, quod principes saeculares id prohibuissent“. Zweifellos war aber dieses herzogliche Steuerverbot den bayerischen Klöstern und Kirchen nicht gerade unlieb; in den frühen achtziger Jahren wurde Herzog Wilhelm von den Prälaten wiederholt gebeten, sie vor bischöflichen Seminarsteuern zu schützen (vgl. VI Anm. 50).

[68] Herzogliche Mandate an die äußeren Regierungen und an einzelne Pfarrer und Klöster vom 28. 5., 3. 10. und 24. 11. 1576 (HStA Staatsverw. 3022, 79'ff., 107, 127' sowie Jes. 2234). Speziell wurde noch einmal am 12. 3. 1577 die Passauer Seminarsteuer verboten (HStA Staatsverw. 3023, 39f. und 46f.).

[69] Eggersdorfer 69f. und 71f. Das Alumnat, im Jesuitenkonvikt untergebracht, bestand aus 12 Stipendiaten, die den päpstlichen Alumnen gleichgestellt wurden (vgl. Anm. 54); der Unterhaltungssatz betrug 60 fl. pro Person.

ten für die steuerliche Abschließung des Landes das finanzpolitische Motiv und die moralische Legitimation. Seinem Sohn, dem Freisinger Administrator Herzog Ernst, der ebenfalls eine Diözesansynode vorbereitete, gab Herzog Albrecht (oder vielmehr Fend) im April 1576 zu bedenken, ob denn eine Seminargründung angesichts seiner beschränkten Mittel und der Unwilligkeit des Kapitels überhaupt Aussicht verspreche. Klüger sei es wohl, sich mit der Reform der Freisinger Stiftsschule und der Unterhaltung einiger Schüler zu begnügen, damit sei Ernst „eines angestelten seminarij halben in alweg gegen menigclich entschuldiget". Wolle er darüber hinaus etwas tun, so könne er ein paar Stipendiaten ins Ingolstädter Seminar schicken, wo mit den gleichen Mitteln bedeutend mehr ausgerichtet werden könne als in Freising[70].

In der durch die Reformation besonders geschädigten Diözese Regensburg hatte sich schon 1569 eine Synode mit dem Hinweis auf die Überlastung mit weltlichen Steuern und auf die Haltung der herzoglichen Regierung geweigert, an der von Bischof und Kapitel vorgeschlagenen Seminargründung finanziell mitzuwirken[71]. Auf Drängen Ninguardas verständigte sich Bischof David Kölderer im März 1574 mit seinem Kapitel auf die Organisation und die vorläufige Finanzierung eines Seminars, bis später auf einer Diözesansynode mit dem Klerus über eine Beisteuer verhandelt werden würde[72]. Einen Monat später ließ der Bischof in Rom über die herzogliche Steuerpolitik Beschwerde führen und erwirkte jenes Breve, das die Regensburger Geistlichkeit zur Zahlung der Seminarsteuer ermahnte, den Herzog aber nicht erwähnte und seine eigenen Kollegkontributionen unangetastet ließ[73]. Daneben richteten sich die Hoffnungen des Bischofs auf eine Stiftung, die der Domherr Lorenz Hochwart 1569 in dem zu Bayern gehörigen Stadtamhof hinterlassen hatte: eines Hauses für arme Kinder, die zur Schule gehen und bei ausgewiesener Begabung anschließend auf eine katholische Universität geschickt werden sollten[74]. Der

[70] Herzog Albrecht (Entwurf Fends) an Bischof Ernst im April 1576: „Es stüende auch alsdan dem stifft bevor, da man etlicher guetten und zaittigen ingenien halben ein merers auffgen lassen wolte, dieselben gein Inglstatt in unser theologisch collegium zeschickhen, alda an preceptorn und anderer notturfft merckhlicher vortl und weitt ein merers als je khan zu Freysing fürgenomen werden, auszerichten ist" (HStA HL Freising 77, 221ff.).

[71] Lurz II 322ff.

[72] Schellhass, Akten II 43, 66 und 74ff.

[73] Vgl. Anm. 29.

[74] HStA HL Regensburg 30, 34 und 42 mit reichem Briefmaterial in dieser Sache. Das Testament vom 4. 12. 1568: HL Regensburg 30, 187ff.

verworrene Zustand des Nachlasses verhinderte über Jahre hinweg den Vollzug dieses Legats, das sich schließlich als in dieser Form nicht realisierbar erwies. Seit 1573 waren der Herzog als Territorialherr von Stadtamhof und der Bischof als oberster Testamentsexekutor darum bemüht, eine Umwandlung der Stiftung zu Nutzen ihrer beiderseitigen Seminarplanungen zu erreichen. Der Herzog brachte von bayerischen Schuldnern des Erblassers eine größere Bargeldsumme in seine Hand, die er mit Berufung auf eine nicht mehr ausgeführte Stiftungsabsicht Hochwarts der Universität Ingolstadt zudachte[75]. Bischof David seinerseits führte darüber im April 1574 in Rom Beschwerde und erlangte schließlich ein Breve, das den Hochwartnachlaß für die Regensburger Seminargründung bestimmte[76].

Im Oktober 1575 legte Delfino dem Herzog das große Interesse der Kurie an der Gründung eines Jesuitenkollegs in der protestantischen Reichsstadt ans Herz. Er erhielt einen sehr zurückhaltenden Bescheid: wenn schon eine solche Gründung in Augsburg bisher nicht gelungen sei, so könne auf dem viel ungünstigeren Terrain Regensburgs mit seiner protestantischen Bürgerschaft und dem jesuitenfeindlichen Kapitel ein Erfolg schon gar nicht erhofft werden. Sinnvoller sei es, eine Schule in der benachbarten bayerischen Regierungsstadt Straubing zu errichten; wenn der Papst die Dotation des — vom Herzog dort seit fast zwanzig Jahren ge-

[75] Hochwart hatte 1526 kurz als Lehrer an der Ingolstädter Artistenfakultät gewirkt (Prantl II 488f.). Am 9. 4. 1567 schrieb Herzog Albrecht aus Regensburg an die Universität, Hochwart beabsichtige seit Jahren die Stiftung eines Stipendiums für das Georgianum und habe darüber jetzt einen beiliegenden Entwurf angefertigt, den man rasch prüfen und zurücksenden möge, damit die Angelegenheit noch jetzt während der Anwesenheit des Herzogs in Regensburg erledigt werden könne (US I III, 21). Dazu kam es aus unbekannten Gründen nicht. Die Regierung konnte sich später immer nur auf eine nicht rechtskräftig gewordene, aber allgemein bekannte Absicht des Erblassers berufen. — Im Juli 1568 ließ der Herzog wegen wucherischer Zinsforderung einen Ausstand Hochwarts in Höhe von 1600 fl. bei Hans Joachim Frh. zu Rain konfiszieren. Mit Hochwarts Testamentariern wurde später darüber verhandelt, daß sie diese Summe auf 3000 fl. aufrunden und drei Stipendien für die Universität Ingolstadt stiften sollten, wozu es jedoch nicht kam (HStA HL Regensburg 30 und 34, passim). Des weiteren ließ der Herzog die Zinsen eines Darlehens von 2000 fl. einziehen, das der Dompropst Fugger von Freising Hochwart schuldete. Zusammen mit den Zinsen lief die herzogliche Gesamtschuld gegenüber dem Hochwart-Nachlaß bis 1585 auf 3920 fl. auf (HL Regensburg 30, 197).

[76] Schellhass, Akten II 104ff. und ders., Ninguarda I 145ff.

wünschten — Jesuitenkollegs übernehme, so werde ein passendes Gebäude bereitgestellt werden[77]. Das war eine reine Utopie; Straubing aber blieb im herzoglichen Seminarprogramm eine Alternative für die von der Kurie favorisierte Reichsstadt.

Diese Inkonzilianz und Kompromißlosigkeit im Verhalten gegen die Bischöfe bezeugen ebenso sehr das ungebrochene Selbstbewußtsein der bayerischen Seminarpolitik wie ihre im Gefolge der Stiftungsverpflichtungen von 1576 weiter gewachsenen finanziellen Schwierigkeiten. Im Kampf gegen die bischöfliche Seminarsteuer ging es für sie trotz aller Aggressivität des Tons und der Mittel nicht um die Erweiterung, sondern um die Behauptung ihres Besitzstandes. Mit der eigenmächtigen und -rechtlichen Ausbeutung der Kirche war sie an der Grenze ihrer Möglichkeiten angelangt. Hilfe war nur von Rom zu erhoffen. Da aber der unerläßliche Dialog mit der Kurie deren überlegenen Argumenten am Münchener Hof Einlaß verschaffen mußte, drohte die finanzielle Schwäche der herzoglichen Regierung auf die Dauer auch ihre moralische Position zu untergraben. Der evidente Widerspruch zwischen den nachgerade zynisch wirkenden Bekundungen lebhaften Interesses an der bischöflichen Reform und den repressiven Steuermaßnahmen auf der anderen Seite bedeutete ja schon jetzt, daß sich die herzogliche Politik theoretisch in ihrer vollen Konsequenz nicht mehr verantworten ließ.

Im Sommer 1576 war die Legalisierung der staatskirchlichen Praktiken Bayerns noch nicht, wie nach dem Regierungswechsel drei Jahre später, eine Gewissensfrage für den Landesherrn und seine Berater, sondern, wie schon drei Jahre zuvor, in erster Linie ein taktisches Erfordernis. Die mehrmonatige Anwesenheit des Kardinallegaten Morone am Regensburger Reichstag gab der herzoglichen Regierung Gelegenheit zu einem ausführlichen Gedankenaustausch, in dessen Verlauf sie die meisten ihrer früheren Hilfegesuche an die Kurie erneuerte[78]. Da Morone sich zur gleichen Zeit energisch um die Salzburger Reform kümmerte und von Erzbi-

[77] StAM GR 500/9 1/2, 26 (Entwurf Fends vom 3. 11. 1575). Die Darstellung der Rolle Bayerns bei Braunsberger (VII 356) und Hammermayer (193) ist auf Grund dieses Memorials zu überprüfen. Vgl. auch unten Anm. 93ff.

[78] Auf die Verhandlungen Bayerns mit dem Legaten hat Schellhass (Legation Morones) aufmerksam gemacht. Er druckt das Grundsatzmemorial Fends vom Januar 1577; weitere Einzelstücke bringen Lurz (II 292ff.) und Aretin (Auswärtige Verhältnisse, Anhang 39ff.). Die beste handschriftliche Überlieferung liegt vor in StAM GR 1255/3, 43'ff., einem reinschriftlichen, noch von Fend geordneten und (leider nicht vollständig) mit Titeln und Daten versehenen

schof Johann Jakob offiziell über seine Beschwerden gegen die weltlichen Fürsten unterrichtet wurde[79], traf Erasmus Fend, der für Herzog Albrecht das Wort führte, auf einen umfassend informierten, dazu ausreichend bevollmächtigten Gesprächspartner, dem gegenüber sich in bezug auf die Ziele und auf die Schwierigkeiten der bayerischen Seminarpolitik größtmögliche Offenheit empfahl. Für den erfahrenen Politiker Morone wiederum konnte es sich nicht darum handeln, den Herzog und seine Räte in die Enge zu treiben, sondern ihnen die Rückwendung zur Legalität durch annehmbare finanzielle Bedingungen, notfalls sogar durch neue Konzessionen, zu ermöglichen.

Die Ingolstädter Vereinbarungen vom März 1576 hatten den Herzog bzw. seine Geistliche Kammer soeben mit drei neuen Aufgaben belastet: die Pension des Jesuitenkollegs war um 2000, wenig später dann um weitere 500 Gulden erhöht worden, das Seminar, das jetzt endlich eröffnet werden sollte, bedurfte einer Dotation, und schließlich sollte ein neues Kolleggebäude errichtet werden. Aus dem vorhandenen geistlichen Aufkommen war das alles kaum zu bestreiten, und so bot die Regensburger Besprechung Gelegenheit, die Kurie um neue Privilegien und Indulte anzugehen. Auf der anderen Seite war Morone eben erst durch den Salzburger

Faszikel; wohl auf ihn gehen die wirr angeordneten Abschriften des Pollinger Codex BStB Clm 1372, 248ff. zurück. Es handelt sich ausnahmslos um Schriftstücke herzoglicher Provenienz, und zwar zweifellos aus der Feder Fends, der für den Herzog die Gespräche in Regensburg führte. Die Entstehungszeit ist nicht genau zu klären. Fend war erstmals Ende August in Regensburg und legte dem Herzog wohl unmittelbar anschließend einen Bericht über Morones Ansichten vor (GR 1255/3, 43'ff., = Clm 1372, 264ff., im folgenden als „A“ bezeichnet). Wie aus ihm hervorgeht, hatte Morone um schriftliche Vorlage der bayerischen Anträge gebeten; sie erfolgte zunächst durch das Memorial GR 1255/3, 46ff. (= Clm 1372, 267ff., im folgenden als „B“ bezeichnet), das einen weiteren Schriftsatz ankündigte. Am 20. 9. verhandelte Fend wieder mit dem Legaten. Anschließend notierte er am Rand eines wohl für den mündlichen Vortrag entworfenen, in einzelne Punkte untergliederten Konzepts die Antworten Morones (GR 1255/3, 49'ff. und 53'ff., = Clm 1372, 241ff. und 245ff., folgend als „C“ bezeichnet). Am 25. 9. kündigte der Herzog dem Legaten erneut die Ankunft Fends an, der jetzt wohl das Memorial „D“ überreichte (GR 1255/3, 70ff., = Clm 1372, 299ff.). Am 5. 10. schrieb der Herzog an Morone, Fend habe ihm berichtet; er warte jetzt auf die nötigen Briefe und Indulte und hoffe noch auf eine Begegnung in München (GR 1255/3, 58'ff., = Clm 1372, 251ff.). Sie fand am 13. 10. statt (vgl. Schellhass, Legation Morones 358f.).

[79] Schellhass, Akten IV 120ff. und V 41ff. Im September 1576 sandte Morone an den Salzburger Klerus 41 Reformartikel; in der Seminarangelegenheit scheint er sich nur mündlich eingesetzt zu haben.

Erzbischof auf die bayerische Steuerpolitik als Haupthindernis für die bischöflichen Seminargründungen hingewiesen worden[80]. In Fends Memoranden und Berichten wird dieser Punkt nicht berührt; sollte er aber in den Regensburger Gesprächen nicht zur Sprache gekommen sein, so lag er doch als Vorwurf unüberhörbar in der Luft. Vor dem Hintergrund einer Grundsatzerörterung, die sich wenig später bei der Münchener Unterredung bis an die Alternative Staats- oder Bischofskirche heranarbeitete[81], mußte das herzogliche Seminar seine Förderungswürdigkeit in der Auseinandersetzung mit der tridentinischen Konzeption erneut beweisen. Die Ergebnislosigkeit aller bisherigen bischöflichen Gründungsansätze machte es Fend freilich nicht schwer, seinem Gesprächspartner die Vorzüge, ja die Konkurrenzlosigkeit der herzoglichen Seminarveranstaltungen vor Augen zu führen. Mit Ausnahme des Eichstätters und des Augsburgers habe es keiner der bayerischen Bischöfe zu einer Schulgründung gebracht, sei es nun aus mangelndem Eifer oder infolge des Widerstands der den Studien feindlich gesinnten Kapitel; daran werde sich auch künftig kaum etwas ändern. Was liege also näher, als daß die Bischöfe ihr Alumnen nach Ingolstadt schickten, um dort das vom Herzog gebaute, von ihm unterhaltene Kolleg im gemeinsamen Interesse Bayerns in Anspruch zu nehmen? Im Gegensatz zu jenen utopischen bischöflichen „Trivialseminaren" sei hier an der berühmten Universität ein echter und rascher Studienerfolg zu erhoffen, und zwar vermittels eines auf die besonderen Bedürfnisse der Priesterausbildung zugeschnittenen Lehrprogramms. Der Papst sollte also die Bischöfe anhalten, binnen einer bestimmten Frist entweder ihre versprochenen Seminare zu errichten, oder sich verbindlich auf die Entsendung von Stipendiaten nach Ingolstadt festzulegen[82].

[80] Vgl. bei Schellhass, Akten V 45 die später in die gemeinsamen Salzburger Gravamina übergegangenen erzbischöflichen Beschwerdepunkte.

[81] Schellhass, Legation Morones. Die Grenzen von Morones Kompromißbereitschaft werden hier deutlich. Fends temperamentvolle Ausführungen beeindruckten den Legaten zwar, erschütterten aber nicht seine behutsam geäußerte Überzeugung, daß die bischöflichen Rechte und Kompetenzen unbedingt respektiert werden müßten. Morone gehörte zu den Kardinälen, die die bayerische Kirchenpolitik am frühesten und klarsten kritisiert hatten. — An mehreren Stellen der Verhandlungen wird erkennbar, wie Fend seine Stellung als herzoglicher Archivar (vgl. Anm. 38) dazu benützte, die geschichtlichen Grundlagen und Rechtsquellen dieser herzoglichen Politik systematisch zusammenzustellen und zu reaktivieren (vgl. etwa Anm. 95); von dieser Arbeit zeugt auch seine Privilegiensammlung im HStA Staatsverw. 3539.

[82] B: Bitte, die Ingolstädter Seminarangelegenheit zu bedenken. „Res equidem

Unmittelbare Vorteile konnte sich die herzogliche Seminarpolitik von dieser Argumentation kaum erhoffen; sie hatte in Fends Memoranden wohl in erster Linie die Funktion, die Ansprüche des Ingolstädter Seminars einerseits auf die Steuerkraft der bayerischen

digna est, in qua amplissima sua d. plurimum occupatur. Ostenderunt quidam episcopi aliquem zelum in erigendis seminarijs penes ecclesiarum suarum cathedras, eaque in re de officio excusari commendarique possunt Augustanus ac Eystettensis episcopi, cum Augustana ecclesia propriam habeat academiam Dilingae, et Eystettensis episcopus iam dudum erexerit seminarium academiae Ingolstadiensi prorsus incorporatum. Caeteri quid fecerint vel cum aliquo etiam fructu facturi sint, nemo facile viderit. Quid si cum ijs agatur, ut certam quottannis pecuniam ad Ingolstadiense collegium pendant certumque habeant ibi propriorum alumnorum numerum, quos deinde ad officia et munera suarum ecclesiarum vocent? Numquam equidem domi penes capitula studijs inimica, penes menses (!) episcopales suis necessitatibus occupatas rem hanc, quam et Deo et ecclesiae debent, instituent melius nec minori etiam sumptu plures alent uspiam alumnos quam Ingolstadij, ubi gratis haberent praeceptores, gubernatores, collegium ipsum, de solo victu amictuque solliciti. Et quamvis hoc modo ad eos, qui serenissimi ducis nomine alendi erunt, nihil prorsus contribuetur, quia tamen episcoporum alumni communem Bavariae salutem aeque ac ducales tuebuntur resque haec ita ad ipsum spectat episcoporum officium dexterius commodiusque praestandum et publicam religionis conservationem atque dignitatem, quam unice habet sibi praepositam serenissimus dux, facile contentus est, si per tantae aedificationis sumptus et ingentem illam pecuniam, quae in gubernatores ac professores collegij quotannis abeat, publica omnium causa iuvetur, ac ipsi quoque episcopi, quod ad sacri concilij decreta tot annis moliuntur, hoc loco in celebri academia foeliciter tandem instituant. Quam etenim multis modis commodius maiorique cum fructu degerent Ingolstadij episcopales alumni, nemo sanae mentis ambiguerit; excitant invicem studia, accedunt exempla, acuunt exercitationes, cum vicissim ex trivialibus illis episcoporum seminarijs vix prodibunt unquam, quorum praeclarus aliquis in ecclesia Dei usus esse queat. Et Ingolstadij quoque non solum gravioribus theologicis studijs opera dabitur, sed cantus ecclesiastici habendarumque contionum sacrarum inprimis ratio curaque erit, sic ut quibusvis numeribus ecclesiasticis tam apud ipsos episcoporum cathedras, quam in parochijs idonej reddantur alumni. Neque enim doctissimos saltem et profundissimos theologos ecclesia desiderat, sed alijs etiam indiget, ad officia minora aptis et exercitatis ministris, quorum omnium Ingolstadij perficiendorum curam etque sollicitudinem eam suscepit serenissimus dux, quam nemo ipsis etiam summis episcopis invidere debeat". Morone möge darüber seine Meinung sagen. „Caeterum qui sic cessant episcopi a scholarum institutione, admoneri possent, ut intra certos menses vel erigerent sua seminaria iuxta concilij placita, vel de mittendis Ingolstadium alumnis suis consilia serio susciperent eaque in re ad s. d. n. de voluntate sua explicarent". Der Freisinger Administrator habe sein Bestes versucht, sei aber an der Obstruktion seines Kapitels gescheitert. — Den ersten Teil dieser Ausführung druckt Lurz (II 293f.) nach Clm 1372; den zweiten vgl. ebd. 292f., hier irrtümlich auf 1574 datiert (vgl. Anm. 45).

Kirche, andererseits auf eine weitere päpstliche Unterstützung, abzusichern. Gleich bei der ersten Regensburger Begegnung scheint die von Morone zur Sprache gebrachte, ihn am Rande des Reichstags stark beschäftigende Angelegenheit des Regensburger Schottenklosters Fend den Anknüpfungspunkt geliefert zu haben, dem Papst auch die „promotio et auctio" des Ingolstädter Kollegs durch eine direkte Finanzhilfe ans Herz zu legen. Morone erwiderte zurückhaltend dasselbe, was Fabricius schon 1574 aus Rom berichtet hatte: Papst Gregor sei mit der Stiftung des römischen Kollegs über seine Kräfte beansprucht, und was die wohl von Fend erwähnten Alumnatsgründungen in Wien und Prag betreffe, so handle es sich dabei um ganz bescheidene, jederzeit widerrufbare Unterstützungsmaßnahmen. Wenn überhaupt etwas zu erhoffen sei, so jedenfalls nicht in Form einer dauerhaften Stiftung[83]. In diesem Sinne ersuchte dann der Herzog um eine päpstliche Hilfe, sei es in Geld oder Stipendien[84]. Obendrein hatte ihm Morone, so verstand es wenigstens Fend, das Präsentationsrecht für einige Plätze des Germanikums angeboten[85].

[83] A: „Promotionem et auctionem novi collegij Ingolstadiensis, etsi viderat longe dignissimam, cum quae suscipiatur a summo pontifice, tum etiam quae fiat serenissimo duci, esse tamen ita occupatam et distractam suam sanctitatem in Romani sui collegij fundatione atque dotatione . . ." etc. „Iam si aliquid etiam exerceat liberalitatis pontifex, nihil tamen in eo poni posse spej durabilis, quod ingruente aliqua necessitate sequentes pontifices eiuscemodi impensos plaerunque soleant revocare".

[84] B: „Ad promotionem porro novi collegij Ingolstadij si s. d. n. vel in parata pecunia gratiam aliquam fecerit vel certos alumnos, sicuti in alijs academijs catholicis, illic habuerit, nihil erit alienum a suae sanctitatis pijssima voluntate neque erit a meritis serenissimi ducis. Cuis quidem quale sit in hanc rem studium, vel ipsa declarat amplissimi et elegantissimi collegij structura, quae tantos tanti principis conatus omni posteritati loquetur".

[85] D: Es wird gebeten, „ut pro aliquibus alumnis Bavaris in Germanico s. suae collegio perpetuo sit locus", wie Morone es zugesagt habe. Im Moment sei kein Bayer in Rom; der Herzog habe fünf bis sechs Kandidaten, die nach jesuitischem Urteil qualifiziert seien. — Im Oktober 1576 wurde ein solches Kandidatenverzeichnis nach Rom gesandt (HStA Staatsverw. 3022, 108). Einige weitere Nachrichten zu diesem Punkt: Im Januar 1579 brachte Aernsperger einige herzogliche Kandidaten nach Rom, die jedoch außerhalb des Kollegs Wohnung nahmen. Am 14. 2. 1579 schickte der Herzog (Fend) zu Fabricius und Aernsperger einen Albert Pichler; am 19. 2. wurde zusätzlich oder ersatzweise für einen abgelehnten Freithovius ein Romungius präsentiert (alles GStA K. schw. 7397). Am 23. 7. 1579 erhielt Zacharias Oberschwender 100 fl. für seine Promotion und den Befehl heimzukehren (ebd.). Am 10. 10. 1580 wurde Bartholomäus Schrenck mitgeteilt, daß er ein Kanonikat in München erhalte (HStA Staatsverw. 3024, 58'). Am 14. 4. 1587 bat Markgraf Johann Carl

Glaubt man Fends Darstellung, so ließ Morone an diesem Verhandlungspunkt, wohl um die halbe Ablehnung des herzoglichen Hilfsgesuchs wettzumachen, die Anregung fallen, der Herzog möge in Rom die Extinktion einiger Klöster und Kollegiatkirchen zugunsten des Ingolstädter Seminars beantragen, der Papst werde sich einem so frommen Vorhaben kaum widersetzen[86]. Das Angebot, offenbar bestimmt, das längst öffentliche Ärgernis der illegalen Klosterausbeutung auf eine für den Herzog annehmbare und für die Kirche alles in allem vertretbare Weise aus der Welt zu schaffen, scheint die herzogliche Seite überrascht zu haben. Sie gab sich den Anschein, einer solchen Lösung nur zögernd nahezutreten. Aus schwerwiegenden Gründen habe sich der Herzog bisher immer die Rettung und nicht die Aufhebung der gefährdeten Klöster angelegen sein gelassen. Da der Legat es aber für richtig halte, solle in Rom um ein päpstliches Indult für zwei oder drei Klöster gebeten werden, der Herzog wolle sich seiner nur mit Vorsicht bedienen[87]. Fend führte dazu in seinem Memorial für die zweite

von Baden aus dem Germanikum um ein Subsidium (GSta K. schw. 5639). Am 24. 9. 1587 erhielt Castellino Auftrag, Wilhelm Weilhamer ins Germanikum zu bringen, „demonstrabisque id nos summopere optare“ (GStA K. schw. 7401). Am 8. 2. 1591 berichtete Minucci, Pistorius habe das Kolleg absolviert; am 16. 2. fügte er hinzu, es sei kein Platz frei (GStA K. schw. 7362). Im Dezember 1594 wurde Wolfgang Langenmantel ins Kolleg aufgenommen (GStA K. schw. 5639). Abraham Vischer absolvierte im April 1596 das Germanikum und bewarb sich im folgenden Jahr gemeinsam mit Johann Westermayer beim Herzog um eine Stelle (StAM GR 640/3 und HR 427/4). Am 7. 11. 1597 präsentierte der Herzog nach Freising seinen Germanikums-Alumnen Johann Großthomann (StAM GR 640/3).

86 A (im Anschluß an die Anm. 83 zitierte Passage): „Videri autem sibi consultum, si cupiat serenissimus dux in optimum et pijssimum illud opus redditus maiores, ut eligat ex suis monasterijs, quae penitus extinguantur, aut etiam ex collegiatarum ecclesiarum suarum praebendis, et in hos convertantur usus, quarum rerum facultatem, cum piae maiorum fundationes in melius et magis necessarium convertantur, non dubitet a sanctitate sua impetrari posse“.

87 B (im Anschluß an das Zitat Anm. 84): „Monasterij porro unius aut alterius extinctio ad hanc quidem rem conferre abunde posset, nisi serenissimum ducem multa et gravia consilia in diversum potius traherent, nimirum quod studio illi est, si quae sint monasteria, quae ruinam videantur minari, ut succurreretur illis potius, ne esse aliquando desinant, sicuti hucusque summa cura observatum fuit. At vero quandoquidem ita videtur reverendissimo domino legato, non ingratum accidet serenissimo duci, si a sancta sede indultum habeat pro talibus pietatis operibus, maxime vero pro exaltatione studii theologici in academia Ingolstadiensi, unum, duo vel tria ex monasteriis suis delendi, quo quidem privilegio ita utetur serenissimus dux, ut non facile immutet, cuius usum multis nominibus non reddat et utile magis et necessarium“.

Verhandlungsphase aus, man habe diese Sache nicht selbst zur Sprache gebracht, um den wichtigeren Dezimationsantrag nicht zu behindern. Da aber Morone brieflich von sich aus angeboten habe, die Klosterextinktion in Rom zu befürworten, und da andererseits die Dezimation für alle seminarpolitischen Vorhaben kaum ausreichen werde, wolle man seinem Vorschlag folgen. Es gebe zwar am Hof die Meinung, der Papst habe eine entsprechende Konzession schon früher erteilt, doch fehlten in München alle Unterlagen und auch der römische Orator habe in der päpstlichen Kanzlei deshalb vergeblich nachgeforscht[88]. In seinem Schlußmemorial ersuchte denn Herzog Albrecht in aller Form um die Extinktion, ausdrücklich nicht die Suppression, der vier vakanten Klöster Biburg, Münchsmünster, Paring und Schamhaupten[89].

Der wichtigste der von Fend dem Legaten unterbreiteten Wünsche war aber der Vollzug des Dezimationsbreves von 1562. Drei Jahre zuvor hatte man sich in München mit dem auswei-

[88] C: „Pro exaltatione studij theologici novique collegij in academia Ingolstadiensi: Acceptandum videtur, quod illustrissimus cardinalis legatus ipse, ut a summo pontifice peteretur, suasit, nimirum ut extinguantur in eos usus duo vel tria monasteria, de quibus visum fuerit serenissimo duci. Et hanc quoque rem a multis iam tentatam annis quidam confectam existimarunt ante hoc tempus; sed nulla extant diplomata, nullae facultates, et in cancellaria quoque apostolica nihil plane de ea repertum huc usque fuit, quamvis, qui nunc est in urbe, orator etiam ad fastidium registratorum diligentissime inquisiverit". Für die Dotation des Seminars und den Neubau des Jesuitenkollegs genüge die neue Dezimation nicht. „Bonum itaque erit hoc subsidium, si caetera deficiant, et de hoc iam actum est cum legato pontificio". Dazu Randbemerkung: „Iam quidem nihil dictum est legato de extinguendorum monasteriorum facultate, ne id decimationis colligendae occasionem impediret. At iste iam per literas responderat, cum ad eam rem summi pontificis ascensu opus sit, de ea se se curaturum, quam primum ad urbem rediret".

[89] D: „Cum proponeretur sic illustrissimo cardinali de idoneis rationibus exaltandi studij theologici in academia Ingolstadiensi ac erigendis etiam sacerdotum canonicorum collegijs in celebrioribus Bavariae oppidis, Ingolstadio praesertim, non absque fructu existimabat fore, si peteretur ut monasteria quaedam extinguantur, sicut etiam missae et beneficia non curata ijs in oppidis vel circa, ubi cogitabitur collegiatas instituere collegias (!). Quia vero hoc tempore vacua sunt monachis possessoribus monasteria quaedam, laborari poterit pro extinctione monasticorum(!) Biburg, Schamhaubt ac Munichsmunster ordinis s. Benedicti, et Päring ord. s. Augustini. Nec tamen sublata cupit serenissimus haec omnia, sed ex ijs, quorum pro tempore maxima fuerit institutis pijssimis et utilissimis oportunitas, ita quoque de missis et simplicibus beneficiis accipiendum est, quod non extinguantur, nisi vel tenura admodum, ex quibus vivere non possint proprij sacerdotes, vel ubi tanta videbitur pluralitas, quod aliquorum nulla prorsus sit iactura".

chenden Bescheid der Kurie zufriedengegeben[90]; die im März 1576 vereinbarte Neustiftung des Ingolstädter Jesuitenkollegs und die bevorstehende Gründung des Seminars erschienen nun Fend als die „gewünschte gelegenhayt", die Zehnten in Rom einzufordern, und zwar mit Unterstützung der Jesuiten, die man durch listige Klauseln an dem Antrag zu interessieren suchte[91]. Die von Morone vor drei Jahren geltend gemachten Bedenken konnten aus bayerischer Sicht für entkräftet gelten, nachdem die Frist, die den Bischöfen hatte gewährt werden sollen, ergebnislos verstrichen war. Morone seinerseits mag im Rückgriff auf die Zehntkonzession die Chance gesehen haben, die herzoglichen Seminarsteuern zeitlich zu begrenzen und zu legalisieren. Anders wäre es schwer zu erklären, daß er den Herzog mit der Bemerkung ermutigte, die Bestätigung des Dezimationsbreves durch Papst Gregor erübrige sich vielleicht, solange der Erzbischof als bestellter Kommissar die Ausschreibung nicht verweigere[92]. Dieses Verfahren hatte den Vorteil, daß es den Herzog zur Verständigung mit den Bischöfen nötigte und dem Papst die Mitwirkung an der umstrittenen Besteuerung ersparte.

In der Frage einer jesuitischen Kolleggründung in Regensburg schien die Haltung Herzog Albrechts seit dem Vorjahr diametral verändert. Jetzt gehörte er zu den eifrigsten Verfechtern eines Projekts, das sich die Kurie zu eigen gemacht hatte und durch Morone betreiben ließ: das eben ausgestorbene Schottenkloster sollte mit seinen Gebäuden und Gütern für diese Gründung verwendet werden[93]. Bei genauerem Zusehen zeigt sich aber schnell, daß die herzoglichen Absichten so uneigennützig nicht waren. Mit dem Vorwand, das Kloster dem Zugriff des protestantischen Magistrats und anderer katholischer Bewerber zu entziehen, arbeitete die Regie-

[90] Vgl. Anm. 30.

[91] Vgl. IV Anm. 174 und 179.

[92] C (im Anschluß an das Zitat Anm. 88): „Porro decimarum gratia non putabat necessum (!) iam esse, ut nova aliqua peteretur a summo pontifice confirmatio, cum constet de suae sanctitatis voluntate. Quod nimirum animus non sit eam revocandi, nisi forte exequutor archiepiscopus Salisburgensis alienum se ostenderet ab isto negotio, et tum eo casu compellendus esset per aliud novum breve". Zu große Hoffnungen setzte man allerdings auf die Steuer nicht: „Et quidem adhuc in spe certa decimatio, superioribus annis impetrata, sed vereri potest, ne illa non sufficiat, cum non solum prospiciendum sit novi collegij perpetuis redditibus, sed etiam de novo aedificandum patribus jhesuitis, quam in rem solam abire possunt multa millia aureorum".

[93] Vgl. Braunsberger VII 356ff. und Hammermayer 194ff sowie oben Anm. 71ff.

gierung durch Fabricius in Rom[94] und durch Fend in Regensburg zunächst einmal darauf hin, daß dem Herzog von der Kurie seine Administration übertragen wurde. Die jesuitische Kolleggründung, in deren Namen das erbeten wurde, galt für jetzt und die nähere Zukunft als kaum möglich, es sollte also für längere Zeit bei dem Provisorium der bayerischen Verwaltung und also bei der Verwendung der Klostereinkünfte für bayerische Seminarzwecke verbleiben. Als Morone dieser Lösung widersprach und stattdessen die Übergabe des Klosters an Bischof Ernst ins Spiel brachte, gab Fend nur unter der Bedingung nach, daß 500 Gulden von den Klöstereinkünften abgezweigt und für eine jesuitische Kolleggründung in Straubing reserviert würden[95]. Das ganze Projekt erschlug sich, als die Kurie, vor allem angesichts des Widerstrebens der Jesuiten, im Juni 1577 entschied, das Kloster den Schottenmönchen zu belassen und seine Wiederbesetzung zu betreiben[96].

Die bayerische Seminarpolitik hatte ihr streng territorialstaatliches Selbstverständnis unterstrichen, Straubing blieb ihre Alternative zum ausländischen Regensburg. Dem alten bayerischen

[94] GStA K. schw. 7394, 33ff. Die von Hammermayer zitierten Stellen aus Fabricius' Briefwechsel deuten schon an, daß Bayern in dieser Sache für sich einen Vorteil suchte.

[95] A: Da das Kloster kaum zu restaurieren sei, wolle der Papst es für ein Jesuitenkolleg reservieren, dessen Gründung allerdings im Moment kaum zu verwirklichen sei. Um das Kloster vor fremdem Zugriff (z. B. auch der durch den Kaiser geförderten Augustiner) zu bewahren, solle es nach Morones Vorstellungen zunächst Bischof Ernst anvertraut werden. — B: Der Herzog halte es für besser, daß das Kloster ihm und seinen Nachfolgern übergeben werde, „cuperet tamen serenissimus dux monasterij huius usum publicis religionis necessitatibus diutius inservire, quam forte unius hominis aetas attingere queat". Die Beauftragung Ernsts scheint für die Zukunft zu unsicher. — C: Der Herzog strebe an, daß ihm das Kloster übergeben werde. Morone dagegen wolle zunächst die Übergabe an Ernst. Gegen das Argument, die Beauftragung eines weltlichen Fürsten sei unstatthaft, könne erwidert werden, daß Bayern unter Albrecht IV. sogar die Kollation des Regensburger Bistums angestrebt und fast erlangt habe (vgl. zu diesem Antrag aus dem Jahre 1487 A. Weißthanner, Die Gesandtschaft Herzog Albrechts IV. von Bayern an die Römische Kurie 1487: Archival. Zeitschr. 47 (1951) 189ff.). — D: Im Moment sei eine jesuitische Kolleggründung in Regensburg ohne Erfolgsaussicht, aber wenn das Kloster Herzog Albrecht übergeben werde, ließe sie sich vielleicht in einigen Jahren bewerkstelligen. Notfalls sei man auch mit der Übergabe an Bischof Ernst zufrieden. „Quodsi tamen, scholis, tantopere laborantibus, cedendum videatur in urbe, plurimam adferet catholicae religioni utilitatem, si Strubingae... societatis erigitur schola et collegium" und dafür von den Einkünften des Schottenklosters 500 fl. abgezweigt würden.

[96] Hammermayer 204.

Plan, in der niederbayerischen Regierungsstadt ein drittes Jesuitenkolleg zu errichten, diente ein weiterer Antrag, den Fend 1576 Morone gegenüber zur Sprache brachte. Wie erinnerlich, hatte der Herzog seit den fünfziger Jahren und zuletzt 1573 durch Fabricius in Rom die Verlegung der Kollegiatkirchen Habach und Pfaffenmünster nach Ingolstadt betrieben und war dafür auf die Zustimmung der Ordinarien, im Falle des Pfaffmünsterer Tiburzstifts des Bischofs von Regensburg, verwiesen worden[97]. Bischof David verweigerte sie mit dem Hinweis auf die Armut seiner Diözese, außerdem gewiß auch unter dem Eindruck der Schwierigkeiten, die ihm durch Bayern in der Steuerfrage und in der Hochwartangelegenheit bereitet wurden. Daraufhin änderte der Herzog seine Absichten und ließ Morone die Translation der Pfaffenmünsterer Kirche nach Straubing vorschlagen; da diese Stadt zur Regensburger Diözese gehörte, entfielen die Weigerungsgründe des Bischofs. Morones unbestimmtes Extinktionsangebot hatte sich nicht nur auf Klöster, sondern auch auf Kollegiatstifte dieser Art bezogen. Der Herzog behielt sich vor, nach Abschluß der laufenden Visitation genauere Wünsche dazu vorzulegen; man dachte in München an die Ausstattung der vier Regierungsstädte, also auch Ingolstadts, mit Kollegiatkirchen, ja der Legat soll sogar angeregt haben, sie gleich zu Kathedralkirchen und also zu Bischofssitzen zu erheben[98]. Fürs erste begnügte sich der Herzog mit dem Antrag auf Verlegung des Pfaffenmünsterer Tiburzstifts nach Straubing[99]; im Juni 1577 stimmte die deutsche Kongregation dem grundsätzlich zu[100].

Der Anregung Morones folgend ließ Herzog Albrecht im Sommer 1577 an der Kurie die Extinktion der vier vakanten Klöster bantragen. Wider Erwarten zeigte sich die deutsche Kongregation reserviert und empfahl unter Vorbehalt die Aufhebung nur eines

[97] Vgl. IV Anm. 123.

[98] C: „Optabat hic legatus erigendorum etiam episcopatuum commodas rationes extare, quo nimirum praecipuae in Bavaria civitates non collegiatas modo, sed cathedrales habeant ecclesias et episcopos"; die Gründung von Kollegiatkirchen werde kaum größere Schwierigkeiten machen. — Das 1583 über Ninguarda betriebene Landesbistumsprojekt Wilhelms V. läßt sich also bis zu den Morone-Verhandlungen zurückführen. Für die späteren Vorgänge vgl. Oswald, Die baierischen Landesbistumsbestrebungen 232ff.

[99] So in C und D.

[100] „... De transferendo rurali collegio sacerdotum in oppidum Ratisbonensis dioc. adsentiente episcopo. Placuit transferri, modo id fiat sine alicuius praeiudicio" (Schwarz, Zehn Gutachten 125, 29. 7. 1577).

Klosters[101]. Wieder scheint man sich in München ohne Kummer mit dieser vorläufigen Entscheidung abgefunden und den Antrag fallen gelassen zu haben; die Ausbeutung der Klöster nahm ihren Fortgang.

Mehr Erfolg zeitigte überraschend der Versuch, den Erzbischof von Salzburg zur Exekution des Dezimationsbreves zu bewegen, wie es Morone empfohlen hatte. Im Frühjahr 1577 schien eine Salzburger Seminargründung mit Hilfe der Jesuiten, wie sie Johann Jakob gegen seine eigene und die Neigung seines Kapitels auf Drängen Ninguardas nun doch ins Auge gefaßt hatte, der Verwirklichung nahe[102]. Im Februar einigte er sich mit einem Ordensvertreter über Unterbringung und Unterhaltung des Ordenskollegs und des ihm angeschlossenen Seminars. Die Kurie unterstützte diesen Plan mit Nachdruck, die Jesuiten jedoch verhielten sich auch hier, wie zuvor im Regensburger Fall, zurückhaltend bis ablehnend. Schon im Sommer 1577 waren die Abmachungen wieder hinfällig und neue Beratungen anberaumt worden, im Februar 1578 schließlich fand sich auch die Kurie mit dem Scheitern des Projekts ab.

Als sich Herzog Albrecht im Herbst 1577 mit dem Erzbischof in der Dezimationsfrage in Verbindung setzte, waren soeben die offiziellen Gravamina der Salzburger Provinz fertiggestellt und

101 „...De unione aliquorum beneficiorum simplicium seu monasteriorum pro academia Ingolstadiensi. Visum fuit, posse in hunc usum applicari aliquod ex his monasteriis, quae in ditione ducis sunt, ubi id minore cum damno divini cultus fieri censeatur" (Schwarz, Zehn Gutachten 125, 29. 7. 1577). — Ein weiterer Antrag Bayerns bleibt zu erwähnen: 1573 hatte der Herzog durch Fabricius das Präsentationsrecht für Kanonikate der bayerischen Kathedralkirchen angestrebt (vgl. IV Anm. 122). Der materiell gleiche Wunsch erhielt nun eine vorsichtigere, ebenfalls aus der Politik Albrechts IV. rezipierte Gestalt (vgl. die Privilegien Albrechts IV. von 1483 bis 1490 und ihre partielle Erneuerung im Jahre 1530 bei Oefele II 258ff.; dazu Heyl, Geistlicher Rat 19, und Rankl 65 und 93): Der Herzog wünschte, aus jedem bayerischen Domkapitel einen Kanoniker als Rat an seinen Hof zu ziehen. Die deutsche Kongregation lehnte diese Bitte glatt ab; es gehe dem Herzog um finanzielle und politische Vorteile, das würde einen schlimmen Präzedenzfall schaffen (Schwarz, Zehn Gutachten 125). Dagegen ließ sich Ninguarda 1580 in dem Bestreben, für den Geistlichen Rat in seiner bisherigen Form Ersatz zu schaffen, für den Kanonikerplan gewinnen (Bauer 8f.). Drei Jahre später rückte aber Herzog Wilhelm in seinem Geheimmemorial für Ninguarda selbst davon ab und präsentierte dafür sein Münchener Bistumsprojekt; die wenigen tüchtigen Domherren seien an den Bischofskirchen kaum abkömmlich (Schlecht, Zum bayerischen Konkordat 369ff.).

102 Vgl. für das folgende Braunsberger VII 392ff., 436, 512 und 519; Schellhass, Akten IV 216ff. (nach StAM GR 585/242).

Ninguarda zur Überbringung nach Rom ausgehändigt worden[103]. Sie beanstandeten ausdrücklich die gerade jetzt durch den Herzog angeforderte Dezimation, doch richtete sich der Vorwurf eher gegen die Kurie, die den weltlichen Fürsten hier und in anderen Fällen hinter dem Rücken der Ordinarien und zum Schaden der Kirche solche Privilegien verliehen habe[104]. Für sein Teil scheint Johann Jakob kaum daran gedacht zu haben, die von Bayern geforderte Ausschreibung der Zehnten zu verweigern. Schon im folgenden Oktober gab er dem Herzog in München eine Zusage[105], im Februar 1578 erließ er die notwendigen Mandate[106] und im September schließlich besorgte eine gemeinsame erzbischöflich-herzogliche Kommission die Veranlagung der einzelnen Kirchen[107].

Es war für die bayerische Seminarpolitik in finanzieller und politischer Hinsicht ein unschätzbarer Erfolg. Die Erhebung der eigenmächtigen Kollegkontributionen konnte im gleichen Moment eingestellt werden, wo sie durch die Salzburger Gravamina zur offiziellen Kenntnis der Kurie gebracht wurden[108]. Während die

[103] Text und Kommentar bei Schellhass, Akten V 41ff.

[104] „Quidam principum secularium a summis pontificibus facultates per male narrata inscijs ordinarijs impetrant, quibus clerum majoribus exactionibus molestare queant, veluti factum est in ditionibus archiducis Caroli ac ducis Bavariae, a quo etiam nunc juxta bullam pontificiam anni 62 decimae biennales requiruntur, quemadmodum et antea vigore bullae anni 49 triennales fuerunt exactae". Am 17. 8. 1577 bat der Erzbischof den Papst auch persönlich, den weltlichen Fürsten keine Privilegien dieser Art mehr zu erteilen: „Verum certe mihi relatum est, quosdam principes seculares adhuc tentare ut a Sancta Sede Apostolica hujusmodi indulta ac privilegia obtineant, imo aliquos etiam impetrasse. Quod tamen non facile credere potui, quia inde major quam antea pernicies ecclesijs impenderet" (Schellhass, Akten V 45f. und 54f.).

[105] Am 12. 10. 1577 schrieb Fend an Elsenheimer nach Köln: „Saltzburg ist also von uns weckh unverantwurth decimation sachen, gleichwol mit starckhem erbitten, wells mit ehistem schicken; heit manen wür wider an. Und ist gleich müeh und arbait, dan da wür anthwurt haben, steen wür an leuthen und guetter direction an, weil sovil nötiger und leuchtiger sachen damit und daneben khünten ausgericht werden. E. h. hatt man nie besser bedurfft, aber es mueß also sein, wie der pauernkhrieg, sagt man" (GStA K. schw. 5304).

[106] Gedrucktes Exekutorium vom 20. 1. 1578 mit inseriertem Breve vom 16. 5. 1562 (HStA Staatsverw. 1751 und 2970 sowie HL Salzburg 487, 181ff.).

[107] Vgl. VIII Anm. 10.

[108] „Praeter has exactiones et nova vectigalia in dies nascentia praelati et collegiatae ecclesiae ac plebani sub colore sustentationis et aedificationis collegiorum ac seminariorum contribuere debent et impediuntur, quominus ordinariis contribuant ad seminaria juxta decreta consilij Tridentini ac synodi provincialis erigenda ac sustentanda" (Salzburger Gravamina von August 1577: Schellhass, Akten V 45).

Auseinandersetzung zwischen dem Staat und den Bischöfen ihrer kritischen Phase entgegenreifte, war es dem Herzog gelungen, seine Seminarpolitik von der belastendsten Hypothek zu befreien und den zu erwartenden Vorwürfen der Kurie ihre wohl gefährlichste Spitze zu nehmen. Als im Oktober 1578 Ninguarda als Nuntius aus Rom zurückkehrte und dem Herzog im päpstlichen Auftrag ein Memorial unterbreitete, das die bischöflichen Beschwerden im wesentlichen übernahm und ihre Beantwortung erbat[109], begegnete er einer in ihren Überzeugungen und ihrem Gewissen unerschütterten Regierung. Eine Gegenschrift wurde ausgearbeitet, auf deren Übergabe der Herzog aber dann verzichtete[110]. Die beanstandeten Kollegsteuern[111] seien niemandem abgezwungen worden, ihr Ertrag sei gering, ihr Nutzen groß gewesen, und übrigens habe das jetzt ein Ende[112]. Dem Vorwurf, die bischöflichen Seminarsteuern verboten zu haben[113], begegnete das herzogliche Memorandum ausweichend mit verächtlichen Bemerkungen über die wenig ernstgemeinten und aussichtslosen Gründungsversuche der Ordinarien. Wenn ihnen an der Sache wirklich etwas liege, so könnten sie mit großer Kostenersparnis die „scholae et seminaria pulcherrima“ des Herzogs mit ihren Schülern beschicken; daß ähnliche Gründungen an den Bischofssitzen, wie sie der Papst wünsche, unmöglich seien, liege sonnenklar zu Tage[114].

109 Memorial vom 8. 10. 1578 (BStB Cgm 2173, 1ff., gedruckt bei Theiner II 364f.; vgl. auch Schellhass, Ninguarda II 66ff.).

110 BStB Cgm 2173,10ff. (Reinschrift mit Korrekturen Fends).

111 „Item quod praeter annuas steuras et communes exactiones exiguntur quoque ab ecclesiasticis personis alia multa pro ducis arbitrio, veluti pro erectione et sustentatione collegiorum et aliarum rerum, ita ut clerici ac religiosi pessime tractentur“.

112 „Si quae porro hisce annis contribuit clerus sive in collegiorum usum, sive ad alia pietatis officia, ex ijs illa non sunt, quae durius aut iniquius exacta dici queant. Siquidem nemini quicquam impositum est, dederunt bona voluntate sacerdotes, nec tamen omnes sua sponte, quod tolerabile illis videbatur. Unde quantum ad studiorum, sacrorum maxime, profectum accesserit, magis quam ex multis multorum episcoporum scholis dici haud difficulter poterit. Et per eas spontaneas collectas, quae minime saepe pecunia definiebatur“, sei niemand beschwert worden. „Habentque iam ista quoque suum finem“.

113 „Cum ad seminariorum erectionem ac sustentationem... deberent praelati minores ac parochi iuste aliquam portionem singuli pro facultate sua tribuere, quod a ministris ducis interdictum sit illis, ut faciant, unde seminaria negliguntur“.

114 „Seminariorum erigendorum, si summus pontifex apud nostrates episcopos maiorem aliquam spem foveat, non id equidem esse censetur ex plurium inter ipsos exemplo aut zelo aliquo magno... Interim tamen per Bavariam non

Im April 1579 hielt Ninguarda dem vom Schlag gerührten Erzbischof Johann Jakob in einer scharfen Strafpredigt vor, es gereiche ihm zur Schande, daß er seine wiederholten Seminarversprechungen noch immer nicht eingelöst habe. Er sollte sich ein Beispiel an den weltlichen Fürsten nehmen, die aus eigener Initiative in ihren Gebieten Seminare errichtet hätten. Ihre Hilfe müsse der Papst in Anspruch nehmen, wenn sich die Bischöfe ihrer Verpflichtung weiterhin entzögen[115]. Der Erzbischof erwiderte, eine Gründung, wie sie Herzog Albrecht und die Erzherzöge Karl und Ferdinand vorweisen könnten, habe er zwar noch nicht zustandegebracht, doch unterhalte er immerhin arme Schüler in Salzburg und Stipendiaten an verschiedenen Universitäten. Wenn ihm übrigens die gleichen Möglichkeiten offen stünden, wie die Fürsten sie besäßen oder usurpierten, würde er sich leicht mit ihnen messen können[116]. Die Vorhaltungen des Nuntius hatten zur Folge, daß in Salzburg im folgenden Sommer wieder über die Seminargründung beraten wurde. Diesmal wollte man ohne die Jesuiten auskommen, doch erwiesen sich die Bemühungen, in München und Ingolstadt mit Unterstützung Herzog Albrechts Lehrkräfte anzuwerben, als schwierig[117], und ein dauerhafter Erfolg war schließlich diesem

desunt scholae ac seminaria pulcherrima ... Posteaque tamen luce meridiana clarius habent compertum (sc. episcopi), se penes episcopales sedes tale nihil foeliciter aut durabile instituere unquam posse, en adest coram oculis ipsorum positum serenissimi ducis catholici studium, tam illis ipsis quam suae celsitudini Bavaricisque terris promptum". Außer der Universität und den beiden Jesuitenkollegien gebe es „alia scholarium contubernia seu domus convictorum"; für die niedrige Gebühr von 40 Gulden pro Person und Jahr könnten die Bischöfe hier „non poenitendum alere numerum solis ijs impensis, quae alioqui in pauculos abirent praeceptores proprios", die außerdem schwer zu bekommen seien.

115 Memorial Ninguardas vom 15. 4. 1579 bei Theiner III 37f.; vgl. auch Schellhass, Ninguarda II 143ff.

116 Theiner III 39ff., erzbischöfliche Erklärung vom 25. 4. 1579: „Quamvis seminarium per nos, prout saeculares quidam principes" (Ninguarda hatte Herzog Albrecht und die Erzherzöge Ferdinand und Karl genannt) „allegantur, hactenus erectum non sit, tamen in quibusdam academiis nostros habemus alumnos, ac quot per nos in hac civitate quotidie alantur pauperes scholares, omnibus notum est. Si eam viderem aut haberem commoditatem ad seminarii institutionem, quam sibi nominati principes arripuerunt aut habuerunt, profecto in ea non postremum locum occupasseremus".

117 Am 16. 7. 1579 berichteten „ad negocium seminarii deputati" des Erzbischofs dem Nuntius, sie hätten in Ingolstadt und München um Lehrkräfte geworben, Statuten seien in Arbeit; zur Raumfrage wurden neue Vorschläge unterbreitet (Theiner III 40f.). Im September korrespondierte der Erzbischof mit Herzog

Gründungsversuch so wenig beschieden wie allen früheren, an denen ja Ninguarda selbst mit Rat und Tat mitgewirkt hatte.

Konnte daher die herzogliche Seminarpolitik mit ihren Anschuldigungen gegen die Bischöfe beim Nuntius auf Verständnis und mit ihren eigenen Unternehmungen, wie sich noch zeigen sollte, auf eine gewisse Kooperationsbereitschaft rechnen, so hatte sich doch ihre Situation im Vergleich mit den früheren Nuntien- und Legatenverhandlungen entscheidend verändert. Die unverminderte Dringlichkeit der Reform blieb zwar dem langjährigen und unermüdlichen Reformator Südostdeutschlands gegenüber ein Argument, die vermeintliche Schlüssigkeit seiner staatskirchlichen Konsequenzen aber konnte den Theologen Ninguarda nicht beeindrucken. Man darf annehmen, daß unter dem Eindruck der bischöflichen Beschwerden auch im Kalkül der Kurie die Rücksicht auf den Herzog gegenüber der Sorge um die Integrität der Kirche an Gewicht verloren hatte. Vorwürfe, wie sie ihr im Oktober 1578 gemacht worden waren, hatte die herzogliche Regierung bisher offiziell im Namen der Kurie noch nicht zu hören bekommen, auch nicht seitens des mit vorsichtigen Anspielungen und Gleichnissen argumentierenden Legaten Morone zwei Jahre zuvor. Die Bereinigung des Konflikts zwischen der weltlichen Macht und der jurisdictio ecclesiastica war die zentrale Aufgabe und wurde die geschichtliche Leistung dieser zweiten süddeutschen Nuntiatur.

Anders als seine Vorgänger fand Ninguarda neben seiner vielseitigen Visitationstätigkeit Zeit und Gelegenheit, dieses Vermittlungswerk über das Stadium eines flüchtigen Memorandenabtauschs, in dem es bisher noch immer stecken geblieben war, hinauszuführen. Dazu war allerdings auf der Gegenseite eine Gesprächsbereitschaft erforderlich, wie sie nach den Erfahrungen von 1578 bei länger währender Regentschaft Herzog Albrechts nicht sicher zu erwarten gewesen wäre. Erst der Regierungswechsel am Jahresende 1579 verschaffte dem Dominikaner am Münchener Hof aufmerksames Gehör; die persönliche Gewissensunruhe, die der neue Landesherr, Herzog Wilhelm V., mit einer jüngeren Generation seiner geistlichen Räte teilte, wurde das bewegende Motiv für eine Revision der bayerischen Kirchenpolitik, die sich, ohne eine schroffe Richtungsänderung zu beabsichtigen oder auch nur zu bewirken, neben dem von jeher berufenen Gewohnheitsrecht doch

Albrecht über die Freigabe des Münchener Domherrn Georg Würfel, der eine Theologieprofessur erhalten sollte. Der Herzog unterstützte das Gesuch beim Münchener Kapitel (HStA HL Salzburg 489, 118ff.).

auch in zunehmendem Maße, und nicht zuletzt unter dem Einfluß Ninguardas, an der kanonischen Legalität zu orientieren suchte. Auch diese Tendenz gehörte freilich zur bayerischen Tradition, sie gewann aber nun gegenüber der schärfer staatskirchlichen Richtung an Kraft und an Terrain. Das Verdienst des Nuntius war es, daß er die Gunst dieser Stunde erkannte und mit Entschlossenheit nützte. Noch bei Anlaß der Begräbnisfeierlichkeiten für Herzog Albrecht kam der im Vorjahr kurz abgebrochene Meinungsaustausch mit der Regierung in Gang. Am 15. Dezember 1579 ergänzte Ninguarda seinen früheren Schriftsatz durch 29 weitere Beschwerdepunkte; am 2. Februar 1580 beantworteten die herzoglichen Räte beide Memoranden mit einer ausführlichen Gegenschrift, auf die der Nuntius drei Tage darauf seinerseits replizierte. Eine herzogliche Triplik beendete dann den Dialog, in dem neben vielen anderen Aspekten des allgemeinen Jurisdiktionskonflikts die Probleme der Seminarpolitik von Anfang an beträchtlichen Raum beanspruchten[118].

Ninguardas Beschwerdepunkte waren diejenigen der Bischöfe und aus ihrem Gravaminalibell unmittelbar übernommen. Durch die Beauftragung des Nuntius, sie in München vorzutragen, hatten allerdings diese „unerhörten Querelen"[119] ihren Charakter verändert und waren mit der Diffamierung der Ankläger nicht mehr zu widerlegen. Zur Verteidigung ihrer, von Ninguarda schon in seinem ersten Memorial monierten Kollegkontributionen brachte die Regierung nun die damals vorbereitete Antwort vor: sie seien durch das Versagen der Bischöfe motiviert, für einen guten Zweck bestimmt, außerdem freiwillig und schließlich nicht sehr ertragreich gewesen. Nach dem inzwischen erfolgten Beginn der neuen Dezimation habe sich diese Beschwerde ohnehin erledigt[120]. Der Nuntius lobte die Einstellung dieser Besteuerung, reihte sie aber durch einen nochmaligen Tadel unter diejenigen Punkte ein, für

118 Vgl. im Überblick Schellhass, Ninguarda II 237ff.

119 „Inauditae querelae": herzogliches Memorial vom 2. 2. 1580 (BStB Cgm 2173, 87ff.).

120 „Contributio ad seminarium sic se habet: Cum videret sua celsitudo ordinarios pene omnes hac in re plus quam somnolenter agere, neque spem ullius ab illis erigendi seminarii concipere posset, multa per Bavariam collegia maximis sumptibus instituit, ad quae sacerdotes non compulsi, sed admoniti saltem et rogati, nec tamen omnes, ultro auxiliares manus quisque pro suo arbitrio praebuerunt. Qua in re nemo gravatus, multo minus pessime tractatus fuit, cum contributio haec non multorum ducatorum, sec paucorum crucigerorum numero definiretur. Et haec quidem quaerela iam post decimationem nullum amplius habebit locum" (BStB Cgm 2173, 87ff., ad § 9).

die der Herzog, um einer automatischen Exkommunikation zu entgehen, eines nachträglichen Indults bedürfe[121].

Die Verantwortung für die neue Dezimation selbst lehnte die Kurie durch Ninguarda nun ab. Wie erinnerlich, hatten die Salzburger Bischöfe sich über sie beschwert, kurz bevor der Erzbischof sich durch Bayern zur Exekution des Breves hatte bewegen lassen. Der Nuntius beanstandete nun im Dezember 1579 in seinem zweiten Schriftsatz, daß man auf eine Bestätigung durch Papst Gregor verzichtet habe. Die Steuer belaste den Klerus, und es sei zu vermuten, daß Pius IV. diese Konzession bei voller Kenntnis der Umstände nicht erteilt hätte. Überdies sei der Steuerertrag für die Errichtung neuer jesuitischer Kollegien bestimmt, dafür aber bisher noch nicht verwendet worden[122]. Die herzogliche Seite betonte dagegen die Korrektheit des Privilegs und die Selbstlosigkeit, mit der der Herzog so lange auf seine Ausführung verzichtet habe. Für die jetzige Einforderung habe man aus eigenen Stücken einen besonders schonungsvollen Modus gewählt[123]. Die Klage über die Zweckentfremdung des Ertrags komme zu früh, da erst eine Viertelrate eingezogen und trotzdem schon Häuser gebaut und Jahrespensionen ausgesetzt worden seien. Ninguarda bestand jedoch ganz richtig darauf, daß die Zehnten nicht für die Dotation bestehender, sondern für die Gründung neuer Jesuitenkollegien — und, wie er zu erwähnen unterließ, eines Seminars — bestimmt

121 Immerhin hätten sich die Prälaten beschwert. „Sed quicquid sit, nec id quidem tuto licebat absque speciali consensu sedis apostolicae... Quod autem haec iam post decimationem intermittentur, in eo debitae pietatis ac religionis officium agnoscimus et laudamus" (BStB Cgm 2178. 100ff.).

122 „Decimarum a Pio quarto fe. re. obtentarum collectio eius tempore omissa, dubitatur quo iure potuerit et possit nunc fieri absque confirmatione... Gregorij. Conqueritur sane clerus ea se praeter modum aggravari... Huc accedit, quod cum dictae decimae fuerint petitae ad erigenda aliqua nova collegia pro patribus Societatis Jesu, publicae utilitatis et commodi causa, nullus operis effectus adhuc appareat, cum interea tamen boni patres nulla sua culpa in aliorum odium et invidiam traducantur" (BStB Cgm 2173, 32ff. ad § 19). Die letzte Bemerkung wurde von der herzoglichen Seite falsch verstanden: Die Jesuiten hätten keinen Grund, sich zu beklagen.

123 „Collectio decimarum a Pio quarto foel. rec. iustis legitimisque de causis concessarum, vivente adhuc eodem pontifice clero insinuata, sed maturo consilio ob temporum difficultates et alia plura intervenientia impedimenta hucusque dilata est, non sine gravi serenissimi principis incommodo, qui interea temporis onera illa collegiorum et seminariorum, quibus per maturiorem collectionem relevari poterat, sustinuit... Quin ne esset eiusmodi quaerelis locus, id quod duabus solutionibus duabusque continuis annis pendendum erat, in quatuor partes et sex annos distributum est" (BStB Cgm 2173, 87ff.).

seien und daß ihre Einziehung durch den regierenden Papst hätte bestätigt werden müssen[124].

Auch zum Verbot der bischöflichen Seminarsteuern hatte die Regierung schon 1578 eine ausweichende, die Seminarbestrebungen der Bischöfe diskreditierende und ihren Anschluß an die herzoglichen Bildungseinrichtungen empfehlende Antwort vorbereitet, die nun wörtlich übernommen wurde, allerdings mit dem versöhnlichen Zusatz, der Herzog sei zur Verständigung mit den Ordinarien über ihre Wünsche bereit[125]. Ninguarda ließ sich in seiner Replik auf eine grundsätzliche Erörterung der Alternative Universitätskolleg — Diözesanseminar ein. So sehr die herzoglichen Gründungen zu loben seien, so habe doch das Tridentinum mit seiner Entscheidung für die Ansiedlung der Priesterausbildung an den Metropolitan- und Kathedralkirchen die Absicht verfolgt, den Kirchennachwuchs nicht nur in der Theorie, sondern auch in der gottesdienstlichen Praxis und im Brauchtum der Diözese unter den Augen von Bischöfen und Kanonikern unterrichten zu lassen. Mit seinem Steuerverbot habe der Herzog bischöfliche Versuche, diesem Konzilsauftrag zu genügen, gelegentlich zum Scheitern gebracht, in anderen Fällen von vornherein entmutigt[126].

Die unbestimmt gehaltene bischöfliche Beschwerde über die Ausbeutung von Benefizien und Klöstern durch den Herzog hatte Ninguarda 1578 übernommen und dann im folgenden Jahr präzisiert: einige vakante Klöster müßten ihre Einkünfte für andere fromme Zwecke, nicht jedoch für solche ihres eigenen Ordens,

124 „... debuisset eius sanctitas moneri... Dictae autem decimae concessae sunt non pro collegijs iam erectis, sed pro novorum erectione" (BStB Cgm 2173, 100ff.).

125 Vgl. Anm. 114. „Denique si ordinarijs adhuc aliquid ea in re desiderari videatur, paratus est princeps cum ipsis agere et pro commoditate suarum provinciarum convenire" (BStB Cgm 2173, 87ff., ad § 22).

126 „Intermittendum ob hoc" (nämlich wegen der herzoglichen Schulgründungen) „tamen non est, quin in metropolitana et cathedralibus ecclesijs instituantur iuxta conc. Tridentini sanctiones et synodi provincialis constitutiones. Multae enim sunt rationes eaeque graves, quibus adducti sunt patres in sacro conc. Tridentino... Non tam enim propositum est, ut in pietate, christianis moribus et sacris literis probe erudiantur (sc, alumni), quam etiam in divini cultus procuratione et ecclesiarum caeremoniarum observatione pro cuiusque ecclesiae praescripto et usu, in oculis epicsoporum et canonicorum a teneris annis diligenter exerciantur(!)". Kaum hätten die Bischöfe aber solche Steuern angesagt, „vix potuit aliquid colligi, quod statim per ministros ducales inhibitum fuit interdictumque clero, ne contribueretur. Quo factum est, ut ij pie caeptum opus intermiserint et quidam alij pro inopia et egestate ecclesiarum incipere non sint ausi" (BStB Cgm 2173, 100ff.).

hergeben[127]. Der Herzog habe die Pflicht, diese Klöster wiederherzustellen und die entliehenen Gelder zurückzuerstatten, gegebenenfalls mit Hilfe anderer, reicher Kirchen[128]. Die herzogliche Erwiderung fiel in diesem Punkt recht nachgiebig aus: bei den erwähnten Zwecken handle es sich um die Unterhaltung von Jesuitenkollegien und „Seminaren". Der Herzog habe geglaubt, sich dafür auf ein päpstliches Indult stützen zu können, um dessen Erneuerung er hiermit nachsuche[129]. Ninguarda entgegnete, eine so ungewisse Rechtsgrundlage habe in keinem Fall genügen können, er wolle aber behilflich sein, dem Herzog in dieser Frage einen Dispens zu besorgen[130]. Um diese Unterstützung wurde er denn auch in der herzoglichen Schlußschrift gebeten[131].

Der Münchener Dialog erbrachte die Unterteilung der bischöflichen Beschwerdepunkte in zwei unterschiedlich zu behandelnde Kategorien: solche, bei denen sich die herzogliche Seite auf Gewohnheits- oder Reichsrecht berief, die Kurie aber eine Verständigung mit den Bischöfen verlangte, und solche, für die sich der Herzog dem Spruch der Kurie unterwarf. Die seminarpolitischen Streitgegenstände gehörten fast ausschließlich zur letzten Kategorie. Auf doppeltem Wege wurden sie noch im Frühjahr 1580

127 Aus einigen vakanten Klöstern „proventus per ministros ducales colliguntur, qui licet in pios usus convertantur", aber nicht für die betroffenen Orden (BStB Cgm 2173, 32ff., ad § 15). „Item multa beneficia ecclesiastica vacantia sine ulla dispensatione apostolica ad libitum suum studiosis et aliquando secularibus conferunt ac distribuunt" (ebd. § 29). Zu dem letzteren Vorwurf verlangte die herzogliche Seite die Nennung von Beispielen.

128 BStB Cgm 2173, 116ff., § 8.

129 „Vacarunt ab aliquot annis per inopiam hominum regularium quatuor monasteria, quorum redditus admodum accisi interea temporis cum alijs sustentationi patrum Societatis Jesu et seminariorum cesserunt, idque indulto, ut creditur, pontificio, quod a s. d. n. renovari eo usque sua celsitudo rogat, dum meliorum temporum spe effulgescentem (!) commode, quod optatur, in pristinum statum restitui queant" (BStB Cgm 2173, 87ff.).

130 „... Cum incerto praetextu apostolici indulti, licet sit pium opus, id fieri tamen licite non potuit absque interventu facultatis apostolicae, quae certo constare debet ... Quare si nihil certi extat, erit pro praeterito remissio impetranda et pro futuro dispensatio" (BStB Cgm 2173, 100ff.). Auf die Besprechung mit Morone und die folgende Initiative an der Kurie nahm die herzogliche Seite nicht Bezug.

131 „Porro cum adhuc quaedam restant, in quibus celsitudo sua amplioribus et expraessioribus s. d. n. praesidijs et indulgentijs indigere videatur, qualia sunt monasteria vacantia, quorum redditus hactenus in collegia patrum et seminaria conversa sunt, et eius generis alia ..., rogat sua celsitudo eundem, ut sua quoque intercessione ... negotium s. d. n. commendare velit" (BStB Cgm 2174, 53ff.).

dem Papst zur Entscheidung unterbreitet. Ninguarda sandte das gesamte Schriftenmaterial nach Rom ein und empfing zu Anfang des folgenden Jahres kurienamtliche Notizen[132], die seine dem Herzog bereits dargelegten Meinungen durchweg bestätigten oder noch verschärften. Der Herzog hatte dem Nuntius in der Abschiedsaudienz erklärt, daß er gedenke, die Kurie auch durch einen eigenen Gesandten anzugehen[133]. Bald darauf war der geistliche Rat Martin Dum mit entsprechenden Aufträgen nach Rom abgeordnet worden[134]. Auch er brachte eine Reihe von Bescheiden mit[135], die schließlich durch Berichte des römischen Agenten Castellino[136] ergänzt wurden. Spätestens im Frühjahr 1581 lag danach in München die Stellungnahme der Kurie zu den strittigen Fragen zwar formlos, aber eindeutig und vollständig vor.

In der Klosterfrage hatte die Regierung das zweifelhafte Papstprivileg nun endgültig fallen gelassen. Durch Dum ersuchte sie wie durch Ninguarda um die nachträgliche Billigung der bisherigen Praxis, nämlich der Verwendung der Klostererträge teils für die Jesuiten, teils zugunsten armer Studenten, teils auch für den Bau des Ingolstädter Seminars, der Münchener Schule und für andere fromme Zwecke. Für die Zukunft wurde, wie schon drei Jahre zuvor, um die Freigabe der vier Klöster, „vor allem" zum Zwecke der Förderung des Theologiestudiums gebeten[137]. Ninguarda hatte

132 „. . . Responsa s. d. n. quae ad articulos, quos ante annum Romam misimus, iam recepta sunt" (Ninguarda an Fend am 15. 2. 1581: GStA K. schw. 7306/4). Es handelt sich dabei um die „Notata ex urbe" in BStB Cgm 2173, 111ff. Am 22. 4. 1580 hatte der Nuntius an Fend geschrieben, wie er erfahre, seien in Rom alle schwebenden Zensuren für ein Jahr suspendiert worden (GStA K. schw. 7306/4).

133 BStB Cgm 2174, 53ff.

134 Ninguarda an Fend am 30. 4. 1580: „Proinde velim, d. v. notaret, quicquid erit a sua sanctitate petendum. Interim cuperem mihi quamprimum significari nomina monasteriorum in Bavaria suppressorum . . ., ne in procuranda confirmatione diu laborandum sit" (GStA K. schw. 7306/4). Am 25. 6. 1580 schrieb Herzog Wilhelm an Elsenheimer, mit Ninguarda sei vereinbart worden, daß „die jhenigen sachen, so wir im geistlichen praetendiren unnd an bebstliche hay. zebrinngen gedennckhen", möglichst rasch zusammengestellt, von Ninguarda begutachtet und nach Rom gesandt würden (GStA K. schw. 5304). Dum scheint also erst nach diesem Zeitpunkt gereist zu sein. Ein Memorial für ihn von Fends Hand: BStB Cgm 2173, 229ff.

135 Ein Resümee von Fends Hand: BStB Cgm 2174, 165ff.

136 Ein Resümee dessen, was Castellino im Auftrag Toledos berichtet habe: BStB Cgm 2173, 145ff.

137 „Et quia per temporis monachorumque pravitatem quatuor monasteria ultra viginti iam annos vacarunt, quorum quidem redditus partim in usum Societatis Jhesu cesserunt, partim in sustentationem pauperum scholarium, maxime

im April 1580 Fend und Dum seinerseits noch um Auskünfte in dieser Sache gebeten[138]. Er erhielt dann aus Rom den Bescheid, die vom Herzog gewünschte Remission solle nicht verweigert, jedoch von der vorherigen Vertragsschließung mit den Bischöfen abhängig gemacht werden[139], die man also durch dieses Druckmittel zu beschleunigen suchte. Für die künftige Aufhebung der vier Klöster verlangte die Kurie genauere Information. Die weiteren Verhandlungen hierüber sollten durch den herzoglichen Agenten geführt werden[140]. Die Zurückhaltung der Kurie und vor allem auch des Jesuitenordens und das begrenzte Interesse der herzoglichen Regierung[141] ließen ein Jahrzehnt verstreichen, ehe mit der Übergabe des Klosters Biburg an die Ingolstädter Jesuiten die Liquidation der bisherigen Ausbeutungspraxis eingeleitet wurde, und ein weiteres, bis sie mit der Inkorporation des Klosters Schamhaupten in die Universität Ingolstadt endlich abgeschlossen wurde[142]. Ungeachtet dieser Komplikationen konnte aber das Klosterproblem seit den Ninguardaverhandlungen für prinzipiell gelöst gelten.

Auch für die Seminarkontributionen hatte Herzog Wilhelm durch Dum um nachträgliche Indulgenz ersucht. Castellino berichtete im folgenden Frühjahr, der Papst verlange die Unterlassung dieser ohne seine Billigung vorgenommenen Besteuerung[143]; nach Dums Darstellung durften zwar freiwillige Leistungen des Klerus durch den Herzog angenommen werden, jedoch in der Form von

qui theologiae operam darent, non parum etiam illorum absumtum est in aedificationem collegij theologici Ingolstadij, quod Albertinum dicitur, et Monachij in extructionem scholarum, reliquo omni ad varia alia pietatis opera destinato, ut haec omnia per s. sedis apostolicae benignitatem grata habeantur". In Zukunft würden die Einkünfte der vier Klöster „in alia pia et salutaria opera" verwendet werden, „maxime in sustentationem et augmentum studij theologici".

138 GStA K. schw. 7306/4 und HStA Staatsverw. 2715, 216; vgl. auch Anm. 134.

139 BStB Cgm 2173, 181 („Notata ex urbe").

140 „De monasterijs quatuor vacantibus petijsse suam s. informationem ampliorem, quomodo se cum illis omnia habent, indeque se responsuram per doctorem Castellinium. Petita autem erant ea concedi in usum patrum de Societate Jhesu" (BStB Cgm 2174, 165ff., Bescheid Dums).

141 In den mir bekannten Aufträgen an die bayerischen Oratoren, auch etwa in den beiden Memoranden für Ninguarda von September 1583 (Schlecht, Zum bayerischen Konkordat 366ff.), fehlt dieser Punkt.

142 Vgl. VIII Anm. 39ff.

143 „Primo cum contributio ad seminarium Ingolstadij erectum nulla interposita autoritate sedis apostolicae fuerit ecclesiasticis personis ac ipsis etiam ecclesijs imposita, hortatur s. s. ut princeps ab eiusmodi exactione cesset" (BStB cgm 2173, 145f.).

„auxilia" und nicht von Jahressteuern[144]. Das bezog sich auf die Besteuerung der bayerischen Geistlichkeit im allgemeinen, also auf die ständischen Kontributionen und auf die Kantoreigelder, auf die der Herzog seit 1580 verzichtete[145], und nicht so sehr auf die Seminarsteuern, die ja seit dem Beginn der Dezimation ohnehin nicht mehr erhoben wurden und nur für die Vergangenheit legitimiert werden sollten. In bezug auf die Dezimation erhielt Dum an der Kurie den salomonischen Bescheid, daß man sie nicht zu konfirmieren, andererseits aber auch ihre Durchführung, sofern sie durch den Erzbischof geschehe, nicht zu behindern gedenke[146]. Mochte den Herzog diese Antwort enttäuschen, so war doch der bayerischen Seminarpolitik mit ihr ausreichend gedient. Die Einforderung der Zehnten nahm ihren Fortgang und zog sich bis in die Mitte der neunziger Jahre hin. Ein neues Privileg dieser Art, das man in München also wohl heimlich erhofft hatte, würde nach Dums Auskunft kaum zu erhalten sein[147]. 1593 wurde der Thronfolger Maximilian noch einmal mit einem solchen Antrag in Rom vorstellig[148], jedoch ohne Erfolg. Am Ende genügte aber auch der Kapitalertrag beider Dezimationen im Verein mit den vier Klöstern, das herzogliche Stiftungsprogramm vor der Jahrhundertwende zum Abschluß zu bringen.

Die herzoglichen Bemühungen, dem Ingolstädter Seminar eine päpstliche Finanzhilfe zu verschaffen, hatten sich durch die halbe Absage Morones nicht entmutigen lassen[149]. Die von der deutschen Kongregation im Dezember 1576 beschlossene Reorganisation des Germanikums gab ihnen neuen Auftrieb: das römische Kolleg sollte künftig nur noch Adlige aufnehmen und dadurch zum Seminar für die deutschen Domkapitel werden, die übrigen päpstlichen Alumnen aber an verschiedenen Orten in Deutschland erzogen werden[150]. Portia fragte im März 1577 bei Canisius an, ob die Ingolstädter Jesuiten zehn päpstliche Alumnen bei sich aufnehmen

144 „Contributiones et steurae praelatorum et cleri Bavarici, si bona ipsorum voluntate obveniant, accipi possunt in nomine domini, modo non habeantur pro censu annuo, sed sint auxilia".

145 Vgl. VI Anm. 25.

146 „Confirmatio decimarum iam pridem impetratarum negata quidem est, non tamen impedietur, quod per archiepiscopi exequutoris operam colligi queat".

147 „Novae certae decimae sperari vix possent" (wie alle vorgehenden Zitate aus Fends Aufzeichnung über Dums Bericht: BStB Cgm 2174, 165ff.).

148 Vgl. VIII Anm. 105.

149 Vgl. Anm. 83.

150 Schwarz, Zehn Gutachten 129; Braunsberger VII 396ff.

könnten, und erhielt eine zustimmende Antwort: eine solche päpstliche Stiftung werde Herzog Albrecht anreizen, die Zahl seiner eigenen Stipendiaten zu vergrößern[151]. Solche Diskussionen konnten der herzoglichen Regierung kaum verborgen bleiben und mußten ihre Hoffnungen nähren. Anfang 1579 ließ sie ihren Gesandten Adrian Aernsperger den Papst um eine Stiftung für Ingolstadt bitten[152]. Auch Ninguarda wurde ein Jahr später um Fürsprache angegangen[153], und schließlich erhielt Dum Auftrag, vom Papst mit dem Hinweis auf seine großzügigen Alumnatsstiftungen in anderen Teilen des Reiches für Bayern und Ingolstadt zwar keine vollständige Stiftung, aber wenigstens etwa 12 Stipendien zu erbitten[154]. Nach Dums Bericht hielt Gregor diesen Antrag für nicht ausreichend begründet. Er wolle zwar herzogliche Alumnen nach wie vor ins Germanikum aufnehmen, für die „bayerischen Seminare" aber, „ein für allemal gesagt, nichts hergeben[155]. Trotzdem setzte die herzogliche Regierung ihre Anträge und Bemühungen in dieser Sache noch eine Zeitlang fort; ungeachtet der anhaltenden Zahlungsschwierigkeiten der Geistlichen Kammer scheinen sie doch eher durch das Gefühl der unverdienten Zurücksetzung Bayerns

151 Canisius an Portia am 23. 4. 1577: „nec dubium, Principem Albertum et Augustanum praesulem suorum Alumnorum numerum hac ratione augeri libenter probaturos esse" (Braunsberger VII 400). Vgl. dazu Portias Berichte an Como in NB III/1, 61ff. und 91f.

152 Fend an Aernsperger am 26. 1. 1579: „Videmus aliquid subesse, quod nos magis quam alios impediat resque nostras non minus quam aliorum aequitate nitentes invisas reddat, certe ab eo tempore, quo pontifici nostro nomine supplicatum voluimus, ut Ingolstadij pauculos aliquot aleret scholares, ea saltem suppeditando, quae necessaria forent victui et amictui. Integra iam eriguntur alibi collegia, cuius aliquanto memores erimus ad pontificem. Nec enim vel pietate vel devotione erga s. sedem caeteris videmur esse inferiores" (GStA K. schw. 7396, 44). Aernsperger hatte in erster Linie Auftrag, einige herzogliche Praesentanden im Germanikum unterzubringen (vgl. Anm. 85).

153 Schellhass, Ninguarda II 345.

154 „Rogata etiam est aliquoties sua s., ut in Bavaricam catholicam academiam Ingolstadij similem aliquam libertatem exercere dignaretur, sicut fit in Austrijs provincijs, Bohemis, Prussis, Belgis, varijs in locis, magna cum laude suae s.; nec tamen id tantis sumptibus, quales requirat integri alicuius collegij fundatio, sed ad certos solummodo utpote XII plus minus alumnos in theologico studio sustentandos" (BStB Cgm 2173, 231').

155 „Seminarijs nostris nihil elargietur pontifex, semel pro semper dictum ... Et putat pontifex haec praeter magnam causam ab ipso peti, penes tantam suorum alumnorum multitudinem, qui nostri aeque futuri sint quovis tempore" (BStB Cgm 2174, 165ff.). Am 11. 10. 1582 immatrikulierten sich in Ingolstadt vier päpstliche Alumnen, drei Böhmen und ein Schlesier (Pölnitz I/2, 1113); was es mit ihnen auf sich hat, ist nicht erkennbar.

hinter Österreich und andere deutsche Länder angereizt worden zu sein. Im Winter 1582/83 lag Fend dem deutschen Protektor, Kardinal Madruzzo, in dieser Sache hartnäckig in den Ohren[156], im folgenden Frühjahr wurde der Nuntius Bonomi um Unterstützung bemüht[157], im August 1583 schließlich erhielt Minutio Minucci, als er in den wahrhaft dringlicheren Kölner Angelegenheiten nach Rom reiste, von Fend diesen herzoglichen Wunsch in aller Eindringlichkeit und Ausführlichkeit aufgetragen[158], und er fehlt

[156] Herzog Wilhelm (Fend) an Madruzzo am 19. 12. 1582: „Deinde quae nuper dil. v. ad impetrandam a sua s. aliquot theologiae studiosorum in Albertino nostro collegio Ingolstadij sustentationem in se recepit, ut ea foeliciter quamprimum efficiat rogamus peramanter. Erit res ista non solum usui atque dignitati s. sedi apostolicae, aeque ac nostris provincijs, sed nobis ipsis etiam magnae consolationi. Et quare Ingolstadium solum penes tantam pontificiae liberalitatis munificentiam inhonoratum obeat, ubi tamen plurimi ac insignes subinde errantur theologi, certe studium sacrarum literarum magis floret quam alibi per Germaniam? Sed habet haec cura eum iam patronum, qui grave sibi futurum existimabit, si non foelicissimos sortiatur eventus tanta cum voluntate ac benevolentia suspecta. Nos sane alijs principibus non inferiores hoc loco haberi minusve charos non esse vehementer laetabimur". Und wieder am 2. 3. 1583: „Circa alumnorum pontificiorum graciam ad academiam nostram Ingolstadiensem impetrandam id nobis agitur, quod argumento esse possit, nec inferiores nos haberi coeteris nostri ordinis, neque minorem esse curam apud urbem de conservanda ornandaque Bavaria nostra quam de alijs provincijs esse solet. Atque hanc aemulationem non solum in nobis excitat nemini sane secunda pietas et devotio nostra erga s. sedem apostolicam, sed ipsae etiam provinciae nostrae sibi efflagitant, non minus quam aliae haeresibus et erroribus circumvallatae undique. Et Ingolstadij quoque presto sunt tam insignes theologi professores quam in alijs ullis locis, tali suae s. liberalitate condecoratis ... Quod si perpetuum quippiam institui hic non possit hoc tempore (sicuti nec alibi forsan sunt fundationes et dotationes firmae), fiat saltem ad tempus, quod gratiam et amorem paternum referat". Madruzzo hatte am 21. 1. 1583 gemeldet, er habe mit Papst Gregor gesprochen, aber noch „nihil certi" erlangen können; er wolle sich weiter bemühen (alles in StAM GR 499/4 i).

[157] Herzog Wilhelm (Fend) an Bonomi am 15. 5. 1583: „Alumnorum pontificiorum in academia nostra Ingolstadiensi collocandorum curam ac promotionem ut non negligat r. v. amanter rogamus, illud equidem suum erga nos studium inter ea habituri, quae per omnem vitam iucundissima esse poterunt" (GStA K. schw. 8640, 38).

[158] Diese „Puncta et negocia, so herrn Minutio nach Rom möchten bevolchen werden" von Fends Hand argumentieren so interessant, daß sich noch einmal ein längeres Zitat empfiehlt. Fend beginnt mit dem Hinweis auf die Nachlässigkeit der Bischöfe und die daraus folgenden Schäden. „Solchem abgang und schaden zuefürkhomen, hatte der hertzog in Bayrn, so wol nechstverstorbner in Gott ruehender als ietzt regierennder landsfürst, bei der bäbst. hail. vil und offt angehalten umb ein gnedig hilpfgelt, damit ein anzal armer scholarn järlich khunte erhalten und zu gaistlichem stannde befürdert

schließlich auch nicht, bekräftigt durch den Hinweis auf entsprechende Zusagen Morones und Madruzzos, in dem zweifellos ebenfalls von Fend entworfenen Memorial, das Herzog Wilhelm im September 1583 Ninguarda nach Rom mitgab[159]. Er hatte eine gewisse Chance, solange die oberdeutsche Jesuitenprovinz noch über kein päpstliches Alumnat verfügte. 1584 bewarb sie sich darum bei Papst Gregor und brachte nun auch von sich aus, vielleicht mit Rücksicht auf Herzog Wilhelm, ihr Ingolstädter Kolleg

werden. Und das were, bej vor augen wesenden der ordinarien unvleiß, ein merckhliche notturfft, voraus damit ein wolertzogner reiner clerus möchte erzüglet werden. Dan sich der alten und die sich von dem concubinat schwerlich treiben lassen, albereit grosse anzal aus Bayrn in Osterreich, Schwaben, Thyrol, Franckhen unnd in der bischoven gebiett weckh gethan, unnd werden sich irer noch mer weckh thuen, wan gegen inen mit ernst verfaren wirdt. Dan anderer orthen lasst mans so wol mit dem concubinat als mererm wahlten und gehn wie es mege. Da bedörffte man täglich einer grossen anzal guetter briester, die man gwiß an solche befürderung nimer zuebekhomen. Dan von alter her (wie dan der bischoven handlen noch heuttigs tags unverweret) hatt sich nit der geringste thail des theutschen cleri, voraus auff dem lande, von den briestern selbs hergenommen. Je mer nun dem concubinat wie billich gewehret, ie grösser ist der abgang. Und wurden andere nit gefunden, die sich zue gaistlichem stand ergeben, sy haben dan hilff fürderung dartzue. Da bedörffts nun so grosser unnd schwerer verlag nit, dann mit 2000 chronen khunten järlich dergleichen in 100 und etwa mer befürdert werden, die den catechismus, casus conscientiae und pastoralia neben dem khirchen gesang und anderer notturfft zuer sehlsorge studierten, in solcher ordnung und anstellung, das järlich ir 10, 20 und mer zu pfarrer und andern khirchen ämbtern hertzuenemen weren. Der landsfürst khan dergleichen allain nit alles tragen und ausrichten. So gelangen auch die decimae, vor der zeit und ietzt in Bayern bewilliget, daher nit, als davon die theologi bej der hochenschuel zu Inglstat, collegia patrum de Societate und andere gaistlicher sachen notturfft bestelt und erhalten werden. Und ist da nit umb gar hoch studierte theologos, sonder gemeine dorfpfarrer zethuen, die mit einem geringen zuerzüglen und täglich hoch von nötten send. Ir. heil. thuen dergleichen gnaden gegen dem hauß Österreich und andern mer orthen, were da nit weniger noth und wol angelegt. Wan solches mit irer heil. hilff nur etliche jar lang in einen gang und wesen gericht, wer etwa hernach rath zefinden, damit das werckh durch der bischoven mitfürderung und handtreich erhalten, also das solcher bayrischer briester zügl auch den umbligenden catholischen landen, voraus den thumbstifften, tröstlich sein khunte". Außerdem würde eine solche „studierhilff" es dem Herzog ermöglichen, überall in Bayern den römischen Kirchenbrauch einzuführen. — Von anderer Hand ist dazu angemerkt: „Nota das es das Cölniß nitt verhindere" (HStA Oefeleana 26, 103ff., undatiert).

159 Schlecht, Zum bayrischen Konkordat 366f.: Bitte um „certa aliqua pecunia" oder „certus illuc (sc. ad seminarium) positus pontificiorum alumnorum numerus". „Bene pollicebatur olim cardinalis Moronus sanctae memoriae, auxit fiduciam hanc Bavaricam reverendissimus et illustrissimus legatus Madrutius".

ins Gespräch[160]. Im April 1585 aber schloß der Papst sein großes Stiftungswerk mit einer Alumnatsgründung im augsburgischen Dillingen ab[161], dem wohl der Orden selbst den Vorrang einräumte, und brachte damit auch die bayerischen Anträge in dieser Sache endgültig zum Verstummen[162].

Im ganzen war der bayerischen Seminarpolitik durch die Entscheidungen und Vereinbarungen von 1580/81 ein finanzieller Bewegungsspielraum abgesteckt, der ihr für die Erledigung ihrer Aufgaben und Verpflichtungen am Ende genügte. Mehr aber scheint sie in den ersten Regierungsjahren Herzog Wilhelms nicht mehr im Sinn gehabt zu haben. Das albertinische Erbe, verkörpert in der gleichnamigen Ingolstädter Stipendiatenanstalt, drohte zu verkümmern. Der wilhelminische Neuansatz fiel auf einen Zeitpunkt, als der Ausgleich mit der Kurie und den Bischöfen bereits verbindlich vollzogen war, und er schlug mit seiner einseitigen Konzentration auf die Ausstattung der Jesuitenkollegien eine Richtung ein, die die Wiederbelebung der Idealkonkurrenz mit den bischöflichen Seminaren kaum befürchten ließ[163]. 1583 tauchte die Beschwerde gegen das herzogliche Steuerverbot wohl dank mechanischer Tradition noch einmal in den bischöflichen Gravamina auf[164], doch eine

[160] Duhr 303f.

[161] Specht, Universität Dillingen 425ff.

[162] Für die nach der Stuhlbesteigung Sixtus' V. geführte Diskussion über das Germanikum und die päpstlichen Alumnate vgl. NR II/1, 117f. und Steinhuber I 167ff. Vorübergehend stand die Existenz des deutschen Kollegs selbst in Frage; verschiedene Stimmen äußerten sich über den bisherigen Erfolg unzufrieden und verlangten eine Reform (vgl. dazu auch das Gutachten Canisius von 1583 bei Braunsberger VIII 144f.). Für die Erhaltung des Germanikums und der Alumnate sprachen sich der Nuntius Malaspina und der frühere Regens des Ingolstädter Georgianums, jetzige Domdekan in Regensburg Bartholomaeus Vischer, 1588 auch Minucci aus (NB III/1, 763ff.). Für päpstliche Neustiftungen bestand jedenfalls in dieser Situation kaum eine Aussicht. Vgl. zu der ganzen Diskussion jetzt zusammenfassend Krasenbrink 255ff.

[163] Vgl. VII Anm. 36ff. Für die weiteren päpstlichen Bemühungen, die bischöflichen Seminargründungen voranzutreiben, vgl. Madruzzos Auftrag zum Augsburger Reichstag von 1582 in NB III/2, 396. Canisius verlangte im Januar 1583 in einem Gutachten, die Bischöfe seien anzuhalten „ut seminarijs clericorum erigendis aut saltem in universitate catholica primo quoque tempore instituendis omnem operam navent" und betonte die Notwendigkeit, den Streit der Bischöfe mit den weltlichen Fürsten zu schlichten (Braunsberger VIII 116ff.).

[164] Salzburger Beschwerden von Sommer 1583: „Ecclesiasticas contributiones ordinario iure canonico ac statutis consiliorum permissis erigendi nulla relinquitur authoritas" (BStB Cgm 2176, 17ff.). Die Burghausener Regierung

neuere Erfahrung scheint ihr nicht zugrundegelegen zu haben, nachdem, soviel sich sehen läßt, keiner der Salzburger Suffragane den Versuch von 1576 wiederholt hatte[165]. Das bayerische Konkordat erkannte den Bischöfen unter bestimmten Einschränkungen das Recht zu, dem Klerus finanzielle Leistungen abzuverlangen[166], aber das blieb Theorie, zumal auch die Bischöfe in den vorausgegangenen Verhandlungen die Seminarsteuern nicht besonders erwähnt hatten. Bis über die Jahrhundertwende blieb es der herzoglichen Politik erspart, die Revision ihrer Haltung in dieser Frage praktisch unter Beweis zu stellen.

In den verschiedenen Regensburger Streitpunkten hatte sich ein Ausgleich angebahnt, nachdem 1579 der dreijährige Herzog Philipp zum Bischof postuliert worden war und das Bistum unter der Administration Ninguardas (1580--82), erst recht aber seines Nachfolgers Zbinko Berka, zunehmend unter bayerischen Einfluß geriet[167]. Noch im August 1577 hatte Herzog Albrecht scharf gegen die von Bischof David mit Berufung auf die Papstbulle von 1574 beabsichtigte Überführung des Hochwartnachlasses nach Regensburg protestiert, weil die Stadt seiner „landesfürstlichen Oberhand“ nicht unterstehe, und stattdessen die Gründung einer Schule im bayerischen Stadtamhof verlangt; was danach übrigbleibe, solle

erwiderte darauf mit den alten Argumenten: Säumigkeit der Bischöfe, wiederholte Mahnungen und eigener Eifer des Herzogs (ebd. 27'f.). Auch die Passauer Gravamina erwähnen diesen Punkt. Für die ungemilderte Schärfe der herzoglichen Vorwürfe an die Adresse der Ordinarien nach Konkordatsabschluß vgl. das sicher von Fend entworfene Memorandum für Ninguarda vom 12. 9. 1583: „manifesta ordinariorum negligentia, per quam (quod luce meridiana clarius est) tota Bavaria periisset aeque ac Germania caetera fere omnis, nisi principum pietate atque zelo fuisset communita“ (Schlecht, Zum bayrischen Konkordat 369ff.).

165 1580 war Herzog Wilhelm bei den Verhandlungen über die Gründung des Mönchsseminars durch die Prälaten wiederholt aufgefordert worden, sie vor bischöflichen Seminarsteuern zu schützen (vgl. VI Anm. 50).

166 „Subsidia charitativa et alia iura episcopalia“, jedoch keine „insolita exactio“.

167 Vgl. dazu R. Reichenberger, Zur Administration der Regensburger Kirche unter Herzog Wilhelm V. 356ff. Wie Ninguardas Bericht an den Papst vom 16. 5. 1585 zeigt, hatte er in seiner Administrationszeit mit den bayerischen Räten größte Schwierigkeiten, da sie auf kaum verhohlene Weise die Verwaltung des Bistums, zumindest die weltliche, an den Herzog zu bringen suchten. Auch bei den folgend dargestellten Verhandlungen über den Hochwart-Nachlaß wird man daher kaum von einem ungetrübten Einvernehmen des Herzogs und des Nuntius ausgehen dürfen, sondern annehmen müssen, daß der nicht ausreichend informierte und mit anderen Geschäften überladene Nuntius von den herzoglichen Räten überspielt wurde.

168 HStA HL Regensburg 30, 136ff.

ebenso wie die früher vom Herzog beschlagnahmte Summe für eine Ingolstädter Stipendienstiftung verwendet werden[168]. Umgekehrt scheint Bischof David die von der Kurie gebilligte Translation des Stifts Pfaffmünster nach Straubing mit Erfolg hintertrieben zu haben. Nach seinem Tod hatte der Herzog in dieser Sache freie Bahn[169], im Dezember 1581 konnte er die Gründung des Jakob-Tiburz-Stifts in Straubing beurkunden[170], freilich nicht diejenige eines Jesuitenkollegs, der die Translokation ursprünglich wohl hatte dienen sollen; sie ließ noch ein halbes Jahrhundert (bis 1631) auf sich warten. Ninguarda erhielt dafür Anfang 1580 die grundsätzliche Zusage, der Herzog wolle eine Regensburger Seminargründung mit Hilfe des von ihm kontrollierten Regensburger Kirchenguts wohlwollend fördern[171]. Zu einer konkreten Absprache kam es im Sommer 1581 bei einer Besprechung des Nuntius mit herzoglichen Räten in München: der Hochwartnachlaß solle zusammengebracht, zuverlässig angelegt und einer Regensburger Seminargründung zugeführt werden, die, und das machte dem Herzog die Zustimmung leicht, an die Universität Ingolstadt anzuschließen sei. Überdies sollte der Universität ein Teil des Geldes in Form einer Stipendien- oder Geldstiftung direkt zugutekommen[172].

[169] Noch vor dem Tod Bischof Davids erhielt Aernsperger am 30. 4. 1579 vom Herzog (Entwurf Fends) entsprechende Anweisung: Für Straubing spreche, daß das Stift hier „ad celebrioris alicuius scholae institutionem" dienen könne. Der Bischof verlange ein Breve, das sei zu besorgen (GStA K. schw. 7397, 153). Weitere Korrespondenz in dieser Sache mit Fabricius ebd. 30 und 48 sowie K. schw. 7359, 149ff. (Mai bis September 1579).

[170] Herzogliche Urkunde vom 1. 12. 1581 in HStA Staatsverw. 2929, 123ff. (beglaubigte Kopie). Am 20. 2. 1581 waren herzogliche Räte deswegen nach Straubing abgeordnet worden; wenigstens ein Kanoniker des neuen Stifts sollte „etliche lectiones" in Theologie für den Straubinger Klerus halten (ebd. 152ff.). Ein Instrument Ninguardas über die Translokation vom 25. 2. 1581 ebd. 133ff.

[171] BStB Cgm 2173, 87ff. (§ 27).

[172] „Seminarium autem Ratisponense instituatur penes academiam Ingolstadiensem sex aut octo personarum, vel in collegio Georgiano vel apud Ihesuitas, donec exsolutis debitis insignis aliqua schola Ratisponae queat erigi". Der Nuntius möge aber auch daran denken, „ut ratio habeatur academiae Ingolstadiensis, ad quam Hochwarthus certam pecuniam deputaverat pro alendis stipendiarijs aliquibus" (Recessus Monachensis, 28. 6. bis 4. 7. 1581: BStB Cgm 2173, 81'f.). Es handelt sich dabei freilich um eine einseitige herzogliche Aufzeichnung. Am 30. 7. 1581 schrieb der Herzog an Ninguarda: „Caeterum quia satis constat Hochwartum ipsum, dum viveret, serio habuisse propositum de fundandis aliquibus stipendijs in academia nostra Ingolstadiana, non improbabitur, credimus, p. v., ut certa quaedam pecunia" (nämlich die früher vom Herzog beschlagnahmte Summe) „in tales usus

Zur gleichen Zeit war in den Verhandlungen, die der Herzog seit zwei Jahren mit den bayerischen Äbten über die Gründung eines zentralen Mönchsseminars führte[173], die Entscheidung für Ingolstadt als Standort und für die Benützung eines der dort bereitstehenden Gebäude gefallen. Im Mai 1581 hatten die Prälaten zwar dem gleichfalls angebotenen Collegium vetus den Vorzug gegeben, doch schien die herzogliche Seite wenig später mehr dem Georgianum zuzuneigen, das eben um diese Zeit durch einen stattlichen Neubau erweitert wurde[174]. Nachdem auch das Albertinum dringend nach einer neuen Raumlösung verlangte, wuchs dem Georgianum in den Seminarplanungen des Herzogs für kurze Zeit die entscheidende Rolle zu. Auch den Nuntius muß diese Planung, an der er als Verhandlungspartner der Äbte und als Regensburger Administrator beteiligt war, tief beeindruckt haben; dank seiner Initiative schien sich für einen Moment auch die größte und älteste Hoffnung der bayerischen Seminarpolitik endlich erfüllen zu sollen. Am Jahresende 1581 berichtete er dem Herzog, der Salzburger Erzbischof und einige seiner Suffragane hätten sich, dem Regensburger Beispiel folgend, auf die Gründung eines „commune seminarium“ in Ingolstadt verständigt[175]. Eine gesamtbayerische Seminarlösung, ein „castrum sacrorum studiorum“, wie es Fend dem Nuntius mit enthusiastischer Feder beschrieb, angesiedelt im georgianischen Gebäudetrakt, schien zum Greifen nahe. Ein weiteres Nebenhaus sollte angekauft werden, so daß der ganze Komplex mit der alten Kollegkapelle als Zentrum über drei Abteilungen verfügen würde: in den alten Kollegteilen, nach Westen und Norden zu, säßen die herzoglichen Stipendiaten; im eben vor der Vollendung stehenden Neubau, also in der Mitte und dadurch abgeschirmt vom Lärm der Welt, die jungen Mönche; als ihre Wächter schließlich in dem noch zu erwerbenden Gebäude, nach Osten und damit nach der in ihnen selbst aufgehenden und dem

asservetur, ex qua vel stipendia duo Hochwardiana ad Georgianum nostrum collegium institui poterunt, vel eius collegij necessitates alias iuvari“. Die Bauarbeiten am Georgianum kosteten gerade viel Geld. Der Rest solle an das Regensburger Seminar gehen (BStB Cgm 2173, 276ff.). Ninguarda erwiderte am 7. 8. 1581, diese Darstellung sei für ihn neu, man möge bis zu seinem Besuch warten (HStA Staatsverw. 2715, 265).

173 Vgl. VI Anm. 25ff.

174 Vgl. VI Anm. 58.

175 „Indicavi vestrae serenitati conclusum esse, ut commune seminarium pro Salisburgensi archiepiscopatu et episcopatibus Ratisbonensi alijsque Ingolstadij erigatur“ (Ninguarda an Herzog Wilhelm am 2. 1. 1582: HStA HL Regensburg 30, 199).

Christenvolk voranleuchtenden Sonne der Gerechtigkeit und Heiligkeit zu, die bischöflichen Alumnen[176].

Fends Vision mutet an wie der würdige Höhepunkt und Abschluß einer Epoche herzoglicher Seminarpolitik; die edlen Intentionen, die sie in ihren finanziellen und diplomatischen Machinationen über so lange Jahre bewegt hatten, erscheinen in diesem Brief wie von irdischen Beimengungen gereinigt im verklärenden Licht. So unerwartet sich diese Aussicht eröffnet hatte, so rasch sollte sie sich wieder verhüllen. Für die Fastenzeit 1582 waren die im vorigen Sommer beschlossene Bischofskonferenz und ein neuer Prälatenkonvent anberaumt, von denen man noch im Februar die entsprechenden Entscheidungen erwartete[177]. Beide kamen aus unerkennbaren Gründen nicht zustande. Als die Bischöfe sich endlich mehr als ein Jahr später in München einfanden, war der große Seminarplan längst vergessen.

Auch die Regensburger Seminaranlegenheit ging seit 1582 wieder eigene, jedoch nach wie vor von der herzoglichen Politik eifrig gebahnte oder auch gestörte Wege. Im Hochwartstreit

176 Fend an Ninguarda am 29. 12. 1581: „Porro de monasteriorum Bavaricorum seminario in ea Georgiani collegij parte, quae nova nuper extructa est, instituendo placet suae serenitati, quae vestra etiam r. d. probavit. Ego itaque quamprimum Ingolstadium venero, cum de hoc ipso disponam diligentissime, tum etiam de coemenda alia domo propinqua in usum episcopalium alumnorum sedulo curabo. Qua quidem ratione castrum sacrorum studiorum erigemus vel ipsis inferiorum partis formidabile. Illud enim a primo accessu ducalis fundatio tuebitur; in medio monachi Bavarici statuentur, penes quos provinciarum nostrarum nervi sunt non utique contemnendi; ultimum latus claudent episcopi, custodes ac vigiles. Et horum statio recte erit ad orientem, solem nimirum iusticiae et sanctitatis in ipsis surgentem, populoque christiano praelucentem. Monachi ad meridiem agent tranquilli semotique ab externarum rerum curis ac strepitu; contra occidentem ac septembrionem excubabunt ducales praesidiarij Georgiani. In medio fere omnium templum est positum omnium pietati commune. Hanc pulcherrimam commoditatem depingere hoc volui pluribus, ut excitatiorem ad operis huius promotionem, cuius equidem profectio sita est in reverendissimae vestrae d., ut nimirum constitutio iam caeteris partibus, episcopalium alumnorum stationes quoque firmentur, ad quas non deerit, scio, domus commoda, modo argentum sit in promptu, quo possessor eijciatur“ (GStA K. schw. 7306/4).

177 Ninguarda an Herzog Wilhelm am 2. 1. 1582: „Convenimus nuper, ut hac proxima Quadragesima conventus habeantur, prius praelatorum ac deinde statim episcoporum“ (HStA HL Regensburg 30, 199). Ninguarda an Fend am 3. 2. 1582: „Circa negotia seminariorum tam monachorum quam episcopalium alumnorum, maxime de loco, quid fieri possit, ubi d. t. inspectionem Ingolstadij habuerit, avide expectabimus, ut res ita necessaria in opus reduci ac maturari queat“ (GStA K. schw. 7306/4).

bestand der Herzog noch im September 1583 in seinem Memorial für Ninguarda auf der Abzweigung dreier Stipendien für die Universität Ingolstadt, die den landesherrlichen Rechten Bayerns und dem erklärten Wunsch Hochwarts entspreche. Der ganze übrige Nachlaß solle dem Regensburger Seminar zugeführt werden, wobei zu erwägen bleibe, ob sich eine solche Gründung besser an der Bischofskirche, im Schottenkloster oder ebenfalls an der Universität Ingolstadt vornehmen lasse[178]. Die wenig später entstandene Geistliche Ratsinstruktion erwähnt die Ingolstädter Stipendienstiftung nicht mehr[179]. Eine Regensburger Seminargründung wurde als nützlich und für Bischof Philipp verdienstlich empfohlen, galt aber dem Verfasser (Fend) noch immer als wenig aussichtsreich[180]. Ersatzweise unterstützte der Herzog eine Zeitlang die schulischen Bemühungen des Schottenabts, dem eine Summe aus dem Hochwartnachlaß überlassen wurde. Die inzwischen auf 3920 Gulden aufgelaufene herzogliche Kapitalschuld[181] wurde nach wie vor nicht ausgezahlt, und zwar auch dann nicht, als das Stift 1584 wirklich begann, zwei bis drei Alumnen in Ingolstadt zu unterhalten. Seit 1582 wurde in Regensburg ein gesonderter Seminaretat geführt, der sich bei Realisierung aller Außenstände und Rechtsansprüche auf jährlich 827 Gulden hätte belaufen müssen, faktisch aber nur bedeutend niedrigere Einnahmesummen erreichte[182]. Ob-

178 Schlecht, Zum bayrischen Konkordat 368f.: Die „institutio mirabilis potius quam utilis aut possibilis" des Hochwart-Testaments habe bisher die Ausführung verhindert. Da das Testament im bayerischen Stadtamhof ausgestellt worden sei, verlange die Gerechtigkeit, „ut Bavaria huius testamenti beneficio non prorsus destituatur". Daß Hochwart Stipendien für Ingolstadt stiften wollte, stehe bei vielen fest („multis constat"). Die drei weiteren Möglichkeiten werden als gleichwertig vorgestellt, doch vertrauten der Herzog und die Universität Ingolstadt auf die Hilfe Ninguardas. Die dritte Lösung entspreche der „christiana pietas et auctoritas, cui subiacet Hochwartiana voluntas", und sie diene „pro ecclesia Ratisbonensi ac Bavariae salute et usu, cui is omnia sua destinavit".

179 Auch von der Universitätsüberlieferung her ist eine solche Stipendienstiftung nicht bekannt.

180 BStB Cgm 2173, 240ff.; vgl. VII Anm. 49.

181 Schuldenverzeichnis von 1587 in HStA HL Regensburg 30, 197.

182 Jahresrechnungen des stiftischen Kammerpräsidenten in HStA HL Regensburg 30, 225ff. Das liegende Kapital belief sich danach auf 11 434 fl., die Summe der jährlichen Seminareinnahmen auf 827 fl. Faktisch standen aber 1582 nur 138 fl. zur Verfügung, 1585 zwar schon 778 fl., doch waren in dieser Summe die Überschüsse der vergangenen Jahre enthalten. Die Ausgaben setzten sich aus einzelnen Unterstützungszahlungen an Regensburger Schulen und Schüler zusammen; 1584 erscheinen Quartalszahlungen an drei Alumnen in Ingolstadt.

wohl das Kapitel eine Präbende zur Verfügung gestellt hatte, reichte das alles für eine Seminargründung nicht aus, erst recht nicht, wenn man zugleich ein Jesuitenkolleg errichten wollte. Dies wiederum schien unumgänglich, da, wie das Kapitel im Sommer 1584 überlegte, „diser zeiten auf layische praeceptores khain bestendigs schuelwesen zu pauen" war. Man schlug daher dem Herzog nun seinerseits vor, die bayerischen Hochwartausstände zusammen mit einem Beitrag von etwa 250 Gulden aus den Regensburger Seminargülten „auf etlich stipendia zur universitet Ingolstat (zu) verwennden"[183]. Herzog Wilhelm aber dachte nicht daran, für diesen Zweck die gesperrten Hochwartkapitalien freizugeben[184]; die extrem jesuitische Richtung, die seine Seminarpolitik soeben eingeschlagen hatte, prägte auch sein Verhalten in der Regensburger und speziell in der Hochwartfrage. Freie Hand erhielt er, als im Mai 1585 die Administration Berkas durch Papstbreve auf das rein geistliche Gebiet eingeschränkt wurde, von nun an konnte Wilhelm „wie ein Bischof" in Regensburg schalten[185]. Im folgenden Jahr führte er gegen den Widerstand des Kapitels die Jesuiten in der Reichsstadt ein und veranlaßte zunächst, daß ihnen der größere Teil der Seminareinkünfte überlassen wurde; die Zahl der Regensburger Alumnen in Ingolstadt ging infolgedessen stark zurück[186]. Am 22. Juni 1587 einigte sich der Herzog mit dem Kapitel über die Gründung eines Jesuitenkollegs, dem das Hochwarterbe offiziell zugeschlagen wurde[187]; im folgenden Winter bemühte man sich dafür mit der Begründung, daß ein solches Kolleg nützlicher sei als ein Seminar, übrigens auch der Intention des Stifters gut entspreche, um die Zustimmung der Kurie[188]. Als Standort wurde das fast

183 Zbinko Berka am 23. 6. 1584 an Herzog Wilhelm (HStA HL Regensburg 30, 204ff.).

184 Am 10. 10. 1584 schrieb Berka an den Herzog, dieser sei also mit dem Vorschlag des Kapitels einverstanden. Drei Alumnen seien schon in Ingolstadt, ein vierter werde folgen. Der Herzog möge sich aber zugleich an sein Versprechen erinnern, die Hochwart-Ausstände freizugeben (HStA HL Regensburg 30, 210ff.).

185 Vgl. Reichenberger.

186 1586 wurden aus dem Seminaretat an die Jesuiten 700 fl., 1587 300 fl. gezahlt; 1587 an den Regens des Ingolstädter Ignatianums für einen Alumnen 86 fl. (HStA HL Regensburg 30, 271).

189 Lurz II 326ff.

188 Zwei Gutachten in dieser Sache für Castellino, das erste vom 21. 11. 1587, in HStA HL Regensburg 30, 278ff. Beide verteidigen mit scharfen Angriffen gegen Bischof David das bisherige bayerische Vorgehen, polemisieren gegen das Breve von 1574 und erklären die jesuitische Kolleggründung für die vernünftigste Lösung. Ein eigenhändiges Schreiben Herzog Wilhelms an

leere Nonnenstift St. Paul ausersehen und 1585 durch den Papst mitsamt seinem Güterbesitz für diesen Zweck freigegeben. Im Februar 1589 konnte das Kolleg offiziell gegründet werden. Auf auswärtige Schulen war nun die Diözese nicht mehr angewiesen; 1591 verständigten sich Herzog Wilhelm und das Kapitel über die Unterhaltung von 24 bischöflichen und 12 Kapitel-Präbendisten in Regensburg[189]. Dieses, bis zur Mitte des 17. Jahrhunderts wieder der Auflösung verfallene „Seminarium St. Petri" war die erste bischöfliche Seminargründung der Salzburger Provinz[190]. Erst zwei Jahrzehnte später gelang auch dem Metropolitan mit Hilfe der Benediktiner die Errichtung einer eigenen, bald darauf zur Universität erhobenen Studienanstalt[191], während das 1599 ins Leben gerufene Freisinger „Seminar" nicht mehr vorstellte als einen bescheidenen, ebenfalls den Dreißigjährigen Krieg nicht überlebenden Stipendienfonds[192].

Castellino vom 21. 11. 1587 ebd. 289f. Ob ein Breve ergangen ist, das dasjenige von 1574 außer Kraft setzte, ist mir nicht erkennbar.

187 Duhr I 205ff.; Lurz II 324ff.

190 Vgl. dazu G. Schwaiger, Kardinal Franz Wilhelm von Wartenberg als Bischof von Regensburg (1649—1661), 1954, 151ff.; zur Stiftung des Ingolstädter Hieronymus-Seminars außerdem unten VIII Anm. 161. Als seit 1631 Bischof Albert von Törring eine neue Seminargründung in Angriff nahm, kam es wegen der Steuererhebung wiederum zum Konflikt mit Bayern (vgl. auch S. Federhofer, Albert von Törring, in: G. Schwaiger — J. Staber, Beiträge zur Geschichte des Bistums Regensburg 3, 1969, 109ff.). Das wiederholte sich beim ersten Gründungsanlauf Bischof Wartenbergs 1650. Erst 1654 bei der endgültigen Gründung des Wolfgangsseminars gab die kurfürstliche Seite ihre ablehnende Haltung auf.

191 Vgl. dazu Kaindl-Hönig und Ritschel sowie Kolb. Über Erzbischof Wolf Dietrichs 1599 betriebenen Plan, durch Aufhebung des Bistums Chiemsee die Mittel für eine jesuitische Kolleggründung zu beschaffen, und über die Gegenmaßnahmen Herzog Maximilians vgl. Oswald, Die baierischen Landesbistumsbestrebungen 224ff.

192 Punkes 7ff.; für die erste Hälfte des 17. Jahrhunderts jetzt auch L. Weber, Veit Adam von Gepeckh (1972). Der als „Seminar" bezeichnete Freisinger Stipendienfonds warf jährlich 535 fl. ab, das reichte 1622 für 8 Alumnen. Unter Veit Adam ging der Fonds ein; neue Seminargründungsbestrebungen des Bischofs gelangten über die Beratungsphase nicht hinaus. Erst 1690 wurde in Freising unter den Franziskanern, die schon seit Bischof Ernst mit einer Casus-conscientiae-Vorlesung zur Priesterausbildung beigetragen hatten, 1697 dann dauerhaft unter den Benediktinern ein Seminar gegründet. Daneben bestanden die Stipendienstiftungen der Domherren Sixtus Kepser (seit 1631 am Landshuter Jesuitenkolleg) und Sebastian Franz. — Vgl. zur späteren Seminargeschichte allgemein Scharnagl 683ff.; für die Salzburger Provinz jetzt auch J. Rainer, Zur Ausbildung der Kärntner Priester vornehmlich im 16. und 17. Jahrhundert: Carinthia I 160/4 (1970) 858ff.

VI.

DAS INGOLSTÄDTER RELIGIOSENSEMINAR

Der Gedanke, die Nachwuchsbildung der alten Klosterorden den Jesuiten anzuvertrauen, klang im 16. Jahrhundert noch um einiges kühner als für moderne Ohren. In Anbetracht der gerade im Prälatenstand weit verbreiteten Abneigung gegen den so erfolgreichen und vielfach begünstigten neuen Orden begreift man leicht, wieviel Widerstand es bis zu einer solchen Lösung zu überwinden galt, die doch, nachdem die Jesuiten einmal das ganze mittlere und einen wesentlichen Teil des höheren Schulwesens in ihre Hand gebracht hatten, die nächstliegende und vernünftigste war.

Im Unterschied zu manchen anderen deutschen Universitäten war die Ingolstädter Hoheschule von Anfang an nicht mit einer monastischen Studienanstalt verbunden gewesen, hatte aber diesen Umstand schon früh als Mangel empfunden. Das städtische Franziskanerkloster, dessen Güterbesitz Herzog Ludwig der Reiche mit bischöflicher und päpstlicher Genehmigung auf dem Wege einer Klosterreform seiner Universitätsgründung zugewendet hatte[1], war zwar von seinem Orden wenig später zum Studienort erhoben worden[2], hatte aber in dieser Funktion nie größere Bedeutung erlangt und eher vom Unterrichtsbetrieb der Universität profitiert, als ihn seinerseits zu ergänzen.

Wie beträchtlich die Zahl der Konventualen bayerischer Klöster war, die der neuen Universität in den ersten Jahrzehnten ihres Bestehens zuströmten, lehrt schon ein flüchtiges Blättern in der Matrikel. Man wird aber gerade in diesem, auf den ersten Blick erfreulichen Zeichen mönchischer Bildungsbeflissenheit ein Indiz für den Niedergang der Klosterschulen und -studien zu sehen haben. Die „freie“ Universität mit ihren vielfältigen Gefahren für Glauben und Sitte bot nicht in jeder Beziehung vollwertigen Ersatz. Daß die Bedenklichkeit der Äbte, ihre jungen Mönche solchen Ver-

[1] Durch Urkunde Bischof Wilhelms von Eichstätt vom 25. 1. 1471 (Sammelbl. d. Hist. Vereins Ingolstadt 11, 1886, 75).

[2] Lins, Franziskanerkloster 9f. und 12.

führungen auszusetzen, eine lange Tradition hat, zeigt der bekannte Brief Johann Ecks an den Pollinger Propst Johann Zinngießer, der dem Theologen die Frage vorgelegt hatte, ob Mönche zum Studium geschickt werden sollten. Eck bejahte sie enthusiastisch mit dem echt humanistischen Hinweis auf die neue Welle des Bildungseifers, von der sich die Klöster gerade im Hinblick auf ihre große Tradition nicht ausschließen dürften[3].

Bis in die Regierungszeit Albrechts IV. reicht auch der Plan zurück, in Ingolstadt ein gemeinsames Studienhaus für alle bayerischen Mönchsorden zu gründen. Wie etwas später berichtet wird, wollte der erste gesamtbayerische Landesherr ein Kolleg bauen lassen und jedes Kloster dazu verpflichten, wenigstens einen Bruder dorthin zu entsenden. Schon sei alles vorbereitet und die ersten zehn Konventualen beisammen gewesen, da habe den Herzog der Tod ereilt[4]. Herzog Wilhelm und Leonhard Eck scheinen das Projekt einige Jahre später aufgegriffen zu haben; einem Protokolleintrag der Artistenfakultät vom Juni 1517 zufolge erwartete die Universität in diesem Sommer die Ankunft von „religiosi per monasteria Baioariae destinandi“[5]. Die am Anfang der zwanziger Jahre einbrechende Frequenzkrise ließ dann die Universität an diese Planungen zurückdenken. Dem Patron Leonhard Eck wurde Anfang 1522 von Universitätsgesandten dargelegt, daß ein Klosterseminar dieser Art „schier allain ain universitet underhalden“ könne[6]. Im gleichen Sinne empfahl wenig später eine private

[3] Th. Virnich, Johannes Eck, Disputatio Viennae Pannoniae habita 1517 (Corpus Catholicorum 6), 1923, 52ff.

[4] Vgl. Anm. 6.

[5] UA Georg. III/22, 21', Protokoll der Artistenfakultät vom 3. 6. 1517. Das der Fakultät durch den früheren Medizinprofessor Johann Megersheimer geschenkte Haus, dessen Verkauf mit dieser Begründung verschoben wurde, ging kurz darauf an Johann Eck über, der wenig später eine Anzahl von studierenden Mönchen unter seiner Kuratel gehabt zu haben scheint. Am 1. 9. 1518 bat er die Artistenfakultät um Promotionsdispens für „religiosi quos secum habet“ (ebd. 29).

[6] Undatierte Gesandtschaftsinstruktion der Universität, wohl vom Januar 1522 stammend, bei Seifert, Universität Nr. 23. Die Gesandten sollen darlegen, „wie weylent h. Albrecht hochlöblicher gedechtnuß fürgenommen, alle prelaten klöster seines furstentumbs dohin zubringen, domit sy ain collegium pautten und auß yedem closter zum wenigsten ain frater geschickt würd zustudiren; das also sein fürgang aigentlich gehebt, dann bey 10 münchen schon zu Inglstat gewest, gärten und heuser darzu besicht und mitsambt den burgern außgangen, wo nicht der almechtig den fursten mit todt gefordert hette. Auß dem möcht schier allain ain universitet underhalden werden. Also ist es zu Leypzig, zu Heydelberg, Cöln, Parchiß etc.“.

Reformdenkschrift, jedem Prälatenkloster die Entsendung eines Mönches oder die Bezahlung der entsprechenden Unterhaltungssumme zur Pflicht zu machen; die Ansammlung von 50 oder mehr Mönchen in Ingolstadt „wurde der hohenschul unnd dem lanndt nit ain klein ansehenn gepern“[7].

Der Unterschied zwischen solchen Zweckvorgaben und den Zielstellungen, die zwei Jahrzehnte später Leonhard Eck bewegten, das Projekt eines solchen Mönchskollegs wieder aufzugreifen, ist nicht nur einer des Standorts, sondern des Zeitalters. Unter dem Eindruck der verheerenden Schäden, die die Reformation dem Klosterwesen bis in die katholischen Territorien hinein zufügte, mußten das bei den Äbten weit verbreitete Mißtrauen gegen die Studien überhaupt und die mit den Bischöfen geteilte Abneigung gegen die Universitäten an Kraft verlieren. Im Januar 1542 beschlossen eine Reihe von schwäbischen Benediktinerklöstern die Gründung einer Ordensschule in Ottobeuren, die nach vielen Widerständen im Januar 1543 wirklich eröffnet werden konnte, um allerdings schon drei Jahre später, inzwischen nach Elchingen verlegt, den wirtschaftlichen Schwierigkeiten und dem Schmalkaldischen Krieg zum Opfer zu fallen[8]. Die bayerischen Benediktineräbte waren auffälligerweise der Einladung zur Beteiligung an diesem Unternehmen von Anfang an nicht gefolgt. Johann Eck selbst, der doch für einen Vorkämpfer der „erudita religio“[9] gelten konnte, äußerte sich zurückhaltend, weil er, wie man wohl zu Recht argwöhnte, das Klosterseminar lieber nach Ingolstadt gezogen hätte[10]. Daß es der Herzog war, der letztlich hinter dieser stummen Opposition stand, wird auf dem Ingolstädter Landtag im November 1542 klar, als der bayerische Prälatenstand seinem Vorschlag zustimmte, „mer dann pisshere“ die jungen Mönche zum Studium anzuhalten und dazu bestimmte Veranstaltungen zu tref-

[7] A. Sandberger, Rechts- und kulturhistorische Beiträge zur Frühgeschichte der Universität Ingolstadt (1930) 54ff.: Denkschrift von Universitätsangehörigen aus dem Jahre 1524.

[8] F. Zoepfl, Geschichte der ehemaligen Universität Ottobeuren 517ff.

[9] Bigelmair-Zoepfl, Nikolaus Ellenbog, Briefwechsel 452. Diesen Ausdruck gebraucht der mit Ellenbog korrespondierende, später nach Ottobeuren übergesiedelte Ingolstädter Artes-Professor Johann Salicetus, ebenso den Gegenbegriff „sancta rusticitas“ (ebd. 459).

[10] Bigelmair-Zoepfl, Ellenbog 459f. und 464. Die Berufung des in Ingolstadt studierenden Benediktinertheologen Georg Flach an die Ottobeurer Schule verhinderte Leonhard Eck (Zoepfl, Ottobeuren 531).

fen[11]. Im Juni 1543 sollte weiter über den Modus und den Standort dieses Seminars beraten werden; zweifellos wünschte der Herzog den Anschluß des Seminars an die Ingolstädter Universität. Die Angelegenheit wird dann im Sande verlaufen sein. Nach der Jahrhundertmitte scheinen die Äbte, vor allem die des schwäbischen Raums, der bischöflich-augsburgischen Hochschulgründung Dillingen, die in ihrem Hieronymuskolleg bald über eine besondere, rege frequentierte Mönchsabteilung verfügte[12], den Vorzug vor dem herzoglichen Ingolstadt gegeben zu haben.

Aus den folgenden drei Jahrzehnten liegen aus Bayern nur mehr sporadische Nachrichten über solche Planungen vor. Im Frühjahr 1558 war beabsichtigt, neben anderen Stipendiaten vor allem junge Mönche in einem Nachbarhaus des Jesuitenkollegs unterzubringen und den Patres zur Betreuung zu untergeben[13]; schon zwei Jahre zuvor hatten die Jesuiten, besonders auch mit dem Hinweis auf die ihnen zahlreich anvertrauten Konventualen, um die Gründung eines solchen Konvikts ersucht[14]. Das Schicksal dieser Planung ist oben dargestellt worden. Als wieder ein Jahrzehnt später mit dem Bau des Ingolstädter Seminars begonnen wurde, schlug das grundlegende Ratsgutachten von Anfang 1570 vor, wenigstens zwanzig von den Kollegplätzen für Mönche zu reservieren, deren Unterhaltung von den Prälaten zu bestreiten sei; die Ausbildung des Klosternachwuchses, heißt es, sei ebenso dringlich wie diejenige des übrigen Klerus, mit Hilfe der Kollegabsolventen könne man die verfallenen Klosterschulen erneuern und so nach und nach das „rechte clösterliche leben" wiederherstellen[15]. Wie eng finanzielles

[11] Pfeilschifter, Acta ref. cath. IV 385f.; Bigelmair-Zoepfl 464f. — Wie die Visitation von 1558/60 zeigte, waren die Klöster von dem alten Brauch, begabte Mönche auf Universitäten zu schicken, weithin abgekommen (Pfeilschifter, Weihezulassung 373f.). Dagegen spricht Simbeck (Ztschr. f. bayr. Kirchengesch. 12, 1937, 155ff.) auf Grund der gleichen Akten von einem recht guten Bildungsstand der noch übrigen Mönche; auch habe es in allen Klöstern noch Schulen gegeben.

[12] Specht 414ff.; Duhr I 500f.; Kolb, Ottobeuren 274ff.

[13] Vgl. III Anm. 29.

[14] Braunsberger II 8.

[15] „Noch sollen in dem theologischen collegio übrig sein auffs wenigst zwaintzig plätz für junge münch, die werden gleichwol von iren prelaten selb mit aller notturfft ausgehalten. Unnd ist diß collegium eben der gewunschte platz von guetter zucht, ernnstlichem studieren und eingezognem leben, nach welchem die preläten sovil jar her geschrien haben, denen sonnst ir junge leuth bey den hochen schuelen aintweders gar verfüerth oder doch, was sy an der lehrung gebessert, am leben unnd guetten sitten verderbt werden. Unnd ist mit rechter aufferziglung der closterleuth unnd religiosen eben so grosse unvermeidenliche

Kalkül und echter Reformgeist in solchen Überlegungen zusammenschossen, zeigt ein Schreiben des römischen Gesandten Fabricius vom Dezember 1574: da sich das Ingolstädter Kolleg so schwierig dotieren lasse, sollte man es am besten zum Religiosenseminar machen, damit spare der Herzog die Unterhaltungskosten, und dem Lande sei auch gedient[16].

Die Beschwerden der Bischöfe über die Behandlung der Klöster durch den Herzog hatten am Jahresende 1573 die Kurie veranlaßt, ihre Aufmerksamkeit der Klosterreform zuzuwenden[17]. Am 30. Oktober 1574 forderte Papst Gregor Herzog Albrecht auf, unter den bayerischen Klöstern ein dazu geeignetes auszuwählen und dort „quoddam quasi monachorum seminarium" gründen zu lassen[18]; nichts könne, so schrieb begleitend der päpstliche Staatssekretär Como an den Nuntius Portia, der Klosterreform besser dienen als eine solche, beispielhafte Initiative des Herzogs[19]. Obwohl der Nuntius für sein Teil der Meinung zuneigte, daß ein Seminar dieser Art aus Gründen der Lehrerbeschaffung besser an einer Universität als in einem Kloster zu gründen sei[20], wurde er am 17. Dezember 1574 in München im Sinne des päpstlichen Auftrages vorstellig[21]. Herzog Albrecht schlug in seiner Erwiderung vor, am Münchener Jesuitenkolleg, das ja zu diesem Zeitpunkt mit einem vollen Philosophiekurs ausgestattet war, ein Haus „pro solis juniori-

notturfft als mit anndern gaistlichen personen, dann dardurch, da gelehrte münch hinnach selbs im convent lesen unnd schuelhalten, da man in clöstern widerumb studiert unnd den gottsdiennst mit verstand unnd andacht ausrichten lehrnet, auch prediget unnd schreibt wie von alter, so khumbts mit der zeit wider zu rechtem clösterlichen leben, unnd werden sich so wol im zeitlichen als gaistlichen alle sachen selbs zu guetter ordnung richten" (HStA Staatsverw. 2797, 38ff.; vgl. oben IV Anm. 47).

16 Fabricius an Fend am 17. 12. 1574 (vgl. V Anm. 35): „Memini aliquando cogitatum fuisse, ut destinaretur collegium hoc seminario religiosorum, ut nimirum in eo ex singulis monasterijs duo alerentur. Quod ego consilium in tantis dotandi difficultatibus tanquam minus serenissimo sumptuosum et provinciae utile in praesens comprobarem, donec scilicet procedente tempore meliores occasiones offerantur" (GStA K. schw. 7306/1).

17 NB III/3, 257ff. (vgl. oben V Anm. 22).

18 StAM GR 500/9 1/2 und GR 1255/3, 26ff., gedruckt bei Theiner I 250f.

19 Como an Portia am 30. 10. 1574 (NB III/4, 253ff.).

20 Portia an Como am 20. 11. 1574: „Però non so, se fosse migliore partito assignar' in università catholica et ben regolata una casa" etc (NB III/4, 289). Portia verwies auf das Beispiel Dillingen, wo im Jahre 1574 unter jesuitischer Leitung bereits 30 Mönche beisammen waren (Specht 414ff., Duhr I 500f.).

21 NB III/4 322ff. (StAM GR 500/9 1/2, 18 und GR 1255/3, 22ff., gedruckt auch bei Aretin, Auswärtige Verhältnisse, Anhang 25ff.).

bus religiosis" zu schaffen, dessen Absolventen dann nach Ingolstadt in das neue, noch leerstehende Seminar überwechseln könnten[22]. Genauer bemerkt ein zugehöriges Ratsprotokoll, man müsse die Standortfrage erwägen, und wenn es mit einem Kloster nicht angehe, lasse sich das Ingolstädter Seminar empfehlen[23].

Die Alternative des diözesanen und des universitären Priesterseminars sollte sich also mutatis mutandis in der Frage des Religiosenseminars wiederholen. Im Frühjahr 1575 forderte der Kanzler Elsenheimer die Jesuiten auf, in München die Leitung eines solchen „iuniorum monachorum convictus", für den er mit etwa hundert Insassen rechnete, zu übernehmen[24]. Es vergingen aber dann noch einmal mehr als vier Jahre, ehe im Winter 1579/80 die vielleicht schon früher angesponnenen Verhandlungen zwischen dem Herzog und den Prälaten zu Beschlüssen führten.

Auf seinem ersten Landtag im Dezember 1579 in München forderten die Prälaten von Herzog Wilhelm unter vielen anderen Beschwerden die Abschaffung der Kantoreisteuer[25]. Der Herzog,

[22] Herzogliches Memorial vom 18. 12. 1574, entworfen von Fend, in StAM GR 500/9 1/2 und GR 1255/3, 26'ff., gedruckt in NB III/4 331ff., bei Theiner I 222ff. und Aretin, Ausw. Verhältnisse 28ff.: „Cogitatum itaque est saepe, ut in hunc usum vel hic vel Ingolstadij penes patrum de Societate Jhesu collegia peculiaris quaedam domus esset, in quam ponerentur huius provinciae valentes ingenio monachi juvenes et literarum et pietatis studijs imbuendi ... Et Ingolstadij quidem aedificatum est serenissimi principis pietate atque liberalitate amplissimum collegium novum, quod eos solummodo capiet, qui sacris studijs et pietati sese mancipabunt ... Atque hic satisfacere posse videtur sanctissimi d. n. voluntati, si in hac civitate domus constituatur pro solis junioribus religiosis ...". Vgl. dazu auch oben V Anm. 33f.

[23] StAM GR 500/9 1/2, schwer lesbares Ratsprotokoll von der Hand Fends (vgl. auch V Anm. 34). Wenig später berichtete Eisengrein in seiner Liste derjenigen, die sich erboten hätten, das neue Kolleg mit Stiftungen zu versehen (vgl. IV Anm. 160): „Sed et ex Bavariae praelatis abbas Staingadiensis et quidam alij diu iam decreverunt certos et perpetuos reditus ex proprijs pecunijs pro sustentatione monachorum suorum, quos studiorum causa Ingolstadium sunt designaturi" (UA Georg. II/157).

[24] Braunsberger VII 285ff.: „ut saltem iuniorum monachorum convictum (extra collegium nostrum) et curam non repudiaremus, qui futuri dicuntur ad centum, evocandi ex monasterijs Bavariae, ut sub nostra disciplina erudiantur". — 1579 regte Possevin in seinem Gutachten an, die Klöster zur Beschickung der „collegia catholicorum" zu bewegen (vgl. VII Anm. 18a).

[25] HStA Altb. LL 392, 32 (dasselbe auch Lit. 644). Über die Kantoreigelder vgl. III Anm. 14. Die Prälaten monierten, daß sie sie nur auf Zeit bewilligt hätten, die Hofkammer ziehe sie aber hartnäckig weiter ein. — Im folgenden 13. Beschwerdepunkt wird über die vielfachen Steuern, darunter auch die neue Dezimation geklagt.

auch von Ninguarda gedrängt[26], machte seine Einwilligung davon abhängig, daß sich die Äbte zur Gründung eines Seminars in München oder Ingolstadt entschlössen[27]. Nachdem hierüber grundsätzlich Einigkeit erzielt war, wurde über die Details mündlich weiter beraten[28]. Am 1. Februar 1580 forderte Ninguarda kraft päpstlicher Autorität die Prälaten schriftlich auf, die kürzlich beschlossene Seminargründung bis Pfingsten zu vollziehen, und zwar in München, das dafür aus gewichtigen Gründen am geeignetsten erscheine. Man möge sich über den Kauf eines Hauses, die Beitragsumlage, die Studentenzahl und die Hausordnung verständigen; den Unterricht würden die Mönche nach Vorstellung des Papstes bei den Jesuiten erhalten. Falls die Äbte den gesetzten Termin nicht einhielten, werde Papst Gregor die Seminarangelegenheit dem Herzog übertragen[29].

Noch im Februar einigten sich die Äbte mit Herzog Wilhelm auf eine neue Beratung, zu der Abt Quirin von Tegernsee am 26. Februar zwei Prälatenvertreter aus jedem Rentamt auf Quasimodo (den 10. April) nach München beschied[30]. Zuvor beriet man Mitte März in Benediktbeuren heimlich über eine gemeinsame Verhandlungslinie. Der Widerstand gegen den von Ninguarda vorgetragenen

[26] Memorial vom 15. 12. 1579 (vgl. V Anm. 118) § 6. Seinerseits konnte Herzog Wilhelm in seinem Memorial vom 2. 2. 1580 zum Beweis seiner reformerischen Bemühungen ausführen: „canonicorum regularium et Benedictorum praelatos de erigendo seminario nuper monuit (sc. dux)" (BStB Cgm 2173, 87ff.).

[27] HStA Altb. LL 392, 64' Auf die Kantoreisteuer wolle der Herzog verzichten, „yedoch versehen sich ire f. g. entgegen" angesichts der ungenügenden Zahl und Bildung der Mönche, „sy werden auf mitl unnd weeg gedennckhen, ein seminarium alhie oder zu Inngolstath anzurichten, darin die jungen religiosen instituirt unnd erhallten werden mügen auf maß, wie aus bevelch ir f. g. den preläten mündlich entdöckht unnd angezaigt werden soll". — „Oder zu Inngolstath" ist Zusatz von der Hand Elsenheimers, wie der Entwurf in LL 644, 263 zeigt.

[28] HStA Altb. LL 392, 84 (die Prälaten nehmen die herzogliche Erklärung zur Kenntnis) und 96f. (der Herzog habe befohlen, daß über diesen Punkt mit den Äbten weiter mündlich beraten werde).

[29] Ninguarda an Abt Martin von Seeon und Abt Quirin von Tegernsee am 1. 2. 1580: „... ut ... in hac civitate Monachiensi, quae caeteris locis commodior propter multas non parvi momenti opportunitates existimata et delecta est, huismodi seminarium, id est collegium, pro regulari iuventute instituatis perpetuo duraturum ... Volumus autem ad mentem sanctissimi domini nostri, ut lectiones in scholis r^dorum^ patrum Societatis Jesu audiantur. Quod si ad constitutum tempus res ad effectum perducta non fuerit, r. t. sciat, hoc negotium serenissimo duci a sua sanctitate commissurum iri" (HStA Jes. 2234 und StAM GL 1374/3).

[30] StAM GL 1374/3.

Plan war allgemein. Ein Memorandum wurde vorbereitet[31], das den Herzog auf die Gefahren einer „eruditio absque disciplinae regularis pia observatione“ und auf die Schwierigkeiten hinwies, so unterschiedliche Regelobservanzen in einem Internat zusammenzufassen. Abt Martin von Seeon verrät rückblickend, daß das letztere Argument vor allem als „behülff“ dienen sollte, „damit wir ex faucibus Jesuitarum gerissen“ werden[32]. Vorsichtig wurde gegen die, wie man wohl wußte, vom Herzog favorisierten Patres vorgebracht, sie hätten fremde Ordensgewohnheiten, offenherzig auch dann angedeutet, sie erhielten hier Gelegenheit, die „arcana monasteriorum“ auszuspionieren und dadurch neuen Visitationen und Reformen den Weg zu bereiten. Die Abneigung gegen den Jesuitenorden war und blieb ein maßgebliches, jedoch wohl nicht das letztlich bestimmende Motiv für die Haltung der Äbte in der Seminarfrage. Überwogen wurde sie noch durch die Furcht vor neuen finanziellen Belastungen, die in jedem Fall mit einer solchen Gründung verbunden sein würden und deren Notwendigkeit die Mehrheit der Äbte nicht akzeptierte. Offen baten sie den Herzog, sie „von der Seminargründung zu befreien“, dafür wollten sie sich verpflichten, auf die Ausbildung des Klosternachwuchses künftig größte Aufmerksamkeit zu verwenden[33]. Gegen eine so schroff seminarfeindliche Verhandlungsposition wurden allerdings aus den Reihen der Äbte selbst Bedenken[34] laut. Man schlug vor, sich lieber auf die Abwälzung der Seminarkosten zu konzentrieren und zu diesem Zweck dem Herzog die Belastung vorzuhalten, die „die iungst bewilligte schwäre decimation“ für die Klöster bedeute. Da aber diese Steuer für Seminarzwecke bestimmt sei, bilde sie „ain großes argumentum unnd motivum, wöllches wegen die h. praeläten pillichen entschuldiget sein sollen, weitter nicht dann die auferpawung des haws zu bewilligen“.

[31] StAM GL 1374/3, undatiert.

[32] Abt Martin an Abt Quirin von Tegernsee am 10. 6. 1580 (StAM GL 1374/3).

[33] „Dabimus sane (si seminario erigendo liberabimur) summam quam poterimus operam ..., ut pro voto ill. t. c. fratres nostri non tam in pietate quam doctrina proficiant utque juniores optime a privatis ijsque accomodis magistris instituantur“. Wenn der Herzog dennoch auf einer Seminargründung bestehe, so möge er wenigstens bischöfliche Seminarsteuern unterbinden, damit nicht „duobus quasi seminarijs inserviendum esset“. — Die Exemtion der Klöster von der bischöflichen Seminarsteuer war auf dem Trienter Konzil nicht durchgekommen (O'Donohoe 155).

[34] Undatiertes Konzept in StAM GL 1374/3.

Auf der am 10. April 1580 in Abwesenheit des in Salzburg verhinderten Nuntius zusammentretenden Münchener Tagung[35] fanden sich denn auch die Prälatenvertreter von der generellen Ablehnung einer Seminargründung sehr rasch auf die Polemik gegen das Münchener Projekt zurückgedrängt. Fünf Argumente wurden dagegen vorgebracht: 1. es fehlten zum Studium geeignete Konventualen, der Kauf eines Hauses habe daher im Moment wenig Sinn; 2. die Unterordnung unter die Jesuiten berge Gefahren für die „vita monastica"; 3. dieselben Nachteile seien von der Vermischung der religiosen mit den weltlichen Studenten und 4. von der Vermengung der Observanzen untereinander befürchten; 5. schließlich drohe das Studium mit seiner freizügigen Lebensform die mönchische Gehorsamregel zu unterminieren. Daher sei vorzuziehen, daß die Äbte ihre „privaten schullen" förderten und daneben ergänzend in einem Kloster ein gemeinsames „seminarium" mit Unterricht in Philosophie und Theologie einrichteten, das sei sicherer und übrigens auch billiger als die Unterhaltung von Stipendiaten an Universitäten oder Jesuitenkollegien, wo man pro Person 80 Gulden veranschlagen müsse.

Herzog Wilhelm schrieb dazu an Elsenheimer, dieser Vorschlag setze die Beschaffung eigener Lehrer voraus und lasse sich daher kaum realisieren; auch eine Kostensenkung verspreche er kaum. Da aber die Prälaten nun einmal „nitt vhil lust zu den Jesuiten" hätten und auf die klösterliche Lebensform so überraschend großen Wert legten, könne man ihre Leute vielleicht im benachbarten Augustinerkloster unterbringen. Man solle deshalb noch einmal den Münchner Standort empfehlen, jedoch keinen Druck ausüben und auch im Rat noch einmal alles gründlich überdenken. Im Moment eile die Sache nicht, auf die Dauer werde sie aber, schlimmstenfalls zu „nachtail und verkleinerung" der Äbte, so oder so geregelt werden[36].

[35] Unvollständige, nur die Memoranden der Prälaten enthaltende Aufzeichnung in HStA Altb. LL 1169.

[36] „... Mitt der prälaten guetlicher (?) widerrandtwurtt unnd erpietten (welchs ich mitt flaiß gelesen) hett ich sorg, es wurde des unkhostens halben nitt vhil weniger auffghen, dieweil die leudt, so sy zu solcher underweisung unnd seminario haltten, nitt ain gerings khosten wurden unnd auch vermuettlich im studieren nimer mher so whol oder doch nitt so baltt proficieren wurden alls hie oder zu Inglstatt, da alle sachen schon im schwung unnd jebung ghen, da sy mancherlay disputationes haben khinden und was dergleichen exercicia mher sein, welchs bey ainem preceptori oder professori und untter inen allein schwärlich geschehn khundt. Und da auch daneben das bedenckhen des unkho-

Am 20. April konnte Abt Quirin seinen Amtsbrüdern von Ettal und Steingaden mitteilen, man habe beim Herzog „so vill erhalten, das dergleichen begert seminarium auß allerlay bedenckhen wider abgestellt“, ersatzweise aber „durch die ordensleuth selbs“ Studienanstalten geschaffen würden[37]. Solche Formulierungen verraten, wie wenig ernst die Prälatenvertreter ihr Angebot nahmen, das sie dem Herzog am Ende der Münchener Tagung unterbreitet hatten. Statt einem sollten zwei Klosterseminare gegründet werden, und zwar getrennt für die nach der Benediktiner- und die nach der Augustinerregel lebenden Konvente: für die „schwarzen“ Mönche (Benediktiner und Zisterzienser) in Tegernsee, Ettal oder Benediktbeuern, für die „weißen“ (Augustiner-Chorherren und Prämonstratenser) in Indersdorf, Polling oder Baumburg. Je drei Lehrer waren hier für den Unterricht in den Gymnasialdisziplinen, in Philosophie und in Theologie vorgesehen, die Grundausbildung sollte von den einzelnen Klosterschulen besorgt werden.

Ebenso wie Herzog Wilhelm erklärte der offiziell unterrichtete Nuntius[38] seine Zustimmung zu diesem Plan, der aber schon zwei Monate später für gescheitert gelten konnte. Man hatte inzwischen Tegernsee und Baumburg als Seminarorte ausgewählt und je zwei Superintendenten bestellt[39], dann aber scheinen die baulichen und

stens, als mitt erkhauffung des hauß, daneben auch das klesterlich leben (dessen sy sich doch nitt vhil zu beriemen haben) wholtt je so hoch angesehen sein, so mechtt das ain weg sein, das sy nitt bey den Jesuittern, sunder in dem closter zu Augustinern jer whonung unnd khost hetten, aber mitt dem studiern den patribus undergeben whären. Und dunckht mich schier, sy haben sunst nitt vhil lust zu den Jesuiten. Es ist auch ungewiß, ob ir fierschlag wurde in das werckh zurichten sein unnd wie baltt, ob es auch das fruchten wurde, was mhan suecht; solle es den nitt geschehen, miest es doch lestlich auff den weg khumen und mitt jerem nachtail und verklienerung. Derhalben meint ich noch, es whäre auff das vhorig unser wholmeinen zudringen. Mier ist aber nitt zuendtgegen, das die theologi zu weitterer beratschlagung erfhordertt werden und die preläten weitter ausfierlich berichten, wie sy alles wholtten anordnen, doch solle auff den fhall jeres weittern verweigern nichts mitt inen geschlossen, sunder dismals inen haimzuziehen erlaubett werden, dieweil so khain groß periculum in mora. Mittlerweil khan mhan den sachen besser nachdenckhen unnd sy khunfftig beandtwurtten“ (undatiertes Handschreiben in GStA K. schw. 10254).

37 StAM GL 1374/3.

38 Am 18. 4. 1580 erstatteten die Prälaten Ninguarda brieflich Bericht (HStA Altb. LL 1169). Am 24. 4. 1580 schrieb Abt Lorenz von Baumburg, der Herzog sei mit dem Projekt erst unzufrieden gewesen, habe aber dann ebenso wie der Nuntius zugestimmt (HStA Jes. 2234).

39 Undatierte Aufzeichnung in HStA Albt. LL 1169; dazu ergänzende Korrespondenzen der Äbte in HStA Jes. 2234 und StAM GL 1374/3. Superintenden-

finanziellen Vorbereitungen, bald auch die Beschaffung von Lehrkräften aus den eigenen oder aus den Bettelorden[40] unübersteigbare Schwierigkeiten gemacht zu haben. Anfang Juni 1580 regten die benediktinischen Superintendenten Ettal und Steingaden an, den Herzog um die Freigabe eines vakanten Klosters zu ersuchen, in dem man nun doch ein gemeinsames Seminar zu gründen dachte[41]. Abt Martin von Seeon bemerkte dazu, die Prälaten dürften sich nicht in dieser Weise selbst widersprechen, nachdem sie doch eben erst in München eine solche Lösung für unmöglich erklärt hatten. Wenn das Hin und Her so weitergehe, werde es schließlich dahin kommen, daß „man", und das hieß, der Herzog und der Nuntius, „selbst würdet die sach anfahen, Gott gebe, es sej mit oder wider uns"[42].

Am 6. August schrieb Herzog Wilhelm an Abt Quirin, eine neue Prälatenversammlung sei notwendig geworden[43]. Sie wurde auf den 2. Oktober angesetzt, dann mußte sie der Herzog wegen Terminschwierigkeiten auf den 29. Oktober verschieben lassen[44]. Mit Ninguarda hatte sich die Regierung im voraus auf einen neuen Vorschlag verständigt, den der Nuntius am 2. November den versammelten Prälaten vortrug[45]. Der Plan vom April sei, wie sich bei gründlicherem Nachdenken voraussehen ließ, daran gescheitert, daß die Klöster nicht über das erforderliche Lehrpersonal verfügten. Es sei daher besser, ein gemeinsames Seminar in Ingolstadt zu errichten, wo die studierenden Mönche in einem, gegebenenfalls

ten für Tegernsee waren Ettal und Steingaden, für Baumburg Ranshofen und Seeon. Die „schwarze" Gruppe zählte 23 Benediktiner- und 5 Zisterzienserklöster, die „weiße" 23 Augustinerchorherren- und 6 Prämonstratenserstifte.

40 „dan inen unser regel wol bewust", schreibt Abt Martin von Seeon (vgl. Anm. 32).

41 Ettal und Steingaden an Tegernsee am 5. 6. 1580 (StAM GL 1374/3 und HStA Jes. 2234).

42 Vgl. das oben Anm. 32 zitierte Schreiben.

43 StAM GL 1374/3 und HStA Staatsverw. 3024, 53.

44 Herzog Wilhelm an Abt Quirin am 14. 9. 1580 (StAM GL 1374/3, HStA Staatsverw. 3024, 55' und Jes. 2234).

44 Herzog Wilhelm an Abt Quirin am 14. 9. 1580 (StAM GL 1374/3, HStA Staatsverw. 3024, 55' und Jes. 2234).

45 Ein in einem Zug geschriebenes Protokoll dieses Prälatentags in BStB Cgm 1905 und StAM GL 1373/4. Der Herzog habe die Äbte, die anläßlich des Todestages Albrechts V. nach München gekommen waren, am 3. 11. 1580 zusammengerufen, ihnen den bisherigen Verlauf der Seminarangelegenheit vorgehalten und sie ermahnt. Was er mit Ninguarda vereinbart habe, werde dieser der Versammlung vortragen. Es folgt das vom 2. 11. 1580 datierte Memorandum Ninguardas.

auch in zwei Häusern, nach Ordenszugehörigkeit in vier Gruppen unterteilt, untergebracht werden sollten. Den Unterricht würden sie in der Universität und bei den Jesuiten erhalten. Nach einer gewissen Zeit stünden dann vielleicht genügend ausgebildete Mönche zur Verfügung, um anstelle des gemeinsamen Seminars für jeden Orden ein eigenes zu schaffen[46].

Die Prälaten stimmten zu[47], plädierten aber nun gegen die Trennung der Observanzen, für ein einziges Haus und für eine gemeinsame, durch eigene Ordensleute besorgte Direktion. Ein geeignetes Gebäude hatte man bereits in Aussicht[48]. Dann aber folgten die Bedingungen: da die Klöster diese Aufgabe nicht allein bewältigen könnten, müsse ihnen der Herzog als Patron und Vogt zur Hilfe kommen. Er brauche dazu sein Kammergut nicht anzugreifen, sondern von den bei den Klöstern ausständigen Dezimationszahlungen könne ein Teil reserviert oder auch eines der vakanten Klöster für diesen löblichen Zweck zur Verfügung gestellt werden, „damit also den clöstern mit ir der clöster selbs aignem guet geholffen werde"[49]. Überdies möge der Nuntius verhindern, daß die Prälaten auch noch durch bischöfliche Seminarsteuern belastet würden[50].

[46] „... Exiguum fructum inde proventurum, si haec seminaria statim in monasterijs instituantur propter defectum ac penuriam doctorum. Quare, consilio cum serenissimo duce communicato, longe utilius futurum existimavimus, si hoc primo tempore Ingolstadij ea erigantur, et fiant in hunc modum: Conducatur aliqua magna domus, in qua quatuor ordinum vestrorum regulares alumni in quatuor classes pro varietate ordinum distributi simul commorentur, singulisque classibus praeficiatur aliquis pater eiusdem ordinis, aetate ac moribus maturus, qui disciplinae monasticae et vitae regularis diligentem curam gerat..., singulae item classes suum habeant conclave, ubi quotidie conveniant ad horas canonicas suas..., sit etiam sacellum commune... Quod si non reperiatur una domus, quae omnes capiat, inveniantur duae, in quarum una habitent Benedictini et Cistercienses sub eadem regula s. Benedicti militantes, in altera canonici regulares ac Praemonstratenses, quibus etiam regula s. Augustini est communis. Lectiones in collegio patrum Societatis Jesu et in universitate quisque pro captu suo et in universitate (!) audiat. Progressu temporis, ubi plures evaserint et cum fructu (uti speramus) prodierint, haec seminaria multo poterunt commodius in monasteria ipsa transferri, ita ut quilibet ordo suum habeat seminarium".

[47] BStB Cgm 1905 und StAM GL 1374/3, also im gleichen Protokoll: Schriftsatz der Prälaten an die Adresse Ninguardas vom 4. 11. 1580.

[48] Nämlich das kürzlich von der Familie Appian gekaufte Haus Knöringen, das dem Franziskanerkloster vorteilhaft nahe liege.

[49] Diese Formulierung stammt aus dem Begleitschreiben, mit dem die Antwort an Ninguarda abschriftlich dem Herzog zugestellt wurde. In dem lateinischen Memorial heißt es dazu: „Itaque ad auxilium serenissimi ducis patroni advocatique nostri benignissimi confugiendum nobis est... Nec desunt etiam iuvan-

Herzog Wilhelm nahm diese kaum verhüllten Anzüglichkeiten nicht übel, sondern forderte die Äbte zur genaueren Darlegung ihrer Vorstellungen auf. Ihre Antwort[51] übertrug die Auswahl und den Kauf des Seminargebäudes einer aus Prälatenvertretern und den herzoglichen Räten Lauther und Fend bestehenden Kommission. Bettzeug, Kleider und Bücher sollte jedes Kloster für seine Studenten selbst stellen, für die Verpflegung ein Ökonom bestellt oder auch die Küche des Georgianums in Anspruch genommen werden. Die religiösen Verpflichtungen der Studenten wurden den Umständen entsprechend gemildert. Für das Amt der „praefecti oder gubernatores" hatte man zwei studierte Ordenstheologen in Bereitschaft, zum „generalinspector und superintendens" wurde der Universitätsvizekanzler und -inspektor Albrecht Hunger bestimmt. Auf eine bestimmte Studentenzahl wollte man sich noch nicht festlegen; eine Anzahl wirtschaftlich schwacher Klöster schieden von vornherein aus[52], für andere, die über keine geeigneten Personen verfügten, sollten gegen Dienstverpflichtung auswärtige Mönche als Stipendiaten nominiert werden, insgesamt rechnete man mit etwa 40 Studenten. Den Visitatoren der geplanten vier bayerischen Ordenskongregationen würde die Sorge für Zuwachs und Nachwuchs obliegen, sie hätten auch das Seminar regelmäßig zu inspizieren. Über die Studiendauer und den Erwerb der akademischen Grade wollte man den einzelnen Klöstern keine Vorschriften machen, doch sei auch der Bedarf des Seminars an gelehrten Personen zu bedenken, „die villeicht der hochen schuel auch nit übl anstehn mügen". Mit der herzoglichen Beihilfe schließlich sollten

dae rei modi legitimi, vel ex decimis nondum persolutis, si nimirum certa illarum pars apud nos saltem, non item alium in Bavaria clerum omnem, in hos usus concedatur atque ita ad restituenda monasteria ipsa maxime monasteria invicem contribuant ac iuvent, vel ex concessione unius ex quatuor istis vacantibus monasterijs, si non perpetuis temporibus duratura, saltem ad primos decem annos, atque posteriores huius auxilij rationes ubi necessariae, sic etiam honestissimae sunt, ut videlicet desolatus aliquis locus religiosus alijs, ne in similem aliquando fortunam incidant, praestiterit, debentque hoc invicem membra pro corporis totius conservatione ac dignitate".

50 „... Si episcopi Bavariae ad suorum forte seminariorum erectionem a nobis accipere quoque voluerint, id quod tentatum aliquando fuit, ut ne propter hoc nostrum opus alijs gravemur impensis" (vgl. auch Anm. 33 und 64).

51 So immer das Protokoll in BStB Cgm 1905 und StAM GL 1374/3.

52 Nämlich Weltenburg, St. Mang bei Regensburg, Prüfening, Osterhofen, Mallersdorf, Gotteszell, St. Salvator, Schlehdorf und Weyarn; vgl. aber Anm. 78.

zunächst die Bedürfnisse des Seminars befriedigt, weiterhin auch die notleidenden Klöster suventioniert werden.

Am 28. November 1580 erklärte sich Herzog Wilhelm auf Grund dieses Vorschlags bereit, sechs Jahre lang jährlich 1000 Gulden aus den geistlichen Gefällen für das Religiosenseminar zu zahlen[53]. Ninguarda kündigte an, die deputierten Äbte von Indersdorf und Scheyern demnächst zur Ortsbesichtigung nach Ingolstadt zu bestellen. Im Februar 1581 weilte er in dieser Sache in der Universitätsstadt[54], im Mai konnten herzogliche Räte den Prälaten auf einer neuerlichen Zusammenkunft den Stand der Angelegenheit darlegen[55]. Erfreulicherweise habe sich ergeben, daß man ohne einen teuren Neubau auskomme; das Seminar könne entweder im Alten Kolleg, nämlich im ehemaligen Wohntrakt der Jesuiten, der jetzt noch von den herzoglichen Alumnen belegt war, oder in dem soeben aufgeführten Anbau des Georgianums untergebracht werden. In beiden Fällen entstünden den Äbten keine Baulasten, sondern nur ein niedriger Mietzins. Später, in besseren Zeiten, könne man ein neues „monasticum collegium" noch immer errichten. Die Prälaten entschieden sich für das Alte Kolleg und ersuchten um baldige Räumung der oberen Stockwerke. Im Herbst wolle man, wie der Herzog es wünsche, das Seminar eröffnen. Eine weitere Konferenz sollte im Dezember zusammentreten, dazu sollten alle Äbte ihren Steuerbetrag gleich mitbringen.

Ende Juli 1581 schrieb Wilhelm an Ninguarda, der geplante Prälatenkonvent könne um Michaelis stattfinden, denn er wünsche unter allen Umständen, daß das Religiosenseminar noch vor Einbruch des Winters eröffnet werde[56]. Der Nuntius antwortete zustimmend; die herzoglichen Räte sollten inzwischen in Ingolstadt alles

[53] Mit dieser herzoglichen Erklärung endet das Protokoll.

[54] Am 3. 12. 1580 schrieb Ninguarda an Fend, er wolle, sobald er könne, nach Ingolstadt gehen; am 13. 1. 1581 kündigte er diese Reise für die folgende Woche an (GStA K. schw. 7306/4). Am 10.2. 1581 schrieb Ninguarda an Herzog Wilhelm, er sei zusammen mit zwei Prälatenvertretern in Ingolstadt gewesen, wo man über den Hauskauf beraten habe; am 8. März wolle man erneut zusammenkommen (HStA Staatsverw. 2715, 253 und Jes. 2234).

[55] Am 12. 5. 1581 lud der Herzog die Äbte für den 25. Mai zu einem neuen Konvent; zuvor würden sich noch herzogliche Räte in Ingolstadt mit der Raumfrage befassen (HStA Staatsverw. 3024, 127 und BStB Cgm 2176, 238). Das herzogliche Memorandum vom 26. 5. und die Antwort der Prälaten: BStB Cgm 2176, 239ff. und 242'ff. Das Memorandum wurde durch Fend und Georg Lauther vorgetragen.

[56] BStB Cgm 2173, 276ff. (30. 7. 1581).

für die Ankunft der Mönche vorbereiten[57]. Inzwischen war in der Raumfrage doch wieder Unsicherheit eingetreten; schon Ende Juni hatte die Regierung erwogen, ob sich für diesen Zweck nicht der eben aufgeführte Neubau des Georgianums besser eigne, dort könne man die Küche des Kollegs benützen[58]. Am Jahresende 1581 hatte sich der Herzog mit Ninguarda auf diesen Plan verständigt: die Religiosenstudenten sollten im georgianischen Neubau untergebracht und mit den herzoglichen und den erhofften bischöflichen Stipendiaten in einem gemeinsamen bayerischen Seminar zusammengefaßt werden[59]. Im Februar 1582 wartete Ninguarda darauf, daß Fend in Ingolstadt alles Nötige vorbereite, für den März war der im vergangenen Herbst wohl ausgefallene Prälatenkonvent vorgesehen, der die endgültigen Beschlüsse fassen sollte[60].

Bald darauf war die große Seminarlösung gescheitert. Mit mehr als einjähriger Verspätung trat der Prälatenkonvent im Mai 1583 zusammen und beschloß unter Ninguardas Leitung und in Anwesenheit Fends und anderer herzoglicher Räte, das Religiosenseminar für sich zwar im Georgianum, nicht jedoch in dem ursprünglich vorgesehenen Neubau einzuquartieren[61]. Für die Finanzierung wurde vereinbart, daß die einzelnen Klöster jeweils den halben Satz der früheren Kantoreisteuer, der Herzog aber in Einlösung seiner 1580 gegebenen Zusage sechs Jahre lang die Summe von 1000 Gulden beitragen sollten. Ein Studienpräfekt wurde bestimmt,

[57] HStA Staatsverw. 2715, 265 (7. 8. 1581).

[58] Memorial vom 23. 6. 1581 für die Münchener Verhandlung mit Ninguarda (vgl. V. Anm. 172), entworfen von Erasmus Fend: Man habe zuerst an das Appian-Haus beim Franziskanerkloster gedacht, das aber von der Universität zu weit entfernt sei, sich dann für das Universitätsgebäude (Altes Kolleg) entschieden. Es gebe aber auch noch eine andere Möglichkeit, „aedificari nimirum cum collapsa prope modum Georgiani collegij posteriori parte integram domum de novo inque ea institui posse habitationem monachorum omnium, qui vel mensam in collegij quodam loco singulari capiant simul, vel certe ex Georgiani oeconomi culina ad suarum habitationum certum quoddam hypocaustum adferant" (BStB Cgm 2173, 147ff.).

[59] Vgl. V Anm. 176 das Schreiben Fends an Ninguarda vom 29. 12. 1581.

[60] Vgl. V Anm. 177 Ninguardas Schreiben vom 2. 1. und 3. 2. 1582.

[61] Einladungsschreiben des Herzogs (12. 5.) und Ninguardas (10. 5.) an die Prälaten: HStA Staatsverw. 3025, 45' bzw. Jes. 2234. Der Text der vom 24. 5. 1583 datierten Erklärung Ninguardas über die Gründung der Kongregationen der Benediktiner und der Augustinerchorherren sowie eines gemeinsamen Seminars: BStB Cgm 2176, 246, gedruckt bei Mederer IV Nr. 56: „Seminarium religiosorum in collegio Georgiano Ingolstadii instituatur, ubi habeant locum separatum ab aliis et propriam mensam". Vgl. dazu auch knapp W. Fink, Beiträge zur Geschichte der bayerischen Benediktinerkongregation 17ff.

die Inspektur, wie früher festgelegt, dem Vizekanzler Albrecht Hunger übertragen[62].

Schon ein halbes Jahr später, beim Landtag im Dezember 1583, stellten die Äbte diesen klaren Beschluß wieder in Frage[63]. Die Raumlösung sei unbefriedigend und garantiere nicht die nötige Abschirmung der Mönche gegen die anderen Studenten. Die Unterhaltungskosten von etwa 100 Gulden pro Mann, zu denen noch die Kosten der Hauseinrichtung kämen, seien kaum aufzubringen, zumal wenn die Bischöfe auch noch ihre Seminarsteuern einforderten[64]. Hinzu kamen die alten Bedenken gegen die Zustände an der Ingolstädter Universität, „wölhe hocheschuel in scorpione gestifft" sei. Ihre Konventualen aber den Jesuiten zu untergeben, sei den Äbten, wie sie Ninguarda wiederholt erklärt hätten, „weder gelegen noch nutz". Dies alles gegeneinander abzuwägen, müsse der Herzog jedenfalls den Prälaten selbst überlassen, so daß „einem yeden frey stehe, wene unnd wan er schikhen wöll oder khündte". Herzog Wilhelm solle inzwischen dafür sorgen, daß die von ihm bewilligte Unterstützungszahlung bereitgestellt werde.

Ob ein Beschluß gefaßt wurde, ist nicht erkennbar. Im Februar 1584 immatrikulierten sich jedenfalls, aus Fürstenfeld (2) und Seeon kommend, drei Mönche an der Universität, denen im folgenden Wintersemester ein dritter Fürstenfelder und ein Aldersbacher folgten. Danach geriet der zögernde Zustrom schon wieder ins Stocken; während des ganzen Jahres 1585 sandte nur Weihenstephan einen Studenten nach Ingolstadt. Inzwischen war hier

62 „Praefectus morum et studiorum" wurde der Niederalteicher Mönch Dr. Augustin Strobel. — Am 23. 5. 1583 schrieb Fend an Herzog Wilhelm: „Das seminarium soll noch disen somer würckhlich und bestendig angestelt werden in dem neu erpawten theil des collegij Georgiani, und wirt noch ein rayße nach Ingolstat drauff gewagt werden müessen. Sonst send deswegen all sachen verglichen mit der inspection, gubernation und was in summa dartzue gehört" (GStA K. schw. 5371, 118). Im September 1583 erbat der Herzog durch Ninguarda in Rom die Bestätigung der Beschlüsse, zugleich aber weitergehende Kompetenzen bei der Visitation und Reform der Klöster (Schlecht, Zum bayrischen Konkordat 367f.).

63 BStB Cgm 2176, 256ff. und HStA Altb. LL 649, 212ff. Am 21. Dezember, dann in Anwesenheit der Räte Lauther, Welser und Fend am 30. 12. 1583, fanden Zusammenkünfte der Prälaten statt; ihre Eingabe an den Herzog ebd. 260'ff.

64 „... wo die herrn ordinarij, wie man sich noch stets vernemmen lasst, mit iren seminarien bey den stifftkhirchen auch dran wollten und die bayerischen clöster gleichsfalß darzu contribuirn muessten, wer uns soviler orthen zehelffen unmöglich, muessten ehe das unser alles miteinander fallen lassen".

durch die Fertigstellung des jesuitischen Konvikts eine neue Situation entstanden. Hinter den räumlichen und organisatorischen Vorteilen, die die dem Beispiel des herzoglichen Alumnats folgende Angliederung der Klosteranstalt an das Ignatianum versprach, mußten die Bedenken der Äbte gegen die Unterstellung ihrer Stipendiaten unter die Jesuiten zurückstehen. Im November 1585 erklärte der Herzog ultimativ, nach soviel Widerstand und Verzögerung müsse er die Angelegenheit nun in die eigenen Hände nehmen. Jedes Kloster habe umgehend einen oder zwei Mönche „in das new erst diß jars zu Ingolstadt durch unss mit grossem uncosten erpaut collegium“ zu entsenden, wo sie gegen Entrichtung der üblichen Konviktgebühr zwei bis drei Jahre zu belassen seien. Bis Ostern 1586 habe das zu geschehen, gegen den „väterlichen“ Willen des Herzogs werde kein Widerstand geduldet[65]. Von der herzoglichen Pensionszahlung war nun nicht mehr die Rede, wahrscheinlich ist sie nie erfolgt. Die Äbte erwiderten teils mit widerstrebenden Zusagen, teils mit Einwänden und Ausreden, der Herzog replizierte je nachdem gütlich zuredend oder mit scharfen Warnungen[66]. Der Erfolg läßt sich an der Matrikel ablesen: im Frühjahr und Sommer 1586 fanden sich nicht weniger als 22 Mönche in Ingolstadt ein, im Herbst folgten weitere fünf. Die säumigen Äbte wurden im Januar 1587 durch herzogliche Befehle erneut aufgefordert, bis Mittfasten endlich ihrer Pflicht zu genügen. Viele von ihnen entschuldigten sich wieder mit ihrer Armut[67]; immerhin konnte die mönchische Gruppe in Ingolstadt in diesem Jahr weitere sieben Zugänge verzeichnen, noch einmal sieben kamen im Jahre 1588. Am 25. März 1587 konstituierte sie sich als „Congregatio religiosorum“ unter einem Jesuitenpater als Präses und einem, halbjährlich aus den Reihen der Mönche gewählten Präfekten[68].

[65] Herzogliches Schreiben vom 13. 11. 1585, Entwurf in StAM GL 1497/43, Ausfertigung in GL 1496/13.

[66] Diese Schreiben in StAM GL 1496/13; mit Bedenken gehorchend Tegernsee, wegen seiner Ausflüchte scharf verwarnt Scheyern.

[67] Auch diese Korrespondenz in StAM GL 1496/13. Einige für den Zustand vieler bayerischer Klöster bezeichnende Beispiele: Prüfening hat nur vier, zum Studieren untaugliche Mönche und große Schulden; St. Mang (Regensburg) hat nur zwei Priester; Suben hat vier Priester, zum Teil alt, und Schulden; Vornbach hat 5 Priester, die teilweise Pfarreien verwesen müssen; Aldersbach will wenigstens einen geeigneten Novizen schicken; Osterhofen hat 25 000 fl. Schulden; Chiemsee hat keinen Abt und nur drei Kapitulare, die Kirche ist abgebrannt etc. — Das herzogliche Aufforderungsschreiben fehlt, es stammte vom 30. 1. 1587.

[68] Ein Verzeichnis, halb Matrikel und halb Protokoll, in BStB Clm 20166, 21ff.

1589 „empfing" sie von den Jesuiten neue Statuten; es wurden nun anstelle der bisherigen zwei „assistentes" des Präfekten sechs „consultores" und für den bisherigen Notar ein „secretarius" gewählt[69].

Die Unterbringung im Ignatianum unter jesuitischer Direktion vereinfachte die Finanzierung dergestalt, daß gemeinsame Aufwendungen und also gemeinsame Besteuerungsmaßnahmen entfallen konnten. Jeder Abt zahlte für seine Alumnen die gewöhnliche Konviktgebühr und war damit freilich der Versuchung ausgesetzt, sich dieser Last dadurch wieder zu entledigen, daß er einen Studenten vorzeitig zurückberief oder/und für einen Studienabsolventen keinen Nachfolger stellte. Der wirkliche Umfang des Seminars läßt sich daher aus den Immatrikulationsziffern nicht ohne weiteres erkennen. Ende 1587 oder 1588 zählt ein für den Herzog bestimmtes Verzeichnis 39 studierende Mönche, das entsprach wohl der Zahl der bisherigen Immatrikulationen[70]. Spätestens von 1589 an muß man damit rechnen, daß die Zahl der Neuzugänge durch Abgänge reduziert oder neutralisiert wurde. In diesem Jahr immatrikulierten sich 15, im folgenden (1590) 6, 1591 13 Mönche. Deutlich spürbar wird der Rückgang dann 1592, wo die Matrikel nur mehr ganze zwei Klosterleute verzeichnet. Am 20. Dezember 1592 forderte Herzog Wilhelm den greisen Abt Quirin von Tegernsee auf, sein Kontingent unverzüglich aufzufüllen. Bisher habe er zwar seiner Pflicht genügt, aber „mehr unns zu gehorsamen ehren als schuldigem eyfer gegen diesem nutzen werckh". Der Herzog sei nicht gewillt, das Seminar „ergeen" zu lassen und werde gegebenenfalls soviel von den Klostereinkünften beschlagnahmen, wie für die Unterhaltung eines Studenten nötig sei[71]. In der Tat hatte Tegernsee im April 1586 zwei, seitdem aber keinen Studenten mehr geschickt. Quirin machte in seiner Antwort zaghafte Zweifel am Nutzen des Seminars geltend[72] und provozierte damit den

[69] Ebd. 24. Das aus Tegernseer Überlieferung stammende Kongregationsprotokoll bricht nach einer neunten Präfektenwahl im Frühjahr 1590 ab.

[70] „Verzeichnus der religiosen, so diser zeit alhie in dem neuen f. collegio zu Ingolstatt seind" (StAM GL 1477/3, 103a). Der Vergleich mit der Universitätsmatrikel ergibt als spätestes Immatrikulationsdatum Oktober 1587; das Verzeichnis wird also wenig später entstanden sein.

[71] StAM GL 1374/3. Schon 1585 hatte Abt Quirin Bedenken gegen das Seminar geäußert und war vom Herzog am 20. 12. 1585 zu einer klaren Stellungnahme aufgefordert worden (ebd.).

[72] Vom 27. 12. 1592 (ebd.): die Mönche würden in Ingolstadt verwöhnt und für das karge Klosterleben verdorben.

Landesherrn zu einem äußerst ungnädigen Befehl: umgehend seien nicht mehr nur zwei, sondern drei Tegernseer Mönche nach Ingolstadt zu schicken und dort solange zu belassen, bis sie nach Abschluß des Philosophiestudiums „etliche jar" Theologie gehört hätten[73]. Im April 1593 erscheinen nun wirklich wieder zwei Tegernseer in der Matrikel; trotzdem ließ sich der Abt fast jedes Jahr aufs neue mahnen, und seinem Beispiel folgten viele andere. 1593 stieg die Immatrikulationsziffer auf Grund der herzoglichen Mahnungen wieder auf 21, um 1594 auf 12 und 1595 und 1596 auf je 10 abzusinken. Im Juni 1596 und wieder fast genau zwei Jahre später ergingen erneut herzogliche Befehle an verschiedene Prälaten[74]; 1597 immatrikulierten sich nur 7, 1598 13 und 1599 9 Konventualen. Paul Hoffaeus berichtete als Kollegrektor im Juli 1598 nach München, die Zahl der studierenden Mönche nehme von Jahr zu Jahr ab, bis wohl demnächst keiner mehr in Ingolstadt übrig sein werde[75]. Es folgten neue Mahnungen und neue Entschuldigungen[76], die gewiß nicht selten in der anhaltenden Notlage der Klöster begründet waren, übrigens auch im Geistlichen Rat einen Fürsprecher fanden. Im Februar 1599 gab die Behörde dem Herzog zu bedenken, daß für viele Konvente, deren Armut durch die Visitationen festgestellt worden sei, die Unterhaltung von Alumnen in Ingolstadt eine unzumutbare Belastung darstelle. Mit demselben Aufwand könnten in den Klöstern Schulmeister bestellt werden, der bisherige Ausbildungserfolg garantiere für das Lehrpersonal[77].

Die Gesamtzahl der zwischen 1584 und 1599 in Ingolstadt immatrikulierten bayerischen Mönche liegt bei über 160. Unter ihren

[73] Vom 6. 2. 1593 (ebd.). Hierauf erklärte Quirin erschrocken, er wolle sofort einen und so bald wie möglich zwei weitere Mönche entsenden (ebd.).

[74] Antwortschreiben der Äbte von Scheyern, Weihenstephan, St. Nikola (Passau), Herrenchiemsee, Dießen, Steingaden, Beyharting, Vornbach, Asbach, Rottenbuch und Au mit Bezugnahme auf ein herzogliches Mahnschreiben vom 14. 6.: StAM GL 1487/37. Ebd. in zwei Entwurfsfassungen das erneute herzogliche Mahnschreiben vom 30. 6. 1598 sowie Listen der Klöster, die früher, zweitens die noch nie, und drittens die jetzt Studenten im Ingolstädter Seminar hätten.

[75] Hoffaeus an den Herzog am 29. 7. 1598: es scheine so als „wöll von jar zu jar der numerus mehr und mehr abnemen und möcht nitt uberlang gar abkommen" (StAM GL 1487/37).

[76] StAM GL 1487/37: Mahnschreiben an Weyarn, Indersdorf, Rottenbuch und Steingaden vom 8. 8. 1598; ebd. vom selben Datum ein herzoglicher Bescheid an Hoffaeus. Weitere Mahnschreiben vom 23. 1. 1599 ebd. sowie: HStA Jes. 1760 und BStB Clm 26477, 45f.

[77] Geistlicher Rat an den Herzog am 26. 2. 1599 (HStA Staatsverw. 3041, 42'f und StAM GL 1487/37).

Herkunftsorten begegnen die Namen fast aller bayerischen Klöster, freilich mit sehr unterschiedlicher Häufigkeit[78]. Der weitaus größte Teil der jungen Konventualen begann sein Studium in einer, häufig der untersten Klasse des Pädagogiums, konnte also in vier oder fünf Jahren höchstens die unteren Stufen des Philosophiekurses erreichen. Die Minderheit begann mit der Philosophie und wird ebenfalls nicht weit über sie hinausgelangt sein. In der Tat verzeichnen die erhaltenen Bakkalarlisten eine Reihe von Religiosen, die Magisterlisten jedoch nur äußerst selten[79]. Auch mit dieser beschränkten und weniger theologischen als allgemeinbildenden Erziehungsleistung muß aber das Seminar doch auf viele Klöster einen segensreichen und kulturfördernden Einfluß geübt haben.

Unter dem Einfluß des erwähnten Geistlichen Ratsgutachtens, vor allem aber der anhaltenden Obstruktion der Klöster scheint das herzogliche Interesse an dieser Gründung in den folgenden Jahren nachgelassen und es ihr erlaubt zu haben, sich unauffällig zurückzubilden, als Institution wohl gar aufzulösen. Auch später haben freilich zahlreiche bayerische Mönche in Ingolstadt studiert und im jesuitischen Konvikt gewohnt[80], selbst nachdem die Gründung der Salzburger Benediktinerschule (1617) dem Ordensstudium ein neues Zentrum gegeben hatte[81]. Als sich bayerische Äbte

[78] In der Universitätsmatrikel (Pölnitz I/2) sind die Mönche von den übrigen Studenten ohne weiteres zu unterscheiden; ihre namentliche Aufführung erübrigt sich daher. Hier genügt folgende, ungefähre Übersicht für den Zeitraum 1584—1600: An der Spitze steht Niederalteich mit 11 Studenten; es folgen Rohr mit 8, Aldersbach und Seeon mit je 7, Rottenbuch, Fürstenfeld und Tegernsee mit je 6, Baumburg mit 5, Benediktbeuern, Dießen, Ettal, Neustift/Freising, Polling, Raitenhaslach, Ranshofen, Steingaden, Scheyern, Wessobrunn und Weyarn mit je 4, Au, Beuerberg, Beyharting, Oberalteich, St. Nikola/Passau, Rott, Thierhaupten und Weihenstephan mit je 3, Andechs, Metten, Indersdorf, Osterhofen, Prüfening, St. Emmeram, Schäftlarn, St. Veit, Windberg und Zwiefalten mit je 2, Vornbach, St. Andre/Freising und Reichersberg mit je einem Studenten.

[79] UA O I 4. Danach erwarben von April 1587 bis Mai 1596 16 Mönche das artistische Bakkalariat und nur einer das Magisterium. Für den Zeitraum 1584—1600 finden sich in der Matrikel (Pölnitz I/2) bei 77 Mönchen Angaben über ihr anfängliches Studienfach; von ihnen begannen 60 im Pädagogium und nur 17 im Philosophiekurs.

[80] 1621 waren nach Auskunft des Jesuitenrektors 58 bayerische Mönche in Ingolstadt; 1629 meldet ein ähnliches Verzeichnis 56 bayerische und 14 ausländische Konventualen (BStB Clm 26477, 27 und 38).

[81] Ritschel, besonders 140f.; Kolb, Ottobeuren 278ff.

der neugegründeten österreichischen Benediktinerkongregation anzuschließen und an der 1623 in Augsburg beschlossenen Finanzierung der Salzburger Universitätsgebäude zu beteiligen suchten, stießen sie auf ein energisches Verbot Kurfürst Maximilians[82]. Der Geistliche Rat hatte sich auf Befragung negativ über die neue Universität geäußert: die bayerischen Prälaten hätten gute Gelegenheit, ihre Konventualen im Lande selbst, nämlich in Ingolstadt studieren zu lassen, neue Anstalten dieser Art seien überflüssig, die Abführung von Geldern ins Ausland in dieser Kriegszeit nicht zu verantworten. Noch einmal wird in diesem Briefwechsel die Abneigung der Äbte gegen die Jesuiten und ihr Konviktreglement erkennbar. Von einem in Ingolstadt etwa noch bestehenden Religiosenseminar aber war mit keinem Wort mehr die Rede.

Der Vollständigkeit halber bleibt zu erwähnen, daß sich in den achtziger Jahren auch die Franziskaner bemühten, in ihrem Ingolstädter Kloster ein Ordensseminar zu begründen, allem Anschein nach ohne dauerhaften Erfolg[83]. Dagegen gelangten am Anfang des 17. Jahrhunderts mit herzoglicher Unterstützung die Augustiner-Eremiten zu einer Klosterniederlassung in Ingolstadt, die 1611 von der Provinz zum Sitz eines Ordensstudiums bestimmt wurde[84].

[82] Die Korrespondenz des von den Benediktinern beauftragten Abts von Niederalteich mit dem Kurfürsten und das Gutachten des Geistlichen Rats vom 24. 10. 1623 befinden sich in StAM GL 1374/3.

[83] Am 29. 11. 1581 schrieb der Ingolstädter Guardian an Herzog Wilhelm, mit herzoglicher Hilfe seien bauliche Veränderungen vorgenommen worden, es fänden jetzt im Kloster Vorlesungen in Dialektik und Sprachen statt, sechs von den 27 anwesenden Brüdern besuchten Lehrveranstaltungen der Universität (HStA Jes. 1748/II, 103). 1587 beschloß die Ordensprovinz eine Seminargründung in Ingolstadt, die durch eine Steuer finanziert werden sollte (B. Lins, Geschichte des früheren (oberen) Franziskanerklosters in Ingolstadt 14).

[84] Für die seit 1604 geführten Verhandlungen vgl. B. Lins, Geschichte des ehemaligen Augustiner- und jetzigen Franziskanerklosters in Ingolstadt; dazu ergänzend reiches Material in StAM GR 683/7. Der Herzog erwog zunächst, dem Orden die ehemaligen Wohnräume der Jesuiten im Alten Kolleg zu überlassen, die aber inzwischen zu Hörsälen umgebaut worden waren. Man entschied sich endlich für ein altes Benefiziatenhaus an der Schutter und für die kleine Marienkirche, die den Augustinern 1606 übergeben wurde. Das 1611 gegegründete Studium hatte 7 Mitglieder.

VII.

DIE RÜCKBILDUNG DES SEMINARS ZUR STIPENDIATENABTEILUNG IM JESUITISCHEN KONVIKT 1576—91

Zum zweitenmal hatte Herzog Albrecht im Frühjahr 1576, von seiner finanziellen Situation vor diese Wahl gestellt, dem Jesuitenkolleg den Vorrang vor seiner Seminarstiftung zuerkannt. Für diese Entscheidung gab es neben der Bindung durch die den Jesuiten früher gemachten Zusagen den guten sachlichen Grund, daß die Herstellung eines ausreichenden gymnasialen, philosophischen und theologischen Lehrangebots an der Universität noch immer den spezifisch seminaristischen Veranstaltungen vorausgehen mußte. Nachdem es sich in den vergangenen zweieinhalb Jahren als unmöglich erwiesen hatte, die Jesuiten in ihrer Lehrfunktion auch nur notdürftig zu ersetzen, befand sich die Regierung 1576 grundsätzlich in der gleichen Lage wie bei der ersten Gründung des Jesuitenkollegs im Jahre 1555. Das Seminar hatte also das ihm vorbestimmte und seinen Namen tragende Gebäude abtreten müssen, und seine finanziellen Möglichkeiten wurden durch den dem Jesuitenkolleg zugesagten Stiftungszuschlag von 2500 Gulden bedrohlich eingeschränkt. Immerhin hatte sich Herzog Albrecht zu seinem Seminarprojekt bekannt und die Absicht bekundet, es jetzt nach drei Jahren des Zögerns und Abwartens endlich zu verwirklichen.

Im April 1576 bat Hoffaeus die herzoglichen Räte, mit der Eröffnung des „theologischen Kollegs“ bis zum Abklingen einer in Ingolstadt herrschenden Epidemie zu warten, inzwischen könne schon alles Nötige vorbereitet werden[1]. Am 20. Juni zogen die Jesuiten in ihr neues Kolleggebäude, einen Tag zuvor war in den von ihnen verlassenen, für das Seminar bestimmten Räumen des Collegium vetus mit Bau- und Einrichtungsmaßnahmen begonnen worden, für die der Herzog bis zum April 1577 1500 Gulden bereit-

[1] In den Zusätzen zu Mercurians Schreiben vom 14. 4. 1576 (vgl. IV Anm. 186).

stellte[2]. Am 25. November wurden die ersten vier Stipendiaten, in der Mehrzahl von Elsenheimer und Fend empfohlene Leute, nach Ingolstadt geschickt[3]. Einige Tage später erhielt aber ein Bewerber vom Geistlichen Rat den Bescheid, er möge sich noch eine Weile gedulden, „diser tractat mit dem neuen collegio zue Inglstat sei bis auf die quottember khünfftig" (also bis Ende Februar) „eingestellt"[4].

Die „promotio et auctio" des Ingolstädter Seminars hatte soeben in Fends Verhandlungen mit Morone[5] einen zentralen Platz eingenommen. Die neue Dezimation, die Freigabe der vier vakanten Klöster und schließlich eine direkte päpstliche Finanzhilfe oder Alumnatsstiftung waren in erster Linie für diesen Zweck bestimmt; auch der in diesem Zusammenhang noch angeführte Neubau eines Jesuitenkollegs mußte sich aber zum Vorteil des Seminars auswirken. Für einen herzoglichen Stiftungsakt war es vor der Entscheidung aller dieser Anträge zu früh, und die Regierung begnügte sich daher mit einem provisorischen Anfang, wie er schon in den vergangenen Jahren immer wieder empfohlen worden war. Bis Ende Januar 1577 wurde die Zahl der Stipendiaten auf sieben gebracht, und als sich der Herzog schließlich im April des gleichen Jahres zu einer finanziellen Pauschalregelung entschloß, da handelte es sich nur um ein einjähriges Provisorium: für 12 Alumnen wurde die von der Geistlichen Kammer zu zahlende, erstaunlich hoch erscheinende Unterhaltungssumme von 1600 Gulden bewilligt[6].

Das Albertinum sollte nach dem Beispiel des Germanikums organisiert werden, so hatte es die herzogliche Seite selbst verlangt.

[2] Schreiben des Geistlichen Rats an den Regens Wendelin Völck vom 20. 4. 1577 (HStA Staatsverw. 3023, 61').

[3] Laut Kollegmatrikel UA Z I 24.

[4] Geistliches Ratsprotokoll vom 1. 12. 1576 (HStA Staatsverw. 3022, 119'f.); der Bewerber war der spätere Frauenpfarrer Lorenz Eiszeph.

[5] Vgl. V. Anm. 78ff.

[6] Herzog Albrecht an Regens Otto Eisenreich am 19. 4. 1578: „Ir habt guet wissen, das wir zu underhaltung zwelf stipendiarien in unserm neuen theologischen collegio daselbs auf ain jarlang 1600 fl. von den geistlichen gefellen zeraichen mit genaden bewilliget" (HStA Jes. 1748/II, 79; vgl. Anm. 15). — Am 15. 2. 1577 hatte der Geistliche Rat einem Stipendienbewerber an den Herzog verwiesen mit der Begründung, Herzog Albrecht habe „dero geistlichen räthen lauttern bevelch geben, khainem wer der sei ausser ir f. g. genedigem vorwissen ainich stipendium zu verleichen" (HStA Staatsverw. 3023, 22'). Das Seminar unterstand nicht mehr wie das bisherige Stipendienwesen dem Geistlichen Rat, der denn auch ein Jahrzehnt später über diese Dinge nichts mehr wußte (vgl. Anm. 55, 65 und Kap. VIII).

Man hatte Statuten entwerfen und sie dem Provinzial zur Begutachtung vorlegen wollen[7], doch scheint es dazu nicht gekommen zu sein. Im April 1576 hatte Mercurian eine Kopie der Konstitutionen des Germanikums nach München schicken lassen[8]. In enger Anlehnung an sie wurde im Sommer 1577 eine Eidesformel festgelegt, nach der sich die Stipendiaten verpflichteten, die Hausregeln zu befolgen, den jesuitischen Vorgesetzten Gehorsam zu leisten, nach ihrer Anweisung die Weihen zu nehmen und solange im Kolleg zu bleiben, bis der Herzog sie zum Kirchendienst abforderte. Sollte ihnen die angetragene Stellung nicht zusagen, so durften sie sie unter der Bedingung ausschlagen, daß sie dem Kolleg eine angemessene Entschädigung zahlten[9]. Anfang Juli 1577 wurde weiter eine Kollegmatrikel eröffnet, in der jeder Stipendiat unterschriftlich die Befolgung dieser Vorschriften versprach[10]. Fast jeder von den Erstimmatrikulierten begann mit dem Studium in der Artistenfakutät, einige mußten sogar ins Pädagogium eingewiesen werden. Es war wohl nicht zuletzt an sie gedacht, als die Universität im Januar 1578, einem herzoglichen Begehren folgend, eine neue katechistische Einführungsvorlesung ankündigte[11].

[7] Vgl. IV Anm. 182.

[8] Vgl. das oben IV Anm. 186 zitierte Schreiben vom 14. 4. 1576. Die zugehörige Kopie der Germanikums-Konstitutionen von 1552 (Pachler I 375ff.) findet sich in HStA Jes. 1767, 6.

[8] „Ego N. N. intellecto pio instituto novi collegij a serenissimo utriusque Bavariae duce Alberto ad sustentandos alumnos erecto, libenter eius instituti rationem accepto proboque; obedientiam in primis superioribus qui in eo fuerint promitto, ac iuro me, cum ab eis iudicatum fuerit, suscepturum sacros ordines et in eodem collegio perseveraturum, donec a serenissimo duce ad ecclesiastica munera fuero vocatus, cui quidem in Bavaria etsi prae caeteris omnibus operam studiumque meum deferre sim paratus, ita tamen eiusdem serenissimi ducis liberalitate mihi cautum exceptumque volo, ut si vel oblata conditio non placuerit vel alia commodior ad vitae meae rationes a catholicis offeratur, ego in mea sim potestate, dummodo intra certum tempus collegio iustam et aequabilem sumptuum compensationem faciam“ (UA Z I 24).

[10] UA Z I 24.

[11] Mit der Begründung, daß die „rudimenta doctrinae chistianae omnibus, maxime vero bonarum artium studiosis debeant esse nota“. Auch wer nicht Theologie studieren wolle, müsse sie kennen, „ut sua aliquando opera alijs quoque prosint. Eam ob causam nos, partim illustrissimi nostri principis voluntati satisfacere, partim vero saluti animarum consulere cupientes“, wird der Jesuit Johannes Holonius beauftragt, jeden Freitag um 8 Uhr den Katechismus „seu institutiones christianae pietatis“ öffentlich zu lesen (8. 1. 1578, Seifert, Universität Nr. 103). Vgl. dazu die früheren Vorschläge Kap. IV Anm. 104, 118, 168 und 183.

Die Leitung des Seminars lag bei einem jesuitischen Regens[12]. Im Juli 1577 berichtete der Pater Lukas Pinellus in dieser Funktion nach München über gewisse disziplinarische Schwierigkeiten und unterbreitete Vorschläge für die Gestaltung des Kollegsiegels[13]. Im folgenden Monat stand das Seminar provisorisch unter der Leitung des Kollegrektors Ferdinand Alber und des Paters Wendelin Völck. Inzwischen war die Zahl von 10 Stipendiaten erreicht; für die restlichen zwei Kollegiaturen benannten die Jesuiten der Regierung Kandidaten[14].

Ende Februar 1578 kündigte Herzog Albrecht dem neuen Regens Otto Eisenreich an, nach dem bevorstehenden Ablauf des Probejahres sollten die Rechnungen geprüft und „alsdan auff ein bestendige stifft gedacht" werden[15]. In diesem Frühjahr wurden die Kol-

[12] So bezeichneten die Jesuiten ihre Konviktvorstände. Der Name ist in der älteren Kolleggeschichte nicht selten und war 1494 auch für das Georgianum übernommen worden.

[13] Am 14. 7. 1577 an Fend (HStA Jes. 1762). Das Siegel sollte das Bild der Jungfrau („collegij Albertini patrona") oder des Hieronymus tragen. Als Muster wurden Siegelabdrücke des Georgianums eingesandt.

[14] Kollegrektor Ferdinand Alber an Fend am 17. 8. 1577: „Curam collegij Albertini usque ad r. provincialis adventum una mecum sustinet P. Wendelinus." Die anwesenden Alumnen seien neulich in Eichstätt in die Diözesanmatrikel eingetragen worden, auch die beiden Neupräsentierten seien inzwischen vereidigt. „Numerum duodenarium duobus delectis et insignibus complere optaremus ... Sigilla collegij nostri Albertini brevi libenter accipiemus." Eine erste Fleißprobe (wohl Verse) wird eingesandt (HStA Jes. 1748/II, post 70). — Am 18. 7. 1577 schrieb Theodor Canisius an Mercurian: „Novum nuper onus humeris nostris impositum est gubernandi seminarij principis Bavariae, cui quatuor ex nostris sunt praefecti" (Braunsberger VII 421); neben dem Regens wird es also einen Vizeregens und zwei weitere Beamte gegeben haben (vgl. die Konviktregel von 1583 bei Pachtler II 404ff.). Am 15. 10. 1577 beschied Herzog Albrecht die Stadt Ingolstadt, daß seine beiden Stiftungen, das Jesuitenkolleg und „die newe fundation, welche der catholischen priesterschaft seminarium seyn solle", von Steuern befreit seien (Mederer IV Nr. 54).

[15] Herzog Albrecht an Regens Otto Eisenreich am 26. 2. 1578 (HStA Jes. 1748/II, 77). Am 15. 1. 1578 hatte der Herzog, „nachdem in unnserm neuen collegio theologico zue Ingolstat für einen alumnum ein platz ledig ist", Johannes Pauknecht präsentiert (ebd. 76). Die Jesuiten hatten ihn, da kein Platz frei sei, zurückgeschickt. Der Herzog befahl nun, ihn trotzdem „wie andere unsere alumnos" zu halten. „Da dan die jareszeit der angestelten hauswirtschafft füruber, wellen wür verordnung thuen, das eur rechnung ersehen und alsdan auff ein bestendige stiftt gedacht werde." — Am 15. 3. 1578 präsentierte der Herzog den kaum vorgebildeten Albertus Balduinus aus Trient: „so wellen wür ime doch bey den convictorn platz geben, auch derhalben das ordenlich deputat in sonderhayt" (also außerhalb des Kollegetats) „für ine ausrichten lassen" (ebd. 78). — Am 21. 3. 1578 immatrikulierte sich in der Universität Hartmann Antopäus als „famulus collegii Albertini".

legsteuern zum letztenmal eingefordert; erst vom folgenden Frühjahr an stand die erste Halbjahresrate der neuen Dezimation zur Verfügung[16]. Auf sie richteten sich die Hoffnungen der bayerischen Seminarpolitik, nachdem der supplementäre Klosterantrag nicht zum gewünschten Erfolg geführt hatte und die im Januar 1579 erneuerte Bitte um eine päpstliche Finanzhilfe wiederum nicht erhört wurde. Die Halbierung der Zehnten ließ jedoch für die nähere Zukunft kaum mehr als einen etwa gleichwertigen Ersatz für das bisherige Steueraufkommen erwarten; erst für 1585 konnte mit dem vollen Dezimationsertrag gerechnet werden, sofern er nicht von vornherein für andere Zwecke reserviert war. Die Aussichten des Seminars hatten sich daher kaum verbessert, als der Herzog im April 1578 den Regens Eisenreich mit seinen Rechnungen nach München beorderte. Was bei dieser Gelegenheit beschlossen wurde, ist nicht erkennbar, doch scheint die Regierung die Streichung der bisherigen Unterhaltungssumme erwogen zu haben[17]. Man wird stattdessen entschieden haben, die bereits präsentierten Stipendiaten im Kolleg zu belassen, von weiteren Präsentationen aber vorläufig abzusehen. In den nächsten vier Jahren verzeichnet die Kollegmatrikel nur eine einzige Neuaufnahme[18].

Herzog Albrecht und seine Räte scheinen an der Existenzberechtigung des Seminars ernstlich gezweifelt zu haben. Lohnte es sich denn, für verhältnismäßig viel Geld eine Handvoll junger Leute zu unterhalten, deren Zahl und wohl auch Qualität unter den Absolventen der Universität und der Jesuitengymnasien überhaupt nicht ins Gewicht fiel? Im Frühjahr 1579 wurde der sachkundige Jesuitenpater Antonio Possevin um Rat gefragt; sein Gutachten empfahl, die staatliche Unterstützung armer Studenten auf eine viel breitere und besser organisierte Grundlage zu stellen. Mit 3000—4000 Talern, wie sie der Herzog doch wohl leicht aufbringen könne, ließen sich leicht 100 pauperes ernähren, sofern sie in bescheidener, ihrer beruflichen Zukunft entsprechender Weise gehalten und erzogen würden. Die Versorgung der ländlichen Pfarrstellen sei ja die Hauptaufgabe; bei den meisten Stipendiaten

16 Vgl. VIII Anm. 10ff.

17 Das oben Anm. 15 zitierte Schreiben enthielt vor der Korrektur den Satz, der Herzog müsse diese Gefälle jetzt einziehen. Derselbe Befehl an Eisenreich als Protokolleintrag des Geistlichen Rats: HStA Staatsverw. 3023, 153.

18 Nämlich zwischen März 1578 und März 1582 (UA Z I 24). Die Matrikel weist allerdings Lücken auf. Von den 8 Alumnen, die Herzog Wilhelm am 8. 1. 1582 präsentierte, sind in der Matrikel nur vier aufgeführt, und sie wurden erst mit fast zweijähriger Verspätung Ende 1583 eingetragen und vereidigt.

genüge daher nach der gymnasialen eine theologische Kurzausbildung, nur die Befähigsten sollten mit der Aussicht auf höhere Würden und Professuren ein Vollstudium erhalten[18a].

Zum Unglück für das Seminar konnte sich Albrecht V. in seinem letzten Lebensjahr zu einer Reorganisation im Sinne dieses Vorschlags, der zwar die Effektivität der Anstalt wesentlich erhöht hätte, zugleich aber mit nicht unbeträchtlichen finanziellen und baulichen Mehraufwendungen verbunden war und überdies mit der viel anspruchsvolleren Erziehungs- und Verwaltungspraxis der Jesuiten die gegebene Seminarverfassung in Frage stellte, nicht mehr entschließen. Von seinem Stifter und Namensgeber in einem so behelfsmäßigen Zustand hinterlassen, hatte das Albertinum nach dem Regierungsantritt Herzog Wilhelms V. nur höchst bescheidene Überlebenschancen. Die neue Regentschaft begann im Zeichen einer Revision der rechtlichen Grundlagen der bisherigen bayerischen Kirchen- und Seminarpolitik, und wenn es ihr im Dialog mit der Kurie und ihrem Nuntius auch gelang, finanzielle Einbußen bei der Legalisierung ihrer Finanzpraktiken zu vermeiden[19], so zeugt es doch wohl schon von der veränderten Sinnesart des neuen Landesherrn, daß in der Verhandlung mit Ninguarda die Sicherung der jesuitischen Kolleg- und nicht der Ingolstädter Seminarstiftung sich als das Ziel präsentierte, in dessen Namen die Duldung der Dezimation und die Freigabe der vakanten Klöster erbeten wurde. Inzwischen siechte das Albertinum unauffällig dahin. Bis zum Jah-

[18a] Über Antonio Possevin und seine Rolle bei der Gründung der päpstlichen Seminare in Braunsberg, Olmütz, Wilna und Dorpat vgl. Hofmann; seine Ideen zum Seminarproblem in Antonii Possevini SJ Bibliotheca selecta (Rom 1593), lib. V. Sein Gutachten für Herzog Albrecht vom 9. 2. 1579 aus Augsburg druckt A. Theiner, Schweden und seine Stellung zum heiligen Stuhl unter Johann III., Sigismund III. und Karl IX. (II 1839) 178ff. Possevin beantwortet hier zwei Fragen, die ihm unmittelbar zuvor bei seinem Münchenaufenthalt gestellt worden waren, darunter eine betr. „plures alumnos in pietate ac doctrina instituendos". Vorrangig sei die Armenförderung; alle drei Jahre solle der Herzog sich von Schulmeistern und Pfarrern auf dem Amtsweg über die Partikularbehörden begabte und bedürftige Jünglinge anzeigen lassen und die Fähigsten daraus zur Förderung übernehmen. „Alumnorum illorum, quos jam Vestra Celsitudo sustentat et vestit, numerus aliquis major esse deberet." Sie seien so zu halten, daß die Mehrzahl „modesto et honesto cultui ac vestitui assueti, munera denique ecclesiastica pro dignitate obeant". Auch die Stände könnten zur Mitwirkung angehalten werden, doch müsse der Herzog selbst in Ingolstadt und München überzeugende Beispiele geben.

[19] Vgl. V Anm. 118ff.

resanfang 1582 ging die Zahl der Stipendiaten auf acht zurück[20]. Da die Jesuiten den übrigen Platz mit zahlenden Konviktoren füllten und der Herzog anstelle der früheren Pauschalregelung für jeden seiner Alumnen einzeln die übliche Konviktgebühr entrichtete, näherte sich das Seminar dem jesuitischen Konviktmodell an, ohne sich doch unter den gegebenen Verhältnissen entfalten zu können. Ein wohl 1581 entstandenes jesuitisches Gutachten[21] klagt über die dunklen und feuchten Räume des Alten Kollegs, wo die wenigen übriggebliebenen Alumnen obendrein die Vorlesungen und Veranstaltungen der Universität störten. Infolge der beträchtlichen Entfernung zum Jesuitenkolleg ließen sie sich nicht recht unter Aufsicht und Kontrolle halten. Das in Briefen und Büchern propagierte, ja sogar dem Papst empfohlene Seminar sei gegen den Willen des Stifters und zum Schaden der Kirche dem Untergang nahegebracht; die Stipendiaten und alle Eltern hätten angesichts der Gleichgültigkeit der zuständigen Stellen alle Zuversicht verloren[22]. In dieser Lage müßten herzogliche Räte nach Ingolstadt kommen, den Alumnen Mut zusprechen, das Seminar wenigstens in seinem alten Umfang wiederherstellen, für die weitere Zukunft sich aber zu einer Neuregelung entschließen, nämlich am besten zur Errichtung eines jesuitischen Konvikts[23].

[20] Vgl. hierzu und zum folgenden VIII Anm. 20ff. — Am 6. 9. 1581 präsentierte der Herzog dem Regens Simon Hiendel einen Alumnen: „wellen wir, das ir ine wie andere mit essen und trünckhen haltet, hergegen soll euch das gewondlich deputat vir ine zu jederzeit geraicht und überschickht werden" (HStA Staatsverw. 3024, 202' und Jes. 1748/II, 102). In einem undatierten Handschreiben an den Kanzler Elsenheimer bemerkt der Herzog, die Ingolstädter Alumnen beklagten sich, „stipendia esse valde tenua, obligationem vero strictam" (GStA K. schw. 16 341).

[21] „Capita difficultatum, quae hactenus impedimento fuerunt, quo minus Societatis Jesu collegium, itemque Albertinum, optatos et expectatos progressus habuerit" (HStA Jes. 1746, 85ff.).

[22] „Alumni quorum caussa collegium Albertinum s. pontificis consensu redditibus ecclesiasticis in totius provinciae gratiam ab illustrissimo principe Alberto p. m. constitutum et fundatum est, hactenus numero sunt diminuti. Veteranis enim inde eductis, alii nulli sunt substituti. Quo fit, ut opus hoc ex libris in lucem editis literis huc atque illuc missis, etiam s. pontifici commendatum, contra mentem fundatoris non absque insigni nota successorum religionisque detrimento brevi sit interiturum." Alumnen und Eltern verzweifelten, „quod eam (sc. domum) aut negligi prorsus aut parvi pendi ab iis videant, qui merito promovere debuissent".

[23] „Ut numerus alumnorum, a quibus non mediocres fructus iam in commune manarunt, non solum conservetur integer, sed etiam iuxta mentem serenissimi fundatoris et s. pontificis augeatur foveaturque, ut omnibus constet, quantae

Was dieses Memorandum allein vielleicht nicht vermocht hätte, scheint die Perspektive einer gesamtbayerischen Seminargründung bewirkt zu haben, die sich am Jahresende 1581 in den Verhandlungen mit Ninguarda noch einmal für kurze Zeit eröffnete[24]. Das in Abteilungen für die Mönche, die bischöflichen und die herzoglichen Stipendiaten untergliederte Internat sollte im Georgianum untergebracht werden, das der Herzog soeben um einen Neubau erweitern ließ und dem aus diesem Anlaß ein weiteres Nebengebäude hinzugefügt werden sollte. Die Bereitwilligkeit, mit der Herzog Wilhelm im April 1580 aus zufälligem Anlaß dieses Bauvorhaben genehmigt hatte und in den folgenden beiden Jahren mit mehr als 7000 Gulden finanzierte[25], verrät, daß die unbefriedigende Situation des albertinischen Seminars nicht allein und wohl nicht einmal in erster Linie durch den Zustand der herzoglichen Finanzen verschuldet war. Fends und Ninguardas großer, aber kurzlebiger Plan hätte für die Stipendiaten die Übersiedlung ins Georgianum zur Folge gehabt, womit aber doch auch die Seminarorganisation von 1576 in Frage gestellt worden wäre. Der Übernahme des Gesamtinstituts durch die Jesuiten setzte die Verfassung des Georgianums schwer übersteigbare Hindernisse in den Weg, wie sich schon in den fünfziger Jahren gezeigt hatte[26]. Andererseits hatten die Gründe, durch die Herzog Albrecht zur Übergabe seiner Seminarstiftung an den Orden bewogen worden war, inzwischen nichts an Geltung verloren; sie bewirkten, daß das Georgianum zwar seine Unabhängigkeit wahrte, die ihm zugedachte Seminarfunktion aber an eine neugegründete Nebenanstalt des Jesuitenkollegs abtreten mußte.

Schon am Jahresanfang 1582 wurden dafür die Weichen gestellt. Am 8. Januar beschied Herzog Wilhelm den Seminarregens Simon Hiendel, er habe eine Vereinbarung ratifiziert, die soeben von

curae sit superioribus subditorum salus et religionis incolumitas." Die Autorität des Regens sei durch herzogliche Verlautbarung zu stärken. „Ut duo collegia constituantur, in quorum altero externi, in altero nostri theologiam et studia humanitatis omnia tractent ... Ut collegium Albertinum conservetur, donec plenum seminarium constituetur." Außerdem wird um eine Kirche gebeten und um ein herzogliches Dekret, „ut posthac tum alumni, tum caeteri solutionem per medium annum antecipiant eaque lex regenti auctoritate principis imponatur". Vgl. zu diesem letzten Punkt Anm. 45.

[24] Vgl. V. Anm. 175f.

[25] Nachweise bei Seifert, Georgianum 186f.; vgl. auch Seifert, Universität Nr. 109.

[26] Vgl. II Anm. 3.

seinen Räten mit dem Ordensvisitator Oliver Manare getroffen worden sei: Die Zahl der Albertinumsstipendiaten werde auf 20 erhöht, der Unterhaltungssatz für die zwölf Neuaufgenommenen aber gegenüber bisher 60 auf nur 40 Gulden festgesetzt; die Kürzung sei durch ein verbilligtes Mahlzeitangebot hereinzubringen[27]. Die gesamte Unterhaltungssumme belief sich danach auf 960 Gulden, während Herzog Albrecht für nur 12 Alumnen 1600 Gulden hatte aufwenden müssen. Aus Possevins Gutachten von 1579 übernahm diese Reform den Gedanken einer Verbilligung der individuellen Unterhaltssätze, verstand ihn aber offenbar rein fiskalisch; die komplementäre Kapazitätssteigerung, Possevins eigentliches Anliegen, erreichte bei weitem nicht die von ihm gesetzten Normen.

Beim gleichen Anlaß wurde von der Regierung, dem Wunsch der Jesuiten folgend, der Bau einer Schule und eines Konvikthauses beim Ingolstädter Kolleg beschlossen. Die Erweiterung des Jesuitenkollegs muß freilich schon früher ins Auge gefaßt worden sein, denn im Sommer 1581 waren in Ingolstadt einige benachbarte Häuser, größtenteils gegen Schuldverschreibungen, aufgekauft worden[28]. Die Arbeiten sollten im Frühling 1582 beginnen[29].

[27] „Nachdem jüngstlich durch unsere räth, so wir zue Ingolstat gehabt, mit dem würdigen und hochgelerttn N. Olmero" (sic, wohl für Oliverio) „der gesellschafft Jesu professorn beschlossen unnd hernach durch uns allso ratificirt unnd guetgehaissen worden, das jährlich in unserm Albertinischen collegio zwainzig alumni nachvolgender gestallt gehallten werden sollen, nemblich acht darunder, die so yetzo verhanden, auch zurechnen, denen järlich für cost und ander notdurfft sechzig gld., den übrigen zwelffen aber vierzig gulden für den tisch, trinckhen, püecher und claider gegeben, und demnach in unserm collegio zween unnderschidlich tisch, der ain wochenlich umb ain halben gulden, der ander in dem werth wie bisheer gebreuchig gewesen und von anderen convictoribus genommen würd, angestellt werden sollen, so haben wir weiser diß Georgio Merualdo, N. Colonario, Melchiori Griespeckhen, Vito Mair, Johanni Ölkhover, Georgio Aedili, Jacobo Mair und Georgio Fachner das geringer stipendium der viertzig gulden zuegeben bewilligt. Unnd ist unser mainung, das ir sy allso in unser collegium an und aufnemet unnd daselb gegen laistung deß jhenigen, so die statuta, ordnungen und satzungen deß collegij vermügen, die bewilligt underhalltung raichen lasset" (HStA Jes. 1748/II, 105; Seifert, Universität Nr. 107). Sechs der Genannten immatrikulierten sich am 16. 2. 1582 in geschlossener Gruppe als „alumni serenissimi principis" bei der Universität, drei weitere, hier nicht Genannte, folgten am 19. 4. 1582 (vgl. das Stipendiatenverzeichnis im Anhang). Über den Ordensvisitator Oliver Manare vgl. Duhr I 597 sowie unten Anm. 51.

[28] HStA Staatsverw. 3024, 182: Geistliches Ratsprotokoll vom 7. 8. 1581. Der Kaufpreis betrug 1955 fl., davon waren nach 1583 noch über 1000 fl. nicht bezahlt (HStA Jes. 1748/II, 149ff. und 157).

Die Geistliche Kammer stellte im April aus dem Dezimationsertrag 1000 Gulden zur Verfügung[30]. Schon am 31. März aber hatte der Herzog seinen Hofkammerräten dargelegt, daß die Dezimation sich hierfür ohne Schaden für ihren wichtigsten Verwendungszweck nicht in Anspruch nehmen lasse; die Hofkammer sollte daher 10 000 Gulden aus den „fiskalischen Gefällen und Strafen" aufbringen und über die Geistliche Kammer den Ingolstädter Bauten zuführen lassen[31]. Die beträchtlich über diese Summe hinausgehenden Baukosten wurden später freilich doch der Geistlichen Kammer als Schuld aufgebürdet[32].

Das große Seminarprojekt hatte sich inzwischen wieder verflüchtigt. Um die Intentionen Herzog Wilhelms und die neue Richtung, die er der bayerischen Seminarpolitik von jetzt an mit großer Entschiedenheit aufzwang, recht zu verstehen, muß man das berühmte Rechtfertigungsschreiben an die Herzoginmutter Maria Anna lesen, in dem einige Jahre später diese, von der Tradition nicht mehr voll gedeckte Konzeption ihren programmatischen Ausdruck gefunden hat[33]. Die Einkünfte der vakanten Klöster und die Dezimationen seien von den Päpsten „fürnemblich" für die Versorgung der Jesuiten bestimmt worden, und wenn man sie in der Vergangenheit für verschiedene andere Zwecke, darunter „auf allerlay studenten, aus denen doch wenig geratten sein", „versudelt" habe, so bestehe jetzt umso mehr Grund, den Orden für die erlittenen Entbehrungen zu entschädigen. Zwar werde eingewendet, daß diese Mittel auch für die „seminaria" gedacht gewesen seien, doch habe die Ingolstädter Stiftung erst ewig keine Fortschritte gemacht und sei erst kurz vor dem Tod Herzog Albrechts „in geringer anzal" zustandegekommen, so daß, wie die unausge-

[29] Herzog Wilhelm (Entwurf Elsenheimers) an den Ingolstädter Oberrichter am 29. 1. 1582 (HStA Jes. 1748/II, 106).

[30] Am 18. 4. 1582 laut StAM HZR 31, 125'f.

[31] Herzog Wilhelm an die Hofkammerräte am 31. 3. 1582 (Erstfassung sogar schon vom 2. 1. 1582): „Nachdem die hoch notdurft ervordert, bey unnserm neuen Albertinischen collegio" (d. h. hier: beim Jesuitenkolleg) „zu Inngolstat etliche schuelen und wohnungen, alda die jugent unnderwisen unnd neben unnsern allumnen unndergebracht werden müge, zu erpauen, sölches aber von der bewilligten decimation ... one abbruch und sonndere schmellerung dessen, darzu dieselb fürnemblich gemaint und gewidmet, nit verricht werden mag", sei die Finanzierung auf die angegebene Weise vorzunehmen (HStA Jes. 1748/II, 108 und 110).

[32] Vgl. Kap. VIII.

[33] HstA Jes. 2231, gedruckt bei Agricola I 315ff. und bei Gmelin 86. Der erstere datiert den Text auf 1588, der letztere auf 1586/87.

sprochene Folgerung meinte, dieses Vermächtnis nicht überschätzt zu werden brauche[34]. „In crafft des vatterlichen testamennts", so wurde im Dezember 1583 den Landständen erklärt, sei Herzog Wilhelm verpflichtet, die beiden Jesuitenkollegien nicht nur zu erhalten, sondern „zebesseren, zemeren und zu dotieren, welches sich dann so woll auf die gepew als notwenndigs einkhommen versteet"[35].

Die Bevorzugung der Ordenskollegien, bei Herzog Albrecht auf rationales Kalkül zurückgehend, erhielt in der Politik seines Nachfolgers eine emotionalere, stark persönlich gefärbte Prägung. Ihr Kernstück wurde die bauliche Ausstattung der Münchener Niederlassung[36]. Seit dem Frühjahr 1581 war geplant, in der Hauptstadt ein neues Kolleggebäude und eine Kirche zu errichten. Im Sommer 1582 wurde der Baugrund angekauft, im Oktober fiel der Entschluß, zunächst, bei noch ungesicherter Finanzierung, mit der Kirche zu beginnen und den Kollegbau bei Gelegenheit anzuschließen; am 18. April 1583 schließlich erfolgte die Grundsteinlegung. Eine finanzielle Belastung bisher ungekannten Ausmaßes kam damit auf die Hof- und auf die Geistliche Kammer zu. Seit 1579 hatte sich die Hofkammer den Ertrag der ersten beiden Halbjahresraten der neuen Dezimation aushändigen lassen und wohl für die vorbereitenden Arbeiten ausgegeben[37]. Auf dem Münchener Landtag im Dezember 1583 verlangte der Herzog von den Ständen eine finanzielle Beihilfe für den Münchener Kirchenbau, den er „ohne spot unnd schaden" nicht mehr einstellen könne, und stieß damit auf überraschend heftigen Widerspruch, in dem sich das weitverbreitete, vornehmlich auch von der Geistlichkeit gehegte Ressentiment gegen den bevorzugten neuen Orden artikulierte.

[34] „Unnd ob man auch wol sagen mecht, es weren die clöster und die decimation auch für die seminaria ausgebracht worden, so waiß man aber wol, das alhie noch nie khain seminarium gewesen, das zu Innglstatt aber gar lanng unnd ettliche jar gesteckht, erst ain wenig vor meines herrn vattern absterben in geringer anzal aufgericht ist worden, enttgegen aber das gelt jeder zeit in annder weeg, alls auf allerlay studenten (aus denen doch wenig geratten sein), auf besserung der pfarrern unnnd erhalltung armen unnd khranker priester, schuelmaister unnd dergleichen, auch sonnst unnder dem schein der geistlichen ausgaben in mer weeg hin und wider versudlt unnd ausgeben worden, wider ir heylligkhaith will unnd mainung, wie die bäpstlichen brevia solches genueg zuerkhennen geben, nach dem solches wie gemelt auf die patres fürnemblich unnd nit auf anndere leuth gemeint ist worden."

[35] HStA Altb. LL 395, 159'f.

[36] Vgl. dazu Duhr I 625ff.; Dollinger, Wilhelmsgymnasium 70ff.; Gmelin 6ff.

[37] Vgl. genauer Kap. VIII.

Frühere Landesherren, wenn sich der Herzog schon auf ihr Beispiel berufe, hätten solche Stiftungen mit eigenen Mitteln finanziert; im Lande verfielen die Kirchen, und hier, in der bereits ausreichend versorgten Hauptstadt, solle eine neue gebaut werden! Man brauche sie nicht, und wenn sie schon gebaut werde, hätte eben vorher für die Finanzierung gesorgt werden müssen; mit einer für die Landschaft erschwinglichen Beihilfe sei bei diesem maßlosen Vorhaben ohnehin nichts auszurichten[38].

Es war, wie Fend sich ausdrückte, die Stunde der Jesuitengegner[39], aber doch auch die Gelegenheit für Herzog Wilhelm, sich zu seinem Vorhaben mit allem Nachdruck zu bekennen. Vorsichtige Bedenken Elsenheimers wies er zurück; er wolle dem Kanzler „ain bessers herz machen, den who solchs nitt ist, wenig frucht und auffnemen in geistlichen dingen zuhoffen". Die Stände würden es schon hinnehmen, weil „inen whol sovil an mir als mir an inen gelegen sein wirdett". Sie hätten am liebsten die Austreibung der Jesuiten, weil diese „doch nur inen alles zueaignen". Solche Beschuldigungen könnten der Gesellschaft Jesu gleichgültig sein, für den Herzog aber bedeute es eine Gewissenspflicht, sie zu verteidigen und ihre Gemeinnützigkeit den Opponenten vor Augen zu führen[40]. In diesem Sinne widmete sich die herzogliche Replik

[38] HStA Altb. LL 395 (dasselbe auch Lit. 393f. und Lit. 651—653). Für die bisherige Kenntnis dieser Verhandlung vgl. Gmelin 12. Schon bevor der Herzog seinen Hilfsantrag gestellt hatte, monierten die Stände die „unnotwenndigen gepey" und die Verwöhnung landfremder Leute. „Wir geschweigen, was in geistlichen sachen unnd gepeuen mit uberschwennckhlichen uncossten fürüber geet", das habe es früher nicht gegeben (ebd. 36'ff.). Die erste herzogliche Erwiderung argumentiert noch defensiv (ebd. 65'), erst die nächste (ebd. 132) enthält das Hilfegesuch und das Angebot eines Altars in der neuen Kirche. Dasselbe mit ausführlicher Apologie des Bauvorhabens als Entwurf Fends in HStA Jes. 2233/II, 34ff.

[39] Undatiertes Handschreiben Fends an den Herzog: „Mich gedunckht, die landschafft hab um den sawgarten zue Grunwalde, der doch auch vil gekhost, nit sovil wunders getriben, sed haec est illorum hora et potestas tenebrarum. Man khan halt eben khein khirchen pawn sehen." Er habe einen Text aufgesetzt, der aber noch überarbeitet werden müsse: „Auff solcher nußschalen zegeigen bedörffs subtiler griff, dazue meine hend vil zu grob send" (HStA Jes. 1748/II, 122). Ebd. 123 Notizen, wohl jesuitischer Provenienz, für die herzogliche Replik: Hinweise auf die jesuitischen Leistungen und auf das unfreundliche Verhalten ihrer jetzigen Gastgeber, der Augustiner.

[40] Undatiertes Handschreiben in GStA K. schw. 16342; darin auch die Bemerkung, die Geistlichen seien, „wie ich glaubwidrig erfharen, die furnemen jesuitter feindt", die Opposition werde aber von den beiden anderen Ständen

an die Landschaft einer weit ausholenden Apologie der „wolverdiennten Societet Jhesu", der Land und Leute schon jetzt in hohem Maße verpflichtet seien. „Die maisten plätz und digniteten in Bayren, ja auch ir f. g. clöster unnd stifft" seien mit Leuten besetzt, die bei den Patres die Schule besucht hätten. Schon Herzog Albrecht habe erkannt, daß die Jesuiten „eben die jhenigen seien, die der allmechtig bej disen letsten zeiten der christenhait zu trost wider die einreissenden irrthumb unnd kezereyen wunderbarlich verordnet" habe. Er habe den Ausbau der Ordenskollegien seinem Sohn als Vermächtnis verlassen, und Wilhelm werde es erfüllen, sei es auch mit eigenen Mitteln[42].

Es ließ sich absehen, daß das Ingolstädter Seminar in diesem Programm nur eine Zukunft hatte, sofern es sich als Nebeninstitut in das primär förderungswürdige Jesuitenkolleg eingliederte. Den Weg dorthin wies der Entschluß zum Bau eines Konvikts. Auch Herzog Albrecht hatte diese jesuitischen Internate geschätzt und gefördert, zeitweise sogar als Ersatz für sein Seminarprojekt. Ihr erstes Ingolstädter Konvikt hatten die Jesuiten 1569 gegen den Wunsch des Herzogs preisgegeben[43], und die Gründung des analogen Münchener Instituts war 1576 auf sein Verlangen hin vereinbart worden[44]. Der wilhelminischen Seminarpolitik aber empfahl sich nun diese Konviktform als die ideale Möglichkeit, die Verlegenheit des albertinischen Seminarvermächtnisses in das jesuitische Stiftungsprogramm einzubauen[45]. Ein gebührenpflichtiges Internat dieser Art konnte natürlich auch herzogliche Stipendiaten aufneh-

mitgetragen. — Die herzogliche Replik war also wohl auf Grund von jesuitischen Notizen durch Fend entworfen und dann durch Elsenheimer kritisch begutachtet worden.

41 HStA Altb. LL 395, 154ff.; dasselbe als Entwurf Fends in HStA Jes. 2233/I, 192ff., reinschriftlich ebd. II 38ff.

42 Das Gesuch um Geldhilfe wurde nicht wiederholt. Die Stände erwiderten darauf versöhnlich und baten um Entschuldigung, sie hätten nichts gegen die Jesuiten, aber auch andere Orden seien tüchtig. — Vgl. über die sonstigen Anträge des Herzogs, die Entscheidung des Landtags und die weitere Finanzierung der Bauten VIII Anm. 24ff.

43 Vgl. III Anm. 168.

44 Vgl. IV Anm. 183.

45 Bezeichnend für die große Bedeutung, die den Jesuitenkonvikten in Ingolstadt und München beigemessen wurde, ist das von Fend entworfene Generalmandat vom 2. 1. 1583, das die bisherige Säumigkeit bei der Entrichtung der Konviktgebühren beanstandete und die Verfügung traf, daß die Gebühr künftig jeweils ein halbes Jahr im voraus zu zahlen sei (HStA Jes. 1748/II, 117ff.; Druck in HStA Staatsverw. 3288).

men und sie nach besonderer Regel verpflichten, behandeln und ausbilden. Die Umwandlung des selbständigen „Kollegs" zum „Alumnat", die ohnehin bereits weit fortgeschritten war, versprach außerdem, da die Verwaltungskosten von den Konviktoren mitgetragen wurden, finanzielle Einsparungen und organisatorische Vereinfachungen. Insofern zog die wilhelminische Seminarpolitik in der Tat nur die Konsequenz aus dem albertinischen Entschluß, das Seminar den Jesuiten zur weithin selbständigen Leitung zu überlassen.

Daß es sich bei der im Januar 1582 vorgenommenen Neuorganisation des Seminars um ein Provisorium handelte, unterstrich der Herzog wenig später, als er neue Anordnungen für den Zeitpunkt der Fertigstellung des Konviktbaus ankündigte[46]. Vorerst wurde aber mit der Errichtung des Schulgebäudes begonnen, die sich, stets finanziell gefährdet, bis zum Sommer 1584 hinzog[47]. Inzwischen bemühte sich Fend im Winter 1582/83 noch einmal erfolglos um eine päpstliche Finanzhilfe für das Seminar[48], dessen Überlebenschance sich in dem Maße verringerte, wie die herzoglichen Finanzen durch die Münchener Bauten in zunehmende Zerrüttung gerieten. Die Abgaben der vakanten Klöster wurden von den jesuitischen Pensionen aufgezehrt. Auf die Dezimation war nicht zu hoffen; ihre Ausstände gebührten, wie Fend 1583 in seinem Entwurf der neuen Geistlichen Ratsinstruktion[49] betonte, dem Ingol-

[46] Herzog Wilhelm an die Universität am 10. 2. 1582: „Anders und merers, vorauß was das collegium Albertinum und die convictores berüert, gedenckhen wir nach erpawung der schuelen und convictorij, mit deren wir alberait im werckh send, auch anzestellen" (Seifert, Universität Nr. 108).

[47] Korrespondenzen über diesen „Schulbau" in HStA Jes. 1748/II, 120ff., Jes. 1753 und Staatsverw. 3023, 76f. Im September 1584 wurde das neue Schulhaus in Betrieb genommen (BStB Cgm 27 322/II, 2ff.; Mederer II 95) und das alte Pädagogium an der Schutter geschlossen. Das neue Gebäude schloß sich an der Konviktgasse in südlicher Richtung an die Hieronymus-Kirche an; die Konturen des jesuitischen Kollegkomplexes zwischen Jesuiten- und Konviktgasse begannen sich damit abzuzeichnen (Pläne und Ansichten bei Schafhaeutl, Tafel 1 und 13, bei Schmid, Georgianum 49ff. sowie jetzt bei Boehm-Spörl 155f.).

[48] Vgl. V. Anm. 156.

[49] Dieser Entwurf (BStB Cgm 2173, 240ff.; von Herzog Wilhelm und Fend korrigierte Reinschrift ebd. 237ff.; Endfassung vom 10. 3. 1584 in Cgm 2174, 237ff.; fehlerhaft gedruckt bei Mayer, Behördengeschichte 100ff.) ist erst nach dem Konkordatsabschluß, also frühestens im Herbst 1583 entstanden. Fend war aber schon im Frühjahr mit der durch die Kritik Ninguardas, andererseits durch die Münchener Bauten notwendig gewordenen Reorganisation der Behörde befaßt, wie ein Schreiben von ihm an Herzog Wilhelm vom 25. 4.

städter Jesuitenkolleg, weil das Papstbreve es so verlange[50]. War das Seminar in dieser Situation noch zu finanzieren, und war es überhaupt noch unentbehrlich? Fends Instruktionsentwurf wendet sich in einer längeren Passage diesen Fragen zu. Für das „theologische Seminar" seien „ungeheure" Mittel aufgewendet worden, denen der bisherige Erfolg kaum entspreche. Nachdem im Moment nur mehr wenige Alumnen übrig seien und auch diese bald zum Kirchendienst abgerufen werden könnten, ergebe sich die Gelegenheit für eine Neuorganisation. Die Jesuiten beharrten zwar offiziell auf der bisherigen Regelung, die aber auch aus ihren Reihen heraus (wie neulich durch Possevin), erst recht aber am Hofe, als viel zu luxuriös und aufwendig kritisiert werde. Man verwöhne die Stipendiaten und verderbe sie für die oftmals bescheidenen Verhältnisse ihrer künftigen Tätigkeit, während bei geringerem Aufwand mit dem gleichen Betrag die dreifache Zahl von Studenten erhalten werden könne[51]. Herzog Wilhelm vermerkte dazu am Rand, dieser

1583 zeigt: „Was mir dan iustos quoque usus e.f.g. fürtzuarbaiten bevolchen, als von decimis et redditibus ecclesiasticis, beneficijs vacantibus etc., das knan bald und richtig beschechen, wan nun der gaistlich rathe ainest recht auffghet; jetzt da ieder drein khumbt, wan er selbs will, und khein ordenlich stet haubt verordnet ist, weiß ich die volg nit so leucht zuebekhomen." Er sei gemeinsam mit Elsenheimer und Lauther mit der Reorganisation beauftragt gewesen, das habe aber Geschrei gegeben. „In summa mueß ein ordenlicher stätter und vleissiger gaistlicher rath sein, alsdan ist vilen, ja allen sachen, die ietz unrichtig send, geholffen. Und khan alles zu werckh getzogen werden, was e.f.g. für praeparatoria begern in usus futuri magni operis." Eine Randbemerkung präzisiert, daß Fend zusammen mit Elsenheimer und Lauther über der neuen Instruktion saß (GStA K. schw. 5371, 114ff.). — Am 28. 1. 1584 schrieb Fend an den Herzog, er sei mit dem Entwurf fertig, müsse aber noch einige Punkte mit dem Herzog besprechen (ebd. 141f.). Heyl (Geistlicher Rat 82) urteilt ohne Kenntnis dieser Vorgänge, man könne der Instruktion eine „Mitarbeit herzoglicher Räte nicht absprechen".

50 „Quae ex decimis impositis adhuc restant, colligi curentur diligentissime, nam ex eius pecuniae ac superiorum etiam decimationum redditibus certum aliquid statuendum erit ad fundationem collegij Societatis Jesu Ingolstadij sicque pontificiae gratiae finis habebitur, qui in literis apostolicis expressus est, nimirum ut decimae cedant in usum academiae Ingolstadiensis, maxime vero studij theologici"; das trifft nur auf das erste Dezimationsprivileg von 1548 zu. Es war also schon jetzt an eine feste Dotation des Ingolstädter Kollegs gedacht, wie sie dann 1588 eingeleitet wurde. Die jesuitischen Bauten in Ingolstadt und München fielen nicht in die Kompetenz des Geistlichen Rats; auch das Ingolstädter Konvikt wird im Zusammenhang der Ausführungen über das Seminar nicht erwähnt.

51 „Penes theologicum seminarium alumnosque ducales alios ingentes iam diu sumptus fiunt, quibus tamen fructus hucusque minime respondent. Et rerum istarum emendendarum in melius ex eo iam est occasio, quod alumni sunt

ganze Abschnitt des Entwurfs sei überflüssig geworden, denn er habe soeben mit dem Ingolstädter Kollegrektor abgesprochen, wie das Seminar künftig zu behandeln sei[52]. Daraufhin ersetzte Fend den referierten Passus in der Schlußfassung vom 10. März 1584 durch die Bemerkung, bei nächster Gelegenheit werde über das Seminar neu bestimmt werden, inzwischen habe der Herzog bereits verschiedene Anordnungen getroffen[53].

Worum es sich dabei im einzelnen handelte, ist nicht erkennbar, doch wird die frühere Entscheidung, das Albertinum in das künftige Konvikt zu überführen und in der Form eines Alumnats bestehen zu lassen, bekräftigt worden sein. Die von Fend entworfene Zuständigkeit des Geistlichen Rats für das Seminar und die „übrigen Alumnen" wurde von Herzog Wilhelm durch eine Klausel eingeschränkt, die den Jesuiten die „libera cura et administratio" dieser Anstalt reservierte[54]; sie wanderte damit aus dem vom Geistlichen Rat verwalteten allgemeinen bayerischen Schulwesen in den exemten Sektor des jesuitischen Unterrichtssystems über[55],

non multi atque ij, qui iam adsunt, ecclesiasticis muneribus brevi omnes idonei fient, indeque sustentandorum aliorum rationes commodiores instituentur. Patres de Societate suo illi mori insistunt, non facile probaturi, ut tenuius apud ipsos alantur, cum et mundiciem ament et mensae aequalitatem. Quamvis non desint ex ipsis, et summi nominis viri, quibus scholasticae illae lauticiae minus probantur (gestrichen: patres nimirum Oliverius ac Possevinus), ijque sic existimant, quod ex ijs, qui iam fiunt sumptibus numerus triplo maior ali posset longe certiori maturiorique cum fructu (gestrichen: et p. Possevini consilia ea de re scripta extant). His accedunt nostrorum hominum sententiae, inique comparatum censentes, ut pauperes scholares penes spem non ita certam delicatius habeantur, quam ij postea in plerisque Bavariae locis, ubi ad ecclesiastica munera accedant, vivere possint, nec solum bonae pecuniae iniuriam sic fieri paucioresque in Domini messem adduci posse, sed etiam taliter sustentatos Bavaricas curas suae isti educationi minus respondentes penitus fastidire. Itaque ut magnum hoc pietatis et publicae necessitatis opus quam rectissime sit constitutum, summo studio elaborabitur, concepta quam primum aliqua eius rei informatione et formula." — Für das (hier wohl gemeinte) Gutachten Possevins von 1579 vgl. Anm. 18a; über Oliver Manare Anm. 27.

52 „Omittatur, nam cum rectore Ingolstadiensi conclusi, quo modo hoc collegium debeat gubernari."

53 „De seminario theologico et eius gubernatione agetur prima commoditate, ut omnia ista fiant ad maiorem profectum, et deliberata sunt apud serenissimum ducem aliqua, quae in eam rem facient."

54 „Relicta tamen libera cura et administratione patribus Societatis quam hucusque habuerunt in ijs seminarijs, quae illis sunt commissa et in posterum quoque committentur."

55 Auch hier veranlaßte Herzog Wilhelm Fend zu einer Korrektur des Instruktionsentwurfs, durch die diese Exemtion sichergestellt wurde. Vgl. auch Heyl, Geistlicher Rat 197.

obwohl die besondere Art der Finanzierung den herzoglichen Zentralbehörden weiterhin eine gewisse Einflußnahme gestattete. Die ungefähre Art der Neuregelung wird weiter daran sichtbar, daß im Herbst 1584 nach längerer Pause wieder einige Stipendiatenpräsentationen erfolgten[56], während nun gleichzeitig nach dem Abschluß des Schulbaus die Errichtung des räumlich unmittelbar an ihn anschließenden Konvikts in Angriff genommen werden konnte[57]. Es gelang nach Plan, das Haus in der Saison 1585 bis zur Bezugsfertigkeit herzurichten; allerdings mußten im nächsten Jahr für abschließende Arbeiten noch einmal 2500 Gulden mühsam aufgebracht werden[58]. Schon zum Schuljahresbeginn im Herbst 1585 aber hatten die „alumni" und die „convictores" das ungeliebte Collegium vetus verlassen und in den „Convictus s. Ignatij martiris", auch „Collegium Ignatianum" genannt, umziehen können[59]. Ihnen folgte in Abweichung von der 1583 durch Ninguarda getroffenen Vereinbarung auch das bayerische Religiosenseminar, das bei

[56] Der Matrikel zufolge (UA Z I 24) waren es im Herbst 1584 fünf. Am 14. 10. 1583 monierte ein herzogliches Schreiben an den Regens die zu hohen Ausgaben für Kleidung, künftig bedürften solche Zahlungen der Genehmigung; weitere Auskünfte über einzelne Stipendiaten werden verlangt (HStA Staatsverw. 3025, 87). Schon am 14. 6. 1583 hatte der Herzog rigoros zwei unbotsame Alumnen entlassen und den übrigen die gleiche Behandlung angedroht (HStA Jes. 1748/II, 129).

[57] Für den räumlichen Standort vgl. Anm. 47; der Konviktneubau schloß nach Süden an die Schule an und markierte später die südwestliche Ecke des Kollegkarrees. Am 30. 12. 1584 schrieb der Kollegrektor Bonaventura Paradinas an den Herzog, man bereite schon das Material vor und wolle im Frühjahr 1585 mit dem Bau beginnen und ihn im gleichen Herbst abschließen, „ne alumni ac convictores in antiquo collegio haereant tandiu" (HStA Jes. 1753).

[58] Der Bau war großenteils mit einem Darlehen bestritten worden, das der herzogliche Rat Dr. Johann Lichtenauer aus dem von ihm verwalteten Fuggervermögen hergegeben hatte. Im Frühjahr 1586 ging es darum, das bereits errichtete Konviktgebäude noch um einen Anbau zu ergänzen, den die Jesuiten schon im Herbst 1585 beantragt hatten (StAM GL 1477/4, 233). Lichtenauer schrieb am 17. 5. 1586 an den Herzog, er habe die Jesuiten aufgefordert zu schätzen, wieviel sie noch „zuvollendung des neuen unnd alten baus des collegij convictorn bedürffen"; man könne den Bau nicht einstellen, „wil man anderst die religiosen, so teglichen alß andere vom adl unnd convictores in beruert collegium ainnemen, unnderbringen". Es fehlten noch 2500 fl. (HStA Jes. 1748/II, 168). Der Herzog erwiderte am 22. Mai, er wolle es an diesem Betrag „auch nit erwinden" lassen, Lichtenauer solle ihn darleihen (ebd. 167).

[59] Mederer II 102. Im Dezember war die Universität dabei, das bisherige „alumnorum refectorium" im Universitätsgebäude zu Hörsälen umzubauen (StAM GL 1477/4, 200ff.).

gleicher Gelegenheit mit zweijähriger Verspätung endlich eröffnet werden konnte[60].

Das traditionsreiche bayerische Seminarprojekt läßt sich in dieser Gründung noch erkennen, verunschärft freilich durch das heterogene Element der zahlenmäßig bald überwiegenden und großenteils weltlichen Konviktoren. Zudem fehlten die bischöflichen Stipendiaten, und was das herzliche Alumnat betrifft, so war sein Status noch ungesichert[61]. In den nächsten fünf Jahren wurden zwar regelmäßig je zwei bis vier Stipendiaten neu präsentiert, so daß sich die Belegstärke des Alumnats etwa im alten Rahmen, also zwischen zehn und zwanzig Mitgliedern, gehalten haben wird[62]. Eine verläßlichere Regelung aber wurde erst möglich, nachdem die Neustiftung der beiden Jesuitenkollegien (1589—90) und vor allem der vorläufige Abschluß der Münchener Bauten eine Klärung der finanziellen Gesamtsituation bewirkt hatten[63]. Den Anlaß dazu scheint im April 1590 die Revision der Geistlichen Ratsinstruktion geliefert zu haben[64]. Der neue Entwurf schrieb der Behörde vor, die herzoglichen Alumnen bei der Besetzung freier Kirchenstellen bevorzugt zu berücksichtigen. Das Gutachten des Geistlichen Rats dazu bestätigt, daß er mit der Vergabe von Stipendien seit langem nichts mehr zu tun gehabt, bei der Pfründenbesetzung aber mit den Absolventen des Seminars keine guten Erfahrungen gemacht hatte. Er empfahl darauf zu achten, daß nicht allen Stipendiaten ein theologisches Vollstudium gestattet werde, denn man brauche am dringendsten Dorfpfarrer, und das wollten diese Leute nach einer solchen Ausbildung nicht gern werden[65]. Herzog Wilhelm erwi-

60 Vgl. VI Anm. 65ff.

61 Dazu eine Bemerkung in einem wohl im Herbst 1585 entstandenen Befragungsprotokoll (StAM GL 1477/3, 112ff.): „Collegium Albertinum belangent... seien ir f. g. selbst auf mittel bedacht, dem selben auf andre weis zehelffen, aber man mueß noch ein zeitlang gedult tragen. Die migratio loci werde selbst helffen."

62 UA Z I 24. Die seit etwa 1586 eingetretene Verwirrung der weltlichen und der geistlichen Finanzen (vgl. VIII Anm. 31ff.) hatte zur Folge, daß die Alumnatsgebühr, und zwar mit großen Verzögerungen, von der Hofkammer gezahlt wurde. Laut StAM HZR 35, 481'f. erhielt der Regens des Ignatianums für die Zeit vom 28. 8. 1587 bis zum 27. 2. 1589, also für 18 Monate, 1969 fl. von der Hofkammer.

63 Vgl. VIII Anm. 57ff.

64 Vgl. VIII Anm. 77.

65 Memorial des Geistlichen Rats vom 23. 4. 1590: Bis zum Regierungsantritt Herzog Wilhelms sei „khain stipendium ausser der geistlichen rath vorwissen verlassen, sonder nach gestallt und gelegenhait jedes geschickhlichkeit und

derte mit der Ankündigung einer neuen Ordnung für die Alumnen, auf deren Zustellung der Geistliche Rat noch im November 1590 wartete[66]. Zunächst hatte am 29. September das Ingolstädter Jesuitenkolleg eine neue Stiftungsurkunde erhalten, die ihm das 1576 besetzte Haus zusammen mit der inzwischen an der Konviktgasse entstandenen, aus Konvikt und Schule bestehenden Gebäudefront definitiv zueignete[67]. Ihr folgte endlich im Februar 1591 die Ordnung für die „alumni Bavarici ecclesiastici collegij sancti Ignatij"[68].

Nachdem die Belegzahl des Albertinums 1582 auf 20 Alumnen festgelegt worden war, wollte der Herzog künftig im Ignatianum höchstens ebenso viel, wenigstens aber 15 geistliche Stipendiaten unterhalten. Der Verpflegungssatz mußte wieder merklich erhöht werden: statt 40 bzw. 60 sollten nun für jeden Alumnen 80 Gulden bezahlt werden[69], das ergibt einen jährlichen Aufwand von 1200 bis

qualiteten aintweders alhie oder zu Ingolstatt, ja wol, da von ainem guette hoffnung gewesen, in Italiam und anderer ortten geschickht und verlögt". Jetzt wisse man nicht mehr Bescheid, „dieweil ain guette zeit her khaine stipendiaten im geustlichen rath angenommen worden". Der Herzog möge sich auf „ein gewisse anzal der alumnen entschliessen", damit die Geistliche Kammer nicht überlastet werde. „Die alumnos hat man bisher, sovil deren zu brauchen gewesen, vor andern gefürdert, wie dann fürtterhin e.f.g. genedigist andeutung nach nit weniger geschechen solle, doch e.f.g. mit g. auf solche mitl und wög gedenkhen, das man jeden pro qualitate ingenij underhalte, damit sy nit all ad gradum doctoratus, aliquando etiam invita Minerva, trachten und sich hernach zu pfarrn aufm lanndt, dahin man die maisten bedarf, nit brauchen lassen" (HStA Staatsverw. 3030, 556ff.). Vgl. weiter Kap. VIII Anm. 77ff.

66 Geistlicher Rat an Herzog Wilhelm am 7. 11. 1590: „Der durch e.f.g. angedeutten ordnung mit den alumnis sent wir gehorsamlich gewerttig" (HStA Staatsverw. 3030, 784).

67 UA B III 1; HStA Jes. 1753; gedruckt bei Seifert, Universität Nr. 126. Es heißt dort, Herzog Albrecht habe „ea autem, quae de habitatione Societatis et horto conveniente scholisque atque etiam de habitatione seminarij theologici... statuerat et sanxerat, morte occupatus" nicht vollenden können. „Donamus eidem collegio et in perpetuum appropriamus habitationem illam totam, quam modo Ingolstadij habet, una cum horto, scholis et omnibus appertinentijs, quibus etiam adiungimus collegium s. Ignatij in theologorum nostrorum alumnorum et convictorum usum paucis abhinc annis exaedificatum." Vgl. auch VIII Anm. 51.

68 HStA Jes. 1761; UA Z I 24; BStB Clm 26 477, 5ff.; gedruckt bei Seifert, Universität Nr. 127. Dazu ein herzogliches Begleitschreiben an den Kollegrektor Richard Haller vom 27. 2. 1591 in BStB Clm 26 477, 1.

69 „Si non 20, saltem 15 alumnos in hoc s. Ignatij collegio ordinarie volumus ali, et pro singulis, sive 20 sive 15 erunt, annis singulis 80 floreni regenti s. Ignatij numerandos deputamus. Ex qua summa victum sibi regens solvet, reliquum in alios alumnorum necessarios usus impendet."

1600 Gulden. In den neunziger Jahren bewegten sich die Ausgaben der Geistlichen Kammer für diesen Zweck in der Regel an der unteren Grenze dieses Rahmens[70]. Eine abgeschlossene Gymnasialausbildung war wie in den älteren Entwürfen Staphylus' und Eisengreins und wie in der wohl nur ausnahmsweise abweichenden Praxis des Albertinums Voraussetzung für die Aufnahme in das Alumnat[71]. Nur in den Jahren der Abwesenheit des jesuitischen Philosophiekursus von Ingolstadt hatte die herzogliche Planung mit der Forderung nach Absolvierung der philosophischen Fakultät höher gegriffen. Die Regelung des Studiengangs der Alumnen überließ Herzog Wilhelm ganz den jesuitischen Oberen. Die Studenten sollten aber im Unterschied zu den Ordensangehörigen stufenweise die akademischen Grade nehmen, außerdem in Musik, praktischer Predigtlehre und in den „casus conscientiae" ausgebildet werden. Der Studienabschluß lag im Ermessen von Rektor und Regens, der Erwerb der theologischen Doktorwürde wurde nicht ausdrücklich gefordert[72].

Das wilhelminische Alumnat stand klar in der Tradition des Albertinums; es war als ein Seminar gedacht, das Nachwuchs für die bayerische Kirche ausbildete. Neben den zitierten Ausbildungsvorschriften zeugen davon eine Klausel, die die Aufnahme von Fremdsprachigen, aber auch von Niederdeutschen, Westfalen, Sachsen und Schweizern mit Rücksicht auf den Dialekt untersagte, sowie die üblichen Eignungsbestimmungen: eheliche und katholische Geburt, Gesundheit und Intelligenz, dann auch Intaktheit von Stimme und Aussprache[73]. Auch die absolute Vollmacht der

[70] Vgl. VIII Anm. 57.

[71] „... ut minimum idonei sint ad statim inchoandum studium logicae atque ad idem cum reliqua philosophia et theologia scholastica cum laude et fructu absolvendum."

[72] „Gubernatio tota erit penes rectorem et regentem, qui etiam constituent, quibus studijs vacare, quamdiu in quovis studiorum genere perseverare, quando gradus cum philosophicos, tum theologicos et ordines suscipere, quando denique studia absolvere et ex collegio emitti debeant. Superiores autem iam dicti curabunt, ut gradus quidem temporibus in academia consuetis, ordines autem non nisi sub finem studiorum suscipiant, atque ut eo maxime tempore exercitium aliquod casuum conscientiae eis non desit." „... Praeter regulas et modum procedendi communem collegij eas etiam regulas servabunt, quae ipsis futuris ecclesiasticis accomodatae praescribentur, ut scilicet saepius quam alij confiteantur et communicent, vacent lectioni piae et meditationi, subeant certis temporibus examina sui profectus in litteris, exerceant se in musica moniti concionentur in triclinio."

Jesuiten für die Leitung des Seminars stand schon seit der Gründung des Albertinums außer Frage. Das Präsentationsrecht behielt sich zwar der Herzog vor. Für die Aufnahme war aber eine Prüfung durch den Kollegrektor erforderlich, der auch eintretende Vakanzen anzeigen, Besetzungsvorschläge machen und, immer unter Konsultation des Konviktregens, untaugliche Alumnen eigenmächtig entlassen durfte. Der Herzog verpflichtete sich sogar, niemand abzufordern, der nicht nach der Meinung der Jesuiten sein Ausbildungsziel erreicht hatte[74].

Da die 1576 durch den Herzog angekündigten Statuten des Albertinums fehlen, läßt sich im einzelnen nicht nachweisen, in welchem Grade sie von der wilhelminischen Ordnung imitiert wurden. Mit einer Ausnahme: 1576 sollte die Organisation des Germanikums als Vorbild gelten, dem dann auch tatsächlich die Formel des Aufnahmeeids entlehnt wurde. Auch für die Ordnung von 1591 waren die 1584 erneuerten Statuten des römischen Kollegs[75] eindeutig musterhaft. Das zeigt sich nicht nur an den Aufnahmebedingungen und an der Eidesformel, in der die Namen des Kollegs und seines Gründers ausgewechselt wurden[76]. Die Alumnen hatten sich

[73] „Neque inferiores Germani, neque Westphali aut Saxones, neque Helvetij, ut quorum idioma sit minus accomodatum Bavariae, multo minus aliae nationes admittentur ad hoc seminarium, sed tantum ex reliquis partibus superioris Germaniae, inprimis autem Bavari, legitimi catholicorum parentum filij, nulli servituti addicti, liberali facie et habitu corporis, voce et pronuntiatione apti ad munera ecclesiastica, ingenio pacato et tractabili, bono iudicio ..."

[74] Niemand dürfe angenommen werden ohne herzoglichen Präsentationsbrief an den Rektor. Dieser habe zu beurteilen „sint ne idonei pro alumnis qui praesentantur, eosque audito regente Ignatiano et alijs, quos oportet admittere, ad conditiones, quae pro admittendis a nobis praescriptae sunt, sic diligenter attendent, ut nulli quo ad illas conniveat neminemque, a nobis licet commendationem vel mandatum haberet, sine illis admittat ... Cum aliquis absolutis studijs iudicio rectoris fuerit emittendus, monebimur ea de re tempestive, et ei de conveniente conditione provideamus. Quodsi ipsi rectori vel emittendo talis aliqua occurreret, eam nobis rector indicabit. Quodsi aliquando vel proprio motu vel ad petitionem alterius aliquem alumnorum mandaremus emitti, monebit nos ea de re rector. Neque enim voluntas nostra est, ut ante absoluta iudicio p. rectoris studia quisquam emittatur, nisi propter iustas et extraordinarias causas speciatim de hoc rectorem moneamus. Postremo si qui post aliquam experientiam vel inutiles depraehenderentur ad finem nobis in hoc seminarium propositum, vel moribus incorrigibiles, ij iudicio rectoris dimittantur et locus detur alijs idoneis."

[75] Pachtler I 382ff.

[76] „Ego N. N. intellecto pio instituto novi collegij s. Ignatij a serenissimo utriusque Bavariae duce Guilhelmo inter caetera ad sustentandos alumnos erecti libenter ..." etc. wie oben Anm. 9.

wie in Rom vor der Aufnahme meditativ auf die Eidesleistung vorzubereiten, ihre Kleidung sollte dem „vestitus clericalis romanus" entsprechen[77], erst vor dem Ende ihres Studiums sollten sie nach Weisung der jesuitischen Oberen die Weihen nehmen.

Somit hatte das Albertinum mit seinem Namen seine organisatorische Eigenständigkeit eingebüßt, mit dieser mehr formalen Veränderung aber in einem nicht unvorteilhaften Handel seine Unterbringung und Ausstattung zweifellos verbessert. Mit den selbstzahlenden Konviktoren und den Religiosen lebten die Alumnen, möglicherweise nicht einmal abgetrennt, im gleichen Haus zusammen. Eine vierte Bewohnerkategorie stellten die herzoglichen Laienstipendiaten dar, in Ingolstadt wie in München eine alte Einrichtung, die sich gegen wiederholte Abschaffungsbestrebungen offenbar mit Erfolg behauptet hatte, jetzt 1591 aber wohl erstmals reguliert wurde. Hinsichtlich ihrer Zahl legte sich der Herzog zwar nicht fest. Ihre Unterhaltskosten trug, wie diejenigen aller, auch der geistlichen, Alumnen in München, die Hofkammer, während die geistlichen Alumnen des Ignatianums von der geistlichen Kammer bezahlt wurden. Die „saeculares", also Studenten, die nicht zum geistlichen Stand bestimmt waren[78], wurden ebenfalls vom Herzog präsentiert und vom Rektor auf ihre Eignung für eine spätere Beschäftigung im Dienst der „respublica" geprüft[79]. Ihre Studienrichtung war nicht vorgeschrieben, sie brauchten sogar das Pädagogium noch nicht absolviert zu haben. Mit den Konviktoren sollten sie in jeder Beziehung gleich behandelt werden, nur daß eben die Hofkammer für sie die Konviktgebühren bezahlte.

Wohl zur gleichen Zeit erhielt auch das Münchener Konvikt eine sprachlich sehr ähnlich klingende Anweisung für die Behandlung der geistlichen Stipendiaten des Herzogs[80]. Seit der Gründung

[77] „Iudicio rectoris et approbatione serenissimi admissi, antequam communem rationem cum alumnis teneant, aliquot diebus separatim in collegio s. Ignatij de ratione vitae, quam aggrediuntur, cogitabunt pijs meditationibus, praecipue pro confessione generali rite instituenda vacabunt" (vgl. Pachtler I 385). „Vestitu utentur clericali Romano, veste inferiori et pallio usque ad talos cum galero et pileo clericali."

[78] „... quos sine obligatione ad statum ecclesiasticum ad collegium s. Ignatij alendos amandabimus."

[79] „... de quibus iudicio rectoris et regentis spes concipietur, quod reipublicae aliquando proderunt."

[80] Undatierter abschriftlicher Auszug unter dem mit demjenigen der Ingolstädter Ordnung identischen Titel „Ex mandato ... ducis Guilhelmi in admittendis, tractandis, gubernandis, dimittendis clericis e collegio s. Michaelis Monachij haec ratio servabitur" in HStA Jes. 2233/III, 278ff.

des Münchener Jesuitenkollegs hatte der Herzog auch hier an geistliche und weltliche Studenten Stipendien vergeben; der Ausschließlichkeitsanspruch des Ingolstädter „Seminarium Bavariae" hatte dann in den siebziger Jahren vielleicht eine Zeitlang die erstere, schwerlich auch die letztere Kategorie in Existenzgefahr gebracht. Seit 1576 bestand zwischen dem Ingolstädter und dem Münchener Studium eine Kompetenzentscheidung der Art, daß die hauptstädtische Schule zwar als „Gymnasium" auch auf die Universität hinführte, der Masse ihrer Laienschüler aber ein abgerundetes humanistisches Lehrprogramm bot und überdies für künftige Schulmeister und Dorfpfarrer einen ergänzenden, aus Dialektik und theologischen Anfangsgründen bestehenden Oberkurs bereithielt. Dieses Angebot war auch für die herzogliche Seminarpolitik nicht ohne Interesse. Die seit 1575 angestrebte, 1576 vereinbarte Konviktgründung ging, so sehr sie in erster Linie den Wünschen von Adel und Bürgertum und also den Bedürfnissen der frommen Laienbildung Rechnung trug, von herzoglicher Seite her auf solche Beweggründe zurück. 1578 stellte Herzog Albrecht dem Konvikt, wie versprochen, auf dem Schäftlarner Klostergelände an der Neuhauser Gasse ein Haus zur Verfügung; als es zehn Jahre später dem neuen Schulbau weichen mußte, wurde das bereits blühende, von hundert meist adligen Konviktoren bewohnte Internat mit einer neuen Unterkunft versorgt[81]. Ganz wie in Ingolstadt bildete sich im Konvikt eine herzogliche Stipendiatenabteilung heraus, die am Ende der achtziger Jahre mehr als 30 Mitglieder zählte, davon etwa ein Drittel „clerici"[82]. Die Neuordnung, die ihre Zahl auf acht begrenzte, zeigt, daß sie neben dem Schulbesuch in der Hofkirche Dienst taten; das Münchener Alumnat stand also in der Tradition der herzoglichen Kantorei, deren ausgediente Sängerknaben schon seit den fünfziger Jahren bei der Vergabe von Studienstipendien bevorzugt worden waren[83], ohne daß das Studium jetzt oder früher den eigentlichen Zweck ihrer Unterhaltung bildete. Der Herzog versorgte sie mit Kleidern und Büchern und entrichtete für sie über die Hofkammer die Konviktgebühr. Sie

[81] Dollinger, Wilhelmsgymnasium 71f. Das an der Rerlspeckergasse an der Stadtmauer gelegene, neuerbaute Haus übergab Herzog Wilhelm dem Jesuitenkolleg durch Urkunde vom 2. 4. 1590 (HStA München/Jes. 101).

[82] Die Hofzahlamtsrechnung (StAM HZR 33, 504'f.) verzeichnet 1587 an Alumnen in München 12 „clerici" und 21 andere. Namenslisten und Zahlungsangaben über sie auch in HZR 31, 432'; 32, 447'; 33, 504' und 35, 448', Für die Stipendiensumme vgl. VIII Anm. 110.

[83] Vgl. auch VIII Anm. 112.

waren zum geistlichen Stand bestimmt und mußten entsprechende Eignung aufweisen. In der Regel sollten sie drei Jahre lang in München unterhalten werden, dann bestimmte der Kollegrektor, dem auch bei der Aufnahme und Aufsicht völlig freie Hand gelassen wurde, über ihre weitere Laufbahn. Neben ihnen gab es auch im Münchener Konvikt Laienstipendiaten, deren Anzahl sich 1587 auf 15 belief[84]. Durch Verordnung vom 1. 1. 1593 begrenzte Herzog Wilhelm ihre Zahl auf zwölf, und zwar eingerechnet diejenigen, die zur Fortsetzung ihrer Studien nach Ingolstadt geschickt würden. Im Moment unterhalte der Herzog zwar in den beiden Konvikten und außerhalb mehr Stipendiaten, er wolle aber nach und nach ihre Anzahl reduzieren und insbesondere „khainen mher außer der convictorien erhalten oder etwas geben“[85].

Seit Paul Hoffaeus 1576 für den Jesuitenorden den Anspruch erhoben hatte, die schulischen Bedürfnisse Bayerns restlos zu befriedigen, war mit der Gründung dieser beiden Konvikte die Differenz weiter verringert worden, die zwischen dem herzoglichen Seminarprogramm und dem jesuitischen Schulsystem seit jeher spürbar gewesen war. Nach der Externenschule war nun auch die zweite Konstituante des Seminargedankens, das Externeninternat, in den Gesamtkomplex des jesuitischen Kollegs integriert, und die Frage konnte sich stellen, ob es für zusätzliche staatliche Seminarveranstaltungen, ob es auch nur für die Finanzierung besonderer Alumnate innerhalb der bestehenden Konvikte, noch eine zwingende Notwendigkeit gab. Ihre Verneinung war ein knappes Jahrzehnt später ausschlaggebend durch die katastrophale Entwicklung der herzoglichen Finanzen (die im folgenden nachzuzeichnen sein wird) veranlaßt, durch den geringen Erfolg des Ingolstädter Instituts aber sehr erleichtert. Die etwa 90 Studenten, die im Lauf eines Vierteljahrhunderts in dieses Seminar hinein-, und die gewiß viel geringere Zahl derer, die aus ihm erfolgreich hervorgegangen sind, stellen im Vergleich nicht nur mit den stolzen Ausgangsplanungen, sondern

[84] Vgl. Anm. 82.

[85] HStA München/Jes. 105: herzogliche Ordnung für die Alumnen im Münchener Konvikt. Die Aufgenommenen sollten von katholischen und oberdeutschen, möglichst bayerischen Eltern abstammen und zuvor schon ein halbes Jahr „in humanitate“ studiert haben. Sie mußten sich dem Herzog zum Dienst verpflichten, regelmäßige Prüfungen absolvieren und erhielten im Konvikt den „gemeinen“, nicht den „Herrentisch“, wofür der Herzog aufkam. — Die Bestimmung, daß künftig niemand mehr außerhalb der Konvikte gefördert werde, war mit der Einschränkung versehen: „so lanng es der studien halber sein khann.“

auch mit der Kapazität vergleichbarer Anstalten eine äußerst dürftige Ausbeute dar[86], die in der Gesamtbilanz des bayerischen Kirchen- und Schulwesens wohl kaum bemerkbar zu Buche geschlagen ist. Nun gibt es Indizien dafür, daß sich diese Gesamtbilanz am Jahrhundertende in einem Maße verbessert hat, das eine staatliche Seminarpolitik im bisherigen Stil wenn nicht überflüssig, so doch wenigstens verzichtbar erscheinen ließ. Die hartnäckige Gegnerschaft des Geistlichen Rats als der für die Vergabe der Kirchenstellen zuständigen Behörde gegen das Ingolstädter Alumnat war schwerlich allein durch bürokratischen Kompetenzneid inspiriert[87]. Am bemerkbarsten scheint die vergangene Epoche staatlicher und päpstlicher Studienförderungspolitik zusammen mit der Stabilisierung der konfessionellen Fronten im Reich die Nachfrage nach gelehrten Theologen gesenkt zu haben, damit aber auch die Zweckmäßigkeit einer Institution verringert, die, wie das Ingolstädter Seminar, vorwiegend auf die theologische Vollausbildung hin ausgerichtet war. Auch auf der Ebene der mittleren und unteren Kirchenämter konnte aber die Personalsituation durch den Ausbau des jesuitischen Gymnasialwesens auf die Dauer nicht unbeeinflußt bleiben. Klagen und Hilferufe, wie sie um die Jahrhundertmitte so häufig zu hören waren, werden jetzt seltener[88]. Ein Ausgleich

[86] Vgl. dazu das Stipendiatenverzeichnis im Anhang. Einen Vergleichswert bietet Würzburg, wo zwischen 1574 und 1595 276 bischöfliche Alumnen ausgebildet wurden (Wegele I 209). Das Eichstätter Kolleg brachte allein zwischen 1564 und 1572 35 Priester hervor und war in der Lage, fast alle Pfarreien des Stifts mit seinen Absolventen zu versorgen (Bauch 41). Auch das erzherzogliche, 1585 zur Universität erhobene Jesuitenkolleg in Graz scheint mit seminaristischen Nebenanstalten besser versorgt gewesen zu sein als Ingolstadt, zumindest seit der ferdinandeischen Neustiftung von 1602 (Krones 232ff. und 247ff.).

[87] Vgl. VIII Anm. 137 mit weiteren Verweisen.

[88] Die durch Schmidlin ausgewerteten bischöflichen Romberichte sind in dieser Hinsicht nicht sehr ergiebig. Genauere Unterlagen über die Zustände um die Jahrhundertwende fehlen noch. In Augsburg stiegen die Ordinandenzahlen seit 1587 (Pfeilschifter, Weihezulassung 392); in Fresing herrschte schon in den siebziger Jahren kein akuter Priestermangel mehr (Schwaiger, vgl. IV Anm. 24), ebensowenig im 17. Jahrhundert (Weber, vgl. V Anm. 192); der Bildungsstand der Geistlichen aber blieb so unbefriedigend (ebd. 360ff.), daß Kurfürst Maximilian noch 1649 mit der Erklärung, in Freising weihe man „idioten", einen bayerischen Vorwurf aus dem Jahre 1575 (Pfeilschifter, Weihezulassung 417 und Weber 463) wieder aufgreifen konnte. In Regensburg herrschte, allerdings infolge besonderer Umstände, noch um die Mitte des 17. Jahrhunderts starker Priestermangel (Schwaiger, Wartenberg 127, vgl. V Anm. 190). — Vgl. weiter Kap. VIII Anm. 166.

zwischen der kirchlichen Nachfrage und dem jesuitischen Angebot an Schulabsolventen bahnte sich an. Die Unterstützung der „pauperes“, eine Zeitlang das rational kalkulierte Kernstück kirchlicher Nachwuchsförderung, wurde vom politischen wieder zum moralischen Postulat und sank damit in den Motivkreis privater Stiftungsfrömmigkeit zurück. Für den Staat zeichnete sich so die aus finanziellen Gründen dringend erwünschte Gelegenheit ab, sich der Notfürsorge für die Priesterausbildung wieder zu entledigen; er durfte hoffen, mit der stifterlichen Absicherung der jesuitischen Kollegien und ihrer Ergänzungseinrichtungen seine seminarpolitische Aufgabe erfüllt zu haben.

VIII.

VOLLENDUNG DER JESUITISCHEN STIFTUNGEN, AUFLÖSUNG DES GEISTLICHEN HAUSHALTS UND LIQUIDATION DER HERZOGLICHEN SEMINARPOLITIK 1578—99

Bis 1578 setzte sich die Einnahmenseite des geistlichen Kammerhaushalts aus den schon bekannten drei Titeln zusammen:

1. Die vier herzoglich verwalteten Klöster erbrachten im Jahre 1579 zusammen 6215 Gulden[1], hatten also ihre Ertragsleistung in den vergangenen zwei Jahrzehnten etwa verdreifacht. Noch immer war dieser Posten wie acht Jahre zuvor der wichtigste unter den geistlichen Einkünften, und die herzogliche Regierung bemühte sich, ihn weiter zu vergrößern[2]. Die beiden Benediktinerklöster Münchsmünster und Biburg kamen einander in der Leistungskraft ungefähr gleich. Das erstere erbrachte 1579 2129 Gulden, im Jahresdurchschnitt des folgenden Jahrzehnts sogar 2529 Gulden[3] und wurde am Jahrhundertende zum jährlichen Ertragswert von 2600 Gulden vergeben[4]. Für Biburg wurden 1579 2221 Gulden berechnet, zehn Jahre später ging es zum vorsichtig geschätzten Ertragswert von 2400 Gulden an die Jesuiten[5]. Von den beiden Augustinerchorherrenklöstern hatte Schamhaupten inzwischen Paring übertroffen. 1560 auf nur 200 Gulden Überschuß taxiert, konnte es 1579 1233 Gulden an die Geistliche Kammer abliefern, während Paring 1579 632, im Jahresdurchschnitt des folgenden Jahrzehnts aber 804 Gulden aufbrachte[6].

[1] HStA KL Paring 3, 203ff. Weitaus niedriger als diese Zahlen liegt der Dezimationsanschlag von 1578 (HStA Staatsverw. 2970), der für Münchsmünster 1610, für Biburg 998, für Paring 509 und für Schamhaupten 376 fl. Jahresüberschuß verzeichnet. Für die Vergleichszahlen von 1560 vgl. oben IV Anm. 12.

[2] Vgl. die Nachweise oben VII Anm. 49.

[3] StAM GL 4323/163 und HStA KL Münchsmünster 2, 144ff.

[4] Vgl. unten Anm. 122.

[5] Vgl. unten Anm. 45.

[6] HStA KL Paring 3, 296, 327 sowie 266ff. und 381'.

2. 2350 Gulden zahlte als Zinsertrag der „alten“ Dezimation seit dem Landtag von 1565 jährlich die Landschaftskasse[7].

3. Die Seminarsteuern erbrachten jährlich einen nicht genau bekannten, aber jedenfalls über 3000 Gulden liegenden Betrag[8].

Diesem an die 12 000 Gulden heranreichenden geistlichen Einkommen standen auf der Ausgabenseite gegenüber: die Jahrespensionen der beiden Jesuitenkollegien, die 1576 auf zusammen 5500 Gulden angestiegen waren[9], und diejenige der Universität im Betrag von 800 Gulden. Für das Ingolstädter Seminar wurden 1577 1600 Gulden, später wohl beträchtlich weniger ausgegeben. Nach dem Abschluß der Bauarbeiten am Ingolstädter Albertinum und an der Münchener Schule verblieb der Geistlichen Kammer demnach ein beträchtlicher Überschuß, der wohl, wie bisher, für weitere Stipendien- und Unterstützungszahlungen sowie für Gesandtschaften und Visitationen verwendet wurde.

Das Jahr 1578 brachte für den Geistlichen Kammeretat eine beträchtliche Veränderung. Für dieses Rechnungsjahr, de facto im folgenden Frühling, wurden die beiden Arten der Seminarsteuer zum letztenmal eingefordert[10], an ihre Stelle trat in nahtlosem Anschluß die im Februar 1578 ausgeschriebene zweifache neue Dezimation[11]. Dem Breve von 1562 zufolge durften die beiden Zehnten in zwei aufeinander folgenden Jahren eingezogen werden; Herzog Albrecht einigte sich jedoch mit Erzbischof Johann Jakob auf eine zeitliche Streckung und damit auf eine Milderung der Besteuerung. Im September 1578 nahmen Abt Quirin von Tegernsee und Johann Baptist Fickler als erzbischöfliche Subkommissare

[7] Vgl. oben III Anm. 135. Die Rechnungskürzen (HStA Altb. LL 1664—1671) verzeichnen die jährlichen Zinszahlungen jeweils unter dem Titel der 1565 übernommenen Schuldverzinsung von 500 000 fl.

[8] Vgl. oben IV Anm. 136.

[9] Also 4000 fl. für das Ingolstädter und 1500 fl. für das Münchener Kolleg. Tatsächlich erhielten die Ingolstädter Jesuiten bis 1587, so wie es 1576 zunächst vorgesehen worden war (vgl. IV Anm. 179), nur 3500 fl. In ihrem Memorial über das Albertinum von 1581 beschwerten sie sich darüber (vgl. VII Anm. 21). Am 9. 6. 1587 erhielt der Geistliche Rat Befehl, dem Kolleg rückwirkend von 1586 an 500 fl. aufzuschlagen bzw. die bereits durch die Hofkammer erfolgte Zahlung dieser erstatten zu lassen (HStA Staatsverw. 3027, 533).

[10] StAM GL 1495/9 die letzten Einsendungen der äußeren Regierungen aus den Monaten März und April 1579, aber rückwirkend für 1578. Der Landshuter Rentmeister schrieb dazu, er habe von den Dezimationskommissaren gehört, die Kollegsteuern würden künftig nicht mehr erhoben (ebd., 2. 3. 1579).

[11] Vgl. V Anm. 106f.

und die herzoglichen Räte Georg Lauther und Caspar Lindel die bereits auf halbe Zehnten berechnete Veranlagung vor. In vier auf sechs Jahre verteilten, also jeweils im Zweijahresabstand fälligen Raten hoffte man bis zum Herbst 1584 insgesamt 54 528 Gulden, also etwas mehr als den Ertrag der „alten“ Dezimationen, einzubringen[12].

Die erste Viertelrate wurde von den Dezimationskommissaren sofort eingesammelt und, wieder unter Verstoß gegen die päpstlichen Vorschriften[13], noch im Mai 1579 im Betrag von 13 000 Gulden der Hofkammer dargeliehen[14]. Die zweite Rate sollte im Herbst 1580 von den herzoglichen Amtleuten allein eingezogen werden[15], ebenso dann die beiden folgenden zu Martini 1582 und 1584. Bis zum 1. April 1585 händigten die Dezimationsräte der Hofkammer noch einmal 13 500 Gulden aus[16], so daß sich die Dezimationsschuld der Hofkammer nun auf 26 500 Gulden belief, wie 1585 zusammenfassend festgehalten wurde[17]. Weitere, vor allem aus der dritten und vierten Dezimationsrate stammende Beträge wurden,

[12] HStA Staatsverw. 2970: Steuerregister der Kommissare, begonnen am 5. 9. 1578. Die „doppelte decima“ betrug nach dem Anschlag für das Rentamt München 25 114 fl., für Landshut 13 619 fl., für Straubing 6906 fl. und für Burghausen 8369 fl. Die erste Viertelrate wurde wohl sofort gegen Quittung eingezogen, dafür besaßen die Kommissare gedruckte Formulare. Eine solche Quittung vom 26. 3. 1579 für den Pfarrer von Altham: StAM GR 1472/55 1/2. Weitere Dezimationsregister für die einzelnen Rentämter: StAM GR 368/37 bis 37 1/3 mit leicht abweichenden Zahlen; der Gesamtertrag ist hier mit 54 103 fl. angegeben.

[13] Das Breve von 1562 (vgl. III Anm. 60) verlangte die Hinterlegung des Steuerertrags bei einer Kirche oder kirchlichen Person. Die Ernennung zweier herzoglicher, wenn auch geistlicher Räte zu „Dezimationsräten“ trug wohl dem Buchstaben, schwerlich aber dem Geist dieser Bestimmung Rechnung.

[14] StAM HZR 25, 128 und HStA Altb. LL 649, 154ff. Die Summe wurde „von den verordneten decimation herrn“, also den geistlichen Räten Lauther und Lindel, am 16. 5. 1579 als Darlehen ausgehändigt. 1580 wurden 650 fl. Zins bezahlt (HZR 26, 185'), dann wohl nichts mehr.

[15] Am 18. 3. 1580 forderte der Herzog den Salzburger Erzbischof auf, die Fortsetzung der Dezimation zu unterstützen, „dieweil uns dann der collegien und alberait angestelten seminarien halber, darauf uns nit geringer unchosten laufft, vil daran gelegen, das solche angefangnen und fürgenomen werck zu end, das gelt zusamen gebracht und fürderlich angelegt werde“ (HStA Staatsverw. 3024, 17).

[16] Am 2. 5. 1581 7000 fl., im gleichen Jahr noch einmal für den Kauf eines zum Münchener Jesuitenkolleg benötigten Grundstücks 500 fl.; am 18. 4. 1582 1000 fl. für die Jesuitenbauten in Ingolstadt; am 12. 3. 1583 4500 fl.; am 1. 4. 1585 500 fl. (StAM HZR 27, 124; 30, 289', und 31, 125'f.).

[17] Vgl. unten Anm. 28.

beginnend mit dem Jahr 1582, verstärkt seit dem folgenden Jahr und ausschließlich seit 1585, bei zwanzig verschiedenen Klöstern zur Verzinsung angelegt. Bis 1588 lief dieses Teilkapital auf 19200 Gulden auf[18], abgesehen von einigen beträchtlich später eingeforderten Ausständen[19] stellte die Kloster- zusammen mit der Hofkammerschuld den Ertrag der „neuen" Dezimation dar.

Die Geistliche Kammer hatte an diesem neuen geistlichen Einkommen zunächst kaum Anteil. Auf das Steuerkapital, das ja für die Neustiftung von Kollegien bestimmt war, durfte sie für ihren Haushalt ohnehin keinen Anspruch erheben; Zinsen erhielt sie für die der Hofkammer dargeliehenen Beträge von 1585 nur ausnahmsweise und auch nach der Schuldverschreibung wahrscheinlich nicht. Das bedeutete aber, daß sie für den Verlust der Seminarsteuern nicht entschädigt wurde. Wiederholte dringliche Zahlungsbefehle an den Biburger Klosterverwalter aus den Jahren 1579—81 verraten, daß es ihr nicht leicht fiel, diese Einbuße abzufangen[20]. Vor diesem Hintergrund ist die zurückhaltende Politik Herzog Wilhelms gegenüber dem Ingolstädter Seminar, dann aber auch sein Entschluß zu sehen, die beiden Jesuitenkollegien, vor allem das hauptstädtische, mit neuen kostspieligen Gebäuden zu versehen.

Diese Baukosten waren zweifellos geistliche Aufgaben, mit doppeltem Grund in den Augen Herzog Wilhelms, dessen Stiftungspolitik die Ausstattung der Jesuitenkollegien als ihren zentralen Inhalt ansah. Ebenso zweifellos ließen sich aber Zahlungsverpflichtungen diesen Ausmaßes durch die vorhandenen geistlichen Einnahmen nicht abdecken. Die Hofkammer mußte also der Geistlichen Kammer zu Hilfe kommen. Bei der Aufgabenscheidung, die sich in der folgenden Zeit zwischen den beiden Behörden herausbildete, handelte es sich nicht um prinzipielle Rücksichten, sondern um das rein technische Problem, aus der Gesamtheit der geistlichen Ausgaben einen den geistlichen Einnahmen kongruenten Teil her-

[18] StAM GR 368, 37 und 37 1/3 (Register der ausgeliehenen Beträge). Vgl. weiter Anm. 23a.

[19] Vgl. Anm. 64ff.

[20] HStA KL Biburg 2, 8ff. (man brauche jetzt Geld „bei unsern geistlichen gefällen zue abzalung der stipendiaten und andern angeschafften ausgaben"). Am 30. 5. 1580 wurde dem Dekan von St. Martin in Landshut die bisherige Unterstützungszahlung von 200 fl. gestrichen, „damit die stipendiarij erhalten" werden könnten (HStA Staatsverw. 3024, 29'). Am 28. 2. 1578 hatte der Herzog, ebenfalls mit dem Hinweis auf die Situation der geistlichen Gefälle, den Landschaftskanzler um vorzeitige Auszahlung der Dezimationszinsen gebeten (HStA Staatsverw. 3023, 132').

auszuschneiden. Offen blieb dann freilich noch die Frage, wie sich die rechtliche Zweckbindung einiger dieser Einnahmentitel, nämlich der beiden Dezimationen, respektieren ließ.

Am 31. März 1582 wies Herzog Wilhelm mit der Begründung, daß sich der Zehntertrag ohne anderweitige Nachteile für diesen Zweck nicht verwenden lasse, die Hofkammer an, für die Ingolstädter Bauten 10 000 Gulden bereitzustellen[21]. Das Hofzahlamt verzeichnet für 1582 unter diesem Titel eine Ausgabe von 6860 Gulden, aber mit dem Vorbehalt, „ob sy widerumben von den geistlichen gefellen mechte(n) bezalt werden".[22]. Tatsächlich muß der um eine Entscheidung angerufene Herzog bald darauf der Geistlichen Kammer befohlen haben, die Ingolstädter Baukosten in Jahresraten zu 1000 Gulden an die Hofkammer zurückzuzahlen[23].

Es darf angenommen werden, daß die Leistungskraft der Geistlichen Kammer damit an ihrer äußersten Grenze angelangt war, selbst unter Berücksichtigung einer gewissen Steigerungsrate der Klosterabgaben. Die Münchener Baukosten blieben daher auf der Hofkammer lasten, die sich durch den Griff nach dem neuen Dezimationsertrag schadlos zu halten suchte. Diese, an die Vorgänge mit der alten Dezimation erinnernde Transaktion muß aber wohl von vornherein im Licht der späteren Landschaftshandlungen gesehen werden, also auf dem Hintergrund der herzoglichen Absicht, die entliehenen Gelder auf dem normalen Weg herzoglicher Schuldentilgung von der Landschaft wieder einzufordern. Tatsächlich war es später diese Hofkammer- und nicht die Klosterschuld, über die die Geistliche Kammer (und damit die herzogliche Stiftungspolitik im engeren Sinne) noch verfügen konnte und die gemeint ist, wenn in den Quellen des weiteren von der „neuen Dezimation" gesprochen wird.

Andererseits hatte diese Kalkulation mit beträchtlichen Risiken zu rechnen, wie der Landtag von 1583 deutlich machen sollte. Die Widerspenstigkeit der Landschaft war es wohl, die (neben der Rücksicht auf die Bestimmungen des Breves von 1562) den Herzog veranlaßte, die zweite Hälfte der „neuen" Dezimation durch An-

[21] Vgl. VII Anm. 31.
[22] StAM HZR 28, 272'.
[23] So berichtet Lichtenauer dem Herzog am 7. 10. 1593 (HStA Staatsverw. 2953, 74f.). Georg Ligsalz zahlte in seiner Amtszeit zwei Jahresraten, der Rest der 1593 auf 16 738 fl. bezifferten Baukosten blieb als Schuld auf der Geistlichen Kammer lasten. Nicht als geistliche Ausgabe galten die 7295 fl., die 1580—82 für die Erweiterung des Georgianums ausgegeben wurden (StAM HZR 28, 271').

lage bei den Klöstern vor dem Zugriff der Hofkammer in Sicherheit zu bringen[23a]. Ob der Zinsertrag dieser 19 200 Gulden, bis 1589 fast 4000 Gulden, der Geistlichen oder der Hofkammer zufloß, ist nicht erkennbar. Was die Dezimationsschuld der Hofkammer anlangte, so konnte ihre korrekte Verzinsung nur im Hinblick auf die erhoffte Schuldenabwälzung einen Sinn haben, und sie ist daher mehrere Jahre lang zunächst einmal unterblieben.

Viel wichtiger als solche internen Kompetenzabgrenzungen war es für die herzogliche Regierung, die Gesamtheit der verfügbaren Mittel in erträglicher Relation zum Wachstum der Ausgaben zu vermehren. Bei seinem Regierungsantritt hatte Herzog Wilhelm von der Landschaft die auf vier Jahre befristete Verzinsung eines größeren Schuldenbetrags von 200 000 Gulden erlangt. Auf dem Landtag von 1583[24] umfaßte das herzogliche Maximalprogramm die Ablösung aller alten und neuen Schulden; darüber hinaus wurde die Landschaft aufgefordert, die beiden seit 1565 verzinsten Sonderposten, darunter den Ertrag der „alten“ Dezimation, „mit haubtsumma unnd innteresse“ zu übernehmen. Obwohl die Fundation des Ingolstädter Kollegs mit Dezimationskapitalien schon durch Fend in seiner Geistlichen Ratsinstruktion in Aussicht genommen worden war[25], wäre das Geld in dieser Situation zweifellos den Münchener Bauten zugeflossen, der Geistliche Kammeretat aber durch den Verlust des Zinses in höchste Gefahr geraten. Glücklicherweise fand sich die Landschaft nur zur neuerlichen Verzinsung der „alten“ Dezimation bereit, und auch dies nur für weitere vier Jahre. Den Antrag auf einen Zuschuß zu den Münchener Baukosten lehnte sie, wie oben dargestellt[26], ab. Für den künftigen Landtag stellte sich daher der Regierung die doppelte Aufgabe, die Verzinsung der „alten“ Dezimation weiterhin zu sichern und die, 1583 schon erstmals vorgewiesene[27], neue Dezimationsschuld, wenigstens soweit sie auf der Hofkammer lag, auf die Landschaft zu trans-

23a Vgl. Anm. 18 sowie unten Anm. 71f.

24 HStA Altb. LL 395 sowie StAM GR 1472/55 1/2; vgl. Freyberg, Landstände II 407.

25 Vgl. VII Anm. 50.

26 Vgl. VII Anm. 38.

27 Herzogliches Schuldenverzeichnis von 1583 in HStA Altb. LL 649, 154ff.; darin 24 500 fl. „von dem decimation gelt empfangen“. Im Vergleich mit StAM HZR 31, 125'f. fehlen zwei Posten zu 1500 fl. aus den Jahren 1581/82 sowie das letzte Darlehen über 500 fl. vom 1. 4. 1585. Außer dieser geringfügigen Summe wurde seit dem Landtag von 1583 die „neue“ Dezimation durch die Hofkammer nicht mehr angetastet.

ferieren. Dazu war es erforderlich, die von den Dezimationsräten dargestreckten 26 500 Gulden zunächst einmal als korrekte, verhandlungsfähige Schuldverpflichtung zu etablieren. 1585 fertigte die Hofkammer darüber eine Verschreibung aus, die aufgelaufenen Zinsrückstände wurden der Geistlichen Kammer beglichen[28]. Wohl etwas später, am 1. April 1585, entschied sich der Herzog zu einer neuen, zweifellos in die gleiche Richtung zielenden Anordnung: das Kapital der „neuen“ Dezimation wurde in Anteilen von 20 000 und 6000 Gulden dem Ingolstädter und dem Münchener Jesuitenkolleg zu freiem Eigentum überschrieben[29]. Die gleichsam interne Schuld der weltlichen an die Geistliche Kammer verwandelte sich damit in eine solche des Herzogs gegenüber Außenstehenden. Am Zahlungsmodus für die jesuitischen Kollegpensionen hat sich durch diese Urkunde, deren Überlieferung und Rechtswirksamkeit wohl eben deshalb zweifelhaft sind, nichts geändert.

Im Jahre 1585 wurden die Ingolstädter Bauten vorläufig abgeschlossen, während gleichzeitig diejenigen in München, wo jetzt auch der Grundstein für das Kolleg gelegt wurde, mit wachsenden Kosten in der Hofzahlamtsrechnung zu Buche schlugen. Bis 1596 brachte die Hofkammer, nicht gerechnet die Grundstückkäufe und Materialbeschaffungen, dafür mehr als 130 000 Gulden auf[30], weitere, in der Summe nicht erfaßbare Beträge wurden von verschiedenen Klöstern beigesteuert[31]. Wohl nicht zufällig büßte nun für einige Jahre der geistliche Haushalt seine institutionelle Selbständigkeit ein. 1586 starb der Geistliche Kammermeister Georg Ligsalz; ein Amtsnachfolger wurde nicht bestellt, seit 1586 quittierte der Rentmeister des Oberlands Christoph

[28] StAM HZR 31, 125'f. und 196'ff. Für die vergangenen Jahre bekam Ligsalz 4508 fl. Zinsen ausgezahlt, von 1586 an scheint die Verzinsung wieder unterblieben zu sein.

[29] Die Ingolstädter Urkunde liegt nicht vor, sie wird erwähnt in der neuen Transporturkunde von 1592 (Mederer IV Nr. 60, vgl. Anm. 91). Eine undatierte Kopie nur für das Münchener Kolleg: HStA Jes. 2233/II, 404ff. — Die Urkunde vom 9. 2. 1585, durch die der Herzog den Münchener Jesuiten die neuen Gebäude übereignete, verschiebt die Dotation auf später (HStA München/Jes. 90). Selbst die rechtliche, zu schweigen die praktische Wirksamkeit dieses Kapitaltransports ist also wohl zweifelhaft.

[30] Gmelin 40ff. Die genauen Gesamtkosten lassen sich nicht ermitteln, weil einerseits die Klosterbeiträge in der Höhe unbekannt sind, andererseits von 1590 an keine exakten Rechnungen mehr vorliegen. Vgl. auch Hist.-pol. Blätter für das kath. Deutschland 11 (1893) 682ff.

[31] Gmelin 13f.; HStA Jes, 2233/II, 64ff. Die Vereinbarung, auf die diese Zahlungen zurückgingen (1586: 3600 fl.), ist mir nicht erkennbar.

Neuburger bei der Landschaft den Empfang des „alten" Dezimationszinses[32]. Im folgenden Jahr wurde Neuburger auch zum weltlichen Kammermeister bestellt, ohne daß seine Zuständigkeit für die geistlichen Gefälle erlosch. Die Folge war eine später kaum mehr zu entwirrende, für das Schicksal der Geistlichen Kammer am Ende verhängnisvolle Vermischung der geistlichen und weltlichen Finanzen. Als Empfängerin des „alten" Dezimationszinses zahlte die Hofkammer in den nächsten Jahren folgerichtig die Pensionen der Ingolstädter Jesuiten und der Universität, zeitweise auch diejenige des ignatianischen Alumnats, nicht aber anscheinend die Münchener Kollegpension[33]. Über diese Leistungen besaß die Hofkammer später Unterlagen, nicht mehr jedoch über den für die Jahre 1586—88 nachweisbaren Empfang der „alten" Dezimationszinsen. Das Erbe von Neuburgers Amtsführung war daher, daß die Verschuldung der Geistlichen Kammer gegenüber der Hofkammer in diesen Jahren weit über Gebühr und über die Ingolstädter Baukosten hinaus wuchs. Der Geistliche Rat hatte seit Ligsalz' Tod von den geistlichen Gefällen keine Kenntnis mehr, besondere geistliche Rechnungsunterlagen aus der Amtszeit Neuburgers wurden später vergeblich gesucht.

Diese Konfusion widersprach allen Regeln der Zweckmäßigkeit; Die Annexion der Geistlichen brachte der weltlichen Kammer nicht den mindesten Vorteil, und es wäre daher auch wohl verfehlt, in

[32] StAM GR 1472/55 1/2. Bis Dezember 1585 hatten Ligsalz und der Geistliche Ratssekretär Wolf Ungspeck quittiert, von Dezember 1586 bis Juli 1588 unterschrieb Neuburger.

[33] In den Hofzahlamtsrechnungen erscheinen weder die geistlichen Einnahmen noch die genannten Ausgabetitel. Über sie geben Schuldenverzeichnisse Auskunft, die die Hofkammer der Geistlichen Kammer 1594 (HStA Staatsverw. 2953, 83ff. und 109), 1595 (StAM GR 358/12) und 1596 (ebd.) präsentierte. Danach erhielt die Universität ihre 800 fl. in den Jahren 1586—89 von der Hofkammer. Im Falle des Ingolstädter Jesuitenkollegs lassen sich die Baukosten von der Pension nicht immer klar unterscheiden. Die Hofkammer zahlte dorthin zwischen 1582 und 1589 Jahresbeträge zwischen 1000 und 4000 fl., zuletzt 1589 1000 fl. — Die Zahlung erfolgte durch die Aufschlagsverordneten, die die Quittung anschließend der herzoglichen Zahlstube präsentierten. Die Verwirrung bezeugt ein herzogliches Schreiben an die Aufschlagsverordneten vom 3. 9. 1587 (Entwurf in StAM GR 1472/55 1/2): Sie hätten dem Ingolstädter Kolleg 4000 fl. bezahlen sollen, jetzt habe aber Neuburger bei der Landschaft 1350 fl. Dezimationszins abgehoben, und da daraus Unrichtigkeiten entstehen könnten, mögen sie mit der Zahlung an das Kolleg vorerst abwarten. — Ebd. eine Anordnung der Aufschlagsverordneten in Ingolstadt vom 1. 12. 1588: an die Jesuiten seien wieder 1000 fl. zu halen, die Quittung der Hofkammer vorzulegen.

diesem Geschehen mehr zu sehen als eine Folge der defizitären Entwicklung, in die die herzoglichen Finanzen insgesamt geraten waren[34]. Bis zum Frühjahr 1588 liefen die herzoglichen Schulden auf 1,9 Millionen Gulden auf. Alle Hoffnungen richteten sich auf den Landtag, der im Januar 1588 in München zusammentrat. Die von Herzog Wilhelm und Elsenheimer entworfene Proposition[35] widmete sich ausführlich dem Wachstum der ordentlichen und außerordentlichen Ausgaben, das zu Lasten der inflationären Preistendenzen und der „spitzfindigen und hadergierigen" Zeiten gehe und weder durch die normalen Einnahmen noch durch die bisherigen Landschaftsbewilligungen abgedeckt werde. Eine Apologie der Münchener Bauten schloß sich an; sie seien, auch in diesem übertrieben scheinenden Ausmaß, aus vielfachen Gründen unvermeidbar gewesen[36], übrigens inzwischen fast abgeschlossen. Im Unterschied zum vorigen Landtag vermieden die Stände eine Kontroverse über diesen Punkt; nach langen Vorhaltungen an den Herzog und unter mehrfacher Bedingung fanden sie sich in einer „Eventualbewilligung" zur Übernahme der gesamten Schuldsumme bereit. Das durch den Herzog überreichte Schuldverzeichnis[37] enthielt erneut das „alte" (47 000 Gulden), dazu unter dem Namen des „neuen" Dezimationskapitals die 26 500 Gulden, die 1585 als Hofkammerschuld fixiert worden waren. Nachträglich mochte es sich nun doch als ein Fehler erweisen, daß nicht der gesamte „neue" Zehntertrag auf die Hofkammer gelangt war: weitere 20 oder 30 000 Gulden wären bei den hier verhandelten Beträgen kaum ins Gewicht gefallen. Von 1589 an wurden die genannten beiden Posten, zusammen also 73 500 Gulden, zu verschiedenen Terminen von der Landschaftskasse verzinst[38].

[34] Vgl. Stieve, Zur Geschichte des Finanzwesens und der Staatswirtschaft 19ff.

[35] HStA Altb. LL 396 (dieselbe Landtagsbeschreibung in mehrfacher Abschrift) und 655 (Originale); vgl. dazu Freyberg, Landstände II 413.

[36] Die Jesuiten hätten entgegen ihrer Regel bisher über kein eigenes Kolleg und keine Kirche verfügt, sondern nur bei den Augustinern ein umstrittenes Gastrecht genossen; so sprächen „billigkhait und notturfft" für den Neubau. Auch der Vorwurf, man hätten den Bau „etwas enngers einziechen mögen", gelte nicht; es war an eine dauerhafte Lösung, auch an das Beispiel anderer Herrschaften und an die Ehre Gottes zu denken. Was insbesondere das neue Konvikt betreffe, so nütze es den Ständen selbst, die ihre Kinder nun nicht mehr für teures Geld nach auswärts schicken müßten (HStA Altb. LL 396, 16'ff.).

[37] HStA Altb. LL 635, 387ff. und 431ff.; LL 1175, 16ff. und 27ff. Der herzogliche Schadlosbrief vom 5. 4. 1588: LL 655 sowie StAM GR 1339/94.

[38] Verrechnet in den Rechnungskürzen der Landschaft (HStA Altb. LL 1674—

Abgesehen von den Klosterabgaben konnte also nun für geistliche Zwecke verläßlich mit einem Jahreszins von 3675 Gulden gerechnet werden; es lag nur nahe, auf dieser soliden Basis die geistliche Gefällverwaltung wieder zu verselbständigen. Bevor es dazu kam, hatte Herzog Wilhelm mit der Neustiftung der beiden Jesuitenkollegien eine Entwicklung in die Wege geleitet, die zwar die geistlichen Gefälle, zugleich aber auch den geistlichen Ausgabenbereich Schritt für Schritt reduzieren sollte und an deren Ende folgerichtig die Auflösung der Geistlichen Kammer, gleichzeitig jedoch die Liquidation desjenigen Ausgabetitels stand, für den dieses Programm keinen adäquaten Ersatz bereithielt, des Ingolstädter Alumnats. Gerade die Erfahrung der Jahre 1586—88, in denen eine gesonderte geistliche Gefällverwaltung fehlte, mußte es ratsam erscheinen lassen, die bestehenden, in erster Linie also die jesuitischen Pensionsansprüche mit bestimmten Einnahmetiteln direkt zu koppeln und daher aus dem unübersichtlich gewordenen Hofkammerhaushalt herauszuziehen. Die „Fundierung" der Jesuitenkollegien, ihre Ausstattung mit verläßlichen Eigentumstiteln und abgesicherten Revenüen, seit der ersten Ingolstädter Stiftung ein programmatischer Vorbehalt beider Seiten und für Herzog Wilhelm zumal eine Sache der Neigung und Überzeugung, wurde zum finanztechnischen Desiderat.

Mit solchen Überlegungen kreuzte sich die politische Notwendigkeit, die in den Ninguarda-Verhandlungen vorbereitete Regelung des Problems der vakanten Klöster endlich praktisch in Angriff zu nehmen. Die Kurie hatte 1581 der Extinktion der vier Klöster grundsätzlich zugestimmt, die Einzelheiten sollten über die bayerischen Agenten in Rom verhandelt werden[39]. Herzog Wilhelm erklärt später, er habe durch Minucci die Inkorporation des Klosters Biburg in das ihm seit jeher am engsten verbundene Ingolstädter Jesuitenkolleg betreiben lassen, doch habe der Tod Gregors XIII.

1679). Die „neue" Dezimation war jeweils im April, die „alte" am 21. Oktober fällig, beide unter den 1588 übernommenen 1,99 Millionen fl. — Die neue Bewilligung stellte den lückenlosen Anschluß an die Verzinsung der „alten" Dezimation her. Den Quittungen in StAM GR 1472/55 1/2 zufolge hatte noch Neuburger den Zinsbetrag für 1588, teilweise als Vorschuß, in Empfang genommen. In der Kürze von 1588 (LL 1673) wurde aber diese Zahlung nicht verzeichnet. Daher begehrte Herzog Maximilian in den Jahren 1617—1619 von der Landschaft die Nachzahlung von 2350 fl. für dieses Jahr. Die Landschaft erwiderte am 22. 1. 1619, der Zins sei damals an die Aufschlagsverordneten abgeführt worden, die zuvor die Pension des Ingolstädter Kollegs ausgelegt hätten (StAM GR 1472/55 1/2).

[39] Vgl. V Anm. 140.

(10. 4. 1585) die Sache nicht zum Abschluß kommen lassen[40]. Wenn das zutrifft, so scheint der Herzog jedenfalls diesen Antrag nicht besonders dringlich vorgetragen zu haben, sondern sich, wie die Geistliche Ratsinstruktion von 1584 zeigt[41], auf die vorläufige Fortsetzung der Klosterverwaltung und -ausbeutung eingerichtet zu haben. Ein Jahr später aber wurden mit den Jesuiten über die Inkorporation Biburgs in das Ingolstädter Kolleg Gespräche geführt[42]. Der Orden, wohl schwankend zwischen dem Wunsch nach gesicherten Einkünften und der Rücksicht auf die öffentliche Meinung, zögerte zunächst, hatte sich aber bis 1588 schließlich mit dem Plan befreundet.

Im Frühjahr dieses Jahres ließ der Herzog die Klosterrechnungen prüfen und ihren Ertragswert taxieren[43]. Die Jesuiten versuchten, den Biburger Voranschlag von 2380 auf 2000 Gulden herabzudrücken, drängten aber ihrerseits auf eine baldestmögliche Übergabe: die Ordensoberen seien an dem Kloster interessiert, weil es das Ingolstädter Kolleg von den schwankenden Getreidemarktpreisen unabhängig mache und ihm auch als „receptaculum“ dienen könne[44]. Eine herzogliche Rätekommission, zur Stellungnahme aufgefordert, äußerte sich dagegen zurückhaltend: die von den Jesuiten begehrte Senkung des Taxwertes sei ungerechtfertigt, überhaupt

[40] In dem Gesuch an Papst Clemens VIII. vom 14. 3. 1592 (vgl. Anm. 55).

[41] Vgl. VII Anm. 49. Der Geistliche Rat erhielt Zuständigkeit über die vakanten Klöster und den Auftrag, sich um die Steigerung ihrer Einnahmen zu bemühen.

[42] Duhr I 375f. Am 9. 8. 1585 schrieb der Provinzial Bader nach Rom, er habe das Kloster Biburg besichtigt, der Herzog wolle es dem Ingolstädter Kolleg geben. Ein jesuitisches Gutachten von 1587 sprach sich alles in allem gegen diesen Plan aus.

[43] Am 21. 2. 1588 befahl der Herzog der Hofkammer, sich um die schlecht verwalteten vakanten Klöster zu kümmern. Die Hofkammer erwiderte, sie habe mit diesen Klöstern seit langem nichts zu tun gehabt, weil sie dem Geistlichen Rat unterstünden, wolle aber eine Rechnungsprüfung vornehmen. Darauf erging am 3. 5. 1588 an die Räte Kummerstatt und Winkelmayer Befehl, die vier Klöster zu inspizieren (alles in StAM GR 629/6; der letzterwähnte Vorgang auch in HStA KL Biburg 2, 229ff.).

[44] Undatiertes Gutachten in HStA KL Biburg 2, 239ff.: „Die ursachen aber, welche die superiores der Societet solches zu begeren bewegt, seind fürnemlich dise, nemblichen dieweilln das collegium zu Ingolstat vil personen underhallten und allerlay victalia (!) nit zu yeder zeit wegen der theurung oder auch mangel des gelts zuerkhauffen hat und doch dieselbigen hernach zu unbequemer zeit umb zway oder drey gellt bezallen muessen, mochte also solch closter dem gemelten collegio in vil weg dinstlich und erspricslich“ sein, auch als „receptaculum“ bei Epidemien. Man bitte um Übergabe bis Michaelis, bis dahin dürfe nichts verändert werden. Der Getreidewert sei zu hoch taxiert, der Herzog möge den Anschlag auf 2000 fl. herabsetzen.

müsse aber die Angelegenheit ohne Eile und mit gründlicher Überlegung angegangen werden, denn es handle sich um eine definitive Übereignung, und was einmal in dieser Form weggegeben sei, lasse sich nicht so leicht zurückgewinnen[45]. Weder den Jesuiten noch dem Herzog bringe vielleicht eine solche Inkorporation wirklich Nutzen, ganz abgesehen von der Rechtsfrage: mit dem Kloster seien ja Stiftungen verbunden, und überdies bleibe zweifelhaft, ob der päpstliche „consens" eine solche Übergabe decke[46].

Am 4. Dezember 1588 machte der Herzog der Diskussion mit einem ausführlichen Behördendekret ein Ende. Über den Nutzen müßten die Jesuiten selbst entscheiden; in jedem Fall sei die Kollegpension, wie es ja schon bisher über lange Jahre geschehen war, vom Kloster Biburg, soweit seine Einkünfte reichten, zu übernehmen und hypothekarisch zu versichern. In der Rechtsfrage aber gebe es keinen Zweifel; die Päpste hätten die vakanten Klöster und die geistlichen Gefälle den Jesuiten „in perpetuum incorporiert und zugeaignet", und der Herzog habe weder die Möglichkeit noch den Wunsch, sich dem väterlichen Vermächtnis und dem päpstlichen Auftrag länger zu entziehen[47].

Im April 1589 nahmen herzogliche Räte unter Beiziehung eines Ordensvertreters erneut eine Inspektion des Klosters vor[48]. Die

45 Bericht Winkelmayers und anderer Räte vom 27. 9. 1588 (HStA KL Biburg 2, 240ff.; auch HStA Jes. 1748/II, 178ff.): Sie hätten mit dem Kammermeister Neuburger über die jesuitische „petition schrifft" beraten. „Dieweil aber die einraumung berürts closters in abschlag der fundation auf ewig vergeben wirdet und konfftig nitt vermuet werden soll, das durch dise sachen unbedacht leiß gangen seye, auch was ainmal vergeben, nit leichtlich wider zuerhollen oder herwider zebringen ist", müsse gründlich überlegt werden. Sie wollten sich noch nicht endgültig festlegen, sondern bäten um weitere Beratungsfrist; der Voranschlag jedenfalls sei korrekt.

46 Am 3. 10. 1588 hatte der Herzog weitere Beratungen gebilligt, am 8. 10. um Beschleunigung gebeten (HStA KL Biburg 2, 236f. und 247). Am 14. 10. 1588 schrieben Kummerstatt und Winkelmayer: Der Voranschlag sei korrekt. Die Frage, ob das Kloster den Jesuiten übergeben werden solle, müsse der Herzog selbst entscheiden, und er habe es wohl schon getan. Sie bezweifelten aber den Nutzen; bei Mißernten werde der Herzog doch einspringen müssen. Offen sei die Rechtsfrage: „wissen wir nit aigentlich, ob sich bebstlicher heyl. consens auf ain eewige ubergab und aufhebung der fundation erstreckhe oder nit." Als „receptaculum" habe das Kloster den Jesuiten schon bisher zur Verfügung gestanden. Vielleicht behalte man es doch lieber ein und zahle den Jesuiten jährlich die festgesetzte Ertragssumme (ebd. 254ff.).

47 Korrigierter Entwurf in HStA Jes. 1850; Reinschrift in HStA KL Biburg 5, 1ff.

48 Der entsprechende Befehl an die Räte Andreas Amasmeier und Hans Winkelmayer vom 14. 4. 1589: HStA Jes. 1850 und KL Biburg 2, 260ff. Sie sollten

Schätzungen stiegen nun, bei gleichbleibender Differenz, auf 2766 bzw. 2247 Gulden. Etwa auf die arithmetische Mitte, nämlich auf 2400 Gulden, setzte dann der Herzog am 9. Juli 1589 den Ertragswert durch Dekret fest[49]; um diese Summe wurde die Ingolstädter Kollegpension von Pfingsten 1589 an gekürzt. Am 25. Juli 1589 wurde das Kloster Biburg dem Ingolstädter Jesuitenkolleg „administrationsweise" überantwortet, die Verwaltungsbeamten vom Herzog entlassen und von den Jesuiten neu in Pflicht genommen[50].

In seiner neuen Stiftungsurkunde für das Kolleg, die ein Jahr später am 19. September 1590 ausgestellt wurde[51], berief sich Herzog Wilhelm für diese, wie es heißt, im Interesse sowohl der Jesuiten wie der Hofkammer liegende Maßnahme[52] auf die Bewilligung der Päpste Pius IV. und des soeben verstorbenen Sixtus V. Oben ist dargelegt worden, daß von Pius eine solche Konzession nicht ergangen ist[53]; das gleiche darf wohl für Sixtus (1585—90) angenommen werden, wie die folgenden Geschehnisse beweisen. In einem undatierten Gutachten wiesen die Jesuiten auf die „merkwürdige" Tatsache hin, daß die zitierten päpstlichen Privilegien weder in München noch in Rom auffindbar seien; man wisse also nicht, was und wieviel eigentlich bewilligt worden sei. Um diesen „schwerwiegenden Irrtum" zu korrigieren, müsse in Rom nachträglich eine Urkunde erwirkt werden, am besten mit Unterstützung des Ordens[54]. Am 14. März 1592 wandte sich Herzog Wilhelm

am 30. 4. nach Biburg gehen, einen Jesuiten beiziehen und alle Rechnungen prüfen. Der Bericht der beiden und Lichtenauers vom 10. 6. 1589: HStA Jes. 1850 und KL Biburg 2, 325ff.

[49] Herzogliches Dekret vom 9. 7. 1589 (HStA Jes. 1850): Die Kommissare hätten den jährlichen Überschuß Biburgs auf 2766fl., die Jesuiten infolge niedrigeren Ansatzes der Getreidepreise auf 2247 fl. geschätzt. Der Herzog entscheidet hiermit auf 2400 fl. Eine Getreideschuld wird dem Kloster erlassen; ein Geldbetrag von 500 fl. ist noch an die Geistliche Kammer zu zahlen.

[50] Bericht Amasmeiers und Lichtenauers vom 29. 7. 1589 (HStA Jes. 1850).

[51] Seifert, Universität Nr. 126; der hier interessierende Passus bei Mederer IV Nr. 59: „Tradiderunt... pontifices Pius IV. et Sixtus V. parenti nostro et nobis monasteria aliquot in Bavaria vacantia ad effectum et finem fundandorum ex eis collegiorum Societatis Jesu seminariorum ecclesiasticorum...".

[52] „... pro maiore tam ipsius Societatis, tum etiam camerae nostrae utilitate ...".

[53] Vgl. V Anm. 31ff.

[54] HStA Jes. 1746, 175ff. Die „Informatio" ist nach der Kollegstiftungsurkunde entstanden, auf deren Unklarheiten sie Bezug nimmt. Ein später durchgestrichener Absatz sah vor, vom Papst die Bestätigung auch dafür zu erlangen, daß der Pensionsrest von 1600 fl., den die herzogliche Stiftungsurkunde „per modum hypothecae" auf das Kloster Münchsmünster angewiesen hatte, von

wirklich an den Papst: er habe soeben kraft eines Privilegs Pius' IV. (Papst Sixtus V. wird nicht berufen) das Kloster Biburg dem hochverdienten Ingolstädter Jesuitenkolleg „iure administrationis“ übergeben und bitte um Bestätigung. Die Benediktiner besäßen in Bayern noch genug Klöster, ihre Mönche und diejenigen der anderen Klosterorden würden übrigens in Ingolstadt durch die Jesuiten ausgebildet[55]. Nach längerem Zögern stellte Clemens VIII. am 2. 10. 1592 die begehrte Urkunde aus, auch er mit der Fiktion, eine ältere Bewilligung Pius' IV. („ut creditur“) zu erneuern[56].

Im Gefolge der Landschaftsbewilligung von 1588 befand sich der geistliche Haushalt wieder in einem einigermaßen geordneten Zustand. Nach der Inkorporation Biburgs konnte dem Herzog ein beinahe ausgeglichenes, bei etwas über 9000 Gulden liegendes Budget vorgelegt werden[57], in dem das Münchener Jesuitenkolleg mit 3000, das Ingolstädter noch mit 1600 und das Alumnat mit 1200 Gulden veranschlagt waren; die Einnahmen wurden im wesentlichen durch den Dezimationszins (3675 fl.) und die Zahlungen der

dort gezahlt werden dürfe, da das Ingolstädter Kolleg „academicum et totius provinciae seminarium“ sei. Überdies sollte für alle herzoglichen Bewilligungen auch eine kaiserliche Garantie eingeholt werden.

[55] Herzog Wilhelm an Papst Clemens VIII. am 14. 3. 1592: Die Jesuiten hätten sich insbesondere um die Universität Ingolstadt verdient gemacht, „quae per Germaniam hoc tempore censetur esse facile primariam et ad quam plurimi externi, praesertim Poloni, confluunt“. „Applicavi autem illi (sc. collegio) nuper post alia iure administrationis monasterium ... Biburgum ..., quod olim a Pio IV. foel. rec. parenti meo ad fundanda huiusmodi collegia et alios pios usus ... concessum ...“ (HStA KL Biburg 5, 2; dazu ein Begleitschreiben ebd. 3).

[56] HStA KL Biburg 5, 4 und Jes. 1746, 108ff.

[57] HStA Jes. 2233/I, 157ff.: „Verzaichnus was ir f. d. herzog Wilhalm in Bayrn künfftig von den gaistlichen gefellen jerlich begern genedigist zuentrichten“, undatiert, aber zwischen der Biburg-Übergabe (9. 7. 1589) und der Münchener Stiftungsurkunde (20. 12. 1589) einzuordnen. Das Münchener Kolleg sollte 3000, das Ingolstädter 1600, die Alumnen 1200 und die Universität 800 fl. bekommen; außerdem waren an das Kloster Andechs 2000, an die Geistlichen Ratsbeamten 500 und für „extraordinaria“ 700 fl. vorgesehen, zusammen 9800 fl. jährlicher Aufwendungen. Die Einnahmen beliefen sich auf 9145 fl.: 3675 fl. Dezimationszinsen, etwa 3000 fl. aus Münchsmünster und 1000 fl. aus Paring; Schamhaupten fehlt in der Liste. Geringere Zahlungen kamen von vier weiteren Klöstern (230 fl., wohl Zinsen von Dezimationsausständen, vgl. Anm. 67f.), aus dem Zoll von Lechhausen (800 fl.) und aus dem Zehnt von Kummerstatt (400 fl.). — Der Ertragswert Münchsmünsters wurde im Oktober 1588 auf 2506 fl. beziffert (StAM GL 4323/163, Gutachten Amasmeiers vom 31. 10. 1588).

verbliebenen drei vakanten Klöster bestritten. Zusammen mit der Pension der Universität (800 fl.) ergaben die Ansprüche von Kolleg und Alumnat annähernd die Summe des Dezimationszinses, und so lag der Gedanke nahe, ihn durch Transport des Dezimationskapitals direkt mit diesen drei Empfängern in Verbindung zu bringen[58]. Andererseits war das Münchener Kolleg noch nicht in dem Maße versorgt, wie es seinem baulichen Zuschnitt und den Vorstellungen des Herzogs entsprach. 1585, bei der Übereignung von Kolleg und Kirche, hatte Wilhelm die Dotationsfrage unerledigt gelassen[59]. Jetzt, im Herbst 1589, verlangte er von der Hofkammer ein Gutachten über die Möglichkeiten der Aufbringung einer Jahrespension von 5000 Gulden aus „gaystlichen oder annderen gefellen" für das Kolleg[60]. Die Hofkammer empfahl die Inkorporation der noch übrigen drei vakanten Klöster, deren Einkünfte allerdings auf kaum mehr als 4000 Gulden geschätzt wurden[61]. Bei dieser Pensionshöhe beließ es denn auch die neue Stiftungsurkunde des Münchener Kollegs vom 20. 12. 1589; zu ihrer Abdeckung übereignete der Herzog dem Kolleg jedoch anstelle der Klöster (und in stillschweigender Revision des Kapitaltransports von 1585) das gesamte auf der Landschaft liegende Dezimationskapital mit seinem Zinsertrag[62], die fehlenden 325 Gulden sollten von der Geistlichen Kammer aus ihren übrigen Gefällen bestritten werden.

In unmittelbarem Anschluß an den Landtag von 1588 ergriff die Regierung Initiativen für eine Steigerung der geistlichen Gefälle. Die vakanten Klöster wurden visitiert, ihre Rechnungen überprüft[63]. Mit dem gleichen Dekret, das unter dem 26. 9. 1588 den Bericht der damit beauftragten Rätekommission billigte, erhielt

[58] Das Anm. 57 zitierte Verzeichnis notiert: „disen dreyen soll die decimation transportiert werden"; der Herzog muß das also 1589 geplant haben. Dem widersprach im folgenden Jahr die Anweisung der Ingolstädter Jesuitenpension auf das Kloster Münchsmünster (vgl. Anm. 54).

[59] Stiftungsurkunde vom 9. 2. 1585 (HStA München/Jes. 90).

[60] Herzogliches Dekret an die Hofkammer vom 15. 9. 1589 (HStA Jes. 2233/II, 124ff.).

[61] Hofkammer an Herzog Wilhelm am 26. 9. 1589 (HStA Jes. 2233/II, 126ff.).

[62] HStA München/Jes. 99: Das „von den decimationibus eingebracht gellt" sei durch die Päpste für diesen Zweck „principaliter vermaindt worden" (vgl. VII Anm. 34ff.). „Wie wir inen auch solche decimationes, sovil alls 4000 gulden jerliches interesse unnd 80 000 gulden haubtsumma belanngt, hiemit frey aigenthumblich von unser geistlichen chamer, darbey es bis dato gewesen, würckhlich ubergeben und einanntwortten." Für den Wert dieser Verfügung vgl. unten Anm. 91.

[63] Vgl. Anm. 43.

dieselbe den Auftrag, sich um die Dezimation zu kümmern, die nun „nicht länger eingestellt, sondern ehist fürgenommen werden“ sollte[64]. Die Stände hatten auf dem vergangenen Landtag, anscheinend erfolglos, ihre Bewilligung von einer herzoglichen Versicherung abhängig machen wollen, daß sie „mit andern neuen exactionen, decimationen, allerlay purden und beschwerlichen neuerungen, wie die gleich namen haben mögen“ künftig verschont würden[65], und sie scheinen damit den Herzog an die fast schon vergessene Dezimation erinnert zu haben. Eine herzogliche Anfrage an die Hofkammer, wie hoch der bisherige Dezimationsertrag sei, wer ihn bekommen habe, wie groß die Ausstände seien und ob der Salzburger Erzbischof bei der Einziehung etwas zu bestimmen habe[66], verrät das Ausmaß der Unkenntnis bei den leitenden Stellen. 1589 verzeichnet die Hofzahlamtsrechnung ein Darlehen bei den „Dezimationsräten“ über 1500 Gulden[67]. Nach 1590 werden die Ausstände nur mehr auf 2—3000 Gulden beziffert[68]; es ist aber möglich, daß man doch noch einiges mehr zusammenbekam, denn bis zum Jahre 1592 lieh der Herzog bei der Geistlichen Kammer insgesamt, also einschließlich des eben genannten Betrags, 9000 Gulden[69], denen man wohl dieselbe Provenienz zuschreiben kann. 1595 wurde diese Schuld der Geistlichen von der Hofkammer gutgeschrieben, von der letzteren auf 10 000 Gulden aufgerundet und der Universität in Ergänzung ihres bisherigen Dezimationsanteils übereignet[70].

Beträchtlicher waren die Beträge, die die „Dezimationsräte“, wie oben erwähnt, zwischen 1582 und 1588 verschiedenen Klöstern dargeliehen hatten[71]. Erst im Februar 1594 wurde der Herzog von dem durch die Gläubigerforderungen der Hofkammer bedrängten geist-

64 HStA Staatsverw. 2953, 61. Die Räte verwiesen auf ihre Unkenntnis; der Herzog kündigte an, beim Geistlichen Rat die Herausgabe der Unterlagen zu veranlassen (ebd. 63 und 66, Okt. 1588).

65 HStA Altb. LL 396, 98f.

66 Vom 17. 12. 1588 (StAM GR 357/1).

67 StAM HZR 35, 121'.

68 StAM GR 368/37 und 37 1/3 (2605 bzw. 1774 fl.). Noch niedrigere Angaben, leider undatiert, in HStA Staatsverw. 2953, 69 und 121ff. Herzogliche Zahlungsanweisungen darüber von Juli 1592 ebd. 70 und Staatsverw. 3032, 705ff.

69 Und zwar 1592 3000 fl., 1593 zu verschiedenen Terminen 4500 fl. (StAM HZR 38, 131' und HZR 39, 125'ff.). Die gleichen Angaben dann im zusammenfassenden Verzeichnis HZR 41, 174'f.

70 Vgl. Anm. 94f. Über spätere Bemühungen, weitere Dezimationsausstände einzutreiben, vgl. Anm. 74.

71 Vgl. Anm. 18 und 23a.

lichen Kammermeister Lichtenauer auf dieses Guthaben aufmerksam gemacht. Herzog Wilhelm, wiederum durch die Münchener Bauten in drängende Geldnot versetzt, forderte es ein[72] und ließ im folgenden Jahr 16 500 Gulden von der Summe, die die Geistliche damals der Hofkammer schuldete, in Abrechnung bringen[73]. Da aber die Geistliche Kammer ihre Hofkammerschulden ohnehin nicht begleichen konnte, ging dieser Betrag dem Stiftungsprogramm praktisch verloren. In der Addition ergeben die früheren 9000 und die jetzigen 16 500 Gulden eine Summe, die dem bei der Landschaft verzinsten „neuen“ Dezimationskapital annähernd gleichkam. Bis auf unbeträchtliche Reste, deren Einforderung 1596 und noch einmal 1600 erwogen wurde[74], war damit die neue Dezimation abgeschlossen, der Voranschlag von 1578/79 ungefähr realisiert.

Auf den geistlichen Kammerhaushalt hatten diese Vorgänge kaum mehr einen praktischen Einfluß, er besaß seit 1589 in den Landschaftszinsen und den drei übriggebliebenen Klöstern seine überschaubaren, fest umrissenen Einnahmequellen. Die Klärung der finanziellen Situation veranlaßte Herzog Wilhelm am Ende der achtziger Jahre zur Reorganisation der drei mit den geistlichen Gefällen befaßten Zentralbehörden. 1589 wurde die Geistliche Kammer wieder unter einen eigenen Verwalter gestellt[75] und der

[72] Lichtenauer an Herzog Wilhelm am 11. 2. 1594: er beziffert die Summe auf 19 700 fl., also auf 500 fl. mehr als das oben Anm. 18 zitierte Verzeichnis (HStA Staatsverw. 2953, 80ff.). Am 15. 2. 1594 stimmte der Herzog dem Vorschlag zu (ebd. 99). Am 21. 2. übersandte Lichtenauer das Klosterverzeichnis; von den 19 700 fl. seien 11 600 fl. sofort einziehbar (ebd. 93ff.). Es folgen Briefentwürfe an die Klöster (ebd. 97ff.); die von ihnen aufgebrachte Summe belief sich dann auf 20 600 fl. (ebd. 112f.). 4000 fl. hatte Lichtenauer laut herzoglicher Anweisung vom 15. 2. dem Herzog sofort dargeliehen; dieser Posten fehlt dann in der Abschlußrechnung.

[73] Dekret vom 9. 3. 1595 (StAM GR 358/12).

[74] Ein herzoglicher Befehl in dieser Sache vom 15. 2. 1596: HStA Staatsverw. 3036, 462. — Am 16. 7. 1600 erwiderte der Geistliche Rat auf die herzogliche Aufforderung, Dezimationsrückstände einzutreiben, es werde sich kaum lohnen, und er selbst könne das nicht tun (HStA Staatsverw. 3042, 482ff.). Am 21. 8. 1600 befahl der Herzog der Hofkammer, vom Geistlichen Rat ein Verzeichnis der Dezimationsausstände anzufordern (StAM HR 475/3).

[75] Die Ernennung Lichtenauers wurde Anfang 1590 dem Geistlichen Rat mitgeteilt, der sie in seinem Gutachten vom 23. 4. 1590 (vgl. Anm. 77) zur Kenntnis nahm. Einem Schreiben des Geistlichen Rats vom 4. 10. 1595 zufolge begann Lichtenauers Amtsführung mit dem zweiten Halbjahr 1589 (StAM HR 475/3). Am 22. 12. 1589 quittierte er der Landschaftskasse den Empfang des Dezimationszinses als „gaistlicher camer verwalter“ (StAM GR 1472/55 1/2). — Johann Conrad Lichtenauer, ein Sohn des augsburgischen und

Hofkammer gegenüber, die zwei Jahre später eine neue Instruktion erhielt[76], verselbständigt. Johann Conrad Lichtenauer, der neue Geistliche Kammermeister, sollte nicht von ihr, sondern vom Geistlichen Rat beaufsichtigt werden, dem der Herzog ebenfalls im Frühjahr 1590 einen neuen Instruktionsentwurf zur Begutachtung vorlegte[77]. Mit der ihm auferladenen Kontrolle über die Geistliche Kammer sah sich der Geistliche Rat Aufgaben gegenüber, die seit Ligsalz' Tod ohne ihn erledigt worden waren. Die Universitätssachen, für die er nun zuständig werden sollte, hatten zwar schon von jeher ohne seine Mitwirkung den „Patronen" unterstanden[78]. Auch mit der Stipendienvergabe und dem ganzen Komplex der „collegia und seminaria" aber hatten die geistlichen Räte nun seit Jahren nichts mehr zu tun gehabt, alle Unterlagen darüber fehlten[79]. Sie schlugen daher am 23. 4. 1590 vor, sich zunächst einen Überblick über die laufenden Stipendien zu verschaffen, sodann ihre Zahl und Höhe zu fixieren und das hergebrachte Bewerberexamen, das inzwischen den Jesuitenkollegien übertragen worden war, wieder vor den geistlichen Rat zu bringen. Lichtenauer sollte eine Instruktion und einen Gegenschreiber gestellt bekommen. Die ausgebildeten Alumnen versprach man wie bisher bei der Vergabe der Kirchenstellen bevorzugt zu berücksichtigen, aller-

bayerischen Rats Dr. Johann Lichtenauer, hatte in Dillingen (imm. 26. 6. 1571) und Ingolstadt (imm. 6. 11. 1577) studiert, bevor er 1582 die Universität Siena bezog (imm. 8. 10. 1582: F. Weigle, Die Matrikel der deutschen Nation in Siena 1573—1738, 2 Bde. 1962). Am 31. 12. 1587 empfahl ihn Herzog Wilhelm dem Papst für ein Benefizium: er habe „singulares animi dotes", wolle jetzt promovieren und dann in den geistlichen Stand treten, wo er der Kirche Nutzen bringen werde (vgl. J. Schweizer, Römische Beiträge zur Korrespondenz des Herzogs Wilhelm V. von Bayern 1588—92: RQ 24, 1910, 168). Im März 1590 weilte er, inzwischen Geistlicher Kammermeister, in Rom; sein Bruder Johann Ulrich vertrat ihn im Amt (StAM GL 4323/163). Die Auflösung der Geistlichen Kammer (vgl. unten) hat er nicht lange überlebt; noch im Frühjahr 1600 muß er gestorben sein. Im Juni 1600 legten seine drei überlebenden Brüder eine Schlußrechnung für die Geistliche Kammer vor (ebd.).

[76] Stieve, Zur Geschichte des Finanzwesens. Außer der aus den älteren Instruktionen übernommenen Zuständigkeit für die Wirtschaftsführung auch der vakanten Klöster enthält sie keine einschlägigen Bestimmungen.

[77] Erhalten scheint nur die Erwiderung des Geistlichen Rats vom 23. 4. 1590 (HStA Staatsverw. 3030, 556ff.); vgl. VII Anm. 65.

[78] „Das man auch der universitet zu Ingolstat ... sachen im geistlichen rats verrichten solle", wird für untunlich gehalten; wenigstens seien genauere Informationen nötig (ebd. 559).

[79] Man wisse nicht, „was für collegia und seminaria von den geistlichen gefellen underhalten und wieviel jedem jerlich geben werden solle" (ebd.).

dings empfehle sich eine Reform ihrer Ausbildung, denn im Moment brächten sie wenig Nutzen[80].

Am 15. Juni 1590 erließ der Herzog auf Grund dieser Stellungnahme eine Resolution[81]. Der Geistliche Rat erwiderte darauf im November[82]. Inzwischen hatte man die Rechnungen der Geistlichen Kammer, ausgenommen die noch laufende Dezimation, überprüft; es fehlten allerdings alle Unterlagen aus der Amtszeit Neuburgers. Desgleichen war der Geistliche Rat noch nicht in den Besitz der Universitätsakten gelangt[83]. Für die Stipendiaten hatte der Herzog eine Neuordnung angekündigt, die dann im Februar 1591 den Ingolstädter und den Münchener Jesuiten zugestellt wurde[84]. Sie normierte, wie früher geschildert, Zahl und Höhe der Stipendien und erteilte den Jesuiten bei der Aufnahme, Leitung und Entlassung der in ihre Konvikte eingegliederten Alumnen so weitgehende Vollmachten, daß dem Geistlichen Rat kaum etwas dabei zu tun geblieben wäre.

Die Instruktion für Lichtenauer schlug der Geistliche Rat vor, von dem bestens informierten weltlichen Kammermeister Neuburger verfassen zu lassen. Dazu scheint es schon deswegen nicht gekommen zu sein, weil es Lichtenauer sehr rasch gelang, sich dem Herzog durch eine energische, aber eigenmächtige und ungeregelte Finanzpolitik unentbehrlich zu machen. Anfang 1592 wurde seine Unterordnung unter den Geistlichen Rat aufgehoben; er erhielt Vollmacht, nach Information durch die Hofkammer in allen Ausgabenfragen allein zu handeln[85]. Schon vorher scheinen die jesuitischen Stiftungsangelegenheiten, deren Sicherung die geistliche Ratsreform nicht zuletzt bezweckte, wieder unter Umgehung des Geistlichen Rats geregelt worden zu sein[86].

80 Vgl. dazu genauer VII Anm. 65, weiter unten Anm. 136ff.

81 Sie liegt mir nicht vor; vgl. Anm. 83.

82 HStA Staatsverw. 3030, 782ff. und 816ff. (7. 11. 1590); vgl. VII Anm. 66.

83 „Weil auch noch e.f.g. genedigister mainung nach der universitet Ingolstat... sachen im geistlichen rath sollen tractirt werden", müßten der Kanzler Gailkircher und der früher viel in Universitätsgeschäften erwähnte Lizentiat Müller zur Herausgabe der Unterlagen veranlaßt werden (ebd. 784). „Der collegien einkhummen halber sein wir von d. Liechtenauer wie zuvörderst von wegen der seminarien und aufnemmung der stipendiaten e.f.g. vertrester anordnung und berichts gewerttig" (ebd. 792).

84 Vgl. VII Anm. 68 und 80.

85 So protokolliert der Geistliche Rat am 10. 1. 1592 einen herzoglichen Befehl (HStA Staatsverw. 3032, 371'f.).

86 Die angeforderten Unterlagen jedenfalls hatte der Geistliche Rat noch 1592 nicht erhalten; am 24. 2. 1592 erinnerte er den Herzog an den Schriftenwechsel

Den Anlaß für diese Wendung lieferte der Einsturz von Turm und Chor der Münchener Michaelskirche, deren Wiederherstellung die Hofkammer bis 1595 noch einmal mit riesigen, den geistlichen Gesamtetat beträchtlich überschreitenden Jahresausgaben belastete[87]. Die geistlichen Gefälle wurden indirekt mitbetroffen, indem ihnen die noch ausständigen Dezimationsraten vorenthalten wurden. Zugleich sah sich Lichtenauer mit immer dringlicheren Gläubigeransprüchen der Hofkammer konfrontiert, die sich zwar aus den achtziger Jahren herleiteten, nun aber offensichtlich die Funktion hatten, die Münchener Baukosten auf die geistlichen Gefälle abzuwälzen[88]. Auch direkt erhöhte sich jedoch die Beanspruchung der geistlichen Kammer dadurch, daß der Herzog die Jahrespension des Münchener Kollegs am 1. 1. 1592 nochmals um 1000 auf 5000 Gulden erhöhte. Die 1589 verfügte Übereignung des vollen Dezimationskapitals an die Münchener Jesuiten wurde wiederholt[89]; es hat den Anschein, daß dieser, übrigens dem Dezimationstransport von 1585 widersprechende Eigentumstitel des Münchener Kollegs bisher keine praktische Bedeutung erlangt hatte, der Dezimationszins also nach wie vor über die Geistliche Kammer gelaufen war. Jetzt, im Oktober 1592, erhielt der Landschaftskanzler Anweisung, den gesamten Jahreszins (3675 fl.) nicht mehr an die Geistliche Kammer, sondern direkt an die Münchener Jesuiten auszuzahlen[90]. Nach Auskunft der Landschaftskürzen wurde in den folgenden

von 1590 und an das Ausbleiben von Instruktion und Aktenmaterial (HStA Staatsverw. 3032, 443ff.). In der Folgezeit mußte er wieder bei allen herzoglichen Anfragen zum Stiftungswesen seine absolute Unkenntnis eingestehen.

87 Das Hofzahlamt zahlte für die Münchener Bauten (in ganzen Gulden) 1589: 27 113 fl.; 1590: 18 314 fl.; 1591: 7867 fl.; 1592 wieder 16 870 fl., 1593: 17 891 fl. und 1594: 13 161 fl. Dann gingen die Ausgaben für diesen Zweck rapide zurück; 1595 waren nur mehr 1873 fl., 1596 1236 fl. zu bezahlen.

88 Bis zum Herbst 1593 stieg diese Forderung der Hofkammer auf 26 455 fl.; vgl. zu ihrer Begründung und weiteren Behandlung genauer unten Anm. 100ff.

89 HStA München/Jes. 104. Die Wendungen, mit denen das Dezimationskapital übereignet wird, entsprechen wörtlich denen der Urkunde von 1589 (vgl. Anm. 62).

90 Herzoglicher Befehl an den Landschaftskanzler Herwart vom 18. 10. 1592: für „das bey unnser lanndschafft anligent decimation gelt, so in ainer summen benenntlich 73 500 fl. belaufft unnd von der alten unnd jungstlich eingenomenen decimationibus heerraichet", sind die Zinsen künftig dem Münchener Jesuitenkolleg auszuzahlen. Lichtenauer habe Anweisung erhalten, „diser zwayer possten halber" bei der Landschaft nichts mehr zu fordern (HStA Altb. LL 1877, 280).

Jahren tatsächlich in dieser Weise verfahren[91]. Aus dem Geistlichen Kammerhaushalt[92] verschwand infolgedessen der Dezimationszins und ließ auf der Einnahmenseite nur die Zahlungen der vakanten Klöster übrig: Münchsmünsters, Parings, Schamhauptens und des neu zu dieser Kategorie gestoßenen Mallersdorf. Die geistlichen Ausgaben lagen nun bei wenig über 7000 Gulden; an das Münener Kolleg mußten die 1325 Gulden bezahlt werden, um die die neue Kollegpension den Dezimationszins überstieg[93].

Was den aus der Dezimation herrührenden Pensionsanspruch der Universität (800 Gulden) betraf, so ging Herzog Wilhelm unter dem Eindruck ihrer defizitären Finanzlage seit dem Sommer 1591 mit dem Plan um, ihn um 500 Gulden, ihren fiktiven, von den inzwischen erfolgten Transporten überholten, Kapitalanteil also um 10 000 Gulden zu erhöhen[94]. Eine entsprechende herzogliche Schuldverschreibung, gegen die sich die Universität aller älteren Ansprüche auf die Dezimation begab, erging im Oktober 1592[95].

[91] HStA Altb. LL 1676—1679 mit Formulierungen wie „collegio Societatis zu München", „der Societet alhie decimation" usw. Mederer (IV Nr. 60) druckt nach HStA Jes. 1748/II, 200 eine Urkunde, die sicher nicht zur Ausfertigung gelangt ist, wie schon die unfertige Datumszeile vermuten läßt. Ihr zufolge wäre 1592 die Übereignung der 20 000 fl. Dezimationskapital an das Ingolstädter Jesuitenkolleg bestätigt worden, und zwar mit Berufung auf die Urkunde von 1585. Dagegen bestätigt ein von März 1597 stammendes Schuldenverzeichnis, dem zufolge die Geistliche Kammer dem Münchener Kolleg in den Jahren 1595/96 „pro complemento fundationis" 2650 fl. hätte zahlen müssen, die Vermutung, daß es bis zur Stiftungsurkunde von 1597 nicht zu dieser Teilung des Dezimationskapitals zwischen den beiden Kollegien gekommen ist (HStA Jes. 2233/I).

[92] „Verzaichnus was jerlich von geistlicher cammer mueß bezallt werden" in HStA Jes. 93, 73f. und 81f. Es muß zwischen 1592 und 1597 entstanden sein, denn es verzeichnet für das Münchener Kolleg 1325 fl., für das Ingolstädter Kolleg 1600 fl., für die Universität 800 fl., „pro alumnis beyleuffig" 2000 fl., dazu verschiedene kleinere Posten (u. a. Lichtenauers Gehalt mit 300 fl.), insgesamt 7132 fl. Das zugehörige Verzeichnis der Einkünfte der vakanten Klöster (darunter erstmals Mallersdorf) gelangt leider zu keiner Gesamtbilanz (ebd. 68ff. und 76ff.).

[93] So hatte bereits die Stiftungsurkunde vom 1. 1. 1592 bestimmt. Erst am 24. 4. 1593 erging aber an Lichtenauer entsprechende Anweisung: er möge den durch das Dezimationskapital nicht abgedeckten Teil der Münchener Stiftungssumme (26 500 fl.) entweder entrichten oder verzinsen (HStA Jes. 2233/II. 1 post 347).

[94] Am 9. 7. 1591 kündigte Lichtenauer der Universität eine „additio decem milium" und damit einen jährlichen Gesamtzins von 1300 fl., von der Geistlichen Kammer zu zahlen, an (Senatsprotokoll UA D III 8, 284f.).

[95] Gedruckt bei Prantl II Nr. 117 (18. 10. 1592). Der mit fiktiven 26 000 fl. Kapital gekaufte Jahreszins von 1300 fl. war ab Juni 1593 fällig. Am gleichen

Da das Dezimationskapital an die Jesuiten vergeben war, wurde die neue Jahrespension (1300 fl.) auf die Geistliche Kammer angewiesen[96]. Zwei Jahre später gab ein Gläubigeranspruch der Geistlichen an die Hofkammer dem Herzog Gelegenheit, den Pensionszuschlag von den geistlichen Gefällen wieder abzulösen und auf die Hofkammer zu übernehmen, die ihn über das Kastenamt Vohburg auszahlen ließ[97]. Die neue Verschreibung wurde 1595 von Herzog Maximilian ratifiziert und damit rechtskräftig. Von 1596 an bezog die Universität wie bisher 800 Gulden auf dem Weg über den Kasten Aichach von der Geistlichen Kammer und 500 Gulden über den Kasten Vohburg von der Hofkammer[98].

Durch die Vergabe Biburgs an das Ingolstädter und die Übereignung der Dezimation an das Münchener Jesuitenkolleg hatten sich die Einnahmen und die Ausgaben der Geistlichen Kammer, wenn auch infolge der Münchener Pensionserhöhung nicht ganz im gleichen Verhältnis, verringert. Ihr verbleibender Etat hätte für

18. 10. 1592 sandte der Herzog der Universität zur Unterzeichnung eine Zessionsurkunde in Bezug auf die älteren Dezimationsansprüche, außerdem ein Verzeichnis von Klöstern, die der Geistlichen Kammer verschuldet seien (vgl. oben Anm. 18). Die Universität sollte eines wählen, mit dessen Kapitalschuld ihr Anspruch versichert werden könnte (StAM GL 1480/55). Die Zessionsurkunde über den Anspruch auf die „alte“ Dezimation: Prantl II Nr. 118.

[96] Die Universitätsrechnungen verzeichnen neben dem weiterhin vom Kasten Aichach gezahlten Betrag von 800 fl. erstmals im Jahre 1594 und von da an regelmäßig den Empfang von 500 fl. als Dezimationszuschlag von der Geistlichen Kammer (HStA Jes. 1766/III, 27ff.). Was die 800 fl. betrifft, so waren sie offenbar nach der Vergabe der Dezimationen an die Jesuiten auf der Geistlichen Kammer hängen geblieben.

[97] Über die Herkunft dieser herzoglichen Schuld vgl. oben Anm. 69. Am 19. 11. 1594 ordnete Herzog Wilhelm an, die fraglichen 9000 fl. durch die Geistliche Kammer auf 10 000 fl. aufrunden zu lassen und der Universität „in abschlag“ auf die Verschreibung von 1592 (26 000 fl.) zu verzinsen, eventuell über den Kasten Vohburg (StAM GL 1480/11). Anfragen Herzog Maximilians zu dieser Manipulation an die Hofkammer, an Lichtenauer und an Herzog Wilhelm selbst: HStA GL Ingolstadt 23 1/2. Die Hofzahlamtsrechnung verzeichnet für 1595 eine wohl fiktive Zahlung an Lichtenauer über 9000 fl. (StAM HZR 41, 174'f.), denn offenbar hatte die neue Verschreibung nur zur Folge, daß sich die Geistliche (mit 800 fl.) und die Hofkammer (mit 500 fl.) fortan in die Universitätspension teilten. Am 18. 9. 1595 befahl die Hofkammer dem Pfleger von Vohburg, der Universität von 1596 an 500 fl. auszuzahlen (HStA Kurbaiern Prot. 125, 139'). Von 1596 an registriert die Hofzahlamtsrechnung diese jährliche Ausgabe, die folglich von den späteren, mit der Auflösung der Geistlichen Kammer zusammenhängenden Transaktionen nicht berührt wurde (StAM HZR 42, 198'; HZR 45, 194').

[98] So bestätigen die Universitätsrechnungen in HStA Jes. 1766/III, 27ff. und ein Schuldenverzeichnis der Hofkammer in HStA Altb. LL 670, 297ff.

einigermaßen ausgeglichen gelten können, wenn sie nicht seit Ende 1593 von der durch die Münchener Baukosten belasteten Hofkammer mit den schon erwähnten Gläubigeransprüchen bedrängt worden wäre. Sie bezogen sich zur größeren Hälfte auf die Baukosten von Schule und Konvikt in Ingolstadt aus den Jahren 1582—1586; von den knapp 17 000 Gulden, die die Hofkammer für diesen Zweck aufgebracht, der Herzog aber zur geistlichen Ausgabe erklärt hatte[99], waren bislang zu Ligsalz' Amtszeit 2000 Gulden zurückgezahlt worden, den Rest verlangte die Hofkammer nun von der Geistlichen Kammer zurück[100]. Noch einmal 11 717 Gulden forderte sie für Pensionszahlungen an das Ingolstädter Kolleg, die Universität und das Alumnat, die sie während der Amtszeit Neuburgers für die Geistliche Kammer übernommen hatte[101]. Lichtenauer focht diesen Anspruch mit dem Hinweis auf die fehlenden Rechnungsunterlagen Neuburgers an[102], und in der Tat hatte ja die Hofkammer in den fraglichen Jahren nicht nur den „alten" Dezimationszins von der Landschaft abgehoben (1586—88 insgesamt 7050 fl.), sondern auch die „neue", von der Landschaft noch nicht übernommene Dezimation selbst zu verzinsen gehabt (für dieselbe Zeit 3975 fl.)[103]. War somit dieser alte Anspruch zumindest in der Höhe bestreitbar, so hatte doch die Hofkammer in Lichtenauers Amtszeit seit 1592 erneut die Universitätspension übernehmen müssen[104], während zugleich beide Kammern gegenüber den jesuitischen Konvikten in München und Ingolstadt in immer größere Zahlungsrückstände gerieten.

99 Vgl. Anm. 23.

100 Herzoglicher Befehl an Lichtenauer vom 3. 10. 1593 und Erwiderung Lichtenauers vom 7. 10. (HStA Staatsverw. 2953, 74, 80, 83ff.). Ein Hofkammerbericht vom 18. 9. 1595 nennt jedoch als Baukosten nur noch 14 796 fl., von denen Ligsalz bereits 2000 fl. erstattet habe (HStA Kurbaiern Prot. 125, 141'ff.).

101 Vgl. oben Anm. 33. Die Gesamtschuld belief sich danach auf 26 455 fl.

102 Lichtenauer an Herzog Wilhelm am 11. 2. 1594: abgesehen von der zweifelhaften Rechtslage könne die Geistliche Kammer diese Summe unmöglich aufbringen (HStA Staatsverw. 2953, 80ff.). Auf diesen Bericht und auf Lichtenauers Alternativvorschlag hin (vgl. Anm. 72) verzichtete der Herzog durch Dekret vom 15. 2. 1594 einstweilen auf die Begleichung der Schuld (ebd. 99).

103 Vgl. Anm. 32f.

104 Laut Schuldenverzeichnis von November 1596 zwischen 1592 und 1594 in voller Höhe, 1595 noch einmal zur Hälfte (StAM GR 358/12). Die Verschreibung von 1592 hatte jedoch die gesamte neue Jahrespension der Universität auf die Geistliche Kammer angewiesen (vgl. oben Anm. 96), folgerichtig forderte die Hofkammer diese Posten zurück.

Auf neue geistliche Einnahmequellen konnte kaum gerechnet werden. Im Frühjahr 1593 ergriff Herzog Wilhelm zwar die Gelegenheit der Romreise Maximilians, Papst Clemens VIII. in aller Vorsicht und unter größter Geheimhaltung um ein neues Dezimationsprivileg, wohl zugunsten des Münchener Jesuitenkollegs, und um bestimmte Klosterkonzessionen zu ersuchen, stieß aber an der Kurie auf große Zurückhaltung: Der Herzog wisse selbst, ließ der Papst ausrichten, wieviel Zwist durch die früheren Bewilligungen dieser Art erregt worden sei, er möge alle kirchlichen und politischen Aspekte, auch mit Rücksicht auf das Ansehen seines Hauses, noch einmal überdenken. Maximilian sah keine Möglichkeit, den Punkt noch einmal zur Sprache zu bringen, und auch Herzog Wilhelm scheint die Erfolgschancen dieses Antrags von vornherein zu skeptisch eingeschätzt zu haben, um weiter auf ihm zu bestehen[105]. Im Januar 1594 sagte er den Ständen, die die Übernahme von neuen eineinhalb Millionen herzoglicher Schulden von der Erfüllung dieser ihrer alten Forderung abhängig machten, zu, sie künftig mit außerordentlichen Exaktionen und Dezimationen nicht mehr zu beschweren[106].

Auch die 1595 erlangte päpstliche Zustimmung zur Inkorporation des bisher nicht herzoglich verwalteten und daher neu zu den geistlichen Gefällen stoßenden Klosters Ebersberg in das Münchener Jesuitenkolleg[107] bedeutete nicht eigentlich einen finanziellen Gewinn. Der Pensionsanspruch der Münchener Jesuiten konnte zwar in der abschließenden Stiftungsurkunde vom 26. 6. 1597[108] auf

[105] Stieve, Briefe und Akten IV 133ff. (dieselben Stellen auch bei Stieve, Wittelsbacher Briefe I 93 und 95). Der genaue Inhalt des Antrags ist nicht zu erkennen, zumal die auf ihn bezüglichen Stellen in allen Briefen ausgestrichen worden sind. Cinthio erwähnt in seinem Brief an Herzog Wilhelm vom 22. 5. 1593 wohl irrig einschlägige Konzessionen der Päpste Gregor XIII. und Sixtus V. Das vom Herzog berufene Breve Pius' IV. (von 1562) finde sich nicht im päpstlichen Kanzleiregister, um seine Übermittlung wird gebeten. Maximilian schrieb am 9. 5. 1593 an seinen Vater, er habe aus taktischen Gründen „die decimas so in (!) dem collegio patrum sollen verkhert werden", nicht zur Sprache gebracht; möglicherweise bemühte sich der Herzog also zugleich um die päpstliche Bestätigung für die Übereignung der alten Dezimationserträge an die Jesuiten, die ja durch die Breven von 1548 und 1562 nicht voll gedeckt war.

[106] HStA Altb. LL 406, 75, 145, 175, 311, 339, 353; eine herzogliche Erklärung vom 11. 1. 1594 ebd. 562. Zuvor hatte der Herzog erklären lassen, er habe solche Besteuerungen nicht vor, doch müßten einige Prälaten noch ihre Dezimationsausstände begleichen (ebd. 205f.).

[107] Hund, Metropolis II 285ff., Bulle vom 19. 5. 1595.

[108] HStA München/Jesuiten 112.

2675 fl., ihr Kapitalanteil an der Dezimation entsprechend auf 53 500 fl. reduziert werden. Das Ingolstädter Kolleg gelangte dadurch wieder in den Besitz des ihm 1585 übereigneten Dezimationsanteils von 20 000 Gulden, sein Pensionsanspruch an die Geistliche Kammer ging von 1600 auf 600 Gulden zurück. Die geistlichen Ausgaben verringerten sich infolgedessen um diese 1000 und um die 1325 Gulden, die bisher den Münchener Jesuiten in Ergänzung des Dezimationszinses bezahlt worden waren. Diesem Gewinn von 2325 Gulden im Jahr stand aber der Verlust der vakanten Klöster Paring, Schamhaupten und Mallersdorf gegenüber, zu deren Restitution sich der Herzog dem Papst gegenüber als Entschädigung für Ebersberg hatte verpflichten müssen[109].

In der chaotischen Finanzlage, die er am Jahresbeginn 1595 beim Antritt der Mitregierung antraf, erblickte Herzog Maximilian das Heil in äußerster Sparsamkeit, die auch vor nebensächlichen Ausgaben nicht Halt machte. Wie oben gezeigt, gehörte die Unterhaltung der Münchener Alumnen, und zwar der weltlichen Schüler wie der geistlichen Chorknaben, zu den weltlichen Ausgaben. 1589 hatte die Hofkammer dafür nahezu 4000 fl. bezahlt, dann waren die Zahlungen wohl mehr oder weniger vollständig unterblieben, der Gläubigeranspruch des Konvikts also entsprechend angewachsen. In Ingolstadt fielen nur die „weltlichen“ Stipendiaten in das Ressort der Hofkammer, deren Rechnungen dafür sporadische, in der Höhe sehr viel bescheidenere Angaben aufweisen[110]. Immerhin

[109] Korrespondenz über die komplizierte Ebersberger Angelegenheit in HStA Staatsverw. 3037, 26ff. und 51ff. sowie Jes. 93,2ff. Die Zustimmung des Kurfürsten Ernst als zuständigen Diözesans konnte Wilhelm nur mühsam erlangen. Die Ebersberger Mönche wurden nach Mallersdorf versetzt. Der Inkorporationsakt abschriftlich in HStA Jes. 2261, 64ff. — Der herzogliche Versuch, das Freisinger Kloster Weihenstephan in die Hand zu bekommen, scheiterte am Widerstand der Mönche (Hartig, Augustinerstifte I 41f.; Hemmerle 79ff.).

[110] In den Hofzahlamtsrechnungen fehlen seit 1590 die zuletzt auf 3801 fl. gestiegenen Ausgaben für die Münchener Alumnen; vgl. für die Vorjahre StAM HZR 31, 432'ff., HZR 32, 415, 441'ff. und 447'ff., HZR 33, 504'ff., HZR 34, 435'ff., HZR 35, 448', 454, 466' und 475. Nach Ingolstadt zahlte die Hofkammer für die Unterhaltung der weltlichen Stipendiaten 1591 600 fl., 1593 297 und 1594 400 fl. (nach StAM GR 358/12). Ein Gesuch des Regens des Ignatianums um Auszahlung der fälligen Quartalssumme veranlaßte die Hofkammer schon am 7. 1. 1593, den Herzog um Entlassung der Stipendiaten zu bitten. Man habe oft dargelegt, „das uber dise junge leuth alhie und zu Ingolstat jerlich vil gee, und besorglich wol etlich undter inen sein werden, so des verlegens nit werth noch zum studirn theuglich. So haben ir d. sye“ (d. h. die Räte) „dessen, damit diser uncossten eingezogen werde, hiemit

war auch hier bis zum November 1595 eine Schuldsumme von 2185 Gulden aufgelaufen[111].

Maximilian verfügte daher im Juli 1595 in Dekreten an die Hofkammer und an die jesuitischen Rektoren, alle weltlichen Stipendiaten in Ingolstadt und München, dazu auch die Münchener Chorknaben, unverzüglich zu entlassen[112]. Die Zahlungen wurden ab sofort eingestellt, die Begleichung der Ausstände grundsätzlich zugesagt, aber auf spätere Gelegenheit verschoben. Einstweilen sollten sich die Konvikte mit der Aufnahme von Krediten behelfen, deren Verzinsung die Hofkammer übernehmen mußte[113].

wider undterthenigst erindern wellen" (HStA Kurbaiern Prot, 111, 23f.). Eine Wiederholung dieser Mahnung am 19. 2. 1593 ebd. 204ff.

111 Der Regens des Ignatianums Gaugenrieder bat den Herzog nach der Entlassung der „weltlichen alumni" am 23. 11. 1595 dringlich um Begleichung dieser Schuld (HStA Jes. 1748/II, 297).

112 Am 15. 7. 1595 verkündete ein herzogliches Dekret diesen Beschluß der Hofkammer (korrigierter Entwurf in HStA Jes. 2416; ebd. dasselbe noch einmal unter dem Datum des 19. 7. 1595). Am 18. 7. 1595 schrieb der Herzog an den Ingolstädter Kollegrektor Richard Haller: „send wir aus etlichen bedennckhlichen ursachen gentzlich entschlossen, alle diejenige alumnos, so von ir d. unnsers g^st^. geliebten herrn vatters weltlicher camer verlegt worden, abdanckhen zelassen. Ist derowegen unnser g^ster^ bevelch, ir wollet inen den alumnis ein solliches lassen anzaigen, damit sy sich hinfüran und von jetzt Jacobi an in ander weeg jeder seiner glegenhait nach versehen, unnd inen diss orths verrer khain rechnung machen. Was dann für sy die alumnos biß auf dise zeit zubezalen noch ausstendig sein wierdet, haben wir alberaith bevelch geben, damit solliches aufs aller eheiste guet gemacht unnd bezalt werde" (HStA Jes. 2233/III, 287 und Jes. 2416; BStB Clm 26 477, 10; UA Z I 24). Ein entsprechender Befehl an den Münchener Kollegrektor vom 19. 7. 1595: HStA Jes. 2233/III, 288. Hier traf die „Abdankung" neben den weltlichen Stipendiaten ausdrücklich auch die Kapellenknaben, deren Stelle künftig arme Jesuitenschüler gegen eine Belohnung in Naturalien versehen sollten (vgl. dazu auch schon HStA Jes. 2233/II, 295, 17. 4. 1595). Die Streichung erstreckte sich weiter auch auf die nach anderen Orten gezahlten „handraichungen" und „pensionen" (so der Befehl an die Hofkammer: HStA Jes. 2233/III, 289). Am 2. 9. und wieder am 7. 10. 1595 begehrte der Herzog bei der Hofkammer Bericht über die erfolgte Entlassung. Diese erwiderte am 9. 9., bei der Hofzahlstube seien die Zahlungen von Jacobi an gesperrt worden (ebd. 291, 293, 298).

113 Am 26. 8. 1595 erinnerte der Regens des Ignatianums Gaugenrieder den Herzog an die zugesagte Begleichung der Ausstände, die noch immer nicht erfolgt sei. Der Herzog erwiderte am 13. 10., im Moment fehlten dafür die Mittel, das Konvikt möge sich daher mit einem Kredit behelfen. Gaugenrieder wiederholte am 23. 11. 1595 seine Bitte: die Rückstände beliefen sich auf 2185 fl., das Ignatianum sei bereits überschuldet und von Gläubigern bedrängt. Der Herzog entgegnete am 25. 11., die Schuld könne jetzt nicht

Nachdem auch die Münchener Baukosten von 1595 an auf geringe Restbeträge zurückgingen, schied die Hofkammer nun aus dem Bereich der Stiftungsfinanzierung endgültig aus, nicht ohne der Geistlichen Kammer eine Schuldforderung zu hinterlassen, die sich nach Abrechnung der von Herzog Wilhelm aus dem Ertrag der „neuen" Dezimation entnommenen Beträge (16 500 Gulden)[114] noch auf mehr als 15 000 Gulden belief[115]. Trotz seiner Einwände wurde Lichtenauer im Januar 1596 von Maximilian zur Erstattung dieser Summe aufgefordert[116], die jedoch die Zahlungskraft der Geistlichen Kammer mehr denn je überstieg.

beglichen werden, der Regens möge den Vorschlag vom 13. 10. befolgen (HStA Jes. 1748/II, 296—300). Am 27. 3. 1597 berichtete die Hofkammer dem Herzog, geistliche und weltliche Kammer zusammen seien den Jesuiten in Ingolstadt und München, und zwar den Kollegien mitsamt den Konvikten, etwa 23 000 fl. schuldig (ebd. 305). Das dazugehörige Verzeichnis findet sich in HStA Jes. 2233/I; ihm zufolge schuldete die Geistliche Kammer dem Ingolstädter Konvikt 3148 fl., die Hofkammer dem gleichen Konvikt „pro alumnis secularibus" noch 1685 fl. (es müßten also inzwischen 500 fl. bezahlt worden sein), dem Münchener Konvikt 1500 fl. Dazu kamen 4950 fl., die die Hofkammer „von dem pawgelt" für die Münchener Alumnen abgezweigt hatte und dem Kolleg zurückerstatten mußte. — Ein Verzeichnis mit viel geringeren Schuldposten, undatiert, in HStA Jes. 1748/II, 303. — 1596 zahlte die Hofzahlstube den Zins für einen Kredit über 1200 fl., den der Regens des Münchener Konvikts aufgenommen hatte (StAM HZR 42, 200). — Auch im Georgianum hatte Herzog Wilhelm weltliche Stipendiaten unterhalten; der Regens Johann Cholin ersuchte 1600 nachträglich um Begleichung von entsprechenden Zahlungsausständen (StAM GL 1496/28 und HStA Jes. 1762).

114 Vgl. Anm. 71f.

115 Bericht der Hofkammer an den Herzog vom 18. 9. 1595 (HStA Kurbaiern Prot. 125, 141'ff.): Das Hofzahlamt habe für die Geistliche Kammer 34 657 fl. „außgelegt"; Lichtenauer übernehme davon als zu den geistlichen Ausgaben gehörig 16 638 fl. und bezahle sie mit einer herzoglichen Schuldverschreibung vom 9. 3. 1595 über 16 500 fl. (vgl. zu dieser, von der „neuen" Dezimation herrührenden Verschreibung oben Anm. 72). Darüber hinaus forderte die Hofkammer 14 796 fl. als Ingolstädter Baukosten (1593 waren sie auf 16 738 fl. beziffert worden, vgl. oben Anm. 100), von denen die Geistliche Kammer zu Ligsalz' Amtszeit 2000 fl. zurückgezahlt habe, blieben also 12 796 fl. Dazu kamen 1183 fl., die die Hofkammer dem Ignatianum für „etliche alumnos" bezahlt habe, und einige andere Posten, alles in allem 15 519 fl.

116 Dekret vom 17. 1. 1596: HStA Kurbaiern Prot. 126, 44. Am 29. 3. 1596 erging an Lichtenauer der Befehl, über die Schulden der Geistlichen an die Hofkammer und über die Möglichkeiten ihrer Tilgung zu berichten (StAM HR 358/11, Konzept; vgl. Dollinger, Finanzreform 161). Im November 1596 berechnete die Hofkammer die geistliche Kammerschuld auf 27 768 fl., allerdings ohne die herzogliche Schuldverschreibung über 16 500 fl. in Abzug zu bringen, im März 1597 dann in einem Schreiben an den Herzog sogar auf 28 877 fl. (HStA Jes. 1748/II, 305), ohne freilich noch mit einer Rückzahlung

Die Sanierung der Hofkammer, unmittelbarer Bestimmungszweck von Maximilians Regierungsantritt, brachte so die Geistliche Kammer in das Blickfeld der herzoglichen Aufmerksamkeit. Deren Reform aber konnte nur in Fortsetzung der von Herzog Wilhelm 1589 begonnenen Bestrebungen über die Vollendung der jesuitischen Stiftungen auf die Liquidation der geistlichen Gefälle und ihrer Administration hinauslaufen. Zunächst wurde der geistliche Kammermeister Lichtenauer durch herzogliches Dekret im Oktober 1595 wieder dem Geistlichen Rat unterstellt und zu regelmäßiger Rechnungslegung vor dieser Behörde verpflichtet[117]. Im Sommer 1596 berichtete der Geistliche Rat dem Herzog, die Geistliche Kammer befinde sich seit der Übergabe der Dezimation und des Klosters Biburg in Zahlungsschwierigkeiten, und es sei nötig, ihre Ausgaben zu verringern[118]. Nachdem die jesuitischen Pensionen nicht angetastet werden durften, konnte dabei nur an die Ingolstädter Alumnen gedacht sein, gegen die der Geistliche Rat ja schon 1590 kritische Bedenken geäußert hatte[119]. Eine herzogliche Aufforderung, die Alumnen bei der Vergabe freier Pfarreien zu bevorzugen, lie-

zu rechnen. Alle diese Verzeichnisse (vgl. auch Anm. 87) differieren nicht unbeträchtlich in der Bezifferung der einzelnen Schuldposten und lassen sich auf ihre Richtigkeit hin kaum kontrollieren.

117 Nachdem bereits am 24. 11. 1594 der Geistliche Rat auf herzogliche Anweisung hin seinen Sekretär Martin Rieger zum Gehilfen Lichtenauers bestimmt hatte (HStA Staatsverw. 3034, 697ff.), gab wohl die Rechnungsprüfung im September 1595 Anlaß, den Geistlichen Kammermeister strenger unter Kontrolle zu nehmen. Der Geistliche Rat beschwerte sich Anfang Oktober darüber, daß er seit Ligsalz' Tod (1585) über die geistlichen Gefälle nicht mehr unterrichtet worden sei. Lichtenauer, der die Kammer völlig eigenmächtig verwalte (vgl. Anm. 85f.), sei ihm zu unterstellen und zu regelmäßiger Rechnungslegung zu verpflichten (StAM HR 475/3, 3. und 4. 10. 1595). Am 11. 10. 1595 erging ein Dekret beider Herzöge: die Geistliche Kammer wurde dem Geistlichen Rat „unterworfen“, sie habe jährlich unter Beiziehung zweier Hofkammerräte Rechnung abzulegen (StAM HR 477/8). Eine entsprechende Anweisung erging am 19. 10. 1595 an Lichtenauer (HStA Staatsverw. 3035, 348f.). Zu dieser Zeit war der Geistliche Rat bereits mit der Prüfung von Lichtenauers Rechnungen befaßt, die wieder wie 1590 (vgl. Anm. 77) dadurch erschwert wurde, daß aus Neuburgers Amtsjahren 1586—88 die Unterlagen fehlten (StAM HR 475/3, Schreiben des Geistlichen Rats an den Herzog vom 4. 10. 1595, sowie HStA Staatsverw. 3035, 345).

118 HStA Staatsverw. 3036, 563ff. (Schreiben des Geistlichen Rats an den Herzog vom 8. 7. 1596) und 573'ff. (ebenso vom 5. 8. 1596). Den Anlaß lieferte eine Beschwerde des Ingolstädter Frauenpfarrers und Professors Johann Riepel, der von der Geistlichen Kammer eine kleine Unterstützung bezog; ihre Finanzierung machte nun Schwierigkeiten.

119 Vgl. Anm. 80.

ferte der Behörde den Anlaß, diese Kritik zu wiederholen: wenn man in Ingolstadt Kandidaten anfordere, könne man keine erhalten, zumal für die Dorfpfarreien dünkten sich die Stipendiaten zu gut[120].

Im Oktober 1596 mußte auch Lichtenauer den Herzog ersuchen, im Moment keine neuen Alumnen nach Ingolstadt zu entsenden, weil die Kammer die jetzige Zahl der Stipendien nicht länger zu tragen vermöge[121]. Ein Hofkammerbericht vom März 1597 legte dar, daß Hof- und Geistliche Kammer zusammen den beiden jesuitischen Konvikten 23 000 Gulden schuldig seien; man wisse nicht recht, wo man diese Summe auftreiben solle, die Geistliche Kammer zumindest sei zahlungsunfähig und könne auch ihre Schulden gegenüber der Hofkammer nicht begleichen[122]. Die Aussichten für das Ingolstädter Alumnat standen nicht günstig; die finanziellen Rücksichten drängten im Verein mit den grundsätzlichen Einwänden des Geistlichen Rats und mit der Abneigung der Jesuiten auf seine Aufhebung. Bei den letzteren verstärkte die wachsende Verschuldung der herzoglichen Kammern eine zwar nie dominierende, aber doch starke Aversion gegen die Konvikte schlechthin, die sie ja immer nur auf Wunsch der Stifter und Gönner übernommen hatten, um den Preis von Belastungen und Behinderungen ihres Kollegbetriebs. Paul Hoffaeus, seit jeher ein Wortführer der konviktfeindlichen Richtung, empfahl Anfang 1597 dem Herzog in einem längeren Gutachten mit den bekannten Hinweisen auf die vielen Nachteile und die zweifelhaften Vorzüge dieser Anstalten die Abschaffung beider, des Münchener und das Ingolstädter Konvikts. Beide seien hoch verschuldet, von Gläubigern bedrängt, vom Herzog im Stich gelassen. Zumindest sollte das Münchener Konvikt aufgelöst werden; mit den ersparten Mitteln ließe sich das Ignatianum als einziges bayerisches Konvikt erhalten, so wie Dillingen den schwäbischen Nachbarraum betreue. Die herzoglichen Alumnen könnten

120 Schreiben des Geistlichen Rats an den Herzog vom 5. 8. 1596 (HStA Staatsverw. 3036, 750ff.): Man habe die Alumnen schon bisher „zue den fürnembsten pfarren im landt“ befördert. Übrigens besitze der Herzog nur über wenige gute Pfarreien den Patronat, die meisten seien Domkapiteln und Klöstern inkorporiert. Obwohl sich der Herzog ungeachtet des bischöflichen Widerspruchs im sicheren Besitz der Papstmonate befinde (so in einem Gutachten vom 28. 3. 1596, ebd. 484ff.), so vermieden doch die Bischöfe Vakaturen in diesen Monaten. Auf die Dorfpfarreien aber wollten die Alumnen nicht.

121 StAM GR 358/12 (20. 10. 1596).

122 HStA Jes. 1748/II, 305 (27. 3. 1597); vgl. dazu auch oben Anm. 113.

beibehalten werden, jedoch sollten sie besser ausgewählt werden, und die herzoglichen Behörden müßten endlich ihre Schulden bezahlen[123]. Noch im März 1597 entschloß sich Maximilian tatsächlich zur Translation des von seinem Vater feierlich und für alle Zukunft verbindlich gestifteten Münchener Konvikts[124] nach Ingolstadt[125].

Mit der Neustiftung des Münchener Kollegs[126] gelangte in diesem Jahr die Liquidation der Geistlichen Kammer in ihre Endphase. Auf der Einnahmenseite war ihr fast allein das Kloster Münchsmünster geblieben, auf der Ausgabenseite vor allem die Pensionszahlungen an die Universität (800 fl.), an das Ingolstädter Kolleg (jetzt nur noch 600 fl.) und an das Alumnat (1200 fl.). Es lag nur nahe, auch noch diese Titel untereinander in direkte Verbindung zu bringen. Im Juli 1597 wurden erstmals die Jesuiten- und die Alumnatspension unmittelbar auf das Kloster angewiesen[127]. Da aber dessen

[123] HStA Jes. 1761, undatierte Abschrift; zur Datierung B. Schneider, Paul Hoffaeus 36 gegen Duhr I 319ff., der den Text auf 1585 ansetzte. Hoffaeus führt sich mit dem Satz ein, viele hielten es für einen Vorteil der Kirche, wenn die Gesellschaft Jesu „ultra proprias instituti sui obligationes et ministeria et passim convictorum curam suscipiat; verum ipsius Societatis iudicium semper contrarium fuit". In Rom habe man das Konvikt dem Orden aufgenötigt, in Würzburg und Trier seien die Konvikte wieder aufgehoben worden, denn ihr Nutzen sei gering, die Störung für den Kollegbetrieb aber groß. Die Konviktoren gehorchten nicht, und dann müsse man sich noch den Vorwurf anhören, „alumnos principum parum in nostra disciplina proficere". Dann die wirtschaftlichen Sorgen: das Münchener Konvikt habe an den Herzog Forderungen über 2000, das Ignatianum über 5000 fl., der Regens müsse sich schon vor den Gläubigern verstecken. Wenn wenigstens das Münchener Konvikt aufgelöst werde, kämen für das wichtigere Ingolstadt Mittel frei. Aber: „in admittendis alumnis melior delectus habeatur!" — Das Schreiben, anläßlich einer Visitationsreise des alten Hoffaeus durch Deutschland entstanden, ist an Herzog Wilhelm gerichtet, jedoch mit der Bitte, es auch Maximilian zur Kenntnis zu bringen.

[124] Vgl. VII Anm. 81.

[125] Agricola II 153. Mit den Konviktoren wanderte der ganze Hausrat nach Ingolstadt; das Haus ging an die Münchener Marienkongregation. Hoffaeus hatte als Grund für diese Auflösung vorgebracht, die wenigen Konviktoren fielen unter den 700 Schülern in München kaum ins Gewicht, die Disziplin lasse sich ebenso gut ohne das Konvikt aufrechterhalten, und die Bürger würden für die zusätzliche Verdienstmöglichkeit dankbar sein.

[126] Vgl. Anm. 108.

[127] Herzoglicher Befehl an Lichtenauer und an den Klosterverwalter von Münchsmünster vom 10. 7. 1597 (HStA Jes. 1748/II, 198f. und Jes. 1789). Die Zahlung hatte von den vergangenen Pfingsten an vierteljährlich an den Rektor des Ingolstädter Kollegs und den Regens des Ignatianums zu erfolgen.

Leistungskraft diese beiden Ansprüche überstieg und andererseits noch die Universitätspension unterzubringen war, drängte sich eine Lösung auf, die von Herzog Wilhelm stammte, von Maximilian im Januar 1598 durch Dekret verkündet wurde: Der Geistliche Kammermeister Lichtenauer, der Hofkammerpräsident Johann Schrenck und der Münchener Kastner Caspar Lerchenfelder erhielten Auftrag, den Ingolstädter Jesuiten gegen Übernahme der Universitäts- und Alumnatspensionen die Verwaltung des Klosters Münchsmünster anzubieten[128].

Damit stand die „abthueung der geistlichen cammer", wie Lichtenauer noch im gleichen Monat dem Geistlichen Rat andeutete[129], vor der Tür: ihre wichtigsten Einnahmequellen waren mit ihren bedeutendsten Versorgungsempfängern in eine direkte Verbindung gebracht worden und künftig von der Vermittlung der Kammer als zentraler Umschlagstelle der geistlichen Gefälle unabhängig. Im Juli 1598 erklärte denn der Herzog das Amt des Geistlichen Kammermeisters für „expiriert"[130]. Allerdings hatte diese Liquidation eine Reihe von in der Höhe zwar unbeträchtlichen, nun aber nicht mehr abgedeckten Ausgabetiteln übriggelassen, Unterstützungszahlungen an einige Geistliche und Kirchen, dann die Gehälter der Geistlichen Ratsbeamten, schließlich auch die Kosten künftiger Visitationen und ähnlicher Geistlicher Ratshandlungen. Da außerdem noch immer der alte Gläubigeranspruch der Hofkammer zu befriedigen blieb, erhielten Lichtenauer und der Geistliche Rat im Februar 1598 Befehl, Vorschläge zu unterbreiten, wie zur Finan-

[128] 10. 1. 1598 (HStA Jes. 1748/II, 340; gedruckt bei Mederer IV Nr. 65). Die drei Kommissare sollen den Jesuiten „die verwalltung des closters Münchsmünsters fürschlagen unnd obangeregte drej posten selbst davon zu bezalen und richtig zu machen anzaigen". Wohl ein Konzept dazu ebd. 341. Daß der Plan von Herzog Wilhelm stammte, der erst am 4. 2. 1598 abdankte, geht aus HStA Jes. 1748/II, 346f. hervor. Wie oben Anm. 54 gezeigt, waren die Ingolstädter Kollegeinkünfte bereits seit 1590 mit dem Klostervermögen „hypothekarisch" versichert. Auch ein Zahlungsrückstand der Geistlichen Kammer gegenüber den Ingolstädter Alumnen in Höhe von 700 fl. war bereits Anfang 1592 auf die Einkünfte Münchsmünsters angewiesen worden, die nach der Vergabe Biburgs und der Dezimationen die wichtigste geistliche Einnahmequelle darstellten (HStA Jes. 1789, 29. 2. und 11. 3. 1592).

[129] Geistlicher Rat an Maximilian am 29. 1. 1598 (HStA Staatsverw. 3038, 499'ff.).

[130] Dekret vom 22. 7. 1598: „Nachdem die geistlichen cammergefell mit der bäpstl. h. vorwissen und bewilligung nunmehr in ander weg verwendet, daß geistliche cammermeisterampt, alß welches keine einnam (?) und außgaben mehr hat, allerdings expirirt", sei über die Deckung der verbliebenen geistlichen Ausgaben zu beraten (StAM HR 477/8).

zierung der verbliebenen Aufgaben ein neues geistliches Einkommen geschaffen werden könne[131].

Diese Überlegungen zogen sich, durch wiederholte herzogliche Anfragen am Leben gehalten, über zwei Jahre hin. Auf die Klöster Paring, Schamhaupten und Mallersdorf war langfristig nicht mehr zu rechnen; die beiden letzteren mußten, wie erwähnt, im Tausch gegen Ebersberg wiederhergestellt werden, während Paring 1598 als Propstei dem Kloster Andechs inkorporiert wurde[132], also für die geistlichen Gefälle ebenfalls und sogar als erstes ausschied. Über all diese Verpflichtungen herrschte am Hofe und zumal beim Geistlichen Rat, der über die Stiftungsangelegenheiten von Herzog Wilhelm völlig im unklaren gelassen worden war, ziemliche Verwirrung. Grundsätzlich einer Wiederherstellung der noch vakanten Klöster zuneigend, empfahl doch der Geistliche Rat seit dem März 1598 in wiederholten Gutachten, einen Teil der Schamhauptener Gefälle einige Jahre hindurch für die einer Wiederbesetzung notwendig vorangehenden Restauration der Klostergebäude zu verwenden, mit dem Überschuß aber die verbliebenen geistlichen Ausgaben zu finanzieren[133]. Maximilian erließ nach längerem Zögern

131 Ebenso wie 1596 die Pensionszahlung an den Ingolstädter Frauenpfarrer Riepel (vgl. Anm. 118) bereitete jetzt die Aufbringung einer Unterstützung von 100 fl. für den Ingolstädter Vizekanzler Albrecht Hunger Schwierigkeiten. Bereits am 29. 1. 1598 schlug der Geistliche Rat ohne Sachkunde vor, man möge die bei der Landschaft liegende Dezimation dafür verwenden (HStA Staatsverw. 3038, 499'ff.). Eines besseren belehrt, wußte er am 12. 2. 1598 zunächst keine Auskunft (ebd. 513). Dekretentwürfe an den Geistlichen Rat und an Lichtenauer mit der Aufforderung, über dieses Problem und über die Begleichung der Geistlichen Kammerschulden zu beraten, vom 28. 2. 1598: StAM HR 358/11 (vgl. Dollinger, Finanzreform 161).

132 Die päpstliche Bestätigung dieser Translation erfolgte erst 1616 (Hemmerle 222). Im September 1599 ließ Maximilian darüber mit dem als Diözesan betroffenen Bischof von Regensburg verhandeln und ihm eine Rekompensation anbieten; dieser verweigerte zwar seine Zustimmung, erklärte aber, den Herzog in seiner Possession nicht anfechten zu wollen (HStA KL Paring 3, 416ff.).

133 StAM HR 475/3 und HStA Staatsverw. 3038, 569ff., ein angefordertes Gutachten des Geistlichen Rates vom 14. 3. 1598 darüber, „wie dero geistliche camer, weil das decimation gelt anderer orthen vergöben, zue ainem ersprieslichen einkhumen und geföhl gelangen unnd khumen khinde". Zu diesen Vorschlägen, also Schamhaupten noch eine Weile vakant zu lassen und seine Einkünfte teils für die Wiederherstellung der Klostergebäude, teils zur Finanzierung der geistlichen Ausgaben zu verwenden sowie die Ingolstädter Alumnen zu entlassen, forderte der Herzog am 29. 3. 1598 Lichtenauers Stellungnahme an (StAM HR 358/11), die mir nicht vorliegt. Am 22. 7. 1598 wieder-

im Juli 1599 eine entsprechende Anordnung[134]. Sieben Jahre später, im Jahre 1606, erlangte er die päpstliche Zustimmung für die Inkorporation des, wie gesagt, nicht sehr ertragreichen Klosters in die Universität, die so zu guter letzt bei der Verteilung der geistlichen Gefälle auch noch einen Anteil davon trug[135].

Die größte Bedeutung aber maß der Geistliche Rat in seinen mehrfachen Stellungnahmen zur Wiederherstellung eines geistlichen Einkommens der Entlassung der Ingolstädter Alumnen und der Ersparung der an sie gewendeten Unterhaltungssumme zu. Die Aversion der Behörde gegen das Alumnat hatte nun schon Tradition, und sie erklärt sich wohl nicht zuletzt aus dem Umstand, daß der Geistliche Rat schon seit 1576 mit dem ganzen geistlichen Stipendiatenwesen nur mehr insofern etwas zu tun hatte, als ihm die

holte Maximilian seine Anfrage (StAM HR 477/8, vgl. auch oben Anm. 130). Der Geistliche Rat erneuerte seine Vorschläge vom 14. 3. in einem Gutachten vom 22. 7. 1598 (StAM HR 475/3). Auf weitere herzogliche Anfragen, immer zur gleichen Frage, erwiderte der Geistliche Rat ohne neue Ideen am 6. 10. und 6. 11. 1598 (HStA Staatsverw. 3038, 833'f. und 902ff.). Entwürfe herzoglicher Schreiben an Riepel und andere mit der infolge der „dissolvierung" der Geistlichen Kammer notwendig gewordenen Aufkündigung ihrer Pensionen: StAM HR 475/3. In der Rechtsfrage mußte der Geistliche Rat Maximilian noch einmal am 17. 5. und am 25. 6. 1599 beruhigen: an sich seien zwar für das vorgeschlagene Vorgehen im Falle Schamhauptens päpstliche und bischöfliche Dispense erforderlich, doch handle der Herzog am besten stillschweigend auf eigene Faust (HStA Staatsverw. 3039, 124'ff. und 143ff.).

134 StAM GR 629/6 (20. 7. 1599). Für Maximilian war damit das Problem noch immer nicht befriedigend gelöst. Am 22. 1. 1600 erging an die Hofkammer ein Verbot, von den Einkünften der vakanten Klöster und den übrigen geistlichen Gefällen bis zu neuer Anordnung etwas auszugeben. Am gleichen Tag erklärte der Herzog dem Geistlichen Rat, er habe in dieser Angelegenheit „etliche dubia und zweifl". Um „in conscientia sicher stehen" zu können, verlangte er Bericht über Schamhaupten, über die Dezimationsausstände und ähnliches (StAM HR 477/8). Ein Zwischenbericht des Geistlichen Rats vom 26. 2. 1600: StAM HR 475/3; ebd. ein undatiertes und -signiertes Gutachten über die geistlichen Gefälle bzw. das, was von ihnen noch übrig war. Am 9. 6. 1600 schrieb der Geistliche Rat an den Herzog, die Prüfung habe keine Klarheit ergeben, weil die geistlichen Rechnungen aus Neuburgers Amtszeit fehlten. Der Geistliche Rat sei über Dezimationen und vakante Klöster nie informiert worden, Herzog Wilhelm habe das alles allein „dirigirt", er verweise die Räte jetzt an den Jesuiten Simon Hiendel, der aber auch nichts Genaues mehr wisse. Vor allem fehlten die vom alten Herzog erwähnten „brevia apostolica" (HStA Staatsverw. 3042, 386ff.). Inzwischen hatten Lichtenauer und andere Geistliche Ratsbeamte seit drei Jahren keinen Sold mehr bekommen. Lichtenauer wurde wohl kurz darauf mit der Pfarrei Günzelhofen versorgt, im Juli 1600 nahm Maximilian die Einziehung von Dezimationsausständen in Angriff (vgl. Anm. 74).

135 Mederer IV Nr. 67.

ausgebildeten Alumnen zur bevorzugten Versorgung empfohlen waren[136]. Gegenüber den Jesuiten, die das Alumnat nahezu unbeschränkt verwalteten, mögen sich daher gewisse Rivalitätsgefühle eingestellt haben, die sich zwar mit sachlichen Erwägungen legitimieren konnten, ohne die aber die Hartnäckigkeit schwer verständlich wäre, mit der der Geistliche Rat auf der Abschaffung des Alumnats bestand[137]. Seinem Beweisgang zufolge hatte die mit verschiedenen Beispielen belegbare Erfahrung gezeigt, daß die Stipendiaten nach vollendeter Ausbildung diejenigen Stellen, für die man Nachwuchs am dringendsten brauche, nämlich vor allem die Dorfpfarreien, nicht annehmen wollten, stattdessen nur nach Kanonikaten trachteten[138]. Könnte man sie ihnen nicht verschaffen, so begäben sie sich wohl sogar in fremde Dienste. Für die reichen Pfründen, insbesondere für die Stiftspräbenden, bedürfe man aber nicht der kostspieligen Ausbildung von Stipendiaten, weil der gute katholische Ruf Bayerns von auswärts genügend gelehrte Theologen herbeiziehe, die angemessen versorgt werden müßten[139]. Somit

[136] Vgl. oben VII Anm. 54. Über die Besetzung eines georgianischen Stipendiums befragt, erklärte der Geistliche Rat am 14. 11. 1595 seine Unzuständigkeit, „weil mann vil jar hero umb verlassung der stipendien unnd der hochenschuel sachen khein wissen mer gehabt" (HStA Staatsverw. 3036, 642f.); ähnlich wieder am 6. 11. 1598 in Beziehung auf die Alumnen (Staatsverw. 3038, 902ff.) und öfter.

[137] Hierher gehören die Schreiben bzw. Gutachten vom 14. 3. 1598, 30. 7. 1598, 6. 11. 1598 und 25. 1. 1599 (StAM HR 475/3 und HStA Staatsverw. 3038, 902ff. und 3039, 25ff.). Für die früheren Ratsbedenken zu dieser Frage vgl. oben Anm. 80 und 120 sowie VII Anm. 65.

[138] „So werden wir auch bericht, wie ain grosse summa gelts auf die alumnos verwendt werde, dern sich doch, wie die erfahrung bißheer mitgebracht, schier khainer zur schlechten condition der geupfarren, darzue man ir doch am maisten bederffte, will gebrauchen lassen, sonnder nur auf die stifft trachten, herrn sein und nichts arbaiten wöllen" (14. 3. 1598). Neulich sei die Pfarrei Braunau vakant gewesen. Man habe sich mit dem Regens des Ignatianums in Verbindung gesetzt, nach einigem Hin und Her sei der Alumnus Konrad Agricola nominiert worden. Man habe ihn mit Präsentationsschreiben an den Bischof nach Passau geschickt; unterwegs, von Vilshofen aus, habe er das Präsentationsschreiben zurückgeschickt (6. 11. 1598). — Auch die „zu den Schulsachen verordneten Räte" äußerten am 30. 9. 1598, „das die alumni bisher zu dem gebrauch, wies e. d. am maisten im landt bedürfften, nit alle gerathen und ohne das philosophi und theologi e. d. von allen ohrten für sich selbert zuziehen"; man möge daher zwei oder drei dieser Stipendien für Mediziner reservieren, die dringender benötigt würden (Seifert, Universität Nr. 139 Anm. 59).

[139] „Wann dann dise alumni allain theologiam studirn unnd e. d. in der catholischen religion allenthalben also bekhant ist, das von allen orthen gelerte

habe das ganze Institut, zumindest in seiner jetzigen Form mit der Ausrichtung auf das theologische Vollstudium, eigentlich keinen Sinn. Es sollte abgeschafft, wenigstens aber stark reduziert werden. Wolle der Herzog trotzdem den theologischen Nachwuchs fördern, so habe er in Ingolstadt ja noch das Georgianum mit seinen gestifteten Stipendien[140].

Durch das Münchsmünsterprojekt war dieser Vorschlag seit Anfang 1598 im Grunde überholt. Der Geistliche Rat hielt aber an ihm fest, auch nachdem er erst im September 1598 über diese inzwischen zu einem guten Teil verwirklichten Planungen unterrichtet worden war[141], und seine Argumente werden auf den Herzog ihren Eindruck umso weniger verfehlt haben, als sie sich zwar nicht in der Sache, aber in der Richtung mit denen deckten, die von Seiten der Jesuiten vorgebracht wurden.

Im April 1598 beriet der Orden in München über die ihm angetragene, an die Übernahme der Universitätspension und die Unterhaltung der herzoglichen Alumnen geknüpfte Verwaltung des Klosters Münchsmünster[142]. Sie hatte den unschätzbaren Vorteil, daß das Ingolstädter Kolleg sich von der ewig zahlungsunfähigen Geistlichen Kammer unabhängig machte[143], wahrscheinlich sogar

und graduierte leuth unnder e. d. und zue deren diennsten täglich trachten, welche e. d. nichts khosten, mechte villeucht diser auf die alumnos laufenter uncossten erspart unnd in ander wög von den geistlichen gefellen verwendt werden" (14. 3. 1598; ganz ähnlich am 6. 11. 1598).

140 „... also das unnsers erachtens eur d. disen uncosten vieglich wohl diserzeit einziehen unnd villeucht auf halb oder 2 dritl restingirn (!) khuntten, in sonnderer bedenkhung auch, weil ohne das in collegio Georgiano zue Ingolstatt nit wenig, eben dem landt Bayrn zu guettem fundirte stipendia verhanden, ob welchen unnd deren fundationen e. d. desto mehrer zehalten und teugliche guete leuth darzue zuefürdern hetten" (30. 7. 1598; ähnlich am 25. 1. 1599).

141 Am 11. 9. 1598 äußerte sich der Geistliche Rat nach erhaltener Information nachträglich zur Münchsmünster-Frage (HStA Staatsverw. 3038, 828'ff.). Am 6. 11. 1598 wiederholte er aber seinen Vorschlag, die Alumnen zu entlassen (ebd. 902ff.), nochmals dann am 25. 1. 1599 (Staatsverw. 3039, 25ff.). Er ließ erst nach, als er von Maximilian Ende Februar 1599 erfahren hatte, „das die sach der alumnen zue Ingolstatt halber in alijs terminis seien" (29. 2. 1599, ebd. 23'ff.).

142 „Informatio de monasterio Münchsmünster acceptando" vom 23. 4. 1598 (HStA Jes. 1753). Es wird auf eine jesuitische Beratung in Anwesenheit von Hoffaeus in München Bezug genommen.

143 „Omnibus modis expedit, ut tandem a molestijs et querelis camerae ecclesiasticae nos omnino liberemus, quia fere nunquam nec nobis nec alumnis tempestive solvit nostrum deputatum."

nicht ohne Erhöhung seiner Einkünfte[144]. Der unbequeme Anspruch der Universität[145] ließe sich durch eine Kapitalüberschreibung abgelten, wie sie dann ein Jahr später tatsächlich zustandekam, indem das Kolleg der Universität von seinem bei der Landschaft gebundenen Dezimationsanteil 16 000 Gulden abtrat. Was aber die Alumnen betreffe, so könne man sie zunächst sehr vorteilhaft mit Naturalien bezahlen; für die Zukunft bestehe begründete Hoffnung, daß der Herzog sie gegen die jesuitische Verpflichtung preisgebe, in einem dem Konvikt angeschlossenen Armenhaus eine Anzahl von Scholaren kostenlos aufzunehmen[146].

Am 24. Mai 1598 übergaben herzogliche Kommissare dem Ingolstädter Kolleg „administratorio nomine" das Kloster Münchsmünster[147]; ein Jahr später, am 20. April 1599, bestätigte eine neue herzogliche Stiftungsurkunde diese Übereignung[148]. Die Einholung

[144] Das Memorial schätzt die Einkünfte Münchsmünsters auf mehr als 3000 fl. Wie zuvor im Falle Biburgs ließen sich die Getreideerträge nicht genau taxieren. Hoffaeus, damals Rektor des Münchener Kollegs, hatte den Herzog am 23. 2. 1598 um Vorlage der vergangen Jahresrechnungen ersucht (HStA Jes. 1748/II, 343). Am 24. 4. 1598 erklärte Lichtenauer dem Herzog, die zuvor gründlich taxierten Einkünfte des Klosters überstiegen durchaus die Summe von 2600 fl., ungeachtet der Hypothekenlast (ebd. 346f.).

[145] Unter „Contra" meint das Memorial: „erimus famuli aliorum, h. e. academicorum et alumnorum" (HStA Jes. 1753).

[146] „Magna spes est futurum brevi, ut constituta omnino pauperum scholasticorum domo, quae iam inchoata est et semper maius maiusque incrementum sumit, serenissimus dux istorum, h. e. pauperum scholasticorum opera contentus tollat alumnos, et sic tota summa 1200 fl. ad nos redeat" (HStA Jes 1753). Bei dieser „domus pauperum" handelt es sich offenbar um ein neuerrichtetes Nebengebäude des Kollegs, das dem Ignatianum angeschlossen war.

[147] Befehl an Lichtenauer und einen anderen Rat vom 4. 5. 1598, den Ingolstädter Jesuiten am 24. 5. 1598 das Kloster „administratorio nomine" zu übergeben (HStA Jes. 1851 und KL Münchsmünster 2, 268); ebd. entsprechende Bescheide an Hofkammer und Geistlichen Rat sowie der Bericht der beiden Kommissare vom 16. 6. 1598 über die vollzogene Übergabe. Am 3. 6. 1598 schrieb Sebastian Birthich SJ an Lichtenauer, er habe sich aus den Akten zur Biburg- und Münchsmünster-Frage informiert und bitte nun um förmliche Bestätigung der Inkorporation. „Et ita tres duces, avus, pater et filius, id est Albertus, Wilhelmus et Maximilianus, totam fundationem absolverent. Hergegen aber würde die Societet reversales literas von sich geben müessen, die alumnos et academiam järlich zu contentieren, doch mit vorbehalt, das capital gegen auffhebung der zinsung oder jährlichen pension zuerlegen, wie dann der gleichen formen communiter gestelt miessen werden" (HStA Jes. 1748/II, 353ff.).

[148] Beglaubigte Kopie in HStA Jes. 1851 (20. 4. 1599).

einer päpstlichen Bestätigung hatten die Jesuiten selbst, zumal sie im Moment kaum zu bewerkstelligen sei, für entbehrlich erklärt[149]. Maximilian unterließ sie wohl auch in dem zwar immer häufiger angezweifelten, am Hofe aber noch weiter herumspukenden Glauben an jenes legendäre Papstprivileg, das den Jesuiten die vakanten Klöster bereits zugesprochen habe. Auf diese Erlaubnis berief sich die Stiftungsurkunde, die Maximilian übrigens als „dominus territorij et supremus advocatus et protector" der bayerischen Kirche erließ. Sie belastete die Ingolstädter Jesuiten im Austausch gegen die Übereignung Münchsmünsters mit einer Reihe von Verbindlichkeiten, die aber von ihnen größtenteils mit ihrem Dezimationsanteil abgelöst wurden[150], so daß sich die Fundation des Kollegs am Ende auf den ausschließlichen, aber auch lastenfreien Besitz der beiden ehemals benediktinischen Klöster Biburg und Münchsmünster beschränkte.

Die Unterhaltung der herzoglichen Alumnen mit dem für sie ursprünglich vorgesehenen Anteil von 1200 Gulden befand sich schon nicht mehr unter den in der Stiftungsurkunde genannten Bedingungen der Übergabe. Wohl noch im Jahre 1598 hatten die Jesuiten im Sinne ihrer Überlegungen vom April 1598 den Herzog förmlich ersucht, diese Summe dem Kolleg zu erlassen, wogegen dieses sich verpflichten wollte, „einige" arme Scholaren, an Zahl „nicht viel weniger" als die jetzigen Alumnen, auf eigene Kosten

149 „Weyl aber der zeyt die incorporation von päpstlicher hayligkhait meines erachtens noch nit zubegeren, vermainte ich, es were gnug, wann wier alain einen glaubwirdigen schein von ir d. dißmal hetten, das unß vonn derselbigen daß closter sampt seiner zugehörung, recht unnd gerechtigkhayten mitt vollkhomnen gwalt were eingeanthwurtet und übergeben worden, damit wier in jeder fürfallender nothurfft, besonder gegen Pfaltz und den landtgerichtischen in Bayrn, unnsers inhabens einen rechtmessigen titul khenden fürzaigen" (Birthich an Lichtenauer am 3. 6. 1598, vgl. Anm. 147). Am 31. 12. 1600 bat der Ingolstädter Kollegrektor Anton Welser den Herzog aber doch, für Münchsmünster eine päpstliche Bestätigung einzuholen (HStA Jes. 1748/II, 369f.).

150 Die Universitätspension von 800 fl. erscheint in der herzoglichen Stiftungsurkunde nicht mehr; am 26. 4. 1599 bestätigte Maximilian urkundlich, daß sie von den Jesuiten durch den Transport von 16 000 fl. bei der Landschaft liegenden Kapitals abgelöst worden sei (HStA GL Ingolstadt 23 1/2). Über die Alumnen und die beiden neuen herzoglichen Medizinstipendien vgl. genauer das Folgende. Weiterhin lud die herzogliche Stiftungsurkunde dem Kolleg die Begleichung einer auf dem Kloster liegenden Schuld von 1500 fl. und geringere Zahlungen an die Münchener Augustiner und an die Ingolstädter Franziskaner auf (vgl. den Text bei Seifert, Universität Nr. 141, hier durch Druckfehler irrig auf den 10. 4. 1599 datiert).

und nach eigenem Gutdünken in München und Ingolstadt zu unterhalten[151]. Das Münchener Gregorianum, 1574 aus einer Almosenstiftung Albrechts V. entstanden, in der Folge durch private und herzogliche Spenden am Leben gehalten und nach 1597 als einziges Internat in München übriggeblieben[152], stellte das Modell eines solchen jesuitischen Armenkonvikts dar, das für den Orden eine Gewissenspflicht, aber kaum eine Belastung bedeutete, zumal wenn es, wie nun in Ingolstadt, besonderer organisatorischer und baulicher Vorkehrungen nicht bedurfte.

Lichtenauer äußerte sich im März 1599 ablehnend zu diesem Vorschlag, und er widersprach damit zugleich seinen Kollegen vom Geistlichen Rat. Wenn man im Moment vielleicht auch mit gelehrten Theologen versorgt sei, so müsse doch an die Zukunft gedacht werden, und wenn sich die bisherigen Alumnen zu den benötigten Zwecken nicht hätten gebrauchen lassen, so hätte eben ihre Ausbildung besser geregelt werden müssen. Diese Ausgabe sei erschwinglich und sinnvoll. Schaffe man das Alumnat trotzdem ab, so seien entweder die 1200 Gulden von den Jesuiten zurückzufordern oder diese auf eine feste Zahl von „pauperes" zu verpflichten[153].

151 Undatiertes Memorial (HStA Jes. 1748/II, 364), vielleicht zu Birthichs Schreiben an Lichtenauer vom 3. 6. 1598 gehörig (vgl. Anm. 147). Unter Hinweis auf die für ein Vollkolleg angeblich unzureichende Dotation und die hohe Verschuldung des Ingolstädter Kollegs (8—9000 fl.) wird Maximilian ersucht, „ut ... dignetur illi (sc. collegio) concedere eam pecuniam, quam numerat ratione monasterij Münchsmünster collegio convictorum pro alumnorum sustentatione. Pro qua gratia offert se vicissim idem collegium suae serenitati, quod nihilominus alere velit absque novo cuae serenitatis sumptu inter pauperes scholares aliquot alumnos, et non multo pauciores ijs, qui iam sunt, partim tamen Ingolstadij, partim hic Monachij pro conditione ingeniorum."

152 Dollinger, Wilhelmsgymnasium 75; Duhr I 316ff. (mit älterer Literatur).

153 HStA Jes. 1748/II, 307 (22. 3. 1599). Das jesuitische Armenhaus sei zwar eine löbliche Sache, obwohl „khain certus numerus" festgelegt werde. „Daß aber die alumni wie biß dato erhalten solten gar abgethon werden, auß ursachen villeicht e. d. derzeit solche gelegenheit, daß man gelerter leuth genueg zubekhommen, soll man doch die futura tempora considiern; dann obwoll mans ietz nit vonnöthen oder doch wenig zugebrauchen gehabt, ist man daran selbert schuldig, daß den alumnis solches gestadtet worden. Dann obwoll sy indefinitum numerum pauperum fürschlagen, khann man solche wie biß dato bey dergleichen gymnasijs von e. d. haffen gar woll erhalten, seindt derselben nit so gar viehl, so seint ir dannoch pro cooperatoribus genueg ... Da aber ie die alumni solten abgethan werden (zu welchem ich underthenigist nit khann rathen), so wer mein gehorsamist guetachtens, das

Während Lichtenauer dieses Gutachten schrieb und der Geistliche Rat noch soeben seine Forderung nach Entlassung der Alumnen wiederholt hatte[154], war die Entscheidung für den jesuitischen Vorschlag bereits gefallen. Ende Februar wurde der Provinzial in diesem Sinne informiert[155]. Die Stiftungsurkunde vom 20. April 1599 verpflichtete das Ingolstädter Kolleg, anstelle der bisher aus den Einkünften Münchsmünsters unterhaltenen „alumni ecclesiastici" „einige" arme Studenten in einem dem Ignatianum angeschlossenen besonderen Haus, das kürzlich bereits eröffnet worden war, aus eigenen Mitteln zu verpflegen und zu unterrichten und sie nach vollendeter Ausbildung der bayerischen Kirche zur Verfügung zu stellen. Bei der Aufnahme und Entlassung erhielten die Jesuiten völlig freie Hand[156]. Anfang Mai 1599 erging an den Ingolstädter Kollegrektor die herzogliche Anweisung, künftig in dieser Weise zu verfahren und die herzoglichen Alumnen darüber zu informieren[157]. Im Juli promovierte die Artistenfakultät aus

sy die patres auff vhil nin (?) ander weg erclerten, nemblich ad certum numerum personarum, item wie unnd mit was personen e. d. sy fortherhin wöllen versehen, damit dannoch im landt khain mangl erscheine."

154 Am 25. 1. 1599 (vgl. Anm. 141).

155 Schwer lesbarer Entwurf vom 29. 2. 1599 (HStA Jes. 1748/II, 363f.): „Wür haben... g[st] bewilliget, das demselben" (d. h. dem Kolleg) „hinfüran die 1200 fl., welche von dem einkomen deß closters Münchsmünster zue underhaltung unserer geistlichen alumnen deputiert gewest, richtig verpliben" gegen das Erbieten, die übrigen Lasten des Klosters zu übernehmen, einige arme Schüler und zwei Medizinstudenten zu unterhalten. Es handelt sich also um die direkte Antwort auf das oben Anm. 151 zitierte Memorial.

156 „Quia vero ex iam dicto monasterio aliquot alumni nostri ecclesiastici hucusque ali consueverunt, ideo illorum loco omnino cupimus et absque patrum tergiversatione certo futurum confidimus, primo ut aliquot pauperes studiosi Ingolstadij posthac habeantur, qui in propria domo huic usui deputata habitent et pauperum more, prout iam cum quibusdam foeliciter coeptum est, ex varia multorum bonorum pia liberalitate Societatis ope et auxilio sustententur ac... informentur, quoad eos in doctrina progressus fecerint, ut ad curam animarum in ditionibus nostris suscipiendam esse videantur idonei iudicio Societatis, cui etiam eosdem pauperes studiosos admittendi, approbandi dimittendique liberam potestatem facimus" (Seifert, Universität 497). Die betonte Ausrichtung dieser Armenfürsorge auf den bayerischen Kirchendienst könnte von Lichtenauers Gutachten (vgl. Anm. 153) angeregt sein. Aus diesem geht auch hervor, daß das jesuitische Armenhaus primär durch Spendenmittel und nicht durch die Patres selbst finanziert wurde; überdies wurden aus einem Ingolstädter Benefizium, dem sog. Großen Salvator, jährlich 200 fl. beigesteuert. Vgl. auch Anm. 162.

157 HStA Jes. 1748/II, 373f., auch BStB Clm 26 477, 13 (6. 5. 1599): „Nach dem wier bißhero ettlich alumnos in unserm Ignatianischen collegio zu Ingolstat erhalten, anjetzo aber auß erheblichen ursachen entschlossen sein, solchen

diesem Anlaß drei Alumnen zu einem Sondertermin[158]. Die letzten herzoglichen Präsentationen waren noch am Jahresende 1598 erfolgt, von da an unterblieben sie[159]. Die Belegzahl des Alumnats im Frühjahr 1599 ist nicht zu ermitteln. Vielleicht wurden einige Stipendiaten in das neue Armenhaus überführt, der Herzog jedenfalls scheint sich ihrer nicht weiter angenommen zu haben.

Außer dem jesuitischen Armenhaus ließ die Aufhebung des Alumnats das Kapital für zwei Stipendien zurück, das durch die Jesuiten noch im gleichen Jahr durch Zession der entsprechenden Summe aus ihrem Dezimationsanteil auf die Landschaft transferiert wurde; sie aber waren bezeichnenderweise nicht für Theologen, sondern für Medizinstudenten bestimmt[160].

Die unmittelbare Nachfolge des herzoglichen Alumnats trat ein Jahr nach seiner Auflösung, im September 1600, das Hieronymuskolleg an, eine Stiftung des Regensburger Dompropstes und frühe-

alumnat der gestalt auffzeheben, das hergegen ettliche arme scholarn ewer und eines jeden rectors bemeltes collegij discretion unnd glegenheit nach, wie wier unß dann mit dem p. provincial der Societet Jesu deßhalber verglichen und ir von ime mit mehrerm vernemmen werdet, auffgenommen unnd in domo pauperum daselbsten bey den studijs erhalten werden sollen, also haben wier euch solches hiemit zuschreyben wellen, damit ir dise unser maynung bemelten alumnis umb irer nachrichtung und vernerer glegenhait willen nit allain anzaiget, sonder auch in kunfftig euch mit anstellung der nebenhaußhaltung für gedachte arme scholarn und fürsehung gebürender nothwendigkhait richten khendt." Ein korrigierter Entwurf desselben Schreibens vom 17. 4. 1599 ebd. 372f.

158 „... ideo quod serenissimus Maximilianus alumnos convictores in domum pauperum mutavit" (12. 7. 1599, UA O I 4, 54').

159 Nämlich der Matrikel UA Z I 24 zufolge je zwei im Oktober und Dezember 1598. Damit endet die Matrikel.

160 Im September 1598 hatte Maximilian zur ersten großen Universitätsvisitation seiner Regierung Kommissare nach Ingolstadt gesandt, die in ihrer Relation vorschlugen, angesichts des akuten Mangels an Ärzten zwei Plätze des Alumnats für Medizinstudenten zu reservieren (Seifert, Universität 485; vgl. auch oben Anm. 138). Der herzogliche Visitationsrezeß vom 6. 11. 1598 übernahm diesen Vorschlag (vgl. ebd. und HStA Jes. 1766/III, 74ff.). Daraufhin erklärten sich die Jesuiten in ihrem Gesuch um Abschaffung des Alumnats bereit, diese beiden Medizinstipendien auszunehmen und auf irgendeine Weise für ihre Finanzierung zu sorgen (HStA Jes. 1748/II, 364). Die herzogliche Stiftungsurkunde vom 20. 4. 1599 legte den Jesuiten für diesen Zweck die jährliche Zahlung von 100 fl. auf; schon am 1. 4. 1599 hatten aber die Jesuiten diese Verpflichtung durch die Zession von 2000 fl. aus ihrem Dezimationskapital abgelöst (Seifert, Universität 498). Somit wurden die beiden Stipendien jetzt von der Landschaft gezahlt. Weitere Vorgänge dazu in HStA Jes. 1748/II, 366 und UA J III 34.

ren herzoglichen Rats und Prinzenerziehers Quirinus Leoninus[161]. Sie mutet an wie die nachträgliche Exemplifikation dessen, was die bayerische Seminarpolitik in den jahrelangen Auseinandersetzungen um den Hochwartnachlaß vergeblich angestrebt hatte, — jetzt fiel es der Universität kampflos zu. Das „Seminarium clericorum s. Hieronymi“ war für arme Studenten aus Oberdeutschland bestimmt, die gegen die Verpflichtung zu späterem Kirchendienst in Bayern, vornehmlich in der Diözese Regensburg, eine volle oder verkürzte philosophisch-theologische Ausbildung erhalten sollten. Die „plena administratio“ des zugehörigen Hauses und der ausgeworfenen Renten sowie die uneingeschränkte Leitung der Stipendiaten einschließlich der Entscheidung über ihre Anzahl trug der Stifter den Jesuiten an, die umso bereitwilliger akzeptierten, als ihnen vom Herzog erlaubt wurde, ihre obligatorischen „pauperes“ in das neue Institut zu übernehmen[162]. Es galt als eine Art Neben-

161 Stiftungsurkunde vom 30. 9. 1600 in Sammelblatt des Hist. Vereins Ingolstadt 22 (1897) 1ff.; eine beglaubigte Kopie von 1775 in HStA Jes. 1751. Leoninus beruft sich auf das Tridentinumsdekret; er verlangt als Qualifikation die Absolvierung der „humaniores disciplinae“ und lädt zu weiteren Zustiftungen ein. Aus einem Bericht in BStB Clm 26 476 geht hervor, daß das Stiftungskapital 8000 fl. betrug; hinzu kam ein beim Jesuitenkolleg gelegenes Haus mit Garten.

162 Ein jesuitisches Gutachten zur Frage der Annahme der Stiftung (HStA Jes. 1762) kommt gerade auch mit Rücksicht auf die „pauperes“-Verpflichtung des Kollegs zu einem positiven Resultat. Es schlägt 24 Alumnen unter einem „praefectus domesticus“ vor, nachdem die Stiftungsurkunde den Patres auch in dieser Hinsicht völlig freie Hand gelassen hatte. Am 4. 6. 1601 schrieb der Ingolstädter Rektor Welser an den Provinzial: „... absolute loquendo est hoc seminarium pars collegij convictorum“, da es außer dem „praefectus“ von den Oberen des Ignatianums verwaltet werde. „... tam amplam vero potestatem minime habuimus cum alumnis serenissimi; neque enim alios potuimus recipere quam quos serenissimus praesentavit, nec dimittere facile nisi ex tali causa, quae serenissimo vel eius consiliarijs videretur sufficiens.“ Die Stiftungssumme war dem Jesuitenkolleg zu freier Verfügung überlassen worden. Man hatte nun nicht die Absicht, sie dem Seminar ungeschmälert zugutekommen zu lassen, sondern Welser empfahl ein Jahresdeputat von 200 fl., dem ein Stiftungskapital von nur 4000 fl. entsprach (HStA Jes. 1762). — Regeln für das Seminar, undatiert, finden sich ebd. Die später so genannten „alumni Leonini“ wohnten in ihrem eigenen Haus, speisten aber im Ignatianum. Sie waren in einen Ordo der 16jährigen Gymnasiasten und einen Ordo der 19jährigen unterteilt. Entlassungen wurden dem Herzog und dem Regensburger Bischof angekündigt. — Am 11. 8. 1609 sandte der Stifter von ihm entworfene Statuten, hauptsächlich disziplinarischer Art (HStA Jes. 1751). — Am 18. 1. 1602 erfolgte die wohl erste Zustiftung zweier Stipendien durch den Regensburger Chorherrn Ambrosius Strauß (BStB Clm 26 476). Ebd. eine Alumnenliste aus den Jahren 1600—1645 mit 155 Namen.

haus des Ignatianums und unterstand dessen Regens; die unmittelbare Aufsicht über die etwa 20 „leoninischen“ Alumnen führte ein aus ihren Reihen bestimmter „praefectus“. 1622 wanderte das Seminar als Abteilung ins jesuitische Konvikt über[163]. 1631 stiftete der Geisenfelder Dekan Leonhard Crantz das Franz-Xaver-Seminar, ein Haus für ursprünglich zwölf arme Schüler bestimmter landsmannschaftlicher Herkunft, das gleichfalls jesuitischer Leitung unterstellt wurde[164]. Nachdem der Dreißigjährige Krieg die Einkünfte beider Stiftungen stark zerrüttet und geschädigt hatte, fanden sich ihre Stipendiaten in der zweiten Hälfte des Jahrhunderts, nur noch nach Kategorien unterschieden, mit den übrigen „pauperes“ und mit den zahlenden Konviktoren im Ignatianum vereinigt[165].

Das vom wachsenden Wohlstand der Kirchen zeugende Anschwellen der privaten Stiftungstätigkeit[165a] und der nachlassende Personalmangel der Kirche machten eine staatliche Seminar- und Stiftungspolitik entbehrlich oder erlaubten ihr wenigstens neue Akzentsetzungen. 1638 plante Kurfürst Maximilian zwar die Begründung eines Kollegs für 120 Alumnen[166], doch scheint das Projekt recht schnell wieder fallengelassen und später nicht wieder aufgegriffen worden zu sein. Die Hälfte der Plätze des Alumnats war übrigens, und das erinnert an die erwähnten Medizinstipen-

[163] Das geht aus BStB Clm 26 476 hervor. Im verlassenen Haus kamen nun die „alumni secundarii“ („ollarii“) unter, die von den Jesuiten lediglich gespeist wurden. Den Auszug der „alumni Leonini“ ins Ignatianum bezeugt auch der Bericht in UB Cod. mscr. 829.

[164] Stiftungsurkunde vom 2. 2. 1631 in BStB Clm 26 476. Crantz stiftete ein Haus mit zwei Gärten und ein Kapital von 12 000 fl.; die 12 Alumnen dieses „seminarium sancti Francisci Xaverii“ mußten aus den Orten Hohenwart und Geisenfeld kommen und in Grammatik vorgebildet sein. Die Stiftung gelangte infolge der Kriegsereignisse zunächst nicht zum Vollzug. Sie wurde dann durch das Regensburger Kapitel mit Urkunde vom 24. 5. 1636 modifiziert: das gestiftete Haus wurde aus Gründen der räumlichen Entfernung dem Jesuitenkolleg überlassen, dafür ein Neubau geplant (ebd.).

[165] Den Zustand am Ende des 17. Jahrhunderts bekunden Matrikeln in UA Z I 25. Danach gab es im Franz-Xaver-Seminar zahlende Konviktoren neben einer Handvoll „stipendiati Cranziani“ und „alumni secundarii“, welche letzteren „ex stipendio Quiriniano“ Brot, von den Jesuiten weitere Verpflegung erhielten und für den Schlafplatz 5 fl. zahlten. Gesondert wurden die „alumni Leonini“ registriert; es waren häufig nur einer, nie mehr als fünf.

[165a] Vgl. auch die Stiftungen des Regensburger Ambrosius-Konvikts (1609), des Freisinger Domherrn Sixtus Kepser (1631) und des Münchener Kanonikers Sebastian Franz.

[166] HStA Jes. 1761; dazu jesuitische Gutachten bei Prantl II 382ff.

dien, für Juristenstudenten vorgesehen; Maximilian knüpfte hier an Planungen an, die 1569 gegen die übermächtige Dringlichkeit der Priesterbildungsförderung nicht hatten aufkommen können[167], dann in den neunziger Jahren wieder erörtert worden waren[168]. In den Gutachten, die die Jesuiten 1636 über das maximilianeische Projekt verfaßten, steht der Bedarf des Staates an fähigen und gut katholischen Beamten weit im Vordergrund[169]. Nur vereinzelt wird auch noch der Mangel an guten Priestern registriert[170], wobei der Akzent wohl auf dem Attribut liegt; konnte doch drei Jahrzehnte später Kurfürst Ferdinand Maria die Jesuiten mahnen, die Tischtitelkandidaten strenger zu prüfen, „damit solcher gestalten die gar zue iberflüssige anzahl der weltlichen priester in etwaß restringiert werden... möge“[171].

Diese knappe Ausblick auf das 17. Jahrhundert, in dessen erste Jahrzehnte endlich auch die Gründung der bischöflichen Seminare fiel, charakterisiert die Preisgabe des Ingolstädter Alumnats durch Herzog Maximilian als eine echte Zäsur, jenseits derer die natürlichen Mechanismen kirchlicher Nachwuchsrekrutierung, private Stiftung und kirchenamtliche Fürsorge, wieder an die Stelle der staatlichen Notveranstaltungen traten, durch die sie im hier behandelten Zeitraum hatten ersetzt werden müssen. Von einer zielstrebigen und konsequenten staatlichen Seminarpolitik kann erst wieder in den drei letzten Jahrzehnten des 18. Jahrhunderts gesprochen werden, als die Aufhebung des Jesuitenordens und der Anfall seiner Stiftungsgüter Gelegenheit zu einer neuen Ingolstädter Alumnatsgründung boten, während zugleich der systematische Aus-

167 Vgl. IV Anm. 38.

168 Am 12. 3. 1592 berichtete Minucci aus Rom, man erörtere eine Kollegstiftung für deutsche Juristen, insbesondere häretischer Herkunft; „cumque de loco disceptaretur, dixi ego causas (et mea etiam fuerunt huius consilij initia), cur Germania Italiae et Ingolstadium caeteris omnibus Germaniae civitatibus debet praeferri“. Am 3. 4. schrieb Minucci wieder, er betreibe die Sache weiter (GStA K. schw. 7363, 42 und 56'). Vgl. zu diesem Projekt auch Pastor X 533.

169 „...notorium sit, hanc patriam laborare ingenti penuria hominum, qui idonei sint ad rempublicam regendam“; „extrema necessitas Germaniae miserrime afflictae, in qua non leve periculum religionis catholicae metuendum est, nisi omnibus viribus laboretur, ut principes catholici sint bonis consiliariis instructi“ (Prantl II 386 und 388).

170 „...ecclesiam hoc tempore praesertim in Germania nostra non minore laborare penuria bonorum sacerdotum et ecclesiasticorum hominum doctorum quam iuristarum“ (Prantl II 389).

171 Lurz II 167f.

bau eines zunehmend vernunftrechtlich geprägten Staatskirchentums erst zum konkurrierenden Eingriff in das Seminarwesen, dann zu seiner monopolistischen Verstaatlichung anreizten[172]. Diese Vorgänge sind in der Erscheinung zu mannigfaltig und in Geist und Motivation mit der herzoglichen Seminarpolitik des 16. Jahrhunderts zu wenig zu vergleichen, als daß sie hier ausführlich dargestellt werden könnten und müßten. Aufstieg und Ausbreitung des jesuitischen Schulwesens, hier vorwiegend hinsichtlich ihrer negativen Auswirkung auf die herzoglichen Seminarveranstaltungen anvisiert, bilden das bleibende und bedeutsame Resultat unseres Zeitraums; Grund genug, auf der Differenz zu den herzoglichen Ausgangsvorstellungen und -planungen nicht länger zu insistieren. Mit der Öffentlichkeit ihres Schul- und Internatsbetriebs hatten die Jesuiten sich Bedürfnissen anbequemt, die als Komponenten zum Seminargedanken gehörten. Übrig blieb das Prinzip der Studienförderung, mit der Seminaridee über die soziale Beziehung von Armut und Kirchendienst hinweg nicht logisch, sondern eben nur historisch und widerruflich verbunden. Die Veränderung der Situation hat daher aus der usurpatorischen Verdrängung der staatlichen Seminarinstitutionen durch das jesuitische Schulangebot (einschließlich seiner karitativen Randphänomene) doch noch so etwas wie eine legitime Nachfolge machen können. Die Aufhebung des Ingolstädter Seminars durfte sich der Überzeugungskraft dieses Ersatzangebots beugen, zumal sie nur eine Entwicklung vollendete,

[172] Für die bayerische Kirchenpolitik dieser Periode vgl. jetzt Bauer; über die Verwandlung des Georgianums in ein den bischöflichen Anstalten gleichgestelltes, dann in ein exklusives Staatsseminar vgl. Schmid, Georgianum. Die Geschichte der „albertinischen" Alumnatsstiftung von 1773 als Teilaspekt der Rückverstaatlichung des jesuitischen Stiftungsvermögens bedürfte noch einer genaueren Untersuchung; umfangreiches Material dazu in HStA GL Ingolstadt 28 und StAM GL 1479ff. Kennzeichnend für den Geist der Epoche ist ein umfangreiches Gutachten Loris vom 31. 5. 1776, in dem es heißt: „Wenn man die Landiugend nach Art der gesitteten Völker bilden will, so müssen Pflanzschulen für künftige Lehrer aller Gattungen, für Seelsorger und Civilbediente aus allen Ständen so gut als Cadetenhäuser unterhalten werden, doch alles nach Proportion des Landes und zu Verringerung des Zehrstandes ohne Überfluß. So wie eine Hoheschule für die baier. Churlande nothwendig, eine aber auch hinreichend ist, daß auf allen Landgymnasien (eine gute Philosophie in München allein ausgenommen) die sogenannte Superiora oder Facultäts-studia zu Ersparung der Unkosten und Hemmung der so schädlichen Studiersucht gänzlich abgeschaffet werden könnten, so nothwendig sind auch bey der Hohenschule zu Unterstüzung guter und mittelloser Köpfe folgende Seminarien", nämlich gesondert für alle Fakultäten und noch dazu für Gymnasiasten (HStA GL Ingolstadt 28).

die mit der Unterstellung des Albertinums unter jesuitische Leitung begonnen und mit seiner Überführung in das jesuitische Konvikt über die Hälfte des Wegs hinausgelangt war. Insofern hatte sich die bayerische Seminarpolitik, jener aus organisatorischen, diplomatischen und finanzpolitischen Unternehmungen zusammengesetzte Komplex, der das bayerische Landeskirchentum während einiger Jahrzehnte so entscheidend prägte, schon überlebt, bevor die Fundation der Jesuitenkollegien und die dadurch veranlaßte Auflösung der Geistlichen Kammer ihr in Gestalt der herzoglichen Entscheidung von 1599 ein definitives Ende setzten.

ZUSAMMENFASSUNG

Was diese Untersuchung mit der Begriffsprägung „Seminarpolitik“ namhaft zu machen suchte, erweist sich so im Rückblick als ein sachlich wie zeitlich geschlossener Motiv- und Handlungszusammenhang, in dem bekannte und neuerschlossene Daten der bayerischen Kirchen-, Schul- und Staatsverwaltungsgeschichte gleichsam strukturellen Halt finden. Aus dem umfassenderen Kontext der katholischen Reform wurde damit freilich nur ein Teilaspekt isoliert. Die personelle Erneuerung der alten Kirche, wie sie in der Seminaridee programmatische Gestalt annahm, hat aber in unserem Zeitraum eine Dringlichkeit geltend gemacht, durch die sie als eines der vorrangigen Anliegen dieses globalen Restaurationswerks ausgewiesen wird.

Unsere Aufmerksamkeit galt in erster Linie der Rolle und dem Anteil, die dem weltlichen Staat, im gegebenen geographischen Rahmen also dem Herzogtum Bayern, in diesem Geschehenszusammenhang zufielen. Es dürfte sich aber gezeigt haben, daß die frühe Seminargeschichte des bayerischen Raums in diesem (bislang kaum bekannten) Komplex staatlicher Planungen und Unternehmungen ihr Kernstück besitzt, ohne das sie in ein Nebeneinander disparater, desperater Gründungsanläufe auseinanderfallen muß. Die faktische Verteilung der Initiativen, Aktivitäten und Autoritätsgewichte bot so die Gewähr, daß sich der zunächst arbeitsmethodologisch gemeinte Forschungsansatz bei der archivalischen Überlieferung des Staates als vortrefflich geeignet erwies, das seminargeschichtliche Gesamtgeschehen in seinen Organisationsrahmen zu integrieren.

Wie ein Leitmotiv durchzieht das Thema „Seminarpolitik“ die Unternehmungen des bayerischen Staates von der ersten Hälfte bis zum Ausgang des 16. Jahrhunderts. Als die herzogliche Regierung in den vierziger Jahren Idee und Begriff des „seminarium“ zum Bestandteil ihrer Kirchenpolitik machte, war noch kaum absehbar, daß sie sich damit eine Aufgabe auflud, die sie über Jahrzehnte hinweg beschäftigen sollte, um, zieht man eine Gesamtbilanz, ihre Kräfte am Ende zu übersteigen. An der bescheidenen Dimension der herzoglichen Gründungsprojekte gemessen, muß dieses Resultat zuletzt doch überraschen, ja befremden. Die Erklärung wird sich kaum in eine Formel pressen lassen; unsere Untersuchung hat sie mit der Rekonstruktion eines halbsäkularen Ablaufs zu liefern versucht, in dem es an Widerständen und sachlichen Hindernissen der verschiedensten Art ebenso wenig fehlte, wie an Inkonsequenzen, Diskontinuitäten und Motivverschiebungen auf der Seite des agierenden Staates.

Seit sich die herzogliche Regierung dafür entschieden hatte, ihr Seminarprojekt durch die Kirchen des Landes finanzieren zu lassen, also schon seit dem ersten Dezimationsprivileg von 1548, war die Konstellation perfekt, in der sich ihre Seminarpolitik fortan bewegen mußte. Gegenüber dem funktionsverwandten Bischofsseminar befand sich das staatliche „collegium theologicum" seitdem in einer, durch die begrenzte Leistungskraft oder -willigkeit der Kirchen bedingten Konkurrenz, an der sich durch den Schritt zur eigenmächtigen Ausbeutung der vakanten Klöster, dann durch die vollends illegale Besteuerung der Kirchen und Priester im Grunde ebenso wenig mehr änderte, wie durch die endliche Rückkehr zur Politik des Privilegien- und Dispenserwerbs. Die Bischöfe hatten den Dezimationsbreven von 1548 und 1562 kaum weniger scharf widersprochen als den Kollegsteuern der siebziger Jahre, wobei ihnen die Behinderung ihrer eigenen Seminargründungen doch zugleich stets als Alibi willkommen sein mochte. Für die Kurie wiederum war es nicht unbedingt leichter, bayerische Privilegienwünsche un- oder halberfüllt zu lassen, als bayerische Übergriffe zu beanstanden. Sie hat den weltlichen Staat als potentesten Partner bei Gegenreformation und Reform nach Möglichkeit geschont, zuletzt aber doch eine Wendung herbeizuführen verstanden, die der bayerischen Seminarpolitik die verlorene Legalität zurückverschaffte, ohne ihr ihre Ressourcen zu entziehen.

An unzureichender Unterstützung von Seiten Roms ist diese Seminarpolitik der bayerischen Herzöge daher schwerlich gescheitert. Auch die Verweigerung des Episkopats wird man für ihre dürftige Ausbeute nicht in erster Linie verantwortlich machen dürfen. Die Frage nach den maßgebenden Gründen führt eher auf das Verhältnis des Seminars zu den Jesuitenkollegien zurück, also auf die Rivalität zweier funktional unterschiedener, zugleich aber aufeinander angewiesener Institutionen um die begrenzten Mittel des geistlichen Haushalts. Die Entscheidung für die Jesuiten und gegen das Seminar, erstmals bei der Ingolstädter Kolleggründung von 1555 gefallen, wiederholte sich im Jahre 1576, fand dann in den achtziger Jahren durch Herzog Wilhelm V. programmatischen Ausdruck, um schließlich unter Maximilian I. die Liquidation der ganzen Seminarpolitik herbeizuführen. Da die verfügbaren Beträge für beide Projekte nicht ausreichten, setzte die Regierung eine Priorität, die — wie schon die Kontinuität in diesem Punkte anzeigt — doch auch sachlich zu begründen war. Am Ende haben die Jesuitenkollegien mit ihren Nebeneinrichtungen das Seminar nicht nur um Haus und Ausstattung, sondern, direkt oder mittelbar, auch um seinen Auftrag beerbt. Daß der Orden allerdings außer solchen Sachargumenten auch persönliche Prädilektionen der Herzöge und nicht zuletzt handfeste Pressionen für sich aufzubieten vermochte, ist durch die Gründungs- und Stiftungsgeschichte seiner Häuser deutlich genug an den Tag gebracht worden.

Ob Bayern mit allen ihm zur Verfügung stehenden Mitteln nicht auch beides hätte erreichen können, die Gründung der Jesuitenkollegien und des „Seminarium Bavariae“, wird sich so geradehin nicht entscheiden lassen. Die Frage lenkt auf die finanzorganisatorischen Aspekte unseres Themas. Die allmähliche Herausbildung, dann die förmliche Konstituierung einer zentralen geistlichen Finanzverwaltung, dazu bestimmt, die Zweckentfremdung der geistlichen Gefälle zu unterbinden, hat auf die Dauer die Kommunikation beider Finanzbereiche, des geistlichen und des weltlichen, doch nicht verhindert. Zeitweilig davon profitierend, ist die Geistliche Kammer von der so viel mächtigeren Hofkammer dadurch letztlich in den Bankrott getrieben worden. Schon bevor es aber am Ende unseres Zeitraums dazu kam, wies die geistliche Haushaltsrechnung in den siebziger Jahren, also in einer Entscheidungsphase der herzoglichen Seminarpolitik, Ausgabenlücken auf, die die Vermutung nahelegen, daß dem Seminar schon damals die zu seiner Stiftung bestimmten Mittel in größerem Maße vorenthalten worden sind.

Vorgänge dieser Art deuten auf einen Mangel an letzter Entschlossenheit, der zu den Proklamationen der bayerischen Seminarpolitik in gewissem Widerspruch steht. Von dem gegen die Bischöfe gerichteten Alibivorwurf ist wohl auch sie nicht ganz freizusprechen; auch sie hat im Namen der Seminaridee nicht immer und nicht ausschließlich seminarpolitische Ziele im engeren Sinne verfolgt, geschweige seminarpolitische Zwecke erreicht. Mit dieser Einschränkung bleibt insgesamt gesehen dennoch die Energie beeindruckend, mit der sich dieser bayerische Staat, noch in seiner eigenen institutionellen Ausbildung und Festigung begriffen, dieses Programmpunktes der katholischen Reform über ein halbes Jahrhundert hinweg angenommen hat, ohne Auftrag nicht nur, sondern in offenem Widerstreit mit dem Buchstaben des tridentinischen Dekrets. Unsere Quellen haben auf seiner Seite ein Selbstbewußtsein aufscheinen lassen, in dem landesherrliche Vogteipflicht alten Stils mit einem modern wirkenden Verständnis von der Exklusivität staatlicher Verantwortung zu einer echten Antizipation des aufklärerischen Staatskirchentums verschmolz. Von der geistlichen Kammergründung des Jahres 1571 bis zu den großen Grundsatzdiskussionen am Ende der siebziger Jahre war es nicht zuletzt das Thema „Seminarpolitik", das den bayerischen Staat zu diesem Vorgriff auf eine viel spätere Phase seiner Entwicklungsgeschichte Gründe und Argumente lieferte. So darf es vielleicht nicht als das geringste Ergebnis dieser Untersuchung gelten, daß in ihrem Verlauf das Erscheinungsbild dieser frühneuzeitlichen bayerischen Staatlichkeit an Prägnanz des Profils, an Schärfe der Linienführung gewonnen hat.

ANHANG

HERZOGLICHE STIPENDIATEN

im Albertinum bzw. Ignatianum 1576—99

Das folgende alphabetische Verzeichnis registriert hinter „A" das Datum der Aufnahme ins Kolleg, gegebenenfalls das Datum der Präsentation („pr.") oder Immatrikulation („imm."), alles nach der Kollegmatrikel UA Z I 24; hinter „U" folgt das Datum der Immatrikulation in der Universität nach Pölnitz I/2. Beigefügt sind Angaben über Alter, Studienfach und weitere Laufbahn. Die Promotionsdaten entstammen dem artistischen (UA O I 4) und dem theologischen Dekanatsbuch (UA Georg. III/11, I).

Ableitner, Wolfgang Jakob aus München
A: 25. 9. 1592 (20 J.); U: 30. 9. 1592. — Mag. art.: Sept. 1595.

Aedilis, Georg aus München
A: pr. 8. 1. 1582, imm. Nov. 1583; U: 16. 2. 1582 (Phil.). — Bac. theol.: 10. 9. 1585. — Vikar St. Moritz; Pfarrer Taufkirchen.

Agricola, Konrad
A: 12. 10. 1590 (21 J.); U: 12. 1. 1591. — Mag. art.: Sept. 1593; bac. theol. 29. 10. 1596. — Vikar St. Moritz; Frauenpfarrer.

Ahenarius, Bernhard aus Haigerloch
A: 28. 10. 1591 (28 J.); U: 28. 8. 1590. — Bac. art.: Mai 1592; bac. theol. form. 17. 9. 1598. — Kooperator St. Moritz; Pfarrer Bernbach; Pfarrer Schrobenhausen.

Balduinus, Albertus aus Trient
A: pr. 15. 3. 1578 (Päd.); entlassen 20. 5. 1580; U: 22. 3. 1578.

Bauknecht, Johann aus Greifenberg
A: pr. 15. 1. 1578, imm. 1. 3. 1578 („Agricola", 21 J.); U: 3. 1. 1575. — Vikar Pföring 31. 3. 1582.

Pfaffenzeller, Georg aus Kelheim
A: Aug. 1588 (Päd., 20 J.); U: 28. 8. 1584. — Mag. art.: Aug. 1592.

Pierius, David aus Württemberg
A: Mai 1584; U: fehlt.

Pixel (Pizel), Johann aus Ingolstadt
A: 14. 10. 1583; U: 19. 4. 1582.

Priefer, Vitus aus Miesbach
A: 25. 3. 1583; U: 2. 3. 1582. — Dr. theol.: 14. 6. 1595. — Pfarrer Aichach; Generalvikar Eichstätt.

Burgin, Onuphrius aus Luzern
A: vor 1600; U. 14. 12. 1598 (Log.).

Cappelmaier, Georg aus Altomünster
A: 31. 3. 1582; U: 2. 9. 1578 („famulus"). — Mag. art.: 1584; bac. theol. form. 7. 12. 1587. — Pönitentiar Augsburg.

Keck, Johann „Oberraderacensis Acronianus"
A: 28. 10. 1591 (24 J.); U: 17. 10. 1591 (Log.).

Kepser, Wilhelm Sixtus
A: 2. 11. 1586; U: fehlt. — Dr. tehol.; Kanoniker Freising.
Kern, Jeremias aus Hall
A: Juli 1584; U: 23. 8. 1584 (Phil.).
Kern, Sebastian aus Hall
A: 26. 2. 1584; U: 28. 2. 1584 (Phil.). — Mag. art.: 2. 6. 1586. — Tischtitel 25. 8. 1587.
Kessler, Augustin aus Tirschenreut
A: 28. 6. 1577 (Päd., 21 J.); U: 28. 5. 1573. — Nach München abgefordert am 14. 1. 1581. — Schulmeister Suben.
Kiendel, Georg (Balthasar?) aus Rain
A: 11. 10. 1597; U: 14. 8. 1597. — Bac. art.: Mai 1598.
Colonarius, Albert aus München
A: pr. 8. 1. 1582, imm. Nov. 1583; U: 16. 2. 1582.
Kraus, Johann Christoph
A: 10. 1. 1596; U: fehlt.
Kron, Georg aus Langwarden
A: 31. 8. 1591 (19 J.); U: 15. 10. 1590. — Mag. art.: Sept. 1594; bac. theol. 1597.
Küntzer, Georg
A: 14. 10. 1583; U: fehlt.
Taxis, „Conrad Blissiensis Flandrus"
A: 6. 9. 1581; U: 16. 2. 1582.
Deuringer, Christoph
A: 2. 12. 1596; U: fehlt.
Textor, Martin aus Stuttgart
A: 27. 1. 1577 (20 J.); U: 25. 9. 1577. — Mag. art.: Aug. 1579; stud. theol. 1580.
Diedelmayer, Johann aus Mainburg
A: 22. 10. 1597; U: 1. 3. 1596 (Rhet.). — Bac. art.: Mai 1599.
Dhoni, Blasius aus Bruchsal
A: 7. 9. 1588 (23 J.); U: fehlt. — Gestorben 1589.
Drisselkind, Caspar aus Salzburg
A: Mai 1580; U: 10. 1. 1581. — Bac. theol.: 9. 10. 1587. — Pfarrer Neustadt; Pfarrer Pfaffenhofen.
Dürr, Johann aus München
A: 1. 3. 1596; U: 14. 3. 1596 (Phil.). — Mag. art.: Sept. 1598.
Ebersberger, Mathias aus München
A: 13. 1. 1577 (19 J.); U: fehlt. — Mag. art.: 31. 8. 1579; Dr. theol.: 30. 8. („designatus parochus et canonicus" Straubing): Dr. theol.: 14. 6. 1595.
Eiszeph, Lorenz
A: 6. 3. 1597 (18 J., Päd.); U: 25. 8. 1577. — Bac. theol. form.: 3. 12. 1586 1589. — Frauenpfarrer 1584; Prof. theol. 1587; Weihbischof Eichstätt 1590; gestorben 1601.
Elkoffer, Johann aus München
A: 8. 1. 1582; U: 16. 2. 1582.
Endres, Georg aus München
A: 18. 10. 1587 (20 J.); U: 19. 10. 1587 (Phil.). — Mag. art.: Sept. 1591. — Kooperator zu ULF München.

Esch (Echs), Walter „Sylvaeducensis“
A: 19. 2. 1586 (20 J., Päd.); U: 24. 3. 1586.
Fachner, Georg aus München
A: pr. 8. 1. 1582, imm. Nov. 1583; U: 16. 2. 1582.
Vogel, Johann aus München
A: 25. 11. 1576 (22 J.); U: 11. 9. 1576. — Mag. art.: Aug. 1579.
Gabriel, Johann
A: 25. 10. 1584; U: fehlt. — Bac. art. und stud. theol.: Apr. 1587. — Tischtitel: 25. 8. 1587.
Gastel, Christoph aus Weilheim
A: 25. 11. 1576; U: fehlt. — Mag. art.: Aug. 1579.
Goppelsrieder, Andreas aus Wielenbach
A: 13. 10. 1588 (22 J.); U: 2. 7. 1588 (Rhet.). — Mag. art.: Sept. 1591. — Pfarrer Veld.
Graf, Christoph aus Haag
A: pr. 19. 9. 1595, imm. 29. 10. 1595; U: 16. 11. 1595 (Log.). — Mag. art.: Sept. 1598. — Pfarrer Mering.
Graf (Gräve), Johann aus Lothringen
A: 8. 3. 1590; U: 8. 4. 1590 (Theol.).
Grasser, Dionysius aus Regensburg
A: 23. 12. 1576 (18 J., Päd.); U: 25. 9. 1577 (Phil.). — Bac. art.: Mai 1579. — Kooperator Pföring 9. 7. 1583.
Gresbeck (Griespeck, Greschpeck), Melchior
A: pr. 8. 1. 1582, imm. Okt. 1583; U: 16. 2. 1582. — Schulmeister Niederalteich.
Hager, Johannes „Wintzeranus“
A: 14. 10. 1587 (24 J.); U: 19. 10. 1587 (Phil.). — Mag. art.: Sept. 1590; lic. theol.: 2. 9. 1595. — Hofkaplan München.
Handschuher, Johann aus München
A: 22. 1. 1595; U: 23. 4. 1595 (Log.). — Mag. art.: Sept. 1597; bac. theol. form.: 19. 6. 1603.
Hasenpichler, Georg aus Wasserburg
A: 22. 5. 1591; U: fehlt.
Hertel, Johann aus München
A: 15. 11. 1593 (22 J.); U: 4. 2. 1593. — Mag. art.: Sept. 1596.
Hygel, Georg aus Aichach
A: 12. 5. 1598; U: 22. 10. 1595 (Rhet.). — Mag. art.: Juli 1599.
Hueber, Georg (aus München?)
A: 22. 10. 1598; U: 15. 7. 1595 (?).
Lengenfelder (Langenfelder), Wilhelm aus Landshut
A: 11. 11. 1597; U: 2. 9. 1596 (Päd.). — Mag. art.: Juli 1599.
Lochner, Andreas „Schonfeldensis Bohemus“
A: Nov. 1584; U: 27. 11. 1584 (Phil.). — Mag. art.: Juli 1587. — Mönch Seeon.
Mair, Jakob aus Hinterweiler
A: pr. 8. 1. 1582; U: 5. 11. 1578 (Phil.).
Maier, Matthäus aus Augsburg
A: pr. 3. 6. 1580; U: fehlt.
Mair, Vitus
A: pr. 8. 1. 1582; U: fehlt.

Mansdorfer, Georg aus Rothenburg
A: 1. 12. 1598 (18 J.); U: 23. 10. 1598 (Log.).
Markland, Alexander aus England
A: 18. 9. 1589 (30 J., stud. theol.).
Maurer (Murarius), Virgil aus Braunau
A: 5. 10. 1590 (18 J.); U: 10. 10. 1590. — Mag. art.: Sept. 1593; Dr. theol.: 25. 9. 1601. — Pfarrer Aichach.
Menger, Georg aus Landshut
A: 30. 6. 1589 (23 J.); U: 7. 7. 1586 (Päd.). — Bac. art.: Juni 1590.
Merboldus (Merualdus), Georg „Welhophensis"
A: pr. 8. 1. 1582; U: 16. 2. 1582. — Lic. theol.: 22. 6. 1598. — Pfarrer und Dekan Donaustauf.
Molitor, Stefan aus Schongau
A: 11. 10. 1592 (22 J.); U: 19. 10. 1592. — Mag. art.: Sept. 1595.
Mortalis, Georg aus Moosburg
A: 10. 12. 1598; U: fehlt.
Relinger, Sebastian aus Bayern
A: 25. 10. 1584; U: 9. 11. 1584. — Mag. art.: 1587; bac. theol.: Febr. 1591. — Pfarrer Plattling.
Riedmaier, Johann aus Schongau
A: 29. 9. 1592 (23 J.); U: 15. 10. 1591 (Log.). — Mag. art.: Sept. 1594.
Riepel, Johann aus München
A: 15. 10. 1577 (17 J.); U: 20. 3. 1578. — Mag. art.: Sept. 1580; Dr. theol.: 14. 6. 1595. — Frauenpfarrer 1590, Prof. theol. 1591.
Rimmel (Rymmelius), Andreas aus Günzburg
A: 15. 6. 1591; U: fehlt.
Rogg, Johannes aus Kißlegg
A: 15. 11. 1593 (19 J.); U: 7. 10. 1593. — Mag. art.: Sept. 1596; bac. theol.: Mai 1599; Dr. theol.: 1608. —Pfarrer Pföring.
Rotpaur, Johannes aus Friedberg
A: Juni 1584; U: 8. 8. 1584 (Theol.). — Bac. theol. form.: 7. 12. 1587. — Pfarrer Friedberg.
Schäbel, Georg aus Schlesien
A: 25. 11. 1576; U: fehlt. — Mag. art.: Aug. 1579. — Kooperator St. Moritz; Pfarrer Ellwangen.
Schefftaler, Caspar aus Neustadt
A: Sept. 1590 (18 J.); U: 10. 10. 1590. — Mag. art.: Sept. 1593; lic. theol.: März 1599. — Pfarrer Abensberg.
Schirmbeck, Emmeram aus Regensburg
A: 28. 10. 1591 (21 J.); U: 4. 10. 1587 (Phil.). — Mag. art.: Sept. 1594; entlassen: 16. 2. 1596.
Schlaucher, Martin aus München
A: 15. 9. 1596; U: fehlt. — Bac. art.: Mai 1598.
Schranz, Stefan aus Landshut
A: 1. 3. 1596; U: 7. 3. 1596. — Mag. art.: Sept. 1598.
Schwarz, Georg „Almungauus"
A: 19. 5. 1589 (26 J., Päd.); U: 2. 11. 1587.
Sedelmayer, Eustach aus Friedberg
A: 20. 10. 1591 (23 J.); U: 10. 4. 1592. — Mag. art.: Sept. 1594.

Seemiller, Caspar aus Alling
A: 20. 10. 1598; U: fehlt. — Mag. art.: Sept. 1601.
Stigler, Achatius aus München
A: 25. 11. 1576; U: 26. 7. 1576 (Phil.). — Kooperator zu ULF München 20. 5. 1580.
Stöttner, Jakob
A: bis 16. 2. 1581; U: fehlt.
Strobel, Sebastian
A: 16. 6. 1589 (20 J., Päd.); U: fehlt. — Mag. art.: Sept. 1593.
Stromarius, Wolfgang aus Vilsbiburg
A: 25. 10. 1584; U: fehlt. — Mag. art. und Tischtitel: 1587.
Sutor, Wolfgang aus Straubing
A: 6. 10. 1592 (20 J.); U: fehlt. — Mag. art.: Sept. 1594; lic. theol.: März 1599. — Pfarrer Pechlarn.
Wagner, Wilhelm aus München
A: 4. 10. 1592 (20 J.); U: 2. 1. 1593. — Mag. art.: Sept. 1595.
Weinschenk, Caspar
A: 29. 12. 1583 (Mag. art. aus Dillingen); U: 28. 2. 1584. — Bac. theol. form: 7. 12. 1587.
Westermaier, Johann aus Biburg
A: 1. 9. 1591 (16 J.); U: 7. 9. 1591 (Rhet.). — Mag. art.: Sept. 1594; lic. theol.: 3. 1. 1605. — Herzoglicher Sekretär.
Wild, Martin aus Spalt
A: 25. 11. 1597; U: 16. 11. 1597. — Mag. art.: Juli 1599.
Wölflen, Christoph aus Dillingen
A: 25. 10. 1584; U: 23. 11. 1584. — Mag. art. und Tischtitel: 1587.

Von den vorgenannten Stipendiaten hatten nach Angabe von M. Leitschuh, Die Matrikeln der Oberklassen des Wilhelmsgymnasiums in München, I 1970, zuvor das Münchener Jesuitengymnasium absolviert: Aedilis (1581/82), Burgin (1597/98), Dürr (1594/95), Endres (1586/87), Gresbeck (1581/82), Handschuher (1594/95).

VERZEICHNIS DER ARCHIVE UND BESTÄNDE

BStB = Bayerische Staatsbibliothek München

GStA = Bayerisches Hauptstaatsarchiv Abt. II (Geheimes Staatsarchiv)

HStA = Bayerisches Hauptstaatsarchiv Abt. I

Altb. LL	=	Altbayerische Landschaftsliteralien
HL	=	Hochstiftsliteralien
Jes.	=	Jesuiten
KL	=	Klosterliteralien
Kurb. Prot.	=	Kurbayern Protokolle
Kurb. U	=	Kurbayern Urkunden
München Jes.	=	München Jesuiten
Staatsverw.	=	Staatsverwaltung

StAM = Staatsarchiv München

GL	=	Gerichtsliteralien
GR	=	Generalregistratur
HR	=	Hofamtsregistratur
HZR	=	Hofzahlamtsrechnungen

UA = Universitätsarchiv München

BIBLIOGRAPHIE

Agricola I., Historia provinciae Societatis Jesu Germaniae superioris, 2 Bde. 1727—29

AHSJ = Archivum historicum Societatis Jesu

Albrecht D.: s. Spindler

Aretin C. M. Frh. v., Bayerns auswärtige Verhältnisse seit den Anfängen des 16. Jahrhunderts, I 1839

Backmund N., Die Chorherrenorden und ihre Stifte in Bayern, 1966

Bauch A., Das Collegium Willibaldinum im Wandel der Jahrhunderte: 400 Jahre Collegium Willibaldinum Eichstätt (1964) 22ff.

Bauer R., Leitung und Organisation des kurfürstlich geistlichen Rats 1768—1802 im Zusammenhang mit der bayerischen Kirchenpolitik in den letzten Jahren vor der Säkularisation, 1971

Biglmaier A. — Zoepfl F., Nikolaus Ellenbog, Briefwechsel, 1938 (= Corpus Catholicorum 19—21)

Historisch-politische Blätter für das katholische Deutschland, hsg. von G. Philips und G. Görres, 11 (1893) 682ff.

Boehm L.: s. Spindler

Boehm L. — Spörl J. (Hsg.), Ludwig-Maximilians-Universität Ingolstadt, Landshut, München 1472—1972, 1972

Braunsberger O. (Hsg.), Beati Petri Canisii S. J. Epistulae et Acta, 8 Bde. 1896—1923

Busley H. J., Zur Finanz- und Kulturpolitik Albrechts V. von Bayern: Reformata Reformanda, Festschr. H. Jedin, II (1965) 209ff.

Buxbaum E. M., Petrus Canisius und die kirchliche Erneuerung des Herzogtums Bayern 1549—1556, 1973

Choux J., Les séminaires de Pont-à-Mousson au XVIe siècle: Annales de l'Est 1910, 113ff.

Chronicon: s. Polanco

Concilium Tridentinum. Diariorum, Actorum, Epistularum, Tractatuum Nova Collectio, hsg. von der Görres-Gesellschaft, 1901ff.

Constant G., Concession à l'Allemagne de la Communion sous les deux espèces, 1923

Dalham F., Concilia Salisburgensia provincilia et dioecesana, 1788

Degert A., Histoire des séminaires français jusqu'à la Révolution, I 1912

Delattre P., Les Jésuites et les Séminaires: Revue d'Ascétique et de Mystique 29 (1953) 20ff. und 160ff.

Deutinger M. v., Beyträge zur Geschichte, Topographie und Statistik des Erzbisthums München und Freysing, V (1854) 260ff.

Dollinger H., Die Baugeschichte des Wilhelmsgymnasiums in München und ihre kulturgeschichtliche Einordnung: Festschr. Wilhelmsgymnasium 1959, 63ff.

Dollinger H., Studien zur Finanzreform Maximilians I. von Bayern in den Jahren 1598—1618. Ein Beitrag zur Geschichte des Frühabsolutismus, 1968

Druffel A. v., Briefe und Akten zur Geschichte des 16. Jahrhunderts, 4 Bde. 1873—96
Duhr B., Geschichte der Jesuiten in den Ländern deutscher Zunge, I 1907
Eder G., Die Reformvorschläge Kaiser Ferdinands auf dem Konzil von Trient, I 1911
Eggersdorfer F. X., Die philosophisch-theologische Hochschule Passau, 1933
Epp. Broeti = Epistolae PP. Paschasii Broeti, Claudii Jaji etc., 1903 (MHSJ)
Epp. mixtae = Epistolae mixtae, 5 Bde. 1898—1901 (MHSJ)
Fink W., Beiträge zur Geschichte der bayerischen Benediktinerkongregation, 1934
Freyberg M. v., Pragmatische Geschichte der bayerischen Gesetzgebung und Staatsverwaltung, 4 Bde. 1836—39
Freyberg M. v., Geschichte der bayerischen Landstände und ihrer Verhandlungen, II 1829
Friedensburg W., Zur ersten Festsetzung der Jesuiten in Bayern (1548—49): Archiv für Reformationsgeschichte 11 (1911/12) 85ff.
Gmelin L., Die St. Michaelskirche in München und ihr Kirchenschatz, 1890
Goetz W., Beiträge zur Geschichte Herzog Albrechts V. und des Landsberger Bundes 1556—98, 1898 (= Briefe und Akten zur Geschichte des 16. Jahrhunderts V)
Goetz W. — Theobald L., Beiträge zur Geschichte Herzog Albrechts V. und der sog. Adelsverschwörung von 1563, 1913 (= Briefe und Akten zur Geschichte des 16. Jahrhunderts VI)
Hammermayer L., Deutsche Schottenklöster, schottische Reformation, katholische Reform und Gegenreformation in West- und Mitteleuropa (1560—80): Zeitschr. f. bayer. Landesgeschichte 26 (1963) 131ff.
Hartig M., Die oberbayerischen Stifte, 2 Bde. 1935
Hartig O., Die Gründung der Münchener Hofbibliothek durch Albrecht V. und Johann Jakob Fugger, 1917
Hegel E., Organisationsformen der diözesanen Priesterausbildung in Deutschland: Festschr. J. Kard. Frings (1960) 645ff.
Hemmerle J., Die Benediktinerklöster in Bayern: Germania Benedictiana, II 1970
Heyl G., Der Geistliche Rat in Bayern unter Kurfürst Maximilian I 1598—1651, Diss. masch. München 1956
Heyl G., Der Religions- und Geistliche Lehenrat 1556—59: Festschr. W. Winkler (1960) 9ff.
Hofmann A., Antonio Possevinos Bemühungen um die sog. Nordischen Päpstlichen Seminare 1578—85, 1929
Hübner K., Die salzburgischen Provinzialsynoden im 16. Jahrhundert: Deutsche Geschichtsblätter 12 (1911) 97ff.
Hund W., Metropolis Salisburgensis, 2 Bde. 1620
Jäkel J., Ferdinand I. und die Stipendiaten aus den Partikularschulen Oberösterreichs 1551—54: Beiträge zur österr. Erziehungs- und Schulgeschichte V (1904) 57ff.
Jedin H., Die Bedeutung des Tridentinischen Dekrets über die Priesterseminare für das Leben der Kirche: Theologie und Glaube 54 (1964) 181ff.
Jedin H., Domschule und Kolleg: Trierer Theol. Zeitschr. 67 (1958) 210ff.
Kaindl-Hönig M. — Ritschel K. H., Die Salzburger Universität 1622—1964, o. J.
Knöpfler A., Die Kelchbewegung in Bayern unter Albrecht V., 1891

Kolb Ä., Ottobeuren und Salzburg: Ä. Kolb — H. Tüchle (Hsg.), Ottobeuren (1964) 274ff.

Krasenbrink J., Die Congregatio Germanica und die katholische Reform in Deutschland nach dem Tridentinum, 1972

Krones F. v., Geschichte der Karl-Franzens-Universität in Graz. 1886

Kurrus Th., Die Jesuiten an der Universität Freiburg i. Br. 1620—1773, I 1963

Lainii Monumenta, Bd. 2—8 (1915—17) (MHSJ)

Leitschuh M., Die Matrikeln der Oberklassen des Wilhelmsgymnasiums in München, I 1970

Lins B., Geschichte des ehemaligen Augustiner- und jetzigen unteren Franziskanerklosters in Ingolstadt: Sammelblätter d. Hist. Vereins Ing. 39 (1919) 1ff.

Lins B., Geschichte des früheren (oberen) Franziskanerklosters in Ingolstadt: Sammelblätter d. Hist. Vereins Ing. 37 (1917) 1ff.

Litt. quadr. = Litterae quadrimestres, Bd. 4—7 (1897—1932) (MHSJ)

Lojewski G. v., Bayerns Weg nach Köln, 1962

Loserth J., Die Salzburger Provinzialsynode von 1549: Archiv für österr. Geschichte 85 (1898) 131ff.

Lossen M., Der Kölnische Krieg, 2 Bde. 1882—1897

Lukács L., Die Gründung des Wiener päpstlichen Seminars und der Nuntius Giovanni Delfino (1573—77): AHSJ 23 (1954) 35ff.

Lukács L., Monumenta paedagogica Societatis Iesu, I 1965 (MHSJ)

Lukács L., De origine collegiorum externorum deque controversiis circa eorum paupertatem obortis: AHSJ 29 (1960) 189ff.

Lurz G., Mittelschulgeschichtliche Dokumente Altbayerns einschließlich Regensburgs, 2 Bde. 1907—8 (= Monumenta Germaniae Paedagogica 41/42)

Lutz H., Reformatio Germaniae. Drei Denkschriften Johann Groppers (1546, 1558): QFIAB 37 (1957) 222ff.

Lutz H.: s. Spindler M.

Mayer M., Quellen zur Behörden-Geschichte Bayerns. Die Neuorganisation Herzog Albrechts V., 1890

Mederer J. N., Annales Ingolstadiensis Academiae, 4 Bde. 1782

Merkle S., Das Konzil von Trient und die Universitäten, 1905

MHSJ = Monumenta Historica Societatis Jesu, 1894ff.

Mon. Ign. = Monumenta Ignatiana, 1. Serie Bd. 2—12 (1904—11) (MHSJ)

Neudegger M. J., Geschichte des Geheimen Rates und Ministeriums in Bayern vom Mittelalter bis zur neueren Zeit, 1921

NB = Nuntiaturberichte aus Deutschland, hsg. vom Preußischen (Deutschen) bzw. vom Österreichischen Historischen Institut in Rom, Abt. I—III, 1892—1965

O'Donohoe J. A., Tridentine Seminary Legislation. Its Sources and its Formation, 1957 (zitiert: O'Donohoe)

O'Donohoe J. A., The Seminary Legislation of the Council of Trent: Il Concilio di Trento e la Riforma Tridentina, Atti del Convegno storico internazionale Trento 1963 (1965) 157ff.

Oefele A. F., Rerum boicarum scriptores, 2 Bde. 1763

Ostermair F. X., Beiträge zur Geschichte des Jesuiten-Gymnasiums in Ingolstadt: Sammelblätter d. Hist. Vereins Ing. 23 (1898) 1ff.

Oswald J., Die baierischen Landesbistumsbestrebungen im 16. und 17. Jahrhundert: ZRG KA 33 (1944) 224ff.

Oswald J., Die tridentinische Reform in Altbayern: G. Schreiber (Hsg.), Das Weltkonzil von Trient, II (1951) 1ff. (zitiert: Oswald)

Pachtler G. M., Ratio studiorum et institutiones scholasticae Societatis Jesu, 3 Bde. 1887—90

Pastor L. Frh. v., Geschichte der Päpste im Zeitalter der katholischen Reformation und Restauration, Bd. 5—11 (1927/28)

Pfeilschifter G. (Hsg.), Acta reformationis catholicae, Bd. 1—4 (1960—71)

Pfeilschifter — Baumeister G., Die Weihezulassung in den altbayerischen Diözesen des 16. Jahrhunderts: Zeitschr. f. bayer. Landesgesch. 7 (1943) 357ff.

Pölnitz G. Frh. v., Die Matrikel der Ludwig-Maximilians-Universität in Ingolstadt, Landshut, München, Bd. 1 1937

Polanco J. A. de, Chronicon, 5 Bde. 1894—97 (MHSJ)

Prantl C. v., Geschichte der Ludwig-Maximilians-Universität in Ingolstadt, Landshut, München, 2 Bde. 1872 (1968)

Punkes J., Freisings höhere Lehranstalten zur Heranbildung von Geistlichen in der nachtridentinischen Zeit, 1885

Rankl H., Das vorreformatorische landesherrliche Kirchenregiment in Bayern 1378—1526, 1971

Reckers E., Geschichte des Kölner Priesterseminars bis zum Untergang der alten Erzdiözese, 1929

Reichenberger R., Zur Administration der Regensburger Kirche unter Herzog Wilhelm V. von Bayern: RQ 14 (1900) 356ff.

Reichenberger R. (Hsg.), Nuntiaturberichte aus Deutschland, hsg. von der Görres-Gesellschaft, II/1 (Malaspina, Sega) 1905

Reiter E., Martin von Schaumberg, Fürstbischof von Eichstätt (1560—90) und die Trienter Reform, 1965

Riezler S., Zur Würdigung Herzog Albrechts V. von Bayern und seiner inneren Regierung: Abh. d. bayer. Akademie 21 (1898) 65ff.

Ritschel K. H.: s. Kaindl-Hönig

Rosenthal E., Geschichte des Gerichtswesens und der Verwaltungsorganisation Baierns, 2 Bde. 1889—1906

Schafhaeutl K., Topische Geschichte der Universität Ingolstadt, 1885 (HS der UB München)

Scharnagl A., Philosophisch-Theologische Hochschulen: Das Akademische Deutschland I (1930) 683ff.

Schellhass K., Der Dominikaner Felician Ninguarda und die Gegenreformation in Süddeutschland und Österreich 1560—83, 2 Bde. 1930—39

Schellhass K., Akten über die Reformtätigkeit Felician Ninguardas in Baiern und Österreich 1572—77: QFIAB 1—5 (1898—1903)

Schellhass K., Zur Legation des Kardinals Morone: QFIAB 13 (1910) 273ff.

Schellhorn J. G., Amoenitates historiae ecclesiasticae et litterariae, I 1737

Schlecht J., Zum bayrischen Konkordat von 1583: RQ 4 (1890) 369ff.

Schmid A., Geschichte des Georgianums in München, 1894

Schmidlin J., Die kirchlichen Zustände in Deutschland vor dem Dreißigjährigen Krieg nach den bischöflichen Diözesanberichten an den Heiligen Stuhl, II 1910

Schneider B., Paul Hoffaeus SJ, 1956

Schrörs H., Gedanken über zeitgemäße Erziehung und Bildung der Geistlichen, 1910

Schröteler J., Die Erziehung in den Jesuiteninternaten des 16. Jahrhunderts, 1940
Schwaiger G., Die Freisinger Weihematrikel der Jahre 1570—81: Reformata Reformanda, Festschr. H. Jedin II (1965) 236ff.
Schwaiger G., Kardinal Franz Wilhelm von Wartenberg als Bischof von Regensburg (1649—61), 1954, 151ff.
Schwaiger G. — J. Staber (Hsg.), Beiträge zur Geschichte des Bistums Regensburg 3 (1969)
Schwaiger G., Die Theologische Fakultät der Universität Ingolstadt (1472—1800), in: L. Boehm — J. Spörl (Hsg.), Die Ludwig-Maximilians-Universität in ihren Fakultäten, I (1972) 13ff.
Schwarz W. E., Vier ungedruckte Gutachten des Kardinals Otto Truchseß über die Lage der katholischen Kirche in Deutschland: RQ 4 (1890) 25ff.
Schwarz W. E., Zehn Gutachten über die Lage der katholischen Kirche in Deutschland (1573/76) nebst den Protokollen der deutschen Congregation (1573/78), 1891
Schweizer J., Römische Beiträge zur Korrespondenz des Herzogs Wilhelm V. von Bayern 1588—92: RQ 24 (1910) 168
Seifert A., Das Georgianum 1494—1600. Frühe Geschichte und Gestalt eines staatlichen Stipendiatenkollegs: H. J. Real, Die privaten Stipendienstiftungen der Universität Ingolstadt im ersten Jahrhundert ihres Bestehens (1972) 147ff.
Seifert A., Statuten- und Verfassungsgeschichte der Universität Ingolstadt 1472—1586, 1971
Seifert A., Die Universität Ingolstadt im 15. und 16. Jahrhundert. Texte und Regesten, 1973
Sickel Th., Zur Geschichte des Concils von Trient (1559—63). Actenstücke aus österreichischen Archiven, 1972
Siebengartner M., Schriften und Einrichtungen zur Bildung der Geistlichen, 1902
Soffner J., Friedrich Staphylus, 1904
Specht Th., Geschichte der ehemaligen Universität Dillingen (1549—1804) und der mit ihr verbundenen Lehr- und Erziehungsanstalten, 1902
Spindler M. (Hsg.), Handbuch der bayerischen Geschichte, II 1969
Steinhuber A., Geschichte des Collegium Germanicum Hungaricum in Rom, 2 Bde. 1895
Stieve F., Zur Geschichte des Finanzwesens und der Staatswirtschaft in Baiern unter den Herzögen Wilhelm V. und Maximilian I.: SB München 1881, 19ff.
Stieve F., Die Politik Baierns 1591—1607, 2 Bde. 1878—83 (= Briefe und Acten zur Geschichte des Dreißigjährigen Krieges Bd. 4—5)
Theiner A., Annales ecclesiastici, 3 Bde. 1856
Tüchle H., Das Seminardekret des Trienter Konzils und Formen seiner geschichtlichen Verwirklichung: Theol. Quartalsschrift 144 (1964) 12ff.
Wegele F. X. v., Geschichte der Universität Würzburg, 2 Bde. 1882 (1969)
Wiedemann Th., Geschichte der Reformation und Gegenreformation im Lande unter der Enns, I 1879
Winter V. A., Geschichte der Schicksale der evangelischen Lehre in Baiern, 2 Bde. 1809/10
Zoepfl F., Geschichte der ehemaligen Universität Ottobeuren: Archiv f. d. Gesch. d. Hochstifts Augsburg 5 (1916) 517ff.

NAMENS- UND ORTSREGISTER

fikats des Ideal des tridentinischen Reformbischofs an höchster Stelle zu verwirklichen suchte.

Vier Monate nach seiner Wahl erließ Clemens in einer Bulle die Richtlinien für die Visitation; das Personal wurde ernannt, vor allem einige Bischöfe, die eine Art Vorvisitation durchzuführen hatten, dann die zur Begleitung des Papstes bei der Hauptvisitation bestimmten Kardinäle. Ein im Quellenanhang edierter persönlicher „Spickzettel" des Papstes zeigt dessen gewissenhafte Sorge um das Detail des Kultes und der Lebensführung. Am 14. Juni 1592 machte Clemens im Lateran den Anfang, eine Visitation, die wegen ihrer exemplarischen Bedeutung ausführlich dargestellt wird. Anschließend werden die Ergebnisse für die übrigen Kirchen systematisch zusammengefaßt. Die Visitation hat ja nur 27 der rund hundert römischen Pfarrkirchen erfaßt, neben den besonders hervorragenden vor allem Ordenspfarreien. Und der anfangs vorherrschende Eifer läßt bald nach. Doch ist gerade unter diesen Umständen signifikant, worauf dann immer noch großer Wert gelegt wurde: Zustand der Kirche, Verehrung der Eucharistie, Sakramentenspendung und -empfang und im Zusammenhang damit Führung der Pfarrmatrikeln. Außerdem wurden Gemälde mit biblischen Themen zur Instruktion der Gläubigen empfohlen. Zum ersten Mal scheint eine Visitation auch die drei größten römischen Hospitäler einbezogen zu haben. Vor allem aber konzentriert sie sich auf die Orden, deren Reform für Clemens eines der wichtigsten Motive zu diesen Unternehmen gewesen ist. Hier scheint er bis zu unangemeldeten persönlichen Besuchen in Klöstern gegangen zu sein. Die Dekrete galten hier vor allem der konsequenten Verwirklichung der jeweiligen Ordensregel. Der Befund gerade in diesem Bereich deutet darauf hin, daß die festgestellten Mißstände eher Ausnahmen gewesen sind. Laut B. ist die Visitation Clemens' VIII. also nicht mehr eine Pionierleistung der Reform, sondern eine Initiative, die sich bereits neuer Organisationsstrukturen und bewährter Verfahren bedienen kann, also in gewissem Sinn bereits anfängt, administrative Routine zu werden. Das wird in noch höherem Maße von der nächsten apostolischen Visitation Roms, derjenigen Urbans VIII. im Jahre 1624, gelten.

Im Anhang sind sechs umfangreiche Quellenstücke abgedruckt, von denen neben dem Edikt über Altäre und Bilder und den Befragungsschemata für Pfarrer und Ordensniederlassungen vor allem der römische Festkalender und die disziplinarischen Normen für die Pfarrer wichtig sind, weil sich darin etwas vom Leben des Kirchenvolkes spiegelt, das sonst in diesem Buch allzu knapp wegkommt.

Augsburg *Wolfgang Reinhard*

Arno Seifert: Weltlicher Staat und Kirchenreform. Die Seminarpolitik Bayerns im 16. Jahrhundert (= Reformationsgeschichtliche Studien und Texte 15). Münster/Westf. (Aschendorff) 1978. VIII, 330 S., kart., DM 82.–.

Das kirchenpolitische Interesse an dieser Arbeit, die primär universitäts- und bildungspolitische Fragen archivalisch untersucht, beruht auf der Tatsache, daß der behandelte Komplex einen Teilaspekt der katholischen Reform in Bayern während des 16. Jhs. darstellt. Seifert geht dabei von der Beobachtung aus, daß Universitätspolitik sich nicht auf die Sorge für den Lehrkörper beschränken konnte, sondern Studienförderung, d. h. Vorsorge für die Studierenden, implizierte. Angesichts des empfindlichen Priestermangels und der unzureichenden Priesterausbildung war die Gewinnung eines theologisch geschulten Nachwuchses eine Lebensfrage für die alte Kirche. Dafür reichten die herkömmlichen Stiftungen für Stipendien und auch Benefizien nicht aus. Von seiten des wittelsbachischen Herzogshauses konnte die Universität Ingoldstadt mit dem noch von Herzog Georg von Bayern-Landshut 1494 für elf arme Theologiestudenten gestifteten Collegium Georgianum eingesetzt werden. Ohne daß die Pläne des Münchener Hofes unmittelbar den Ausbau dieses meist von Artisten genutzten Instituts direkt im Auge hatten, trat der Gedanke des Universitätskollegs in den Vordergrund. Er kreuzte sich nicht nur mit dem Gedanken des Ausbaus der bischöflichen Seminare, sondern auch mit der Idee jesuitischer Kollegs, die zunächst auf die Ausbildung des Ordensnachwuchses ausgerichtet waren, aber über die Angliederung von Externenhäusern der Verwirklichung eines Priesterseminars dienen konnten. Diesem Plan stand aber bis zum Ausgang des 16. Jhs. die notorische Finanzkalamität des Landes und seit 1563 das tridentinische Seminardekret, das die Errichtung von Diözesanseminaren forderte, hinderlich im Wege. Der Beschaffung der Mittel für die herzoglichen Pläne dienten die von der Kurie halbherzig bewilligten Dezimationen, d. h. Besteuerungen der geistlichen Stiftungen, und die „Ausbeutung" der Vermögen von vier zur Aufhebung („Exstirpation, nicht Suppression") vorgesehenen, sowieso als herzogliches Kammergut betrachteten vakanten Klöstern. Die Ausschöpfung dieser Mittel ließ sich der Kurie gegenüber mit der Gründung des Collegium Albertinum rechtfertigen und gab zugleich den Bischöfen das Alibi für die Erfolglosigkeit ihrer Planungen zur Errichtung tridentinischer Seminare. Der Repression der staatskirchlichen Tendenzen dienten die Missionen des Kardinallegaten Morone und des Nuntius Ninguarda, die in der Folgezeit das Albertinum in den Hintergrund drängten, es als Stipendienabteilung des jesuitischen Konvikts erscheinen ließen. Für Herzog Wilhelm selbst war die Förderung der Jesuitenkollegs und besonders der Ausbau des Münchener Kollegs eine zentrale Aufgabe, die erneut die finanzielle Kalamität des Landes offenkundig machte. Die Abneigung der Prälatenklöster gegen den Jesuitenorden reduzierte den Plan eines gesamtbayerischen Mönchsseminars auf die Regelung der Unterbringung studierender Mönche im Georgianum. Mit der Erstarrung der Konfessionsgrenzen sank die Nachfrage nach von den Jesuiten ausgebildeten gelehrten Theologen, nur der Bedarf an schlichten Dorfpfarrern, die ohne thomistische Schulung auskamen, nahm zu. Als 1589 Herzog Wilhelm V. das Kloster Biburg und Herzog Maximilian 1598 als dominus territorii et supremus advocatus et protector der bayerischen Kirche Kloster Münchsmünster dem Ingoldstädter Kolleg übergeben hatte, hatte der mit der Verwaltung der aufgehobenen Klöster betraute Religions- und geistliche Lehensrat im wesentlichen seine Funktion verloren.

Die Verhältnisse hatten also die staatskirchliche Arbeit des frühabsolutistischen Staates zu jener Vollendung gebracht, die mit einer zeitlichen Phasenverschiebung deutlich Parallelen zum landesherrlichen Kirchenregiment evangelischer Fürsten zeigt und die den Verf. veranlaßte, darin so etwas wie eine Antizipation des aufklärerischen Staatskirchentums zu sehen. Die archivalisch unterbaute Durchleuchtung des komplizierten Netzes sich kreuzender Tendenzen und Pläne in jener Epoche der bayerischen Kirchengeschichte hat explizit auch gezeigt, daß der in der Literatur viel besprochene Bruch in der Kirchenpolitik Herzog Albrechts V. anläßlich der sog. Adelsverschwörung in der Linie der staatskirchlichen Reformbestrebungen hinsichtlich der Ausbildung des Priesternachwuchses nicht in Erscheinung getreten ist.

Erlangen/Nürnberg *Gerhard Pfeiffer*

Neuzeit

Paul Christianson: Reformers and Babylon – English apocalyptic visions from the Reformation to the eve of the civil war. Toronto (University Press) 1978. X, 285 S., Ln., £ 17.50.

Dr. Christianson has given a new twist to the well known history of puritan and protestant propaganda in England by applying an interesting interpretative theme – their identification of all opponents as Antichrist. The theme is specially useful because it really does crop up at every turn. Thus he finds apocalyptic thinking in the mainstream of the Church of England as well as among its dissident fragments: Antichrist could be discovered at Rome or Canterbury, to suit all tastes